近现代国际关系史研究

第十八辑

徐 蓝 主编

图书在版编目（CIP）数据

近现代国际关系史研究．第 18 辑/徐蓝主编．--北京：世界知识出版社，2020.7
ISBN 978-7-5012-6268-7

Ⅰ.①近… Ⅱ.①徐… Ⅲ.①国际关系史—研究—近现代 Ⅳ.①D819

中国版本图书馆 CIP 数据核字（2020）第 132518 号

责任编辑	狄安略
责任出版	赵　玥
责任校对	陈可望

书　　名	近现代国际关系史研究（第十八辑） Jinxiandai Guoji Guanxishi Yanjiu
主　　编	徐　蓝
出版发行	世界知识出版社
地址邮编	北京市东城区干面胡同 51 号（100010）
网　　址	www.ishizhi.cn
电　　话	010-65265923（发行） 010-85119023（邮购）
经　　销	新华书店
印　　刷	北京虎彩文化传播有限公司
开本印张	787 毫米×1092 毫米　1/16　23 印张
字　　数	350 千字
版次印次	2020 年 8 月第一版　2020 年 8 月第一次印刷
标准书号	ISBN 978-7-5012-6268-7
定　　价	68.00 元

版权所有　侵权必究

《近现代国际关系史》学术委员会

学术顾问：徐天新　张宏毅　李铁城

主　　编：徐　蓝

学术委员会（以姓氏拼音为序）：
　　　　崔　丕　韩东育　胡德坤　梁占军　刘北成
　　　　刘德斌　钱乘旦　沈志华　史桂芳　时殷弘
　　　　王晓德　武　寅　徐　蓝　于　群　赵军秀
　　　　张顺洪　赵学功　朱瀛泉

目 录

专题研究

中苏分裂、越战升级与20世纪60年代中期民主德国的
　对越援助 / 1　　　　　　　　　　　　　　　　　陈　弢

科学家、史汀生备忘录与美国原子能国际管制政策的出台 / 28
　　　　　　　　　　　　　　　　　　　　　　　　刘　京

冷战后欧洲转型与一体化进程的认知因素分析 / 46　　宋文龙

二战史研究

在中国第二次世界大战史研究会2019年年会上的致辞 / 65　胡德坤

第三届国际关系史研究生论坛（二）

战后日本国家身份的转换与"专守防卫"政策的演变 / 68　栗　硕

研究生论坛

"危机的溢出"：千日战争与巴拿马独立 / 102　　　　杨泽华
第一届艾森豪威尔政府对缅援助政策探析 / 122　　　李聪慧

宣传与公共外交史

占领时期美国对冲绳的文化政策：1950—1960年 / 146　李金成

战争信息署档案选译（四）/ 166
　　　　　　　　　　　　　王睿恒编校，周婧怡、张兆青译

文化符号的重塑
——评艾瑞克·莱维《莫扎特与纳粹——第三帝国对一个
　文化偶像的歪曲滥用》/ 186　　　　　　　　　付园源

评克里斯托弗·辛普森《胁迫之术：心理战
　与美国传播研究的兴起（1945—1960）》/ 195　　张　昊

法国与冷战

法国外交文件选译（五）/ 203　　沈练斌、李梦磊、王祎慈等编译

档案文献

英国国家档案馆有关二战档案的收藏状况和获取途径 / 261　喻　卓
第二次世界大战时期英国丘吉尔首相办公室文件的文献价值/ 305
　　　　　　　　　　　　　　　　　　　　　　　　尚彦军
苏联国家安全委员会副主席与东德国家安全部部长
　关于大韩航空 007 次航班空难事件的会谈记录 / 313
　　　　　　　　　　　　　　　　　　　孙建民、李义男译注

书评

20 世纪上半期英法对中东的争夺及其影响
——评《瓜分沙洲：英国、法国与塑造中东的斗争》/ 331　成振海

学术动态

思考与展望：国民政府时期南海地区中外博弈之研究述评 / 342
　　　　　　　　　　　　　　　　　　　　　　　　蔡　梓

稿约　/ 359

Contents

Thematic Studies

Sino-Soviet Split, Escalation of Vietnam War, and the Assistance of the German Democratic Republic to Vietnam in the Mid-1960s / 1
Chen Tao

Scientists, Stimson Memos and the Introduction of the U.S. Policy of International Control of Atomic Energy / 28
Liu Jing

Analysis of Cognitive Factors in the Process of European Transformation and Integration after the Cold War / 46
Song Wenlong

Research on the History of the Second World War

The Speech at the 2019 Annual Meeting of the Chinese Association for the History of WWII / 65
Hu Dekun

3rd Graduate Forum for History of International Relations: Part II

The Change of Japan's National Identity After the World War II and the Progress of Japan's Nonaggressive National Security Policy / 68
Li Shuo

Graduate Forum

"Spillover of the Crisis": The Thousand Days' War and Independence of Panama / 102
Yang Zehua

Analysis of the First Eisenhower Administration's Policy on Burma's Aid / 122
Li Conghui

Publicity and Public Diplomacy

United States Cultural Policy Toward Okinawa During the Occupation, 1950–1960 / 146   Li Jincheng

Selective Translation of the Archival Resources of the Office of War Information: Part IV / 166
            Compiled and proofread by Wang Ruiheng, translated by Zhou Jingyi, Zhang Zhaoqing

Reinvention of the Cultural Symbols—A Review on Erik Levi's *Mozart and the Nazis: How the Third Reich Abused a Cultural Icon* / 186   Fu Yuanyuan

A Review on Christopher Simpson's *Science of Coercion: Communication Research and Psychological Warfare, 1945–1960* / 195   Zhang Hao

France and the Cold War

Selective Translation of the Documents Diplomatiques Français: Part V / 203   Compiled and translated by Shen Lianbin, Li Menglei, Wang Yici, et al.

Achieves and Literatures

Collections and Access of the Records on World War II of the National Archives of UK / 261   Yu Zhuo

The Literature Value of Churchill's Prime Minister's Office Papers During World War II / 305   Shang Yanjun

Note on Meeting Between Soviet KGB Deputy Chairman and East German Minister for State Security About KAL 007 Incident / 313
            Translated and annotated by Sun Jianmin, Li Yinan

Book Reviews

The Scramble and Impact of Britain and France on the Middle East in the First Half of the 20th Century—A Review on James Barr's *A Line in the Sand: Britain, France, and the Struggle that Shaped the Middle East* / 331   Cheng Zhenghai

Academic Trends

Thinking and Prospect: Review of the Researches on Game between China and the Great Powers in the South China Sea during the National Government Period / 342   Cai Zi

Notice to Contributors / 359

专题研究

中苏分裂、越战升级与20世纪60年代中期民主德国的对越援助

陈 弢*

摘 要 20世纪60年代中期，在中苏分裂和越战升级的背景下，民主德国以各种方式加强了对越援助，并缓和了越南劳动党的矛盾，为此后双边关系的大踏步发展打下了基础。民主德国成了仅次于中苏之后的对越援助第三大国，并认可了德国问题和越南统一问题可以存在不同的解决方式。通过这些援助，民主德国旨在遏制中国在越南的影响，获得越方在德国问题上的支持，并得以在国内政治中动员民众，增强统社党统治的合法性。民主德国加强对越关注的同时，与中国的分歧也加大了。

关键词 民主德国 越南 中苏分裂 中国 援助

---

* 陈弢，历史学博士，同济大学德国问题研究所副研究员，主要研究方向：中德关系史、东亚国际关系史。

近年来，国际学术界通过新解密公布的原始档案进行的研究显示，冷战期间，面积狭小、人口不多的东欧社会主义国家①出于意识形态和自身国家利益的考虑，在全球冷战和现代化浪潮中扮演了十分重要的作用。② 其中的民主德国（以下简称"东德"），作为东欧各国里科学水平最高、工程技术能力最强、同时经济实力也最为雄厚的国家，在全球范围内的活动尤为活跃。③ 而位于东亚地区的越南，从20世纪60年代初期开始，逐渐成了民主德国在全球关注的重点地区之一。民主德国进行了大量的投入，成了仅次于苏联和中国的对越南民主共和国（以下简称"北越"）进行援助的第三大国和北越的第三大贸易伙伴。④

目前国际学术界对民主德国对北越援助的研究，主要集中在对北越和

---

① 主要指波兰、匈牙利、东德（民主德国）、捷克斯洛伐克、罗马尼亚、保加利亚、阿尔巴尼亚和南斯拉夫等国。

② 相关研究主要有：Victor Petrov, "The Rose and the Lotus: Bulgarian Electronic Entanglements in India, 1967–1989," *Journal of Contemporary History*, 2018, pp. 1–12; Malgorzata Mazurek, "Polish economists in Nehru's India: Making science for the third world in an era of de-Stalinization and decolonization," *Slavic Review*, Vol. 77, No. 3, Fall, 2018, pp. 588–610; Jovan Čavoški, "Overstepping the Balkan boundaries: the lesser known history of Yugoslavia's early relations with Asian countries," *Cold War History*, 11: 4, 2011, pp. 557–577; Margaret Gnoinska, "Czechoslovakia and Poland: Supervising Peace on the Korean Peninsula, 1953–1955," *Journal for the History of Central Eastern and Southeastern Europe*, 98 (3-4), 2012, pp. 293–320。

③ Klaus Storkmann, *Geheime Solidarität: Militaerbeziehungen und Militärhilfen der DDR in die Dritte Welt*, Berlin: CH Links, 2012; Young-Sun Hong, *Cold War Germany, the Third World, and the Global Humanitarian Regime*, New York: Cambridge University Press, 2015; Eric Burton, "Navigating Global Socialism: Tanzania Students in and beyond East Germany," *Cold War History*, June 2018, 19 (1): 1–20; Rüdiger Frank, *Die DDR und Nord Korea, Der Wiederaufbau der Stadt Hamhung von 1954–1962*, Aachen: Shaker, 1996; Quinn Slobodian, eds., *Comrades of Color: East Germany in the Cold War World*, New York: Berghahn, 2017.

④ Harish Mehta, "Soviet Biscuit Factories and Chinese Financial Grants: North Vietnam's Economic Diplomacy in 1967 and 1968," *Diplomatic History*, Vol. 36, Issue 2, April 2012, pp. 301–335.

统一后的越南学习民主德国的政治经济制度，以及双边人文教育交流等问题。[①] 同时，德国国内的左翼学者从政治观点出发，主观地将民主德国对越政策进行了美化，认为这是"无产阶级国际主义"（Internationale Solidarität）的典型代表，而忽视了民主德国对越政策的外交和内政考量。[②]

民主德国对越援助始于1950年，并以此建立了良好的双边关系。双方高层在50年代末期实现了互访，民主德国也将越南视作重要的外贸对象。值得注意的是，20世纪50年代民主德国对越政策始终是被置于其对华政策框架之下的，很多越南事务也由北京的驻华大使馆进行管理。1960年之后，在中苏分裂及越南战争越发激烈的情况下，民主德国进一步将越南视作其对远东社会主义国家政策的重点。遏制中国的影响、寻求北越在德国问题上对民主德国的支持以及经济上的利益，并在此基础上开展对北越的大规模援助和交流，是这段时期民主德国对越政策的主要内容。民主德国也以这种方式开始了对越南战争的介入。本文将在德越中三边档案材料的基础上，对此问题进行探讨。

一、中苏分歧对北越的影响

进入20世纪60年代后，中苏分歧的影响开始逐渐在社会主义阵营内部

[①] 主要有 Martin Grossheim, "'Revisionism' in the Democratic Republic of Vietnam: New Evidence from the East German Archives," *Cold War History*, November 2005, 5 (4), pp. 451–477; Christiana Schwenkel, "Rethinking Asian Mobilities: Socialist Migration and Post-Socialist Repatriation of Vietnamese Contract Workers in East Germany," *Critical Asian Studies*, 46: 2, 2014, pp. 235–258; Bernd Schaefer, "Socialist Modernization in Vietnam: The East German Approach, 1976–89," in Quinn Slobodian, eds., *Comrades of Color: East Germany in the Cold War World*, New York: Berghahn, 2017, pp. 95–113; 陈弢：《在中苏分裂阴影下：越南留学生和实习生在民主德国的学习培训》，徐蓝主编：《近现代国际关系史研究》（第9辑），北京：世界知识出版社，2016年，第102—129页。

[②] 此类研究包括: Hellmut Kapfenberger, *Berlin - Bonn - Saigon - Hanoi: Zur Geschichte der deutsch-vietnameschen Beziehungen*, Verlag Wiljo Heinen, 2013; Irene und Gerhard Feldbauer, *Sieg in Saigon, Erinnerungen an Vietnam*, Pahl-Rugenstein Verlag, 2005; 以及 Gunter Wernicke, *Solidarität hilft siegen! Zur Solidaritätsbewegung mit Vietnam in beiden deutschen Staaten*, Hefte zur DDR-Geschichte, 72, Berlin: "Helle Panke" zur Förderung von Politik, Bildung und Kultur e. V., 2001。

扩散开来。尽管由于历史和地理因素越南受中国影响巨大，但实际上，越南劳动党①此时在内政外交及对国际共运的问题上与中共有相同也有不同。直到 1963 年，劳动党一直试图在对中苏之间，和平斗争与武力统一之间以及北方的发展和南方发动战争之间维持一种微妙的平衡。②劳动党中央书记处的一份文件指出，在中苏分歧下，劳动党应该"努力克服分歧，帮助各兄弟党和共产党加强团结"。而为了避免个别官员发表与中央不一致的意见，从而导致其和中苏的关系恶化，文件指出，"针对与国际共运的策略、路线相关的各项问题，全党在向外界传达意见时应执行严格的纪律。只有党中央（或由中央授权的机关、干部）才有权针对上述各问题发表看法"。在国内外工作的党的干部主要任务是"搞好关系，做好自己负责的工作"，"而没有责任就各项问题发表不同的观点"。③

尽管在 1963 年 1 月召开的民主德国执政党统社党六大上，北越对中共对统社党的批评采取了配合和秘密协商的姿态，④但 8 月 19 日民主德国驻北越大使馆的分析报告仍非常乐观地认为，劳动党在中苏分歧中是站在苏共和欧洲兄弟党一边的。尤其是捷共总书记诺沃特尼访越时与劳动党签署的联合声明明确表示苏共是社会主义阵营的中心。而正是基于这一分析，民主德国在双边贸易等两国关系发展领域中采取了一系列有利于北越的措施。⑤但接下来的几个月，驻德使馆却发现形势发生了有利于中国的转变。实际上，北越外交部长雍文谦（Ung Van Khiem）由于同捷克斯洛伐克签署

---

① 1951—1976 年，现今越南的执政党越南共产党使用越南劳动党这个名称。

② Lien‑Hang T. Nguyen, "*Between the Storms*": *North Vietnam's Strategy during the Second Indochina War, 1955-1973*, unpublished dissertation, Yale University, 2008, p. 50.

③ "越南劳动党中央书记处关于当前形势下国际关系某些问题的通知"，1963 年 8 月 27 日，809-NQNS/TW，越共中央档案，越共中央编：《越南共产党文件全集》，第 23 卷，河内：国家政治出版社，2003 年，第 604—605 页。此文件原为越南文。

④ 陈弢：《兄弟阋墙：中德在 1963 年统社党六大前后的争斗及其影响》，《德国研究》2015 年第 4 期，第 129 页。

⑤ Einschätzung der derzeitigen Haltung der Partei der Werktätigen Vietnams（PWV）in den ideologisch-politischen Meinungsverschiedenheiten, Hanoi, 19. 08. 1963, Politisches Archiv des Auswärtigen Amts（PAAA）, Ministerium für Auswärtige Angelegenheiten der DDR（MfAA）, G‑A 324.

了"亲苏"的联合声明，而被春水所顶替。随后，有关雍文谦即将失去党中央委员资格的消息也甚嚣尘上。①

民主德国分析认为，越方对中苏态度的变化更多的是受到中国的影响。1963年5月10日至15日，中共领导人刘少奇和陈毅率领的代表团访越。越南劳动党在双方的联合声明和一系列表态中，支持中国在一系列国际问题上的态度。民主德国驻北越大使馆对此的分析报告指出，"（越方）认为国际形势有利于革命和民族解放斗争，忽视和平共处下同帝国主义的和平竞赛，完全否定和平过渡到社会主义的可能性。（越方）支持中国对国际共运领导权的要求，而苏共和苏联作为国际共运领导者的地位却不被提及。（越方）轻视和拒绝同欧洲社会主义国家间的经济合作，却宣传独自建设社会主义和社会主义经济"。"（越方）本来准备对统社党六大进行的新闻报道，在中国代表团访越之后也取消了"。报告认为，与中国不同意见的劳动党高层都被解职，而劳动党中央第一书记黎笋和中央政治局委员黎德寿等人是亲华派。②

那么，在北越表面上越来越偏向于中国的情况下，民主德国作为在意识形态争论中坚定站在苏联一方的欧洲社会主义国家应该采取什么样的对策呢？民主德国与苏联不同，从追求各国承认的德国政策出发，其一直寻求在越南等亚非国家扩大影响。以1961年8月13日柏林墙的修建为标志，民主德国执政党统社党认为，在国际上也需要进行一系列的突破联邦德国（简称"西德"）哈尔斯坦主义，需求国际承认的行动。统社党随即在诸多亚非国家投入了大量人力和物资援助，以使这一计划得以实现。③

如前文所述，此时民主德国的分析报告认为，越南劳动党同统社党及其他苏东阵营共产党的关系之所以起伏不平，是受到了中共的影响。于是

---

① Martin Grossheim, "'Revisionism' in the Democratic Republic of Vietnam: New Evidence from the East German Archives," p. 453.

② Einschätzung des Besuches der chinesischen Partei-und Regierungsdelegation unter Leitung des Präsidenten der VR China Liu Schao Tschi und des Stellv. Ministerpräsidenten Tschen-yi vom 10. bis 15. 5. 1963 in der DRV. Hanoi, 28. 09. 1963, PAAA, MfAA, G-A 324.

③ Hermann Wentker, *Außenpolitik in engen Grenzen*, S. 276-278.

统社党和民主德国的越南政策越发明显地强调遏制中国在越影响的重要性。1963年9月28日,民主德国驻北越大使馆的一份报告将遏制中国及其对越影响作为民主德国对越工作的重点。该报告称,"尽管北越转向中国,但我们现在该进一步发展两国、两党、两国群众组织以及经济文化(关系)","现在开始,必须要采取各种反制措施使我们同北越的关系更加紧密。以此来阐述我们的政策,并抵消中国的影响"。同时,在处理越南问题时,民主德国也采取了具体问题具体分析,以争取越方在德国问题上的支持的做法。"我们要支持北越政府和南越人民推翻吴庭艳政权的斗争。终止美国在南越的干预并支持越南和平统一。这样做会取得重要的影响","可以取得越南同志对我们在德国和西柏林问题上的支持"。民主德国使馆的这一分析报告得到了苏联和捷克大使的"完全认同"。①

总之,民主德国认为,"继续在中苏分歧中持摇摆态度,并在许多问题上同中国不一致的越南劳动党"是值得争取的对象。② 为了保持和北越的关系,就不能将与越南劳动党的意识形态争论带到国家关系上来。"当前形势下,民主德国应该采取所有可能的措施进一步在所有领域发展两国国家间的关系"。"鉴于同中国发展关系时的经验,民主德国必须对劳动党内亲华势力可能给两国关系所造成的负面影响有所准备。民主德国不会主动采取可能会被越方视作损害两国关系的行动","要避免同越方发生争吵,而如果相关讨论不可避免,也必须强调观点上的分歧不该影响两国关系的发展,并避免任何可能损害民主德国和驻北越大使馆声誉的情况"。③ 为了应对中国对越南的意识形态宣传,民主德国驻北越大使馆的党委会议多次强调同

---

① Einschätzung des Besuches der chinesischen Partei-und Regierungsdelegation unter Leitung des Präsidenten der VR China Liu Schao Tschi und des Stellv. Ministerpräsidenten Tschen-yi vom 10. bis 15.5.1963 in der DRV. Hanoi, 28.9.1963, PAAA, MfAA, G-A 324.

② Aktenvermerk über ein Gespräch zwischen dem sowjetischen Botschafter, Gen. Tovmassjan, und Gen. Bibow am 7.8.1963 von 9.00–11.00 Uhr in der sowjetischen Botschaft. Hanoi. PAAA, MfAA, G-A324.

③ 这份报告同时也认为,对于耗时持久,耗费巨大的经济项目,民主德国该冷淡待之。参见: Einschätzung der derzeitigen Haltung der Partei der Werktätigen Vietnams in den ideologisch-politischen Meinungsverschiedenheiten, Hanoi, 19. Aug. 1963, PAAA, MfAA, G-A 324。

中共的政治和意识形态宣传做斗争的重要性，"使馆里的每个同志都应该认真遵守统社党中央的决定，反对中国的宗派主义和托洛茨基主义行为"。①

二、越南劳动党三届九中全会及民主德国的反应

在中苏分裂愈演愈烈的同时，1963年底以来，整个越南的形势处在大规模危机和战争来临的前夜。随着"越南共和国"（简称"南越"）"总统"吴庭艳和美国总统肯尼迪相继被刺杀，越南劳动党高层中的主战派决定抓住机会统一全国。从此时北越自身的形势来看，通过和平共处，努力发展经济最终实现和平统一的计划危机重重。1962年，北越国内农业集体化和工业化发展出现问题，政府不能满足国内民众需求以及同其他社会主义国家的商贸协定（进口远大于出口），债务大幅增加。同时，1962年许多社会主义兄弟国家的贷款却大都未被使用。劳动党政治局仍然将15%的国家预算投入了军备和防务。此时，劳动党内支持武力统一和和平统一的势力开始向前者倾斜。主战派要求推动北越经济的自力更生，以使其能够支持南方的解放战争。②

1963年11月22日召开的越南劳动党三届九中全会，是这段时期北越的重大政治事件。在政治局半数委员都仍然支持和平共处原则的情况下，劳动党中央第一书记黎笋做出了加速推动南方的军事斗争和全面武装解放南越的秘密决议。

九中全会期间及其之后，越南劳动党开始暗示性地批评苏联和苏共的政策。一方面，黎笋在九中全会上的报告中，不点名地批判了赫鲁晓夫及苏共的和平共处政策，指出"那些与帝国主义者将缓和置于一切之上的人束缚了革命运动的发展"。同时他还赞扬了毛泽东对马列主义的贡献。在黎

---

① Entschließung der Wahlversammlung der Grundorganisation der Botschaft in Hanoi am 4.5.1964, Stiftung Archiv der Parteien und Massenorganisationen der DDR im Bundesarchiv (SAPMO-BArch), DY 30/IV A 2/20/443.

② Lien-Hang T. Nguyen, "*Between the Storms*": *North Vietnam's Strategy during the Second Indochina War, 1955-1973*, p.49.

笋等劳动党高层的一系列讲话里,"和平共处"原则也被视作了"修正主义"的路线。劳动党开始倾向中共的另一个表现是,九中全会前,河内还大致可以自由地谈论对中苏分歧的看法,但会议之后,亲苏的党内中层官员很少再发表自己的看法。50名要求继续维持对中苏态度平衡的党内中层官员被定性为"修正主义分子"。曾经或正在苏联学习培训过的劳动党官员被视作"亲苏分子",遭到清洗或逮捕。在苏联学习的学生也在1964年被召回国接受再教育。①

而另一方面,与中共不同,越南劳动党不想与苏联发生公开的争论,而是期望能同时获得中苏双方的支持。九中全会的决议并未公开批判"修正主义",其虽指出,"最近以来,现代修正主义的一些分裂和破坏活动产生了某些限制",但还是强调这"并不能消除社会主义体系对于人类社会发展事业的客观作用和巨大影响"。在论述当今世界的矛盾时也没有提到修正主义问题,而是认为"社会主义同资本主义间的矛盾是最根本的矛盾"。决议还在非常多的地方提及了苏联的成就,除了"在第二次世界大战中,以苏联为首的各民主社会主义及爱国力量的历史性胜利"外,还指出"苏联已经完成了社会主义建设事业并且正在建设共产主义的物质和技术基础"。②这显然与当时中共对苏联和苏共的看法是不一致的。

越南劳动党还非常强调社会主义阵营团结的重要性,九中全会决议指出,"目前,社会主义阵营包括13个国家,人口超过10亿,占全世界总面积的四分之一,工业产量占全世界的三分之一以上,手中掌握了强大的国防力量并在一些最为关键的科学技术领域处于世界领先地位。该形势使得世界上革命与反革命的根本性力量对比出现有利于前者的变化。社会主义体系成为世界革命以及世界和平的保障"。"社会主义阵营力量的不断壮大及其同帝国主义阵营对抗模式下的斗争局面阻止并限制了帝国主义,使其

---

① Lien-Hang T. Nguyen, "*Between the Storms*": *North Vietnam's Strategy during the Second Indochina War, 1955-1973*, pp. 53-57.

② "越南劳动党中央执行委员会第九次会议关于我党的国际任务和世界形势的决议",1963年12月,越共中央档案,越共中央编:《越南共产党文件全集》,第23卷,河内:国家政治出版社,2003年,第685—759页。

无法再肆意挑起和发动战争"。而在劳动党看来,这种团结的重要目的,就是为了支持包括越南在内的世界民族解放运动,"要发挥社会主义制度相对于资本主义制度的优越性,特别是要利用对各资本主义国家革命斗争运动和民族解放运动的积极拥护,社会主义阵营对于世界革命运动的发展以及争取胜利起着促进作用"。①

这样一来,越方在针对"修正主义"的具体做法上其实是十分矛盾的。1月27日,越南劳动党政治局在党内传达了学习九中全会决议的通知,通知虽指出"就是要积极参与反对现代修正主义的斗争,保卫马列主义的正确路线","明确同帝国主义和现代修正主义进行彻底斗争的立场",而且党内也有"少数干部、党员受到了修正主义的影响,在观点上同中央相抵触"。为此,要求劳动党党员干部"认清在国际共产主义运动中目前存在两条斗争路线:马列主义的道路和修正主义的道路;对于国际共产主义运动的各项战略、策略问题要在立场、观点上分清马列主义同修正主义的界限"。但在具体操作时,通知却要求"应区分一些问题可以在党内外讲,而有些问题只能在党内讲"。尤其是"不要将有关思想观点的斗争同国际共产主义运动及社会主义阵营的团结友谊态度相混淆;不要将铁托修正主义一伙同某些兄弟党中犯下修正主义错误的人相混淆"。② 由此可以看出,尽管劳动党在九中全会后在中苏之间向中共靠拢,但并未向中共那样点名批判苏共,因为其不希望由于意识形态争论影响到与苏联的关系和苏方的援助,实际上为日后同苏联发展关系留下了空间。

对于民主德国的政策,20世纪60年代初期以来,北越政府也明显受到了意识形态争论的影响,将德方视作苏联阵营的一员。有越方官员曾经对民主德国驻北越大使馆代表表示,"你们的啤酒很好,但政策却很坏"。③ 越

---

① "越南劳动党中央执行委员会第九次会议关于我党的国际任务和世界形势的决议",第685—759页。

② "政治局关于组织学习中央第九次会议关于国际问题决议的指示",1964年1月27日,74-CT/TW,越共中央档案,越共中央编:《越南共产党文件全集》,第25卷,河内:国家政治出版社,2002年,第43—50页。

③ Martin Grossheim, "'Revisionism' in the Democratic Republic of Vietnam: New Evidence from the East German Archives," p. 456.

政府也限制民众与欧洲社会主义国家的官员接触。当一些河内民众同民主德国驻北越大使馆官员谈话后，马上就被警察所拘捕，并受到盘问。有民众表示，今后不能再和民主德国驻北越大使馆官员对话，因为政府规定越南人不能和欧洲人混在一起。1964年5月，民主德国驻北越大使馆还和封锁包围使馆的北越国安部门发生了矛盾。① 北越驻民主德国大使馆官员往往也跟随中国，在一系列公开活动中保持共同的立场。例如，在1964年夏天的一次群众集会中，统社党中央政治局委员诺伊曼（Alfred Neumann）在马克思—恩格斯广场发表了批判中国的讲话。随后，越方代表和朝鲜大使及中国驻德代办一起离开了广场，以示抗议。② 越南南方民族解放战线（简称"民族解放阵线"）③ 代表也多次在谈话中强调了其与中国的紧密联系与合作，赞扬了中国对越南人民"决定性的团结态度"。④

此时的北越和中国一样，也对民主德国和苏联采取了区别对待的政策。⑤ 1964年9月12日越南劳动党中央书记处的一份有关庆祝民主德国成立15周年的文件指出：

> 美帝和西德军国主义集团挑起战争的政策以及现代修正主义的投降政策正威胁着德意志民主共和国的生存和安全……为实现德国国家统一及保卫社会主义阵营西部前哨的稳固，务必要同美帝及西德军国主义集团做坚决斗争，应依靠民主德国，全力保卫和拥护德意志民主共和国……表明越南人民对于民主德国人民保

---

① Martin Grossheim, "'Revisionism' in the Democratic Republic of Vietnam: New Evidence from the East German Archives," p. 463.
② Quartalübersicht zu den Beziehungen der DDR mit der NFB Südvietnams im II. Quartal 1964, Berlin, 14. 07. 1964, PAAA, MfAA, C1087/73.
③ 1960年12月在越南劳动党领导下在越南南方成立的反抗南越政权的统一战线组织。
④ Übersicht über die Beziehungen zwischen der DDR und der NFB Südvietnams im IV. Quartal 1964, Berlin, 06. 01, 1965, PAAA, MfAA, C1087/73.
⑤ 有关20世纪60年代中期中国对民主德国和苏联的区别对待政策，参见陈弢：《中苏破裂背景下的中国和民主德国关系（1964—1966年）》，《当代中国史研究》2012年第3期，第57—64页。

卫自身独立和安全斗争，抵抗美帝及西德军国主义集团新阴谋的鼓舞和拥护的热情态度。①

实际上，越南劳动党并不希望意识形态上的争论扩大到国家关系上来，尤其不想使民主德国的对越援助由此而受到影响。因此，文件也高度评价了民主德国在社会主义阵营中的地位，指出"德意志民主共和国的成立是欧洲历史的一个转折点。存在于社会主义阵营中的一个热爱和平的德国对于想要在欧洲挑起战争的军国主义、帝国主义集团来说是一个极大的屏障"。为此，劳动党决定在河内市剧院举行群众大会。在海防，与德方结为友好关系的各单位及由德方援建的各企业也应组织群众纪念大会。此外，还要在河内组织一周的民主德国电影放映及图片展览。北越的各报纸和广播电台也需要根据中央规定的内容撰写关于民主德国的文章并报道越方各项纪念活动的新闻。② 这些活动措施，相对当时中国开展的类似活动，规模要显得大一些。

民主德国对九中全会的分析尽管看到了劳动党向中共靠拢的趋势，但却没有过多注意到越方在中苏分歧中的微妙态度。其驻北越大使馆的一份报告指出，九中全会后，越南劳动党主战派加强了整军备战的工作。他们进一步在国内号召民众要为斗争做出牺牲，宣传提倡"一个人做两个人的工作"，进一步降低了国内民众的生活水平。主战派还宣扬除了武装革命外，没有其他可以解决越南问题的方法。使馆的分析报告认为，随着北越在意识形态方面越发偏向中国，支持苏联和欧洲党观点的同志要么被开除，要么受到打压。"有些同志一发表自己的看法后，就马上销声匿迹了"。《学习杂志》（Hoc tap）和《人民报》（Nhan Dan）等党的重要报刊上都刊登了符合中国观点的文章。③ 1964 年 8 月，其驻北越大使馆的一份分析报告认

---

① "书记处关于纪念德意志民主共和国成立 15 周年的通知"，148-TT/TW，1964 年 9 月 12 日，越共中央档案，越共中央编：《越南共产党文件全集》，第 25 卷，河内：国家政治出版社，2002 年，第 228—230 页。

② 同上。

③ Einschätzung der Entwicklung der politischen Situation in der DRV nach dem 9. Plenum des ZK der PWV im Dezember 1963/Januar 1964, Hanoi, 27. 05. 1964, PAAA, MfAA, G-A 324.

为，劳动党已经放弃了和平共处的社会主义外交政策总方针，而中国对劳动党的影响体现在越南境内的大量华人、报刊、广播及经济军事援助上。①

民主德国驻北越大使馆认为自身开展工作越发困难，影响北越的可能性越来越小。北越对欧洲社会主义国家使馆及来自这些国家的援越专家的监控也越来越强，但民主德国驻北越大使馆仍认为，使馆绝不能使两党的关系恶化扩展到国家关系层面上去，这也有利于北越的国家利益。使馆在外宣工作中也该继续强调民主德国建设的成功证明了统社党政策的正确性，而且这是经互会各国经济合作的结果。此外，还需要多开展"反对西德帝国主义的宣传，以及民主德国的和平政策是德国统一的唯一道路等问题"。②

扩大经贸交往，加大对越南的援助，这些从 20 世纪 60 年代初以来是提高民主德国影响，遏制中国影响的办法。到 1965 年为止，民主德国共向北越提供了 7000 万东德马克的无偿援助。但事实上，两国贸易自 1960 年达到 7600 万东德马克的高峰后，经历了巨大的下滑。1961—1964 年的贸易额分别为 5040 万东德马克、4460 万东德马克、2660 万东德马克和 2630 万东德马克。同时，民主德国在双边贸易中拥有巨大的顺差，1960 年为 480 万东德马克，1961 年为 1950 万东德马克，1962 年为 2910 万东德马克，1963 年为 1860 万东德马克，1964 年为 2740 万东德马克。③ 对于这一时期的两国贸易，统社党中央认为，必须全力避免社会主义内部的意识形态争论扩大到目前发展良好的双边贸易上去。通过向越方提供企业的设备和开展工作所需的机械，民主德国可以从越南获得更多的出口物质供应。民主德国化学企业应该和其他感兴趣的民主德国企业一起，为同北越签订长期贸易协定以进口其重要的原料物资而努力。对于一些没有从其他社会主义国家确保

---

① Zusammenfassung der Einschätzung der ökonomischen, politischen und kulturellen Entwicklung der Demokratischen Republik Vietnam (VVS B7/11-7/64), Hanoi, 20.08.1964 PAAA, MfAA, G-A 324.

② Einschätzung der Entwicklung der politischen Situation in der DRV nach dem 9. Plenum des ZK der PWV im Dezember 1963/Januar 1964, Hanoi, 27.05.1964 PAAA, MfAA, G-A 324.

③ Gesprächskonzeption für eine Konsultation mit der Partei-und Regierungsdelegation der DRV betreffe Unterstützung der DDR von die DRV auf der Konferenz der afro-asiatisches Staaten in Algier, Berlin, 05.05.1965 PAAA, MfAA, C1061/73.

的进口物资，政府必须要动用各种方式，努力从北越处获取。①

此时的北越政府出于北越自身经济利益，以及"自力更生发展经济"的原则，"经常提及越南民主共和国会受到'富裕'的社会主义国家剥削"，因此，也限制同社会主义国家的物资交易。例如，北越外贸部副部长1964年下半年曾向民主德国政府表示，越方1965年紧急需要从民主德国进口1500万—2000万卢布的物资。但民主德国政府认为，"现在扩大发展与北越贸易的最大问题在于解决民主德国所需的进口物资问题"。"北越目前的出口限制措施，使其减少了对民主德国所需的热带产品的出口。与此同时，北越却越发努力地向我们推销纺织品等消费品"。② 在北越抓紧管制对外贸易的情况下，1964年民主德国和北越的贸易协议中所规定的贸易数额比1963年减少了30%。③ 此外，北越对物资的需求往往大于民主德国能够提供的。例如，有民主德国考察团到北越访问后发现，尽管民主德国向北越提供了大量物资，但"当时却没考虑到自然磨损等问题，忘记了应该同时提供相应的备件"。越德友好医院的院长向考察团表示，医院最大的担忧之一就是现在医院的设备是全负荷地使用，却没有相应的备用设施。④

尽管在经贸问题上有如此多的问题，民主德国在社会主义阵营中领先的科学技术和生产力，连同其国内在经济社会发展和在外交领域屡屡获得成功的经验一起，逐渐成了北越学习的对象。北越驻民主德国大使认为，民主德国自身的斗争对北越"意义重大"。尽管越方批评过两德的"通行证

---

① Dem Volke zum Nutzen-der Republik zu ehren, 04.05.1964 SAPMO-BArch, DY 30/IV A 2/20/443.

② Jahresbericht 1964 der HPA, Hanoi, SAPMO-BArch, DY 30/ IV A 2/6.10/268.

③ Niederschrift über eine Unterredung zwischen Minister Schwab und dem Botschafter der DRV in der DDR, Biu Lam, am 16.1.1964 im MfAA in der Zeit von 16.00 bis 16.45 Uhr, Berlin PAAA, MfAA, A8724.

④ Auszug aus dem Bericht des Leiters von Zentralbild, Gen Walter Heilig, über seine Reise in die DRV vom 13.9–15.10.1965, Berlin, 04.11.1965, SAPMO-BArch, DY 30/JIV 2/2J 1539.

协定"①。但最后还是对通行证协定及其过程进行了学习，并为自身的斗争吸取了经验。② 德方也在谈话中发现，目前民主德国的对越工作，尽管影响还不大，但还是取得了一些成效。例如，受到苏联和东欧国家培训过的越南专家认为，他们的所学能更好地用在北越的经济建设上，而非是到南越去发动战争。③

在全面分析了中苏意识形态斗争，以及其对民主德国和越南关系的影响之后，1964年11月2日，民主德国外交部拟定了今后一段时间发展两国两党关系的基本措施和目标。在处理对越关系时，应该遵循以下八大指导方针：

1. 北越是社会主义国家，民主德国和北越的党和政府尽管存在很大的意识形态和政治观点分歧，但同他们的人民却有着深厚的团结关系。同北越政府关系的保持和发展对双方都有利。

2. 越南劳动党高层表示过，尽管存在意识形态上的分歧，但双方的合作却该加强。

3. 在发展双边关系的进一步措施里，民主德国外交部和政府应该在谈话、会谈和出版物等场合，利用双方所存在的共同点。对于北越下述的请求，民主德国应该予以支持，包括：立即停止美军在南越的干预。各方应严格遵守1954年的日内瓦协议，南越的内部事务应该由南越人民在越南南方民族解放阵线的领导下自己管理，揭露美帝国主义对南越的侵略等。同时利用各种机会向越南同志展示民主德国党和政府在正确的马列主义原则指导下取得的成就。在谈话中如遇到侮辱性的攻击，应捍卫统社党的观点

---

① "通行证协定"，德文称为Passierschein Abkommen，是1961年8月13日柏林墙修建后，由时任西柏林市长的勃兰特等人提出，与民主德国政府签订的促进东西柏林民众相互探亲、交流的协议。

② Auszug aus dem Bericht des Leiters von Zentralbild, Gen Walter Heilig, über seine Reise in die DRV vom 13.9–15.10.1965, Berlin, 04.11.1965, SAPMO-BArch, DY 30/JIV 2/2J 1539.

③ Martin Grossheim, "Revisionism in the Democratic Republic of Vietnam: New Evidence from the East German Archives," pp. 451–477.

并予以驳回。

4. 民主德国应该继续在互利的基础上,保持和提升与北越的经济关系。尽可能满足越方在民主德国国内培养越南技术干部的需要。今后应该从北越进口更多高质量的轻工业产品(工艺品、纺织品、鞋子、罐头和果汁等)。不能使民主德国和北越的贸易相对于其他社会主义国家的对越贸易继续减少。① 到1970年底为止,完全消除民主德国在双边贸易中的贷方余额。

5. 保持同北越的文化关系,从长远可持续的角度构建对双方都有利的文化领域合作。民主德国高等和职业教育部门应该同自由德意志青年团(FDJ)、自由德意志工会(FDGB)以及人民友好协会联盟(Liga für Völkerfreundschaft)一起评估改善在民主德国学习的越南学生的待遇和生活。向越南学生阐明民主德国的建设和斗争成就及其对北越、新独立民族国家和民族解放运动的国际援助。加强对北越文化政策发展趋势的分析。

6. 在北越当前的政策下,民主德国应该采取各种措施,同北越在国家关系和社会层面相互配合。所有同北越政府机构有直接合作和联系的民主德国国家机构、院所和社会组织都该继续保持这种联系。

7. 现有的民主德国驻外机构与越南外交官的联系应该保持。在谈话中,不主动挑起争论,但遇到越方的攻击则应该坚决驳回。尤其是在亚非拉地区的民主德国驻外机构及社会组织,应该努力获悉北越在这些地区的影响及其在国际会议上的行为。

8. 同北越签署的条约和协议必须由相应的民主德国政府机构严格管理,监督其执行情况。②

---

① 1964年,捷克斯洛伐克对北越的贸易协定额度比1963年有大幅度提升。
② Die gegenwärtige Haltung der Führung der Partei der Werktätigen Vietnams (PWV) zur Deutschlandfrage, die Auswirkungen der Politik der PWV auf die Beziehungen zwischen der DDR und der DRV. Richtlinie für die Arbeit des MfAA bei der Gestaltung der Beziehungen zur DVR, Berlin, 02.11.1964, PAAA, MfAA, C1061/73.

可以看出，在中苏分裂的背景下，尽管越南劳动党此时在意识形态问题上与民主德国和苏联有矛盾，但民主德国领导人对越南事务的关注仍大幅加强了。在 1964 年 8 月东京湾事件以及越南战争升级后，这样的关注直接导致了民主德国对越援助的大幅增长。

三、德国问题上民主德国与北越的交往

在德国问题上的协商是民主德国同北越政府关系的重要组成部分。应对联邦德国在南越的干预，并以反对联邦德国和美国的斗争姿态在两德民众中获得更大的认同，是民主德国这一时期对北越和越南南方民族解放阵线政策的重要考虑和追求。1962 年 6 月，越南南方民族解放阵线就在柏林设立了代表处。1964 年柏林代表处规模又进一步提升。1964 年秋季，来自民主德国德意志工会联盟（FDGB）的 50 万民主德国马克的捐款经过北越政府到达了越南南方民族解放阵线的手中。

此时，另一个德国——联邦德国政府也在美国和南越政府一边参与到了越战中。到 1975 年为止，联邦德国政府在越南问题上是站在美国和南越政府一方的，并总共向南越政府提供了 1.45 亿西德马克的经济援助。在政治和军事上，联邦德国不仅支持封锁和不承认北越政府及越南南方共和国临时政府，还派遣联邦德国公民直接参与越战。最典型的例子就是其派出卫生医疗舰"黑尔戈兰"号到南越水域救助南越士兵。① 民主德国政府认为，在北越和越南南方民族解放阵线现有的报道和文件中，对联邦德国给予南越政府的支持报道和批判显得很不够。因此在与北越外交官员谈话时，民主德国要求越方应该加大力度宣传两个德国在南越问题上所体现出的迥然不同的态度。② 于是，在德方的请求下，越南民族解放阵线不但以对比的方式，加大力度宣传两个德国在南越的不同活动，还首次在其官方文献中

---

① Zur Haltung der BRD zum Vietnam problem, Berlin, 16.05.1975, PAAA, MfAA, C5401.

② Quarterübersicht über die Beziehungen zwischen der DDR und der NFB Südvietnams im III. Quartal 1964, Berlin, 29.09.1964, PAAA, MfAA, C1087/73.

提及了民主德国在争取和平的斗争中扮演的重要角色。于是，民主德国方面又在1964年底增添了价值36万民主德国马克的对越南南方民族解放阵线的物资援助，还满足了越南南方民族解放阵线方面的请求，对其在柏林的代表处的活动进行了高规格的对待，提升了柏林办事处的等级。①

尽管对"和平共处"原则越来越不满，也认为其自身应该全力扩充军备，准备武力统一，但北越政府却仍在反对联邦德国军事化，放弃核武等问题上支持民主德国。1964年2月底，北越在国内专门举办了支持民主德国，反对联邦德国艾哈德政府的核武装和北约的多边核力量计划的一系列活动。7月16日，北越外交部还发表声明，谴责了联邦德国政府在西柏林进行总统选举，并认为联邦德国正在边境上对民主德国进行挑衅。②

但北越政府却明确反对两德正在进行和即将进行的任何缓和关系的谈判。首先是东西德此时正在谈判的"通行证协定"问题，民主德国政府曾将乌布利希5月致艾哈德的信发给了北越，试图获取北越对民主德国的欧洲和德国和平建议的支持。③ 然而这种和平解决东西德问题的初步尝试，被北越认为只能运用于德国问题，而不能用在越南。民主德国和平解决德国问题的政策被北越视作是在帝国主义面前"投降和后退"。民主德国政府认为，北越"总是过高估计美帝国主义在德国问题上的作用，而忽视了西德帝国主义的危险性和独特性"。④

其次，北越政府也不支持苏联与民主德国签订的双边条约。1964年6

---

① Übersicht über die Beziehungen zwischen der DDR und der NFB Südvietnams im IV. Quartal 1964, Berlin, 06.01,1965, PAAA, MfAA, C1087/73.

② Die gegenwärtige Haltung der Führung der Partei der Werktätigen Vietnams (PWV) zur Deutschlandfrage, die Auswirkungen der Politik der PWV auf die Beziehungen zwischen der DDR und der DRV. Richtlinie für die Arbeit des MfAA bei der Gestaltung der Beziehungen zur DVR, Berlin, 02.11.1964, PAAA, MfAA, C1061/73.

③ Brief von MfAA der DDR an MfAA der DRV, Berlin, Juni, 1964, PAAA, MfAA, C 1061/73.

④ Die gegenwärtige Haltung der Führung der Partei der Werktätigen Vietnams (PWV) zur Deutslandfrage, die Auswirkungen der Politik der PWV auf die Beziehungen zwischen der DDR und der DRV. Richtlinie für die Arbeit des MfAA bei der Gestaltung der Beziehungen zur DVR, Berlin, 02.11.1964, PAAA, MfAA, C1061/73.

月12日，民主德国和苏联签署了《友好合作互助条约》。民主德国成为苏东阵营里最后一个同苏联签署类似协定的国家，这一条约实际上完成了民主德国加入苏联同东欧国家所构建的双边友好互助同盟网络中。① 民主德国在成立15年后，终于获得了以条约确保的"兄弟国家"的身份。这实际上是民主德国追求国际承认斗争的一大胜利，但北越驻中国大使馆一秘随后却向民主德国方面表示，"帝国主义者会对这一条约感到高兴，因为条约缓和了欧洲的局势，却给帝国主义提供了集中全部注意力于南越、老挝和古巴的机会"。此外，北越还在报刊上发表文章，揭露苏联和民主德国在德国问题上的矛盾。民主德国外交部认为，越方的这种表态，不仅体现出对民主德国和苏联进一步加深相互合作的不满外，同时还将协定描述成了对东南亚和拉美民族解放运动的阻碍。② 值得注意的是，北越的这种表述除了体现出其自身的不满外，还明显地附和了此时中国对此问题的态度。③

在这种情况下，对于各种来民主德国访问考察的北越代表团，民主德国政府下了很大功夫来向其传播民主德国的建设经验、意识形态以及在德国问题上的态度。例如，一个越方代表团在访问民主德国后表示，"民主德国是社会主义阵营的前哨站，就建立在资本主义世界的边境上。我们在越南也面临同样的状况和敌人"。"我们用自己的耳朵听，用自己的眼睛看到了德国的情况。这使我们更加理解了当前形势的复杂性和困难性"。④ "在他们访德前，都认为我们对帝国主义斗争的信念不坚定，而在访问了反法西斯墙（即柏林墙）和企业里的工作小组后，他们开始认识到，我们（民主德国）是坚定反对帝国主义的"。当统社党中央国际联络部副部长马尔科夫

---

① Jan Foitzik, "Sowjetische Hegemonie und Ostintegration der DDR," von Dierk Hoffmann & Michael Schwartz & Hermann Wentker, *Vor dem Mauerbau, Politik und Gesellschaft in der DDR der fünfziger Jahre*, S. 48.

② Die gegenwärtige Haltung der Führung der Partei der Werktätigen Vietnams (PWV) zur Deutschlandfrage, die Auswirkungen der Politik der PWV auf die Beziehungen zwischen der DDR und der DRV. Richtlinie für die Arbeit des MfAA bei der Gestaltung der Beziehungen zur DVR, Berlin, 02.11.1964, PAAA, MfAA, C1061/73.

③ 参见陈弢：《中苏破裂背景下的中国和民主德国关系（1964—1966）》。

④ Parteidelegation aus der DRV, 08.08.1964, SAPMO-BArch, DY/ 30 /IV A 2/20/438.

斯基（Markowski）对一个由北越内务部和物资部组成的代表团表示，"有人总说我们这里复辟了资本主义"之后，该代表团领导强调，"那些人的观点不正确，并不了解民主德国的情况"。民主德国方面也尤为重视这些代表团在离德前的承诺，即他们"在回国后将热情地宣传民主德国，并将一直都是民主德国的朋友"。①

值得注意的是，与北越的态度不同，越南南方民族解放阵线为了获得德方更多的援助，在德国问题上与民主德国的观点更加接近。1965年5月，民主德国举办了庆祝解放20周年的大型庆祝活动。越南南方民族解放阵线派出了由中央委员郑怀南（音译 Tran Hoai Nam）率领的代表团参加了这次活动，体现出了对民主德国的支持。该代表团被民主德国方面以政府代表团的规格予以接待。民主德国部长会议主席斯多夫在与郑怀南的谈话中表示，民主德国将继续全方位对民族解放阵线的支持。越南南方民族解放阵线方面也加大了对联邦德国在南越活动的批判，相关批判在民主德国的媒体上都可以看到。民主德国外交部远东司越南科的分析报告认为，这次访问体现了民主德国与越南南方民族解放阵线间团结互助关系的高潮。②

利用郑怀南代表团参加民主德国解放20周年仪式的机会，民主德国外交部认为，应该抓住机会使越方在第二届亚非会议上为民主德国宣传如下信息："民主德国是德国人民的唯一合法代表，民主德国与亚非国家的合作既有利于维护欧洲的和平，也符合亚非国家的利益。民主德国对亚非国家独立运动的全面支持也明显体现在其对越南南方民族解放阵线争取作为南越人民唯一合法的代表的持续支持上"。同时也要积极宣传，"与民主德国相反，西德政府是亚非人民的敌人，这尤其体现在其对越南人民正义斗争

---

① Aktenbermerk über die Abschlußbesprechung der Urlauberdelegation der PdW Vietnam, Gen. Ho van Ninh, Abteilungsleiter für Personenstandswesen im Ministerium des Inneren und Gen. Vu Duy Quong, Abteilungsleiter für Mechanik im Ministerium für Staatsgüter beim Gen. Paul Markowski, Stellv. Abteilungsleiter Internationale Verbindungen am 1. Sept. 1964 16：00 Uhr, SAPMO-BArch, DY/ 30 /IV A 2/20/438.

② Übersicht über die Beziehungen zwischen der DDR und der NFB Südvietnams im II. Quartal 1965, Berlin, 06.07.1965, PAAA, MfAA, C1087/73.

的诋毁和对美国的支持上"。①

四、越战升级背景下民主德国对越政策的调整

1964年8月初，美军舰艇在东京湾（即北部湾）水域执行所谓"水文地理研究"任务时，声称遭到北越鱼雷艇攻击，双方发生交火，是为著名的"东京湾事件"。东京湾事件之后，美军对北越进行了大规模轰炸。1965年2月初，越南南方民族解放阵线的部队袭击了位于波来古（Pleiku）的美军基地，随后美军对北越进行了大规模报复性的空中打击和轰炸，从而使越战进一步升级。而1964年10月勃列日涅夫接替赫鲁晓夫担任苏共中央第一书记，苏联对越南问题的政策也发生了转变和调整。此后，苏联加大了援助北越的力度，整个越南局势都进入了新的阶段。

对于苏东阵营来说，越南战争的升级，也意味着欧洲局势和整个东西方对抗的升级。在苏共高层的决策里，东方的越南和西方的民主德国一直是东西方对抗的前沿阵地。1965年5月，苏联国防部长马林洛夫斯基表示，美国在越南等地的政策升级了东西方在全世界的对抗，苏联应该对此采取"积极的反制措施"。其中就包括在（东）柏林和东西德边境附近进行军事演习，将苏联境内的空降部队及其他部队重新部署在民主德国的土地上。他强调，"我们应该准备好敲打一下西柏林"。②

以苏联近乎一致，民主德国政府在评估"东京湾事件"时，也将越南的斗争和东西德的斗争联系起来看待。它不仅将"东京湾事件"完全视作是美国的挑衅，还认为美国这一使全球斗争升级的行动会挑起西德在两德

---

① 然而出于自身利益及力量限度的考虑，文件最后被人用笔删掉了民主德国"应该在政经文科技等各方面动用所有资源帮助北越的段落"。参见：Gesprächskonzeption für eine Konsultation mit der Partei-und Regierungsdelegation der DRV, Berlin, 05.05.1965 PAAA, MfAA, C1061/73.

② 祖博克教授认为，即使是要求与美国摊牌的最积极支持者也不得不承认，苏联并没有太多办法去影响美国和北越的政策，"毕竟柏林和古巴危机的往事仍然历历在目"，因此，勃列日涅夫、柯西金、苏斯洛夫、米高扬及波德戈尔内等人都认为还是应该保持克制。参见：Vladislav Zubok, *A Failed Empire, The Soviet Union in the Cold War, from Stalin to Gorbachev*, Chapel Hill：The University of North Carolina Press, 2007, pp.198-199.

边境的直接挑衅活动。由此，民主德国国安部门（斯塔西）部长米尔克要求，所有的下属部门对这段时间西德的各种挑衅行为和意图，尤其是对在西德和西柏林驻扎的北越部队和西德国防军各部的动向直接向其办公室进行报告。① 米尔克认为，这种挑衅既可能在民主德国内部发生，也可能来自国外。所有的斯塔西工作人员和部门都应该保持高度警惕，并动用所有外界不易察觉的措施紧密监控各种动向。②

越战升级的背景下，北越向民主德国提出了更多的援助请求。首先是额外的无偿经济援助。1965年4月底，劳动党中央政治局委员黎清毅（Le thang Nghi）向民主德国驻北越大使贝尔戈德（Bergold）表示，鉴于越南现在的紧急状况，北越政府向民主德国请求700万卢布物资的无偿援助（这些援助里包括500辆S4000型载重汽车），而且这些物资自然不应计入双边贸易协定和其他的援助协定里面。③ 除了物资和贸易援助外，1965年2月后，民主德国开始向北越方面提供包括防空导弹在内的各种军事物资，并派专家前往指导。④

其次，北越请求民主德国在其国内开展更大规模的群众援越活动。北越驻民主德国大使在谈话中表示，希望民主德国政府更加猛烈地批判美国。这包括在民主德国全国，尤其是柏林组织批判美帝国主义的游行，扩大援越工作在民主德国社会各阶层的影响，使其成为大规模的群众运动。此外，越方还希望扩大民主德国媒体对越南问题的报道，揭露美帝等。值得注意的是，越方在提出这些请求时，为了强调同民主德国的共同性，往往将其与调动民主德国社会各阶层参与"反对美帝国主义者的帮凶西德军国主义

---

① Anweisung im Zusammenhang mit der Verschärfung der internationalen Lage durch die Regierung der USA, Berlin, 06.08.1964, Die Bundesbeauftragte für die Stasi Unterlagen（BStU）, MfS, Bdl/Dok 3522.

② Anweisung von Mielke, Berlin, 06.08.1964, BStU, MfS, Bdl /Dok 4037.

③ 这一时期，北越向其他的社会主义国家也提出了类似的请求，例如请求保加利亚援助300万卢布的物资，匈牙利为500万卢布，波兰与民主德国一样，也是700万卢布。而苏联则收到了援助5000辆载重汽车的请求。参见：Information über das Gesuch der Partei und Regierung der DRV über materielle Hilfe durch die DDR, Berlin 11.05.1965, PAAA, MfAA, A18026。

④ Hellmut Kapfenberger, *Berlin–Bonn–Saigon–Hanoi：Zur Geschichte der deutsch-vietnameschen Beziehungen*, S. 291–292.

斗争结合起来"。① 同时，越南南方民族解放阵线也提出了援助请求，表示"越南人民的斗争是所有兄弟国家的事情"。与北越一样，他们也强调这样做对统社党调动其国内的青年有帮助。② 此外，民族解放阵线还强调"南越人民对美帝国主义在越南的帮凶西德的抗击"，以此获取民主德国的支持。③ 对于这些请求，民主德国政府大都做出承诺并接受了下来。

这一时期的（东）德（北）越关系中，在援助问题之外，中苏分裂、德国问题仍然是双方关注的重点。1965年6月17日，访问民主德国的劳动党中央政治局委员、北越副总理黎清毅同统社党第一书记乌布利希进行了谈话。为了获得德方的援助，黎清毅强调，"民主德国在社会主义阵营中的地位比越南民主共和国还重要。越南站在民主德国一方反对西德复仇主义和美帝国主义，捍卫民主德国的国家主权和领土完整"。④ 黎清毅在谈话中表达了越南劳动党不希望同中苏发生矛盾的看法，称"中国与越南是唇齿相依的关系。我们允许中国派出军队。一旦美军将战争扩大到北越，中国就将参战。而对于苏联，则只允许他们派出战机，因为我们不想在越南爆发新的世界大战"。⑤

而乌布利希在谈话中加强对越团结的重要性。他指出，

> 军事和政治策略如何具体处理，这是越南同志自己的事。我们在这样的问题上发表看法太困难了。只能希望你们获得胜利……未

---

① Vermerk über ein Gespräch mit dem 1. Sekretär der Botschaft der DRV, Gen. Bham Bang, am 3. 3. 1965, Berlin, PAAA, MfAA, A18026.

② Vermerk über ein Gespräch mit dem Amtierenden Leiter der Ständigen Vertretung der FNL Südvietnams, Hernn Duong dinh Thao, am 23. 03. 1965, Berlin, PAAA, MfAA, A18026.

③ Aktenvermerk über den Antrittsbesuch des Chefs der Ständigen Vertretung der NBF Südvietnams, Dang Kuang-Minh, bei Gen. Bots Dölling am 18. 5. 1965, Moskau, PAAA, MfAA, A661.

④ Niederschrift über eine Aussprache des Vorsitzenden des Staatsrates, Gen. Walter Ulbricht, mit dem Stellv. Ministerpräsidenten und Mitglied des Politbüros des ZK der Partei der Werktätigen Vietnams, Le thanh Nghi, am 17. 6. 1965 von 16 bis 17. 50 Uhr im Amtssitz des Staatsrates, Berlin PAAA, MfAA, G-A 319.

⑤ Ibid.

专题研究

来越南如何统一,是越南南方民族解放阵线和越南民主共和国的内政……越南战争对社会主义国家有着巨大的教益。它教会我们,如何用新的方式进行斗争。现在我们仍然使用各种老方法……希望越南同志多到自身感兴趣的地方看看。民主德国将向越方提供其所有能够提供的东西。如果越方能够更有效地利用这些物资就好了……同我们的敌人西德帝国主义斗争的情况完全不一样。北越取得军事胜利,民主德国在阿拉伯国家发动对西德帝国主义的战斗,① 并正在寻找新的地方,发动新的战役。社会主义国家同帝国主义的斗争是广泛和多种多样的。团结就会取得胜利。②

可以看出,乌布利希在面对北越政府高层官员时表达了民主德国不反对武装统一越南全国的观点,还明确指出了德国问题与越南统一问题的区别,而不再要求越方按照民主德国解决德国问题的模式来处理越南问题。这样的表述,对民主德国同北越及越南南方民族解放阵线关系的发展无疑是有积极作用的。

此时,在民主德国外交部和使馆的相关讨论中,如何在越南遏制中国的影响仍然是重点所在。1965年4月10日,在民主德国驻北越大使馆的一次会议上,有官员提出,"今后中国会以各种方式加强其对越南劳动党的影响,我们必须更加仔细地分析劳动党对中国的反应。驻北越大使馆必须加强自身的工作,以使在所有的问题上我们都有所了解"。驻北越大使贝尔戈德肯定了该官员的建议,并指出,"北越说什么是他们自己的事。重要的是,我们随时都要展示和证明我们站在北越一边,即使有些问题上看法不

---

① 指民主德国这段时期在埃及等阿拉伯国家进行的粉碎"哈尔斯坦主义",试图同这些国家建立外交或其他关系的行动。

② Niederschrift über eine Aussprache des Vorsitzenden des Staatsrates, Gen. Walter Ulbricht, mit dem Stellv. Ministerpräsidenten und Mitglied des Polibüros des ZK der Partei der Werktätigen Vietnams, Le thanh Nghi, am 17. 6. 1965 von 16 bis 17. 50 Uhr im Amtssitz des Staatsrates, Berlin PAAA, MfAA, G-A 319.

一致"。①

具体到处理越方援助请求问题上,民主德国往往借此机会,向越方展示西方有关中国不给援越的苏联飞机提供机场的报道。越方则只是表示,这是"帝国主义的谎言,是为了在社会主义兄弟国家间搬弄是非"。②

民主德国国内规模庞大的援越集会和活动,有时候也直接成了中苏以及两种不同意识形态较量的舞台。1965年4月16日,中国驻民主德国大使馆讨论了在民主德国大力宣传越南问题,并号召大家提高政治警惕性,严防帝修的破坏活动。此外使馆人员还要积极参加外部活动,增加中小型官办活动,以及参加文化界、新闻界的电影酒会等。使馆公报和橱窗也要展出中国援越的图片。③ 尽管中方发现民主德国国内各大学的学生援越反美集会中,"德方极力控制,不想搞大,反美调子也低",但为了避免破坏这段时期中国对民主德国采取的区别对待和争取政策,中方其实并不想太过强调对德斗争的一面。驻德使馆指出,"我留学生应积极参加,但不应过度突出,要以越留学生为主",而且"主要锋芒指向美帝,对苏修可适当揭露,但不宜点名"。④

对于北越方面来说,尽管1965年之后,越南劳动党中央越来越渴望在中苏之间重新维持一个平衡的局面,不再强调与中国"联合反修",而各级领导干部中开始隐隐出现对华排斥和抗拒的情况,⑤ 但这一时期,属于政府中层干部的北越驻德外交人员,仍明显地表现出在中苏分歧中站在中国一

---

① Protokoll über die Wahlberichtsversammlung der Grundorganisation der SED an der Botschaft der DDR in Hanoi am 10. Apr 1965, Hanoi, SAPMO-BArch, DY 30/IV A 2/20/443.

② Aktenvermerk über eine Unterredung zwischen Gen. Schneidewind und dem Geschäftsträger a. i der DRV in der DDR, Botschaftsrat Nguyen duc Thieng, am 23. 3. 1965 im MfAA in der Zeit von 16: 00 bis 17: 00 Uhr, Berlin, PAAA, MfAA, A18026.

③ 《驻民德使馆关于就越南问题加强活动的计划》,1965年4月27日,中国外交部档案,109-03655-02。

④ 《复德方对留学生要求游行和集会的态度等》,1965年4月6日,中国外交部档案,106-01249-01。

⑤ 游览:《联合反修的形成与破裂:兼谈中越关系从合作到分歧的转折(1963—1965)》,华东师范大学周边国家研究院/冷战国际史研究中心编:《冷战国际史研究》(第26辑),北京:世界知识出版社,2018年,第84—88页。

方的态度。1965 年 7 月 20 日，东柏林弗雷德里希大街的国际展览中心举办了援越图片展，包括苏联、中国、朝鲜、北越和越南南方民族解放阵线的代表都出席了展览的开幕式。然而出席开幕式的苏联驻民主德国大使阿布拉西莫夫（Abrassimov）却发现，展览中很多有关社会主义阵营援越的图片里都没有提到苏联，因此向民主德国外交部副部长施蒂比（Stibi）直接提出了抗议。民主德国外交部通过调查发现，本来就内容很少的苏联援越情况介绍的图版在展览前夕被移到了最后面，而最前面的依次是中国、朝鲜和阿尔巴尼亚的图版。除苏联外，欧洲社会主义国家中只有波兰有图版。德方的调查指出，图片及其内容都是由北越大使馆负责编排的，"展览给人的印象就是亲中国的国家和非社会主义阵营的亚非国家是援越的主角"。①最后，民主德国对外文化交流协会和外交部远东司越南科的工作人员由于对展览内容事前完全没有留意，也没有做任何评判而受到了党内惩罚。同时，统社党中央也要求外交部副部长施蒂比就此事在外交部所有部门领导人和工作人员面前进行说明，"要反对错误的政治倾向，强调苏联对越南的支持"。尽管在民主德国外交部的要求下，与苏联有关的图片重新被挪到了显要位置，但第二天，展览就被要求中止展示，以对其内容进行整改。②

在中苏分裂的背景下，越南劳动党独立自主的话语权开始逐渐形成。黎笋在 1965 年 12 月党的三届十二中全会上指出，"我们希望与苏联和中国团结，但我党也必须独立自主"。③ 对于这一点，苏联和民主德国是十分注意的。1966 年，苏联驻北越大使谢尔巴科夫（Ilya Shcherbakov）在一份报告中指出，北越在制定包括对苏联的外交政策时，总是从一种"狭隘的民族主义观点"出发，将苏联对北越的援助只看作是他们对北越的恩惠，而非国际共运的利益。即使在越南劳动党同中共的关系出现问题的情况下，也不意味着其同苏共的关系会相应地上升。因此，"正如过去一些年所体现

---

① Information über die Vorgänge bei der Eröffnung der Vietnam Austellung am 20.07.1965, Berlin, SAPMO-BArch, DY 30/3752/02/031.

② Ibid.

③ 陈波：《中苏分裂与越南劳动党对国际共运的认识和表达（1960—1964）》，《当代世界与社会主义》2018 年第 3 期，第 82—83 页。

的，在越南同志现在所实行的政策下，推动我们同劳动党和北越关系的发展将不会是一帆风顺的"。①

而民主德国方面认为，在欧洲和德国问题上，河内也有这种"狭隘的民族主义"观点。例如，对于民主德国和苏联所支持的在欧洲裁军，尤其是苏美的相关裁军谈判，北越一直感到不满。1966年10月25日，北越代表在谈话中对苏方表示，美苏在欧洲裁军后，苏联将军队调到中苏边境上会导致其同中国关系的恶化，并且会使北京降低对北越的军事援助。另外，欧洲裁军后，美军也会立即被部署到南越。②

五、结语

总的来说，民主德国在越战升级时，加大了对北越和越南南方民族解放阵线的援助，做出了以往没有的表述，还在国内组织进行了大规模的社会活动。这样的举措不仅缓和了民主德国与北越的矛盾，也为进入20世纪70年代后德越关系的大踏步发展打下了基础。而这一切，都是符合统社党自身利益的选择，尤其对于宣传民主德国的德国政策、批判联邦德国、增强统社党的合法性有巨大帮助。正如民主德国外交部1965年5月5日的一份分析文件所指出的，"出于严峻的经济和政治困境，当前北越政府不想在扩大意识形态上的分歧，而是渴求保持和扩大同（苏东）社会主义兄弟国家的国家关系。而双方在诸如社会主义建设、反对帝国主义、支持民族解放运动等一系列问题上的共同点是进一步合作的基础"。文件突出了利用北越批判西德，支持民主德国与亚非国家发展关系对双边关系发展的重要性，指出"民主德国要获得北越在粉碎西德哈尔斯坦主义、和平解决德国问题、反对多边核力量计划、反对西德和揭露批判波恩政府的新殖民主义

---

① RGANI, fond. 5, optis. 58, delo. 263, lista. 130, from Ilya Gaiduk, "The Vietnam War and Soviet-American Relations, 1964–1973: New Russian Evidence," *Cold War International History Project Bulletin*, Issues 6–7, Woodrow Wilson International Center, Winter 1995/1996, p. 250.

② RGANI, fond. 5, optis. 58, delo. 261, lista. 167, from Ilya Gaiduk, "The Vietnam War and Soviet-American Relations, 1964–1973: New Russian Evidence," p. 250.

上的支持。尤其要努力使作为第二次亚非会议参加者的北越在会议上为民主德国说话，介绍民主德国对越南南方民族解放运动的援助，并加强批判美国最紧密的帮凶西德帝国主义对西贡政府的援助活动。为此，要利用各种机会向越南同志介绍民主德国的德国政策"。①

与此同时，在越南遏制中共的影响始终是统社党和民主德国政府关注的重点。统社党高层认为，中国的"非马克思主义政策"影响了当前越南的局势。② 而北越驻民主德国大使馆在民主德国国内开展的一系列活动中对中国显得亦步亦趋，中国在越南留德学生中的影响等都让民主德国政府感到不满和疑虑。尽管越南劳动党越发增长的独立自主声音被民主德国视作是"狭隘的民族主义"的表现，但这并未影响德方对越南关注的加大。同时，民主德国与中国的分歧也加大了。

---

① Gesprächskonzeption für eine Konsultation mit der Partei-und Regierungsdelegation der DRV, Berlin, 5.5.1965, PAAA, MFAA, C1061/73.

② 此时德方发现，中国在亚非拉地区的影响正在减弱，参见：Referat über die Ergebnisse des 11. Plenums des ZK der SED und die Aufgaben für die Parteiorganisation im Ministerium für Staatssicherheit, 20.1.1966, BStU, MfS, Bdl/Dok 5720。

科学家、史汀生备忘录与美国原子能国际管制政策的出台[*]

刘 京[**]

摘 要 第二次世界大战时期美国对日核轰炸造成的巨大伤亡引发了美国国内科学家对原子能的反思,他们建议对原子能进行国际管制。科学家们的建议,直接促成了史汀生备忘录的出台。该备忘录分析了原子弹的出现对世界局势、美苏关系的影响,讨论了同苏联接洽原子能事宜可能造成的影响,以及具体的国际管制核武器的办法。围绕史汀生备忘录,美国内阁进行了大辩论。1945年10月,美国初步确定了其国际核管制政策。该政策所确定的原子能管制国际合作的范围、路径、国际国内同时进行等方针,为后续的政策所继承。从美国原子能国际管制政策的出台过程可以看出,科学家对美国政府的决策产生了一定的影响;由于美国政府内部的分歧,这一时期原子能国际管制政策的内容还不够明确;苏联已成为美国国际核政策的主要对象。

关键词 核武器 杜鲁门 史汀生

---

[*] 本文为国家社科基金青年项目"国际核不扩散机制起源研究(1944—1952)"(19CSS035)阶段性成果。

[**] 刘京,河北师范大学历史文化学院讲师,主要研究方向为现代国际关系史。

防止核扩散仍是当今国际政治重大热点问题之一。二战之后，防扩散机制经历了一个从无到有的发展过程。在这个过程中，美国作为第一个拥有核武器的国家，最早提出要加强对原子能的国际管制。美国杜鲁门政府的原子能国际管制政策及相关实践，可以说是核不扩散机制的最早起源。

学术界对杜鲁门政府的相关研究侧重两个方面。一是考察美国的国际管制政策与冷战起源的关系，① 二是讨论科学家在美国政策形成中的作用。② 本文则以美国政府内部重要文本的生成、讨论为基础，讨论美国原子能国际管制政策的出台经过和内容特点。

一、对日核轰炸与科学家对原子能的反思

1945 年 8 月 6 日，美国在日本的广岛投放了第一颗原子弹，3 天后又在长崎投放了第二颗原子弹，共造成数十万人伤亡。在广岛投掷原子弹 16 个小时之后，杜鲁门发表声明，说明这颗炸弹比战争史上最大的炸弹威力还要大 2000 多倍，超过了 2 万吨 TNT 炸药；美国科学家和政府无意对世界保留科技知识，关于原子能的各项工作均将公布于众，但在找到保护美国和世界其他地区免遭突然破坏的办法之前，"美国并不打算泄露生产及其军事应用的技术流程"。他将建议国会，建立委员会以管制美国国内的原子能，

---

① 南开大学赵学功教授认为，核武器的出现不仅强化了美苏在诸多问题上的对抗，而且围绕着垄断与反垄断，美苏展开了激烈角逐，由此拉开了愈演愈烈的核军备竞赛的序幕，而这恰恰构成了冷战最基本的特征之一。此外，他还梳理了核武器与冷战起源相关研究的情况，参见赵学功：《核武器、美苏关系与冷战的起源》，《历史研究》2018 年第 5 期，第 123—147 页。

② 中山大学史宏飞老师认为，核武器的出现和使用，让科学家们产生了"双重焦虑"：既担心核武器的巨大摧毁力可能毁灭人类文明，又焦虑分割化的管理体制摧毁科学自由，让科学研究成为军方黩武主义的囚徒。为了消除"双重焦虑"，科学家们开始讨论合理控制核能的问题，并就国际管制达成一致；科学家群体成立全国性的组织，通过游说、咨询、教育等多种活动，推进美国战后核政策的制定向"国际控制"的方向发展，并在国内推动文官控制为基调、不与国际控制相冲突的原子能立法的通过。史宏飞：《核恐惧与美国科学家对核能国际控制的追求（1945—1946）》，《世界历史》2018 年第 6 期，第 25—38 页；史宏飞：《"为人类生存而宣教"：科学家的核教育活动与 1946 年原子能立法》，《首都师范大学学报（社会科学版）》2019 年第 4 期，第 23—34 页。

并表示随后还将提议如何才能把原子能变成维护世界和平的强大力量。① 与此同时，研制原子弹的总负责人、陆军部部长史汀生详细解释了原子弹的研制过程、相关机构设置、各工程和实验室基本情况等。② 一般的公众由此了解了核武器及其威力。

核轰炸引发美国国内舆论的强烈反应。8月7日的《纽约时报》上写道："昨天，我们在太平洋上取得了胜利，但我们也播下了罪恶的种子。"《芝加哥论坛报》说："整座城市和全城的人不是不可能在一秒钟内仅仅被一枚炸弹毁灭。"《堪萨斯城明星报》称："我们正在对付一种可能倾覆文明的发明。"《圣路易斯邮报》发出警告，科学可能已"签发了哺乳动物世界的死亡证书，并订立契约把已变为废墟的地球转让给蚂蚁"。《华盛顿邮报》在题为《闹鬼的森林》的社论中说，随着新型炸弹的发明，所有科学幻想的最丑恶的恐怖事物似乎都已经变成真的。③

《纽约时报》在1945年的8月11日集中刊发了一组读者致编辑的信件。这些信件一定程度上从各个侧面反映出了广岛原子弹投放在民众中引发的不同反响。主流舆论所表达出的是既忧惧又反对的意见，面对广岛核爆巨大的破坏性以及前所未有的生命损失，民众直接的情绪就是惊诧和恐惧。围绕原子弹本身及其管控出现了三种不同的立场：悲观派认为，人类的脆弱无法支配原子能产生的这种力量，建议废弃使用；乐观者认为，原子弹研制成功是对科学的一种颂扬，原子弹的问世结束了血腥的肉搏战，甚至有可能是终结所有战争的一种途径；还有一些人忧虑类似的灾难有一天会降临到自己的头上，这种担忧催生出一种呼吁，就是希望政府能够尽快妥

---

① Statement by the President Announcing the Use of the A-Bomb at Hiroshima, August 6, 1945, in *Public Papers of the United States* (*PPPUS*), 数据库, https：//www.presidency.ucsb.edu/ws。译文全文见耿志编：《美英核合作关系资料选编（1940—1945）》，北京：社会科学文献出版社，2019年，第242—244页。

② 《陆军部长史汀生关于对日使用原子弹的公开声明》，1945年8月6日，耿志编：《美英核合作关系资料选编（1940—1945）》，第244—250页。

③ ［美］大卫·麦可洛夫：《杜鲁门：在历史的拐点》，王秋海等译，广州：新世纪出版社，2015年，第524页。

善处理这种武器。①

广岛和长崎的悲剧让科学家十分痛心,并设法防止核战争的再次发生。爱因斯坦公开承认,他1939年在建议罗斯福总统研制核武器的信上签名是个"极大的错误"。回旋加速器的发明者劳伦斯对原子弹的使用更痛心,觉得自己"比其他任何人都更负有责任"。全美约1000名科学家组成了反对原子武器的核心力量。全国性的科学家组织"原子科学家联盟"成立,并创刊《原子科学家公报》,他们一方面向公众普及原子能知识,另一方面向美国政府建议如何行动才能防止核战争。② 这些建议包括三个重要观点。一是废弃原子弹,不将它作为战争武器。12名核领域科学家联合给杜鲁门写信,对将来美国同样会遭受这种武器打击的前景表示担忧,希望动员美国所有的道德和物质资源,从而防止出现这样一种局面。他们因而建议美国负起责任,承诺不在战争中使用核武器。③ 二是进行国际管制。在1945年8月17日奥本海默给史汀生的备忘录中,他主张通过联合国来加强对原子能的国际管制,通过大国之间交流科学情报,促进原子能的和平利用。④ 三是建立世界政府,把国家外交事务的主权让渡给一个超国家的国际组织。爱因斯坦支持类似主张,并把它推荐给奥本海默。⑤

科学家们的建议在政府内部引起不同的反应。国务卿贝尔纳斯对同苏联谈判持有强烈的反对态度。对于奥本海默8月份的备忘录,贝尔纳斯认为,现在进行任何国际层面上的事情都是有困难的,美国应当尽全力继续"曼哈顿工程",应当代表联合开发信托公司继续工作和谈判。在他看来,整个形势都证明并要求美国应当全方位继续努力,以便在竞赛中处于领先。

---

① "Letters to Times: Bombs stirs mixed Feelings," *New York Times*, Aug. 11, 1945, p. 12.

② 李胜凯:《希望与恐惧——杜鲁门时期美国原子外交研究(1945—1953)》,博士学位论文,南开大学,2004年,第91—92页。

③ Memorandum with Attachments from Matthew J. Connaly to James Byrnes, September 6, 1945, Dennis Merrill eds., *Documentary History of the Truman Presidency*, Vol. 1, Bethesda, Md.: University Publication of America, 1995, pp. 216-219.

④ Barton J. Bernstein, "Four Physicists and the Bomb: The Early Years, 1945-1950," *Historical Studies in the Physical and Biological Sciences*, Vol. 18, No. 2 (1988), p. 242.

⑤ 史宏飞:《核恐惧与美国科学家对核能国际控制的追求(1945—1946)》,第28—29页。

贝尔纳斯转告奥本海默，他提出的有关国际协定的建议暂时还不切实际。①

副国务卿迪安·艾奇逊（Dean Acheson）对建立某种管制机构比较热心。艾奇逊并不知道"曼哈顿工程"，他和大部分美国人一样只在广岛遭到轰炸后才得知美国拥有了一件杀伤力前所未有的新式武器。他的最初反应是害怕和担心："原子弹的新闻是（迄今为止）最令人恐慌的消息。如果我们不能就此建立某种大国机构，我们都将成为刀俎下的鱼肉。"②

而最为积极的，则要数陆军部长史汀生了。可以说，科学家的这些建议，直接促成了史汀生备忘录的出台。

二、史汀生备忘录

陆军部长史汀生是美国原子事业的重要领导者，在罗斯福去世后，他曾为新总统杜鲁门组建核事务咨询机构"临时委员会"。该机构在对日核轰炸、原子能国际管制政策制定等方面，起到了一定的作用。③ 临时委员会中的政策建议，都是通过史汀生转呈杜鲁门，因此史汀生对核武器及其诞生有深刻的了解。对日核轰炸和科学家对核问题的反思，让史汀生认为出台国际核管制政策迫在眉睫。这一管制的核心是如何处理苏联问题，而在这个问题上，史汀生的态度略有变化。

在1945年7月波茨坦会议时，史汀生向杜鲁门提及，在苏联仍是"警察国家"和其能保障个人自由之前，美国同它分享原子弹并不安全。④ 到了9月，虽然史汀生仍认为改变苏联对个人自由的态度极端重要，但美国却不

---

① Memorandum for the Record from George L. Harrison, August 18, 1945, *Documentary History of the Truman Presidency*, Vol. 1, p. 215.

② 吕磊：《艾奇逊：美利坚"帝国大厦"的初代建筑师》，北京：北京大学出版社，2017年，第60页。

③ 刘京：《推波助澜：临时委员会与杜鲁门政府的国际核决策》，《历史教学》2018年第8期，第48—54页。

④ Memorandum by the Secretary of War (Stimson), July 19, 1945, U. S. Department of State ed., *Foreign Relations of the United States (FRUS)*, 1945, The Conference of Berlin (The Potsdam Conference), Vol. 2, Washington D. C.: USGPO, 1967, pp. 1155-1157.

能用原子弹作为直接的手段来促成这种变化。如果美国想把苏联的内部变化作为后者分享核武器的前提条件，只能招致苏联的反对，从而更不可能达成美国的目标。苏联对个人自由的态度变化会是缓慢的、渐进的，但美国却不能等到这个过程结束才就核问题同苏联接洽。相反，在核问题上的亲密关系、相互信任，会加速苏联态度的变化。①

9月4日，史汀生参加杜鲁门的第一次内阁午餐会。会后，他与即将赴伦敦的贝尔纳斯谈及核问题，解释了他要与苏联商谈国际管制原子能的计划。贝尔纳斯一如既往地坚定反对同苏联的核合作，而且希望核武器能对伦敦的谈判有所帮助。国务卿说，斯大林在波茨坦会议上的"背信弃义"，已让他对苏联人的承诺不抱希望。②

9月12日，史汀生前往白宫，向杜鲁门呈上了题为《控制原子弹的建议行动》的备忘录（备忘录的日期为11日），并逐句与杜鲁门进行了讨论。该备忘录分析了原子弹的出现对世界局势、美苏关系的影响，讨论了同苏联接洽原子弹事宜的可能作用，以及具体的国际管制核武器的办法。而当史汀生解释时，杜鲁门对每一段都表示赞同，并在最后告诉陆军部长，他赞同他的方式，"我们必须对苏联人吐露实情"。③

备忘录提出，核武器的出现，已经引发整个文明世界极大的军事和政治兴趣，在对权力极端敏感的世界氛围中，核武器的使用深刻影响了全球各部分的政治考虑。在很多地方，它被解释成能够消除苏联在大陆上逐渐壮大的影响力。感受到这种趋势的苏联领导人，必然试图在尽可能短的时间内获得这种武器。英美合作开发了核武器，如果苏联没有被在合作与信任的基础上获得这种伙伴关系，就会形成以英美为一方、苏联为另外一方拥有核武器的局面，接下来引发军备竞赛。有证据表明，苏联研制核武器

---

① Letter from the Secretary of War (Stimson) to President Truman, September 11, 1945, *FRUS*, 1945, Vol. 2, pp. 40-41.

② The Henry Lewis Stimson Diaries in the Yale University Library (Stimson Diary), September 4-5, 1945.

③ Memorandum by the Secretary of War (Stimson) to President Truman, September 11, 1945, *FRUS*, 1945, Vol. 2, pp. 41-44; Stimson Diary, September 12, 1945.

的活动已经开始。如果核武器仅仅是一种更大破坏力的传统武器,能纳入原有的国际关系模式,那美国便可以继续采用保密原则、依赖军事优势,在未来择机使用,但这种武器代表人类对自然力量的控制已经达到太革命化、太危险的地步,不能用传统的概念加以理解。它已超出了人类所掌握的破坏性技术力量和人类个体及集体自控的心理力量这两者之间平衡的顶点。出于保存文明的考虑,必须就控制这种新力量达成令人满意的国际安排。

备忘录强调同苏联接洽核武器的重要作用。它提出,对于整个世界和人类文明而言,考虑苏联什么时间能获得核武器是重要的(临时委员会曾推测,最短4年,最长20年),但更重要的是考虑,一旦它有了核武器是否会成为爱好和平的国家。如果同苏联人接洽核武器问题,他们能更早获得核武器,但也要赌他们会反馈良好的意愿。美苏之间的良好关系,不仅仅是与原子弹问题相联系,而且是被后者所主宰。本来双方的相互信任可以随着时间的推移逐步建立,但原子弹的发明让它变得紧迫起来。如果美国现在不接洽(approach),而仅仅在同苏联人商谈时让核武器在屁股上招摇,只能增加苏联人对美国的动机和目的的猜疑,从而会全力自行解决这个问题,那将来就不会有美国期待的美苏在核问题上的协约。

备忘录建议,在与英国沟通后,直接向苏联提出方案。该方案的总体目标在于控制并限制原子弹作为一种战争武器进行使用,并尽可能引导和鼓励原子能朝着和平和人道主义的目的发展。具体内容可包括:如果英苏承诺做同样的事情,美国会停止将原子弹作为军事武器进一步改进和生产制造;如果英苏同意除非三国政府同意使用,三国在任何情况下都不使用核武器,美国将封存(unpound)自己现有的核武器;美国考虑与英国以及苏联签署条约,以便在一个各方都满意的基础上出于商业和人道主义目的应用原子能,对由此而起的未来发展带来的利益进行交换。

具体程序上,备忘录强调,管制核武器的行动应该直接针对苏联。如果把它作为一般国际计划的一部分,或者在和平商谈中采取一系列类似的或明或暗的威胁,苏联人不会做出真诚的响应。它不会在意那些没有在战争中表现出潜力和责任的小国。只能是美国(在英国支持下)采取行动,美英苏取得一致后再把法国、中国引入其中，最终把这一协定融入联合国的框架中。

最后，备忘录认为这些计划为苏联人所接受还是可能的，因为世界各国已认可原子弹的使用是美国创新和生产力的结果。

应该说，史汀生备忘录是自二战中期以来科学家们对原子能国际管制机制思考的集中体现，其基本设想，都是谋求原子能的和平而非军事利用。史汀生所突出的，比如不继续生产和改进核武器、不再使用核武器、签署和平利用的协定、直接针对苏联的计划方案等，细化了以前的各种主张；史汀生所未说的，其实也是美国根本不可能做的，那就是在军事上分享核秘密。备忘录中的这些主张，实际上为将来美国的原子能国际管制计划提供了最基本的框架。由于史汀生陆军部长的地位，该备忘录成为美国最高决策层研讨国际核管制政策之肇始。

三、围绕史汀生备忘录的争论

9月18日的内阁每周午餐会上，杜鲁门发起了对原子能问题的讨论，简要谈及了对原子能国际问题的方针。这次午餐会决定，3天后正式召开内阁会议，该会只讨论一个议题，即原子能问题。杜鲁门要求已因身体原因辞职的史汀生参加，史汀生答应说，"只要自己的双腿还能动，就会参加"。①

21日的会议是史汀生服务于公务的最后一天，也是他78岁的生日。除了赴伦敦的贝尔纳斯以外，所有内阁成员均参加了。史汀生也邀请了科学研究与发展局主席万尼瓦尔·布什（Vannevar Bush）、陆军部副部长罗伯特·帕特森（Robert Paterson，即将接任史汀生）、田纳西州参议员、临时参议院主席肯尼思·麦凯勒（Kenneth Douglas McKellar）、战争动员与复原局

---

① Stimson Diary, September 18, 1945；[美]迪安·艾奇逊：《艾奇逊回忆录》（上册），上海《国际问题资料》编辑组、伍协力合译，上海：上海译文出版社，1977年，第1页。

局长约翰·斯奈德（John W. Snyder）和其他军事机构的成员参加。①

会议一开始，杜鲁门请史汀生向内阁发表意见。史汀生在讲话中指出，未来的原子能将分成两大范畴：科学研究的进一步钻研，以及新获得的知识在工业上的应用。他认为，虽然武器发展上可以保守秘密，但科学上的秘密事实上并不是秘密，因此美国向苏联直接提供一种"伙伴关系"并不会损失什么。接着他提出了9月11日备忘录中的建议。史汀生在自己当天的日记中记录到，他的发言有两个要点：应在把适当分享核武器作为条件的基础上立即与苏联协商（即机密分享）；商谈应直接同苏联进行，而不是通过联合国或者有更小国家参加的类似会议（即直接谈判）。②

代表贝尔纳斯出席会议的艾奇逊在之前就看过史汀生备忘录的副本，他对史汀生的意见大体上表示赞同，只是强调了交换知识的互惠性。他表示，美国要全面了解苏联方面的发展情况，这样才不会出现美国单方面提供却得不到对方东西的局面。此外，艾奇逊也认可，如果没有美英苏三国的协议，联合国在原子能方面将不能发挥作用。艾奇逊的这些发言一方面是出于对史汀生的尊重，另外一方面也是从历史中吸取经验。因为从租借法案、联合国善后救济总署、布雷顿森林会议到联合国宪章，都是在核心国家间先取得一致。商务部长亨利·华莱士（Henry Wallace）也表示赞同，称科学的进展并不是人为的法律所能限制的，而问题在于，美国究竟是朝着灾难的方向走，还是往和平的方向走。帕特森、邮政部长鲍勃·汉纳支持史汀生的主张。劳工部长施特伦巴赫、联邦工程局长菲利普·弗莱明（Philip Fleming）少将以及战时人力委员会主席保罗·麦克纳特（Paul McNutt）都在不同程度上同意史汀生的见解。

财政部长弗雷德·文森特（Fred M. Vincent）表示反对，他反问道，如果美国愿意把原子能知识的任何部分告诉别人，那为什么不干脆把全部军事秘密也告诉别人呢？他反对这样做，担心所谓的情报交换会成为单方面

---

① Richard G. Hewlett and Oscar E. Anderson, *A History of the United States Atomic Energy Commission*, Volume I, 1939-1946: The New World, California: University of California, 1990, p. 421.

② Stimson Diary, September 21, 1945.

的给予。首席检察官汤姆·克拉克（Tom Clark）同意文森特的意见，称从当时的局势来看，他不理解有什么理由把美国的秘密告诉别国。农业部长克林顿·安德森（Clinton Anderson）极力反对把任何科学或商业秘密泄露给他国，正如美国不应将原子能的军事秘密泄露给别人一样，他不相信苏联人。

海军部长詹姆斯·福雷斯特尔（James Forrestal）主张进一步研究，审慎地对待这一问题。他认为，这个问题有军事和非军事两个方面，这两个方面都要加以考虑。因此，不能草率行事，应在研究后提出备忘录。这个建议立刻得到杜鲁门的同意，他请其他与会者提出书面备忘录，充分发表他们的看法。他也请布什和参谋长联席会议各写一份备忘录。①

虽然，诚如杜鲁门所提及的，史汀生并未要把原子弹本身的秘密告诉苏联人和任何其他人，他甚至打断克拉克的话说明这一点，但会议的反对者仍对此抓住不放。而且，声称总统打算同苏联分享原子弹秘密的消息被泄露到媒体那里，从而引起了轩然大波。会议的争论不休及无果而终，说明与会的多数人员对原子弹的复杂性仍然认识不够。

从目前的档案及其他资料中，我们可以找到多份 9 月 25—28 日不同机构和人士分别就国际管制问题向杜鲁门提交的备忘录。这些备忘录，进一步细化了在 21 日内阁会议上支持或反对史汀生备忘录的理由。

艾奇逊在备忘录中开宗明义地指出，保密政策既无效又危险。现实的问题，既涉及管理科学知识交换，又涉及寻求阻止相互毁灭竞赛的国际控制的方法和条件。之所以得出这个结论，是基于如下理由：关于原子弹的基础知识广为人知，苏联很快就能赶上美国研制出原子弹，但美国却没有希望研发出能够足以抵抗原子弹的防御措施；如果这种革命性的发明被应用于破坏性的使用，将没有胜利者，也不会有文明留存；美国虽然有原子弹，但在没有预警的情况下不会对另一方使用，因此其他人具有突然袭击的优势；苏联一定觉得美英加联合研发活动，是为了合谋针对它，因此一

---

① Stimson Diary, September 21, 1945；[美]哈里·杜鲁门：《杜鲁门回忆录·第 1 卷：决定性的一年（1945）》，李石译，北京：生活·读书·新知三联书店，1974 年，第 437—439 页；[美]迪安·艾奇逊：《艾奇逊回忆录》（上册），第 1—2 页。

定会做出反应；现在与苏联总体的分歧似乎处于增长之中，如果在发展原子能方面奉行英美合作而排除苏联的政策，就无法同苏联在坚定、坦诚以及在理解双方根本利益的基础上形成任何长期的谅解，这样的政策如不改变，得到的只会是一种武装的停战，而不会是一种有组织的和平。艾奇逊的这一预言恰好是未来"冷战"的写照。他建议，在与英国讨论后，美国向苏联提出方案，在条件允许的情况下就原子能的研发逐步进行科学信息的互相交流与合作。具体可分为几个步骤。首先，保证交流是双向的，确信美国科学家对苏联的进展有充分的了解；其次，达成一个协定，共同放弃发展原子能破坏性特点的方面，在有充分监察机会的情况下使得双方对这一正在执行的协定抱有信心；再次，依照发展情况，一开始或许也是永久性的合作应朝着原子能的和平发展而非军事武器的制造；最后，在有限的时间内制订出一个方案，很可能通过联合国将这些原则扩展至其他国家。在这些环节上，艾奇逊还强调，与苏联达成的协定要限于已为世界所知的那些知识，而不涉及透露大量超出目前所知的信息；要直接同苏联达成协定，因为如果没有美英苏在该领域的共识，联合国就无法发挥作用，在开始阶段就加入了50个甚至更多其他的国家会增加该问题的复杂性；应该向国会提交咨文解释，向公众广为宣传，引发大范围民众的讨论，听取科学家意见，从而为公众和国会接受向苏联大量透露消息的政策做准备；同时，不应推迟与苏联接触，那样会造成与苏联关系恶化，不仅不利于争取本国舆论的支持，甚至可能造成苏联最终不支持美国的计划。[1]

布什在备忘录中提出了两条道路。一条是通过合作建立管制，另一条是原子弹竞赛。他一如既往地主张前一道路。他相信，向苏联建议交换科学情报，可以打开在原子能方面的国际合作的大门，而且最后可以获得有效的管制。这种建议并不涉及"泄露原子弹的秘密"，给予的和接受的只限于科学知识。虽然苏联可能从美国的科学发展中获得更大的好处，美国可能从它那里学不着什么东西，而且也未必能相信苏联人，但宣布这个建议

---

[1] Memorandum by the Acting Secretary of State (Acheson) to President Truman, September 25, 1945, *FRUS*, 1945, Vol. 2, pp. 48-50.

本身就等于向世界宣告，美国愿意在国际友好和互相谅解的道路上前进。而如采取保密政策，不仅会导致核竞赛，也会影响美国的自身发展，因为不得不对自己的大部分科学家保持秘密。①

弗莱明认为苏联造出原子弹的时间不超过5年，通过与苏联分享美国的秘密，或许可以获得一个值得信任和依赖的朋友。他的替代性方案是，美英苏联合行动，共同保守原子弹秘密，储存核武器，维护世界和平，并在盟国遭受攻击时提供原子弹保证其安全。②而帕特森的备忘录，则基本是重复了史汀生备忘录的核心观点和理由。③

安德森重申了他在内阁会议上的建议，即美国不能透露像原子能这样的商业秘密，也没有任何义务透漏由美国、英国以及加拿大独立研发，耗费了美国26亿美元的军事秘密。他对苏联人五年内能造出原子弹的说法表示怀疑，也不认可史汀生说的苏联人是美国坚定不移的朋友，因此可与之共享原子秘密的说法。他情绪激动地引用历史证据，说明苏联人如何欺瞒美国、如何同希特勒达成协定破坏文明。他反问，如果在战争中美国都无法相信作为盟友的苏联，如今在和平时期怎么能相信作为竞争对手的它呢？他说自己在同民众的接触中了解到，他们无一例外地都反对同苏联分享秘密。他甚至警告杜鲁门，作为美国人民的领袖，如果在像原子弹这样的事情上向苏联屈服了，很可能会丧失美国人民对他的信心和尊敬。④

麦凯勒认为，无论是将这个技术给苏联，还是给英国和加拿大或者其他任何的国家，对美国的国防都是不明智的、失策的、危险的，会挑起战争、威胁和平。他"简要地"给出了20条反对理由，可以说是反对理由的集大成者。这些理由总结起来大概为：苏联并未在核技术的开发中给予过

---

① ［美］哈里·杜鲁门：《杜鲁门回忆录·第1卷：决定性的一年（1945）》，第440页。

② Letter from Philip B. Fleming to President Truman, September 27, 1945, *Documentary History of the Truman Presidency*, Vol. 1, pp. 240-241.

③ Memorandum by the Acting Secretary of War (Patterson) to President Truman, September 26, 1945, *FRUS*, 1945, Vol. 2, pp. 54-55.

④ Letter from Clinton P. Anderson to President Truman, September 25, 1945, *Documentary History of the Truman Presidency*, Vol. 1, pp. 228-232.

美国物力支持，英国和加拿大的人力帮助微乎其微。英国在此事上财力花费也不过几百万美元，而且英国自己的防务都岌岌可危，所以在一个26亿美元创造的核技术中，它们都没有分享的权利；加拿大通过卖铀给美国赚了钱，它没有资格对原子弹有想法；这种力量的使用或许完全是革命性的，在美国弄清它的价值之前，无论出于任何目的都不应当把它泄露给任何人，在没有回报的情况下更不应该泄露；这种世界上最强大的军事力量，很有可能是和平最大的敌人，也是世人所知的战争最大的催化剂。如果其他国家掌握这种技术，会增加战争的可能性，而只有掌握在美国手中才能保障和平；二战之中美国已对盟国提供慷慨的援助，让欧洲免遭法西斯的统治，如果这还无法赢得盟国的友好关系，那提供核技术也无济于事；而如果给了英国，也没法不给苏联和其他盟友。①

参谋长联席会议和李海（William Leahy）海军上将的观点值得注意，因为他们从军方的立场出发，完全没有提及原子能和平利用的方面。他们建议说，美国应保持原子武器现有的一切秘密。虽然构成原子爆炸物的物理学原理已经传遍世界各地，但用于原子武器的许多技术程序和制造流程仍是秘密的。在主要的国际政治问题上各大国间还缺乏一致意见时，公开原子武器的情报只会加速原子军备的竞赛，并让美国暴露在更大的危险之下。他们竭力主张，"在美国垄断原子武器的有限期间内迅速有力地采取政治性的步骤"，以便获得国际管制，限制原子武器的使用或规定原子武器的使用为非法。"在不久的将来，其他国家可能在发展原子武器上获得成功，因此政治性的管制问题是一件迫切而重要的事"。②

福雷斯特尔经过研究则认为，原子弹和核知识是"美国人民的财产"，如果没有人民的同意，无论如何不能出让。他提及日本人不遵守1921年的海军协定，而苏联人像日本人一样，都有"东方人"的思维。除非经过长期检验后证明苏联可以遵守承诺，否则美国不应尝试去获得其谅解和同情。

---

① Letter from Kenneth McKellar to President Truman, September 27, 1945, *Documentary History of the Truman Presidency*, Vol. 1, pp. 233-239.

② ［美］哈里·杜鲁门：《杜鲁门回忆录·第1卷：决定性的一年（1945）》，第440—441页。

美国可以用联合国的名义，托管核武器。①

史汀生的备忘录引发了内阁在核管制问题上的分裂，无论是 21 日的内阁讨论，还是随后的备忘录文本争议，都不易形成一个统一的意见，支持在同苏联分享部分核情报基础上建立国际管制的意见和相反的说法各执一词。但是，对于杜鲁门来说，这次内阁级的大辩论，加深了他自己对核问题的理解，让他相对全面地掌握了核问题的复杂性；各方提交的备忘录，也为他出台国际管制政策提供了文献基础。

四、国际核管制政策的出台

1945 年 9 月底，广岛和长崎的核轰炸已过去数周，如果此时美国再不公开地提出核政策，杜鲁门的执政能力只能遭到质疑。经历了内阁辩论，政策文件稿先在国务院内进行准备。艾奇逊请他自己的助理、一位年轻的律师赫伯特·马克斯（Herbert S. Marks），起草总统向国会提交的咨文稿。

马克斯的咨文稿既包括国内管制也包括国际管制。文稿首先回忆原子弹的使用已经缩短了战争，挽救了无数的美国及盟国士兵的生命，标志着文明的"新时代"，因为原子能或许比车轮的发明和金属、蒸汽机、内燃机的使用更具有革命性。为了保留战争时期的巨大人力物力投资和让原子能的发展应用于和平，必须迅速采取行动。为了达成这一目标，文稿在对国内立法给出建议后，转向国际层面。文稿引用史汀生的判断，称核力量太具革命性，不能用传统的观念加以处理，不能依靠国家间的缓慢增加的相互信任。文稿描述了保持科学秘密的无效性，因为在这种情况下，世界要不放弃核武器，要么就要面临"绝望的军备竞赛"。总统将建议与其他国家在原子能领域达成合作协议，而不是进行竞争。同已提交给国会的其他建议相比，马克斯的咨文稿是简短、克制和尝试性的，比如商讨的范围并未

---

① Walter Millis, ed., *The Forrestal Diaries*, New York, 1951, pp. 94-96.

明确点出苏联。①

9月30日,马克斯的文稿到了陆军部。新任陆军部长帕特森主张削减国际部分的一些描述,如,科学家们认为没法保守秘密,外国不久将会赶上美国,对于原子弹还没有有效的防御手段,其破坏能力超出了防御能力的发展,等等。文稿也征集了国会议员、法官等的意见。而为了同美英战时核合作一致,艾奇逊则增加了先与英国、加拿大发起讨论的语句。②

10月3日,这份经政府多部门讨论的文稿,成为杜鲁门致国会的特别咨文。杜鲁门请求国会制定在美国范围内管制、使用和发展原子能的政策,并成立原子能委员会。同时,他表明美国也将探讨如何在国际范围内对原子能加以管制和发展的问题。咨文提出,讨论原子能问题不能等到联合国组织成立、功能完善才进行,考虑其紧迫性,美国将首先与英国和加拿大进行讨论,然后再同其他国家磋商,争取在原子能方面达成协议,在安全的范围内进行国际合作和交换科学情报。杜鲁门强调,这种讨论不会涉及有关制造原子弹本身的生产过程的问题,而且无论讨论的结果如何,都需尽早制定国内法律。③ 当天,杜鲁门又通过记者招待会,把这项咨文的基本内容向公众披露。④根据"美国总统公文"(PPPUS)统计,整个10月份,杜鲁门在公开场合12次提及原子弹,远远超过临近的其他月份。⑤ 10月份这些发言频次及内容体现出,美国政府已决定采取一项原子能国际管制的政策。虽然还未完全确定内容,但这项政策有如下特点。

首先是国际合作的范围,只限于一般科技情报,而不涉及原子弹的机密。这其实是9月份美国原子能管制政策大辩论各方的底线,而且面对公众的质疑,杜鲁门在随后的公开发言中也不断强调这一点。10月8日,杜鲁门在答记者问时区分了原子能的科学知识和运用这些知识的方法。他认为,

---

① Richard G. Hewlett and Oscar E. Anderson, *A History of the United States Atomic Energy Commission*, Volume I, 1939-1946: The New World, pp. 425-426.

② Ibid., pp. 426-427.

③ Special Message to the Congress on Atomic Energy, October 3, 1945, in *PPPUS*.

④ The President's News Conference, October 3, 1945, in *PPPUS*.

⑤ 8月2次,9月2次,11月3次,12月1次。

前一方面是所有科学家都懂得的，后一方面是美国的秘密。如何把一颗原子弹拼凑成功，这是不会公开的，甚至是对英国和加拿大这样的参与了美国核事业的盟国。① 9 日，他再次公开谈及，让原子弹在漫无法纪的世界上不受约束，过于危险。这就是为什么英国、加拿大和美国这些掌握生产秘密的国家，不愿意把这种秘密公之于众，除非能找到控制原子弹以便保护美国和世界其他地方免遭全面破坏危险的方法。② 27 日的发言中，他又一次强调与英国、加拿大的讨论将不涉及制造原子弹和任何其他战争工具。③

其次是在程序上，会先照顾英国和加拿大，然后再同其他国家商量。但是，在 10 月份的几次发言中，杜鲁门都未谈及同苏联商谈的问题。如在 27 日的发言中，杜鲁门把处理原子能作为美国外交的一个重要问题，称美国必须与"其他"联合国家的成员合作，寻求由于原子能的发现所引发的问题的解决办法。④

最后是国际管制和国内管制要同时进行，在推动国际商谈的同时，在国内加强立法。关于通过法律建立某种委员会对原子能加强国内管制的问题，是临时委员会的讨论主题之一。⑤ 实际上，国际管制和国内控制两个问题密切相连。在国内立法方面，"梅—约翰逊法"已在规划。纽约联邦储备银行总经理乔治·哈里森（George Harrison）和在原子能问题上与史汀生合作的约翰·麦克洛伊（John McCloy）曾力劝贝尔纳斯和艾奇逊接受这一方案，贝尔纳斯已表示同意。但艾奇逊觉得，在国际管制方面还没有制定出一项方针以前，假使政府在国内方面的立法走得太远，就会出现一系列复杂的情况。到 9 月 20 日，杜鲁门决定，他对国会提出的咨文既涉及国内管制，也涉及国际管制问题。⑥

---

① The President's News Conference at Tiptonville, Tennessee, October 8, 1945, in *PPPUS*.

② Radio Report to the American People on the Potsdam Conference, October 9, 1945, in *PPPUS*.

③ Address on Foreign Policy at the Navy Day Celebration in New York City, October 27, 1945, in *PPPUS*.

④ Ibid.

⑤ Interim Committee Log, May 9–July 28, 1945, *Documentary History of the Truman Presidency*, Vol. 1, pp. 157–173.

⑥ ［美］迪安·艾奇逊：《艾奇逊回忆录》（上册），第 2—3 页。

由以上特点可知，杜鲁门的咨文完全删去了史汀生备忘录中所提出的实质内容，以及史汀生所强调的"机密分享"和"直接谈判"两个核心点。这反映出美国国内关于国际核管制机制的内容与达成方式上仍有较大分歧。

结束语

从8月6日杜鲁门就广岛轰炸做公开声明，到10月3日他在国会发表关于原子能问题的特别咨文，美国的原子能国际管制政策经历官方外的科学家的压力，以及内阁中的激烈讨论，终于初步形成和公布。根据这一政策的决策过程，我们可以得出如下结论。

首先，科学家，尤其是参与核开发的科学家，对美国政府的决策产生了一定的影响，但这一影响需要通过一个媒介才能转化为政府政策。这个媒介，就是史汀生备忘录。可以说，史汀生备忘录是科学家的原子能国际控制思想和杜鲁门10月3日咨文之间的一座桥梁。而在这种转换的过程中，经过内阁级的大辩论，对政府决策有利的内容被保留下来，而不利的内容，如世界政府等设想等，则被完全放弃。

其次，由于政府内部的分歧，由10月3日的咨文所体现的美国原子能国际管制政策的具体内容还不够清楚。但清楚的是，美国一方面要加强国际管制，另一方面仍设法垄断着核武器。杜鲁门声称："我们一定让我们自己成为这种新力量的委托人——阻止它被误用，并把它转变成服务于人类的途径。这是我们庄严的责任。感谢上帝把它交付于我们，而非我们的敌人。我们祈祷，上帝引导我们，按照上帝安排的途径和目的使用它。"[1] 即美国拥有这种武器对任何国家都不是威胁，核武器掌握在美国手中是一种"神圣的托付"。[2]

最后，无论是科学家的设想，还是美国政府内部的讨论，都把苏联作为国际原子能管制机制中的重要合作或反对对象。支持者如史汀生把苏联

---

[1] Radio Report to the American People on the Potsdam Conference, October 9, 1945, in *PPPUS*.

[2] Address on Foreign Policy at the Navy Day Celebration in New York City, October 27, 1945, in *PPPUS*.

作为解决问题的关键,反对者则以苏联的政治制度、对美国的核开发并无投入及其遵守承诺的情况等为由,反对同苏联分享核秘密。以苏联为背景的这些讨论表明,无论美国政要是否喜欢,经历了第二次世界大战的苏联已成为国际政治中实力仅次于美国,而且有可能很快拥有核武器的重要力量。由此观之,杜鲁门 10 月 3 日相对保守的政策咨文,要想成为有约束力的国际实践,尤其是要想让苏联承担某种义务,还有漫长的道路要走。

冷战后欧洲转型与一体化进程的认知因素分析

宋文龙*

摘　要　后冷战时期，欧洲各国在一体化的进与退、广或深等问题上产生了一定的迷茫和分歧。在参考传统宏观视角基础上，从认知心理学角度分析冷战后欧洲一体化进程，论证认知相符、诱发定式和历史包袱对欧洲政治精英和大众的认知产生的影响，通过解析欧洲一体化进程认知心理影响因素可推断：冷战后一段时间内，欧洲一体化一定程度上是在政治精英们知觉和错误知觉的影响下推进的。认知视角下的欧洲一体化进程研究，有助于把握微观心理层面的因素对宏观趋势的影响，为当前欧洲一体化困境提供解决建议。

关键词　欧洲一体化　认知失调　错误知觉

---

* 宋文龙，国际关系专业博士，北京第二外国语学院政党外交学院讲师，主要研究方向为欧盟研究、中东欧研究、政党外交研究、网络安全研究等。

20世纪90年代前后,苏联和东欧国家相继发生了剧烈的政治变革,导致两极体系迅速分崩离析。按照传统现实主义联盟理论,欧共体是两极格局下西欧各国为了制衡苏联威胁而结成的联盟,在威胁解除后联盟存在的必要性和合法性将减弱。欧洲政治精英们对突如其来的局势逆转的心情由欣喜逐渐转为迷惘,对于欧洲的未来,内部出现了"统一还是分裂""深化还是扩大"的讨论和分歧,并引发了欧洲共识困境和认同危机。以往均势联盟理论和功能制度主义理论都无法解释两极格局解体后产生的新问题,有学者甚至预测欧洲将"退回未来",[1] 进入更加动荡不安的复杂局面中。然而欧洲一体化却在苏联解体后稳步推进,有关欧洲安全防务的北约组织也未随之解散。笔者认为,除了权力重新平衡和制度因素之外,欧洲各国政治精英的认知因素也在一体化的进程中起到了潜移默化的维系作用。本文拟从传统宏观理论视角对冷战后欧洲一体化进程进行分析入手,提出微观认知层面的解释并结合历史案例进行论证,归纳出认知因素对欧洲一体化的作用机制,并对欧洲一体化的前景进行展望。

一、欧洲一体化何以持续推进:两类解释

从传统的现实主义理论来看,二战后欧洲的联合有制衡苏联威胁的考虑,其所形成的均衡使欧洲保持了相对的和平状态。冷战结束产生不平衡的多极体系则容易导致冲突和不稳定,[2] 联盟制衡对象的消失也会使各国对一体化的合法性产生怀疑,对前途道路产生分歧,以至一体化进入迷惘和困境期。冷战后欧洲一体化为何没有倒退反而持续推进?推动一体化不断深化的动力是什么?关于这些问题,不同流派有不同的回答。

---

[1] John J. Mearsheimer, "Back to the Future, Instablity in Europe after the Cold War," *International Security*, Summer 1990, pp. 5–56.
[2] Glenn H. Snyder, "Mearsheimer's World—Offensive Realism and the Struggle for Security: A Review Essay," *International Security*, Vol. 27, No. 1, Summer, 2002, pp. 149–173.

(一) 宏观—物质主义的解释

结构现实主义学者认为，体系层面发生的调整虽然对欧洲共同体产生冲击，但是单位层面为了应对两极格局解体带来的冲击，有必要加强联合使自身安全最大化，以谋求在多极化格局中占据一席之地。

政府间主义认为，欧洲的联合是各国政府及其国内利益集团进行博弈的结果，一体化进程的一次次推进也有各国为应付经济危机而选择合作、共渡难关的因素，[1] 而一体化的挫折是各国政府与超国家机构权力过渡时产生分歧所致。20世纪90年代前后的欧洲经济危机促使各国加强合作与协调，一定程度上推进了一体化的深入。

功能主义强调超国家机构的作用，认为欧洲一体化是一个不断深化的"自运行"进程，一旦开启就会由低政治领域合作"外溢"到高政治领域。[2] 冷战结束和局势调整的冲击并不能终止一体化的进程，欧洲的联合将在不断深化和扩展的道路上运行下去。

自20世纪80年代以来，学界开始将制度变量引入一体化研究中。制度主义者认为，欧洲各国政府为了降低决策成本和不确定性，将有限领域的部分权力让渡到超国家机构，形成一种委托—代理的制度模式。[3] 一体化成果不断被制度化，形成欧洲超国家的行政、立法、司法制度架构，各国在互动中相互依赖加强，不容易受到冷战结束的冲击而终止制度进程。

(二) 微观—理念主义的解释

冷战结束后，建构主义逐渐兴起并参与到欧洲一体化的讨论中。建构

---

[1] Andrew Moravcsik, "Preferences and Power in the European Community: A Liberal Intergovernmentalist Approach," *Journal of Common Market Studies*, Vol. 31, 1993, pp. 473-524.

[2] Ernst B. Haas, "Turbulent Fields and the Theory of Regional Integration," *International Organization*, 30: 2 (Spr. 1976), pp. 173-212.

[3] Stanley Hoffmann, Mark A. Pollack, "The Engines of European Integration: Delegation, Agency, and Agenda Setting in the European Union," *Foreign Affairs*, Vol. 82, No. 5 (Sep. -Oct., 2003), p. 180.

主义者认为，行为体的偏好是在长期互动中塑造和建构的，① 长期一体化互动的过程中实现了成员国偏好的身份的重新建构。② 在具有相同文化背景和社会结构中的欧洲各国与超国家机构的双向互动中，更容易产生欧洲集体身份的认同，重新界定各国自身的偏好和利益。因此，成员间的认同和盟友身份互构也是维系一体化进程的重要因素。

冷战结束后，欧共体和北约的持续发展让传统联盟理论的解释力大打折扣，学界开始从认知角度挖掘联盟理论的新内涵，认知性联盟理论应运而生。认知联盟理论认为，欧洲各国在互动和实践中逐渐由传统联盟转变为认知联盟，③ 而共同的认知会在联盟初始动力（如共同威胁）减弱后"自发性地修复和再造"，以提供新的持久性动力。认知性联盟的动力源自集体身份的认同、规范和制度的内化，是一个自发的、有机的、弱功利性的联盟机制。④ 欧洲共同体的长期实践中，各成员国逐渐形成了共同利益、集体行动共识以及联盟信任，"欧洲人的欧洲"意识逐渐增强，从观念上巩固了欧洲联合的基础，促进了联盟的深化。

认知心理学强调微观层面政治精英的知觉因素对行为体决策的影响。倘若联盟可能瓦解，最有可能的是从精英们的内心信念开始瓦解。⑤ 然而冷战结束初期，欧洲的政治精英们在认知失调、共同体事务的诱发定式、一体化历史经验的复杂影响下，促使一体化在曲折中前进。

不可否认，欧洲一体化在冷战后能维持并推进，是其起步初期内生动力和外在环境综合作用的结果。体系层面上，美苏争霸的两极格局中，美国的积极援助和支持，苏联带来的切实的威胁感，促使欧洲联合并倒向西

---

① Alexander Wendt, *Social Theory of International Politics*, Cambridge University Press, 1999. 或参见：[美]亚历山大·温特：《国际关系的社会理论》，秦亚青译，上海：上海人民出版社，2003年，第177—238页。

② Thomas Christiansen, Knud Erik Jorgensen, and Antje Weiner, "The Social Construction of Europe," *Journal of European Public Policy*, Vol. 6, No. 4, 1999, pp. 528-544.

③ Ted Hopf, "Post–Cold War Allies: The Illusion of Unipolarity," in Barry Rubin and Thomas Keaney, *US Allies in A Changing World*, London Frank CASS Publishers, 2001, pp. 29-46.

④ 王帆：《认知联盟理论评析》，《欧洲研究》2003年第1期，第80—91页。

⑤ 关于认知心理学的分析将在本文第二、第三部分详细论述。

方阵营。此外,经济整合的需要和区域一体化浪潮加强了这种联合趋势,民主政治、文化宗教和社会背景的同质性则减少了融合的阻力;国家层面上,法德和解并力促欧洲一体化,英国态度的转变和各国的博弈妥协也使欧洲一体化排除万难,曲折前进;个人层面上,政治领袖的远见卓识和精英阶层的引导,使普通大众分享到一体化成果,"欧洲人"的认同观念逐渐深入人心。不过,这些虽然都是一体化推进的重要因素,但无法适应冷战后新形势下欧洲联合的分析,也缺乏微观视角的认知层面的解释。因此,本文将尝试从认知层面入手来解释冷战后的欧洲一体化进程。需要指出的是,认知因素对欧洲一体化并非在所有时期以及对所有国家均起到正面推进作用,代表一体化受挫和停滞的"英国脱欧"案例表明,特定时期各国对一体化的认知差异较为显著,而一体化的停滞也会造成认知层面上欧盟聚合的动能缺失。

二、欧洲一体化认知模型:认知如何影响决策?

20世纪中期,认知心理学被引入国际关系研究中,为联盟政治提供了一个全新的研究视角。认知心理学对于欧洲一体化的研究也具有适用性,并且因为欧洲一体化主要由政治精英推动,而人民大众仅通过选票间接影响决策,所以欧洲政治精英对一体化的认知是主要变量。[①]

(一) 行为体认知形成机制

认知心理学的主要论点是决策者的知觉影响国家行为。决策者的知觉是在特定刺激因素下产生的,决策者基于对刺激因素的知觉(而不是客观

[①] 关于"政治精英"的界定,笔者倾向于采用吉登斯的定义:"精英是指那些在社会机构和组织中占据正式权力位置的个人"。本文中的欧洲政治精英即指欧洲各国政府首脑、政党领袖和超国家组织的主要负责人。A. Giddens, *The Class Structure of the Advanced Societies*, New York: Harper & Row Publishers, 1973, p. 120.

刺激本身）做出反应,[①] 制定政策来推动国家行为。决策主体的认知形成过程如图 1 所示,行为体对于某事具有长期历史经验和短期认知预期,刺激信息到达时,认知主体正在关注的事件也影响了信息的筛选,进而诱发主体对该事的特定认知。主体形成的特定认知有可能是错误知觉,这主要是由于以下几点原因。首先,信息不全,主体主动忽略了部分刺激;其次,主体当前关注的问题引发的思维定式会扭曲刺激的客观真实性;最后,主体的文化背景、历史经验有可能导致信息误读。特别是在不确定的国际关系条件下,刺激信息流复杂又矛盾,现实情势需要紧急做决策时,决策者极容易发生错误知觉。欧洲政治精英作为认知主体,在冷战结束的刺激信息到来时,也受到历史经验、现实复杂情势和正在处理的欧洲一体化事务的干扰,对信息进行了有筛选的接收,形成了有误差的期望。在此机制中,他们所形成的对两极格局对欧洲一体化影响的认知极容易产生偏差。

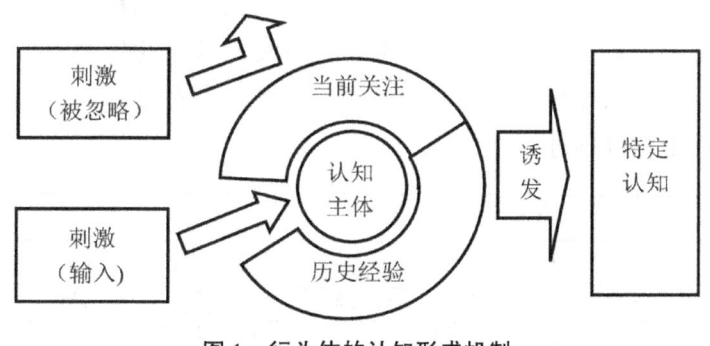

图 1　行为体的认知形成机制

（二）行为体政策态度转变机制

决策者在形成了自认为比较正确的认知后,会形成一套应对方案,并寻找证据论证其合理性,巩固其政策偏好。在信息不确定的情况下,认知主体更加确信自己认知的正确性。转变政策的心理代价和现实代价都是巨大的,认知主体推翻原有认知并建立新的认知,进而对特定事物的态度转

[①] 罗伯特·杰维斯（Robert Jervis）:《国际政治中的知觉与错误知觉》,秦亚青译,北京:世界知识出版社,2003 年,译者前言第 13 页。

变是一个复杂而困难的过程。整个态度转变的过程分为三个阶段的八个步骤（如图2）。在接收到与原有认知相矛盾的信息时，主体首先在第一阶段会采取排斥态度，对信息不予理睬，进而否认信息的真实性和信源的可靠性，以期证否该信息；第二阶段主体采取承认态度，表示疑惑但仍未放弃原有观点，并寻找证据进行反驳或弱化新观点，试图回冲巩固原有观点；第三阶段是恰合阶段，在此阶段认知者部分接受了新信息，将新信息的矛盾部分搁置，并将原有信息和新信息统合在更高层次的同一个单位内，以化解内心矛盾冲突。经过这三个阶段的八个步骤，认知主体的态度才会发生转变，① 这个过程在心理上是令人不适的。由于态度转变导致的政策变化会带来高昂的成本，并要承担转变政策带来的政策失败的不确定性，所以决策者倾向于巩固原有的政策态度，而非转变政策。决策者倾向于主动为政策寻找合理化解释，在政策目标达成时，就完成了自证预言的螺旋模式。

在欧洲一体化深化到建立共同市场的阶段时，欧洲精英们对一体化的态度转变更加困难。开弓没有回头箭，推进现有政策比转变政策更有心理上的一致性，所以冷战后欧洲联合的进程虽然有分歧和停滞，但最终还是在原有道路上继续推进。

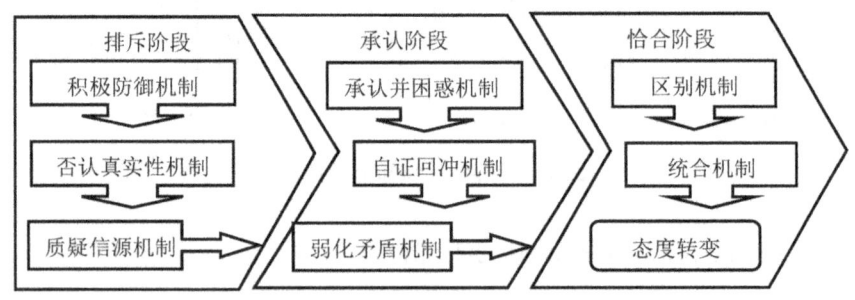

图2　行为体政策态度转变的三个阶段和八个步骤

三、知觉因素如何推动欧洲一体化

在讨论影响一体化的知觉因素之前，需要了解当时各国政治精英的政

---

① 具体参见：[美]罗伯特·杰维斯：《国际政治中的知觉与错误知觉》，第305—310页。

治背景、基本立场、最关切的利益以及对一体化前景的期望。以利益为导向的理性决策往往是在不完全理性的知觉因素影响下产生的，欧洲一体化的推进既有各国基于利益的权衡，也有心理层面强化欧洲身份认同、维持既有一体化习惯思维、满足东欧心理预期的复杂影响。冷战结束初期，各国对于一体化的基本意向是不同的。按照各国主流精英的意向，以维护既有利益意愿高低和改变现状意愿高低，可以将当时欧洲的主要国家分为四类（如表1所示）。

表1 冷战结束初期欧美各国基本意向

改变现状意愿 \ 维护既有利益意愿	低	高
低	英国、丹麦	美国和法国、意大利等欧共体其他国家
高	统一后的德国	东欧各国

当时，大多数欧共体国家对一体化的现状持满意的态度，不愿看到欧共体倒退甚至解散；而统一后的德国与中东欧国家迫切想改变冷战时的状态并融入欧洲，它们也是一体化得以推进的新动力；英国则因为长期受国内政治传统和国家利益的影响，对欧洲一体化态度不甚积极，若即若离。通过分析各国的基本意向，可以推断出各国预期的高低，便于更好地把握其知觉动态。

（一）影响欧洲一体化的知觉与错误知觉

1. 符合心理预期的一体化实践

认知相符指人们倾向于看到他们预期看到的事物的一种认知取向。[①] 如果这种认知取向与普遍的推理规则相一致并能导致准确的知觉和有效的政

---

① 具体参见：[美]罗伯特·杰维斯：《国际政治中的知觉与错误知觉》，第112页。

策，那么这种认知相符就是理性认知相符①，不然则为非理性认知相符。认知相符的核心假设是人会把接收到的新信息纳入原有的分析框架中，以至产生的知觉便是人们原来预期的东西。理性认知相符类似于"爱屋及乌"，而非理性相符则是类似于"自欺欺人"以达到心理平衡的认知过程。

（1）"实践证实"：一体化认同的强化

欧洲各国有着紧密交织的共同历史和文化社会背景，分享民主自由价值观念，在长期一体化过程中形成了共同体意识和欧洲认同，一体化逐渐从传统联盟向认知联盟转化。这个过程中产生的理性认知相符是，西欧各国精英们会把自己认同的特征归于自己喜欢的国家，产生了"奉行民主制度的国家间不打仗""民主国家间更容易产生信任和合作"的知觉。欧洲各国长期合作互动中产生的积极认知有助于他们加强联合。时任法国总统密特朗在1990年元旦献词中提到了"欧洲邦联"，倡议建立"欧洲人的欧洲"。有诸多条件促使欧洲一体化国家产生这种认知相符：首先，欧洲国家有较强的同质性；其次，外在威胁的维持加强了内聚力和群体认同；② 最后，各国在重大事件上立场一致，彼此间更容易预测对方的行动并产生信任感和协作默契，同时也产生了心理上的正向效应和一致效应，③ 在集体行动时能达到协调一致的平衡状态。

冷战结束初期，欧洲政治精英们的理性认知相符表现在很多方面。首先，冷战的结束代表了社会主义制度的"失败"，反过来证明了民主制度的"正确性"，有学者甚至做出了"历史的终结"的预言。西欧各国对民主制度的前景充满信心，增强了对自身道路的认同感。其次，欧共体（欧盟）成员国之间的信任度提高，特别是德法之间的默契加强。经过反复博弈，欧洲各国固化了盟友的印象，彼此间共同利益增多，越来越相信彼此的命运紧密相连。最后，渐进的一体化道路带有自证性，增强了共同体意识，

---

① 之所以称之为理性认知相符，仅为说明其思维过程有理性逻辑可循，并不代表整个认知过程是完全不带个人偏见的精确理性，也并不代表在此基础上形成的决策的正确性。理性逻辑下的认知过程也会产生偏见和错误知觉并导致决策偏差。

② 尹继武：《联盟信任的生成机制》，《国际政治科学》2008年第4期，第35—78页。

③ 正向效应是指预期人们之间喜欢认同彼此，一致效应是指人们预期彼此间有一致的观点。

使各国认为"苏维埃联盟建立在恐惧基础上,而欧盟方案则以和谐(协商一致)为基础……今天的欧洲人以自己的生活方式和政治模式感到自豪"。① 政治精英们将欧洲的成功归因于一体化道路,有意忽略了世界潮流、各国政府等其他层面的贡献,一体化的成功成为螺旋自证的预言。

(2)"维持现状":认知惯性下的一体化

2014年底,世界银行咨询了数百位社科领域专家,撰写了报告《头脑、社会和行为》,② 证明"人不总是理性的","人们常依靠直觉而非深思熟虑理性决策,其受到社会化、他人行为的影响,而且思维总是固定的模式化"。人不总是理性的,即使掌握权力的政治精英也概莫能外,而非理性认知相符则是政治精英们经常忽略的一种错误知觉。他们倾向于为自己认同的一体化政策找各种逻辑不相关的借口,夸大一体化失败的损失,并且容易低估一体化的成本而高估其效益。

冷战结束初期,欧洲各国面临巨大的冲击。统一后实力增强的德国使其他国家惴惴不安,《马斯特里赫特条约》经过长期而艰难的谈判后在丹麦公投中铩羽,处在金融货币危机中的西欧自顾不暇,并对东欧融入西欧的期望持谨慎态度,前南斯拉夫解体的动乱也增加了欧洲局面的复杂性。人们开始思考未来欧洲将向何处去——"融合还是分裂?"有人甚至预言欧洲一体化已经走到了死胡同。③ 不过,政治精英们选择了维持现有政策,静待局势明朗。同时,政治家们试图为自己的政策寻找合理化借口,为自己的决策辩护。

首先,这种心理产生的原因是认知失调引发的政策惯性。一旦决策做出,该决策就成为所有人需要负责的政治资产,各国有责任为自己选择的

---

① [俄]伊万·科拉斯杰夫:《解体的政治逻辑:苏联解体对欧盟的教训》,黄登学编译,《国外理论动态》2014年第7期,第112—118页。

② World Development Report 2015 explores "Mind, Society, and Behavior", December 2, 2014, http://www.worldbank.org/en/news/feature/2014/12/02/world-development-report-2015-explores-mind-society-and-behavior, 报告全文:http://www.worldbank.org/content/dam/Worldbank/Publications/WDR/WDR%202015/WDR-2015-Full-Report.pdf, 访问时间:2015年1月16日。

③ Stanley Hoffmann, "Obstinator Obsolete? The Fate of the Nation-state and the Case of Western Europe," *Daedalus*, Vol. 95, No. 3, Summer 1966, pp. 862-915.

政策做辩护。由于无法预测一体化破裂带来的损失，各国更愿意花大代价维护现有利益而非草率地改变现状，与其冒险追求最优目标不如守成次优目标。因为如果一种方法取得成功，会阻碍决策者开拓新方法，即使在需要新的思路的情况下，其也不倾向于另辟新路。① 他们做出的决策大都被描述为实现最大利益、避免利益冲突的最佳方案，并且会为争取支持而夸大并过度表述其政策效果。其次，由于外部环境变化超出了其思维范畴，他们会强化描述情况的紧迫性，表现出自己别无选择，以避免内心的矛盾。所以罗伯特·杰维斯说，"非理性相符使人们在原有政策不再适用的情况下继续实施既有政策"。② 同时，欧洲的决策者们会将当时一些模棱两可的信息作为支持自己的预期的证据，因为信息越模糊，人们越倾向于把新信息归于旧的认知框架，从而更加确信原有的认知。最后，认知闭合会带来错误的知觉。决策者不愿让人们意识到其他方案的潜在优势，对改变现状的信息采取不理睬态度。而理论界也倾向于支持与主流理论相符的观点，逃避对极端可能性的预测和判断，排斥危言耸听的欧洲解体论，以"掩耳盗铃"的方式克服心理不适，追求内心的平衡。

2. 动荡环境引发的思维定式

在沟通不畅或各自关注点不一致的情况下，不同行为体会根据自己当前关注的对象来解读收到的信息，忽略与此不相关的信息。这就产生了诱发定式，行为体进而根据诱发定式解读其他行为体的信息和行为。冷战后，欧洲旧有的势力均衡被打破。欧洲一体化推进遭遇阻力，俄罗斯元气大伤，东欧各国也百废待兴，前南斯拉夫陷入动乱，经济难民涌入西欧，民族主义和新纳粹等极右势力抬头——欧洲"似乎比两极体制时期更动荡、分散……几乎回到了1918年的状态"。③ 在这种复杂局面中各国信息不畅通，关注点差异巨大，会按照自己当前的立场来解读信息，因而产生了诱发定式。

---

① [美]罗伯特·杰维斯:《国际政治中的知觉与错误知觉》，第198页。
② [美]罗伯特·杰维斯:《国际政治中的知觉与错误知觉》，第134页。
③ 王振华、薛彦平、赵俊杰、田德文、周悦:《1991年的欧洲》，《西欧研究》1991年第6期，第1—16页。

3. 一体化历史经验的塑合

人们倾向于"以史为鉴",用自身的经验来解读分析信息并指导决策。决策者本身或许也意识不到自己过去的经验对当前决策的潜在影响。历史包袱使决策者容易忽略现实与历史情况的不同,导致即使情势已经变化,他们也仍以僵化的历史经验来指导现在的行动。如此,"记住过去的人往往会犯与过去相反的错误"。①

亲身经历冷战的欧洲政治精英在冷战结束后会犯两种认知错误:一种是延续性的,即经历冷战的人会秉持冷战思维,亲身参与了欧洲一体化的决策者倾向于坚持一体化思维。即使情境发生变化,决策者也会较难改变认知模式。另一种是否定性的,即经历了冷战的人为了避免重蹈覆辙而对冷战思维持警惕心理,"引以为戒",反而容易矫枉过正,犯相反的错误。同时,经历了欧洲一体化的政治精英也会产生"同代人效应"。他们分享共同价值观、共同环境、相似的一体化经历,容易产生相似的政策偏好,政策选择也趋于一致。这种影响具有滞后性,即欧洲一体化进程中成长起来的政治精英可能需要等到多年以后其掌握权力后才发挥影响力。

(二)认知因素影响下的欧洲一体化

冷战后欧洲一体化并非一帆风顺,一体化的相关议程是在各国政治精英对复杂局势的认知,包括错误认知的影响下产生的。本文重点关注的时间区间为冷战结束初期,以欧元区和欧盟的数次东扩为节点的欧洲一体化上升期,考察其中的认知因素,而欧债危机、难民危机等因素并非本文讨论的重点。认知因素如何影响欧洲一体化的推进?按照认知心理学的分析逻辑,可以从一体化进程中道路和选择、政党转向、矛盾磨合和合作深化的现实中管窥其影响。

1. 一体化道路的选择

欧洲一体化在由共同体长期政策惯性所形成的"认知惯性"的影响下不断深化。作为被证明了的"正确的道路",一体化倒退意味着否定前人的

---

① [美]罗伯特·杰维斯:《国际政治中的知觉与错误知觉》,第287页。

一切努力，还会危及旧制度执行者的切身利益，所以受到该体制内部人员的阻力。也就是说，一体化的推进会带来稳定，一体化的停滞则会带来不稳定。① 美国经济学家弗雷德评论道："鉴于赌注已经投下，欧洲一定会将一揽子经济货币联盟的思想发展和落实到其逻辑终点。"② 由于欧盟已经成为世界其他地区一体化的榜样，③ 起着示范作用，欧洲人在重回昔日荣光的道路上绝不允许走回头路，所以，需要讨论的问题是"选择何种一体化道路"，而非"是否倒退到一体化之前"。20 世纪 80 年代中期欧共体签署了《单一欧洲法案》，期望在 1992 年底建立一个欧洲统一大市场，进而建立共同经济与货币联盟和政治联盟。④ 而东欧剧变后，匈、捷、波等东欧国家均要求申请加入欧洲共同体，导致欧共体内部产生了"深化还是扩大"的分歧。英国积极支持欧共体的扩大，延缓西欧大陆联合深化的步伐和超国家机构权力的增强。德国为了扩大自身影响力，也主张先扩大再深化。而法、比、荷、西、葡、爱、希等国家主张先深化落实一体化成果，等《马斯特里赫特条约》生效以后再开启新成员审核。支持扩大欧共体的国家的关注点侧重于欧洲的长远前景，认为"将这片大陆的发展塞到一个紧凑的时间表内，似乎并不适合欧洲变动不已的现实情况"。⑤ 针对各国发展速度的不同，时任欧共体委员会主席德洛尔提出了欧洲一体化的"三个同心圆"的方案，⑥ 而主张先深化一体化的政治家的关注点在于当前成果的落实以及各自切身利益的维护。在东欧剧变之时，两方的关注点不同，引发了诱发定式的差异。

---

① ［德］维尔纳·魏登费尔德、约瑟夫·杨宁：《冷战后的欧洲一体化——新秩序的前景》，《国际社会科学杂志（中文版）》（*International Social Science Journal*）1993 年第 1 期，第 83—93 页。

② ［俄］伊万·科拉斯杰夫：《解体的政治逻辑：苏联解体对欧盟的教训》，第 112—118 页。

③ 赵怀普：《欧盟反思：开弓没有回头箭》，《当代世界》2011 年第 12 期，第 31—34 页。

④ John W. Young, John Kent, *International Relations Since 1945: A Global History*, Oxford University Press, 2003, pp. 647-649.

⑤ ［德］维尔纳·魏登费尔德、约瑟夫·杨宁：《冷战后的欧洲一体化——新秩序的前景》，第 83—93 页。

⑥ 即以欧共体为核心，以与欧洲自由贸易联盟国家建成的欧洲经济区为第二层，以及以由签订各种联系、经济合作协定的东欧、地中海国家组成的边缘经济区为外层的全欧一体化构想。

2. 党派身份转变与欧盟东扩

一体化的东扩道路在多次磨合之后逐渐成形,其中政党政治的演化起到了重要作用。东欧政党在剧变后为了"回归欧洲"纷纷进行改革,从政治角色和身份上改变认知认同。20世纪80年代末90年代初,欧洲各国国内政党逐渐向中间派别靠拢,当时执政党都受到了不同程度的冲击,在国内议会选举和总统大选中表现惨淡。选民对老牌政党信任普遍降低,对欧洲现有制度产生怀疑。法国总统密特朗所在的社会党因为路线分歧于1990年分裂,并在1993年议会选举中败选;德国总理科尔民望大跌,在1993年议会大选中险些败北;英国保守党内因为政策分歧而于1990年底引发党魁重选,新任首相梅杰在议会里举步维艰。由此,各国执政党努力保持执政地位并巩固对选民的影响力,关注国内党派转向问题,努力调整施政纲领,向中间道路靠拢。在这种背景下,东欧剧变成了解释各国国内党派转向的一个原因,即以苏联为首的社会主义阵营的受挫,使偏左的各国社会党在选民中威望大减,它们纷纷摒弃激进政策,适应中间选民的诉求。东欧左翼政党的改旗易帜和其他各国政党主张的调整,使欧洲各国政党整体朝向有利于欧洲一体化扩大的方向演进,随着欧盟四次东扩,部分原苏联加盟共和国和东欧国家实现了身份转变,欧洲一体化得以推进。

3. 民族主义、货币危机与一体化磨合

欧洲一体化过程中伴随着现实利益的撕扯和认知的转变,民族主义对超国家权威的警惕和历史记忆带来的不安全感,使一体化在互动磨合中逐渐找到平衡。苏联解体后,意识形态因素的减弱使民族主义思潮复活,国家间民族纠纷增多。"欧洲一体化事业越来越依靠……机制和官僚机构的势头来支撑,民众对一体化缺乏热情和使命感,对一体化的支持也趋于冷淡。"[①] 与此同时,《马斯特里赫特条约》的难产使欧洲弥漫着悲观消极的情

---

① Zbigniew Kazimierz Brzezinski, *The Grand Chessboard: American Primacy and Its Geostrategic Imperatives*, Basic Books, 1997, pp. 30–48.

绪。① 在经济领域，原苏联各共和国和东欧国家试图效仿西欧的市场经济模式，并期望在西欧各国帮助下实现经济的迅速转型，但其对西欧期望过高且低估了自身转轨的难度。而欧共体在1992年9月陷入金融货币危机，经济增长率降到1.75%，失业率高达9.5%，② 债务赤字负担加重，自顾不暇，并不能兑现承诺中的对东欧国家的援助力度，援助资金最多的德国也将大部分精力放在"东德地区"。此外，操作层面产生的失误加深了双方的信息不畅通。约定时的情形与兑现时期情形不同产生的差异，使双方在沟通失败的情况下产生了诱发定式，导致东欧各国期望落空，对西欧极度失望。

虽然欧共体内主权与超国家权力的斗争以及民族主义情绪和反一体化呼声长期存在，但特定情势中各国精英在接收到外来信息时会不自觉地因为"隧道视觉"③ 将其归结为苏联阵营的解体激发了整个欧洲的民族主义觉醒和反一体化思潮。这种思维定式将反一体化情绪归因为苏联的历史印记，反而坚定了决策者融入西方的决心。在民族主义和主权让渡的超国家主义反复磨合的过程中，对西方急切改变现状的期待感在度过失望情绪后回归理性，一体化的步伐更加稳健。

4. 合作"外溢效应"与路径依赖

认知心理在一定程度上可以解释新制度自由主义的合作"外溢"概念。对一体化的认知相符过程，使各国在合作中从"排斥"到"承认"再到"洽合"；在一体化由关税协调到经济合作再到政治互信的过程中，合作的"外溢效应"使各国政治、经济、外交事务的联系不断加强。这既体现在通过一体化经费拨款的方式满足其经济发展的现实利益，也体现在通过组织扩大的方式将中东欧国家纳入北约和欧盟。各国集体认知和身份认同不断

---

① Stanley Hoffmann, "Back to Euro-Pessimism? A Jeremiad Too Fond of Gloom and Doom," *Foreign Affairs*, January/February, 1997, http://www.foreignaffairs.com/articles/52650/stanley-hoffmann/back-to-euro-pessimism-a-jeremiad-too-fond-of-gloom-and-doom.

② 雨文：《成果不多，分歧不少——西方7国首脑慕尼黑会议述评》，《国际展望》1992年第14期，第3—6页。

③ "隧道视觉"是指决策者集中精力关注一件事，就会使其决策视觉受限制，仅仅注意到很窄知觉范围内的信息，并认定他人与自己的关注点相同。参见：[美] 罗伯特·杰维斯：《国际政治中的知觉与错误知觉》，第216页。

强化，分歧和矛盾在认知统和过程中弱化，起初对一体化持怀疑和失望态度的国家也逐渐通过认知相符和身份认同转变了其态度；而身在一体化进程中的国家则会形成对一体化的路径依赖，其国内政策和国际互动方式逐渐被同化并遵循欧洲模式进行，例如欧盟原有的 15 个成员国的民众对货币一体化的支持率缓慢增长至 1995 年 12 月份的 54%。根据欧盟委员会的统计可以看出，在 1991—1997 年这段时间，东欧候选入盟国家对欧洲一体化的认同度整体上呈现上升态势，对国家前途"回归西方"的认知逐渐成为社会主流。罗马尼亚民众对加入欧洲一体化的支持率从 1991 年的 52% 上升到 65%，匈牙利从 1993 年的 37% 上升到 1996 年的 58%，而欧盟东扩的目标国家在冷战结束后 5 年中一体化认知逐渐深化，从民众对其国家的前途方向的调查中可以得到证实（见表2）。

表2 1996 年欧盟候选国民众对国家前途的看法①

1996 年欧盟候选国民众："我们国家的前途在何方？"					
国家	第一位	第二位	第三位	第四位	其他
保加利亚	欧盟 34%	俄罗斯 15%	美国 6%	其他中欧国家 5%	其他 40%
捷克	欧盟 44%	其他西欧国家 17%	其他中欧国家 10%	美国 7%	其他 22%
爱沙尼亚	欧盟 42%	俄罗斯 18%	其他西欧国家 14%	其他中欧国家 8%	其他 18%
匈牙利	欧盟 27%	美国 22%	其他中欧国家 12%	德国 10%	其他 29%
拉脱维亚	俄罗斯 31%	欧盟 27%	其他西欧国家 10%	美国 9%	其他 23%

---

① European Commission, *Central and Eastern Eurobarometer* (*CEEB*), CEEB Report (fieldwork 1996), No. 7, 1996, pp. 71-72. Available at: https://ec.europa.eu/commfrontoffice/publicopinion/archives/ceeb/ceeb_7.pdf, Accessed on March 23, 2020.

续表

1996年欧盟候选国民众:"我们国家的前途在何方?"					
国家	第一位	第二位	第三位	第四位	其他
立陶宛	欧盟25%	俄罗斯14%	美国8%	其他西欧国家7%	其他46%
波兰	欧盟46%	美国14%	其他中欧国家8%	德国8%	其他24%
罗马尼亚	欧盟40%	美国35%	俄罗斯3%	德国2%	其他20%
斯洛伐克	欧盟38%	其他西欧国家14%	其他中欧国家12%	美国10%	其他26%
斯洛文尼亚	欧盟52%	美国13%	其他西欧国家9%	德国5%	其他21%
候选国平均	欧盟40%	美国17%	其他中欧国家7%	俄罗斯6%	其他30%

(三) 欧洲一体化的认知特点

欧洲一体化的进程在某种程度上也是由政治家们的错误知觉所维系并推进的,认知因素对一体化进程的影响具有普遍性、复杂性和多变性的特点。

首先,是普遍相似性。一方面,知觉错误是常人难以避免的,具有普遍性,即使经验丰富的政治家也难以保持决策的绝对理性客观。另一方面,知觉错误也带有相似性,决策者在决策的不同环节倾向于犯相应的错误知觉。此外,官僚机构的沟通不畅引发的诱发定式会导致信息的忽略,政党的主张不同会导致非理性的政策解释,政治家延续政策的要求使其背上历史包袱。在欧洲一体化初期,各国首脑都认为一体化利国利民,忽视了国内民众的诉求;高估了民众的一体化热情,低估了人民对一体化脱离民众的怨气以及反对党的实力。他们对一体化条约在各国的批准持盲目乐观的态度，普遍犯了非理性认知相符的知觉错误，并为自己的政策寻找各种合理化的理由以说服大众。

其次，是复杂交叉性。欧洲一体化的过程漫长而复杂，各种错误知觉交叉影响着事件的进程。首先，各国间经营和民众的理性认知相符是一体化推进的心理基础。欧洲国家间对加强合作的认同以及国家间的相互信任奠定了一体化的乐观前景，英国与德国也暂时搁置了在欧洲金融货币危机中出现的矛盾。另一方面，各国政要的非理性认知相符促使他们为一体化政策辩护，即使认识到第一步"迈得有点大"，但他们仍坚持认为符合长远利益的一体化方案会得到最终的批准和贯彻。其次，诱发定式使批准过程变得曲折。各国对一体化条款的关注点不同，并认为别国与自己的关注点相似，国内精英与民众也信息沟通不畅，这些都引发了分歧。最后，各国的历史包袱是影响一体化条约修改和调整的重要因素。一体化的进程惯性带来条约批准的压力，之前的成功经验都成为历史包袱；苏联解体的教训也使西欧各国意识到加强联盟凝聚力的必要性，以避免一体化倒退甚至解体带来的灾难性后果。

最后，是变换难测性。人的知觉具有相对稳定性，但对特定事件的认知却会因为信息刺激而发生微妙的转变。这种转变难以实证测量，但可以从行为体的决策中观察得出。英国在一体化谈判中持相对消极的态度，保守党内部还因此分裂，经过博弈和妥协，英国在首相梅杰的力促下才转变态度勉强批准《马斯特里赫特条约》。其他国家尤其是积极倡导一体化的法德两国一开始是盲目乐观的，俱1992年丹麦在公投中对《马约》的否决如冷水浇头，使各国开始清醒而谨慎地对待该问题，并积极加强国内沟通和国际协商，避免非理性的认知带来更严重的损失。在此之后，法国也以微弱多数公投通过该条约，丹麦也在第二轮公投中顺利通过了折中修改后的条约。

在各国政治精英的认知因素影响下，欧洲一体化得以在曲折中前行。那么，如何避免错误知觉导致决策失误呢？首先，要加强互信沟通，使他人了解自己的态度；其次，兼听则明，要参考不同观点；再次，避免"关心则乱"，决策者要避免将个人利益与政策捆绑；最后，及时自省，要意识到经常出现的错误知觉并及时调整政策。

结 语

在现实层面动力衰减的情况下,认知层面的聚合力和心理惯性确保了欧洲一体化的存续。通过描述欧洲一体化认知模型以及政策转变模型,对一体化过程中认知相符、诱发定式、历史经验等知觉因素对决策者的影响进行分析,能管窥政治精英们在冷战结束初期在一系列知觉和错误知觉的作用下对一体化的推进,以及欧共体的扩大和转型的认知机制。认知心理学在实证推理方面的先天不足削弱了本文的论证力度,另因篇幅所限,本文并未过多论述21世纪以后欧洲一体化的推进,也未展开陈述一体化过程中法德和解和外部压力等宏观动力因素。

西欧各国的凝聚力对欧洲一体化起着关键性作用,其政治精英对一体化的正面认知是欧洲联合能克服困境并顺利推进的心理基石。某种意义上说,欧洲一体化是在政治精英们的知觉与错误知觉的作用下推进的。然而,任何联盟都有其生命周期,欧洲一体化不可能永远存续,有关一体化不会解体的信念本身就包含着巨大的风险。而欧洲一体化的解体应始于认知层面,即从欧洲各国尤其是德法两国的政治精英对一体化信念和热情的消退开始,进而扩展到整个社会以及其他国家。面对英国脱欧、成员国右翼"疑欧派"政党纷纷上台等问题,如何治疗"一体化疲劳症",防止一体化进程后继无力,推动欧洲一体化的持续进行,这些问题值得进一步探讨。笔者认为,保持政治精英在认知层面的有效沟通,防止错误知觉引发的矛盾,树立一体化信念,是在心理层面上推进一体化进程的根本动力。在"一带一路"倡议背景下,我国在构建多边机制的过程中,亦应重视微观心理层面合作机制认知动力的研究,加强参与国精英阶层和民众的心理认同建设,防止错误知觉导致合作"形聚神散",辅助现实宏观层面战略的推进。

二战史研究

在中国第二次世界大战史研究会 2019 年年会上的致辞

胡德坤[*]

尊敬的于文秀副校长、尊敬的李凤飞理事长、尊敬的徐蓝会长，各位专家、各位老师、各位同学：

由中国第二次世界大战史研究会主办，黑龙江大学、哈尔滨师范大学、中国社会科学院世界历史研究所共同承办的"中国第二次世界大战史研究会 2019 年年会"，今天在黑龙江大学开幕了。我代表中国二战史研究会向黑龙江大学等承办单位和所有为会议服务的老师和同学们表示衷心的感谢，向与会的专家表示热烈的欢迎！

各位专家，本次会议在哈尔滨召开有着特别的纪念意义。40 年前，即 1979 年 7 月 11 日，由中国社会科学院世界历史研究所、军事学院（今国防大学）、军事科学院牵头，由哈尔滨师范大学、黑龙江大学等单位承办，首届中国二战史学术研讨会暨中国二战史学会筹备会议在哈尔滨召开，会议决定成立筹备组，负责中国二战史学会筹建工作。经过一年的努力，1980 年 6 月 16 日，由中国社会科学院世界历史研究所主办、云南大学承办的中

---

[*] 胡德坤，中国第二次世界大战史研究会名誉会长，武汉大学原副校长、教授、博士生导师。

国二战史学会成立大会暨学术会议在昆明军区召开,军事学院(今国防大学)、军事科学院、中国社会科学院世界历史研究所、北京大学、武汉大学、华东师范大学、四川大学、安徽师范大学、辽宁大学等单位 70 余名专家与会,选举了首届理事会,安徽师范大学陈正飞教授担任会长,宣告了中国二战史学会正式成立。此后,武汉大学张继平教授(1982—1993)、国防大学黄玉章中将(1993—2001)、武汉大学胡德坤教授(2001—2016)、首都师范大学徐蓝教授(2016—),先后担任会长。中国二战史学会挂靠中国社会科学院世界历史研究所管理。1991 年 12 月 26 日,学会获国家民政部批准注册登记,正式成为全国性学术团体,首任法人是国防大学张海麟教授,现任法人是中国社科院世界史所张晓华研究员。

  中国二战史学会成立以来受到国家的高度重视。1981 年,全国五届人大四次会议通过了加强二战史研究的提案,这在历史学的相关学会中是很特别的。1985 年 8 月 28 日,中国二战史学会在军事科学院召开纪念二战、中国抗战 40 周年学术会议,中央政治局委员杨得志、胡乔木等中央领导同志出席会议。在纪念二战、中国抗战 50、60 周年时,中国二战史学会都应邀参加了中央举行的纪念活动。还应提及的是,军事科学院郭化若副院长、中国社会科学院宦乡副院长、国防大学副校长黄玉章中将、李殿仁中将、原南京军区司令员向守志上将等,都担任过中国二战史学会的名誉会长,指导和支持学会工作。2005 年,中国二战史学会获准参加国际二战史学会,并推举徐蓝教授担任国际二战史学会执行局委员。从 2005 年起,中国二战史学会都派出代表参加五年一度的国际二战史学会的学术会议。2008 年 4 月 14—16 日,中国二战史学会与国际二战史学会共同主办、武汉大学承办的"1931—1949 占领历史研究"国际学术研讨会在武汉大学召开,原南京军区司令员向守志上将、军事科学院政委刘源中将、湖北省省委副书记杨松、国际二战史学会会长格哈德·赫尔施费尔德教授、中国二战史学会会长胡德坤教授等出席会议,这是国际二战史学会第一次在亚洲召开学术研讨会,提升了中国二战史研究的国际影响力。

  各位领导、各位专家,四十年来,经过军队和地方二战史会员的共同努力,发扬人民解放军的优良传统,艰苦奋斗,勤俭办会,使学会充满了正能量，一代又一代学者薪火相传，二战史学会越办越兴旺。由此，我们深深怀念为二战史学会无私奉献的前辈学者，由衷地感谢二战史学会的筹备地——哈尔滨，感谢黑龙江大学、哈尔滨师范大学为学会所做的贡献。近年来，习近平总书记对二战史、抗战史研究有许多重要指示，希望我们的会员认真学习和领会，更期望年轻的学者在前人研究的基础上更上一层楼，将中国二战史研究推向新高峰。

最后，衷心祝愿本次会议圆满成功，祝各位领导、各位专家身体健康！谢谢！

战后日本国家身份的转换与"专守防卫"政策的演变

栗 硕[*]

摘 要 一个国家的安全政策,既是其国内政治过程的决策结果,也是其在国际舞台上的重要外事体现。战后,日本的国家安全政策发生了明显的转变,学界主要从理性主义分析方法、政治过程分析方法、文化心理分析方法、建构主义分析方法四种路径对此进行了阐释。本文在借鉴已有成果的基础上,搭建了一种研究"国家身份与安全政策间互构关系"的动态模型。笔者认为,国际权力结构、国际文化结构、国家实力、国家文化综合作用形成国家身份,国家身份决定安全政策,安全政策支撑并强化与其对应的国家身份;建构国家身份的四种要素发生变化会导致国家身份的转换,国家身份的转换会导致安全政策的演变,演变后的安全政策再次强化转换后的国家身份。战后日本的国家身份依次经历了"和平主义"身份、"随美振兴"身份、"政治大国"身份、"正常国家"身份四个转换阶段;与此对应的是其安全政策以"专守防卫"政策的酝酿、形成、异变、消退为主线也发生了演变。

关键词 日本 国家身份 安全政策 专守防卫

---

[*] 栗硕,南开大学日本研究院博士生。

二战结束后，日本解除了军事武装，"和平宪法"的实施为日本划定了"非武装"的国家发展路线。然而，伴随着冷战的爆发及美国对日政策的改变，日本又重新建立了一定规模的军事力量。1970年，日本在首部《防卫白皮书》中第一次提出了"专守防卫"的概念，基本确立了"防御型"国家安全理念。[①] 随后，日本进一步丰富、发展了"专守防卫"政策的内涵；针对海外派兵、集体自卫权、武器出口等问题做出了一系列政府解释。步入20世纪90年代后，日本开始超越"防御型"安全政策的限定范畴，派自卫队走出国门执行了联合国维和、支援多国部队作战、打击海盗等海外任务，其宣称的"专守防卫"政策发生了异变。2012年底，安倍晋三第二次就任首相后，日本"专守防卫"政策开始逐步消退；安倍政府废除了"武器出口三原则"、解除了"武力行使"方面的限制、促使国会通过了"新安保法"，并积极推动修宪讨论，在发展进攻性武器等构筑对敌基地攻击能力方面也显示出强烈的意愿。可见，战后日本军事力量的构建与运用正从"依附防御型"向"自主进攻型"转变；战后日本形成到摒弃"专守防卫"政策的历史过程便是其国家安全政策演变的主线。"专守防卫"政策作为战后日本国家安全政策的核心内涵，共经历了酝酿、形成、异变、消退四个历史阶段。那么，日本的国家安全政策为什么会发生如此的转变？其转变又造成了怎样的影响？针对上述问题，学界已从不同角度进行了解读，但解释力仍然存在着一定的不足。有鉴于此，本文尝试引入"国家身份"的概念来构建一种新的研究框架，以日本"专守防卫"政策的演变为例，探究国家行为体安全政策演变的过程机理。

一、已有研究成果

日本自二战结束以来，其国家安全政策以"专守防卫"政策的酝酿到消退为主线，发生了明显的转变。针对日本国家安全政策的演变，学界大

[①] 日本防卫省：『防衛白書1970』、http://www.clearing.mod.go.jp/hakusho_data/1970/w1970_02.html。

致通过以下四种方法分别进行了阐释。

（一）理性主义分析方法

理性主义是在理性基础上发展起来的一种认识论和方法论，在西方国际关系理论中占据主流地位。[①] 新现实主义和新自由制度主义均以理性主义为研究方法，认同国家行为体的理性假定，将国家行为体在国际体系无政府状态下追求利益最大化作为理论前提，强调国家基于"工具理性"[②] 进行决策和行动。伴随着西方国际关系理论的丰富和发展，卡赞斯坦等曾把国际关系理论划分为理性主义和建构主义两大方面进行过讨论。[③] 在研究战后日本国家安全政策转型的相关成果中，大部分均是基于理性主义分析方法进行的阐释。运用理性主义分析方法的学者，将日本整体看成国际体系下的活动单元，强调日本会依据国际权力结构的变动和国内政治生态的变化而做出理性的、自认为对其最有利的战略抉择。

部分论著单纯从国际体系权力结构变化的角度进行了分析。理查德·塞缪尔（Richard J. Samuel）认为，日本鉴于朝鲜核威胁、中国崛起、美国相对衰落等体系性权力结构的变化，正不断强化其军事力量，以确保自身减弱对美国的依赖并能够抵御来自中国的威胁。[④] 松村昌广同样认为日本安全政策的转变主要源自中国的崛起、朝鲜核与导弹问题等体系性权力结构的变化。[⑤] 尼古拉斯·安德森（Nicholas D. Anderson）则将日本自20世纪60年代至今的国家安全政策演变归因于地区威胁环境的改变与美国安全承

[①] 左洁：《国际关系理论研究中的理性主义范式及其批判》，《中南大学学报（社会科学版）》2013年第2期，第125页。

[②] "理性"作为一种分析工具被应用于核算、权衡、选择等为了获取最大利益的行动中。

[③] 卡赞斯坦主编：《国家安全的文化——世界政治中的规范与认同》（影印版），北京：北京大学出版社，2009年。

[④] Richard J. Samuel, *Securing Japan: Tokyo's Grand Strategy and the Future of East Asia*, New York: Cornell University Press, 2007.

[⑤] 松村昌広：『東アジア秩序と日本の安全保障戦略』、芦書房、2010年12月。

诺的强弱变化。①

运用权力结构因素阐释战后日本安全政策的转变，具有一定的普遍性与可行性；但若运用该分析框架来研究战后整个时期日本安全政策演变的话，便会显得解释乏力。例如，20 世纪 70 年代，日本同样面临着来自苏联的安全威胁，却选择了基于"和平宪法"的"防御型"安全政策；如今用中国崛起、朝鲜问题等因素来阐释日本采取"自主型"安全政策的原因，便会产生"由果寻因"的牵强之感。

基于上述考虑，部分学者在分析战后日本安全政策的演变时又添加了国内政治的因素。田中明彦用实证主义方法对战后日本 50 年来的安全政策与实践进行了梳理，认为日本国家安全政策是其综合国际、国内各方因素后所进行的战略性选择。② 川崎刚则运用新古典现实主义分析方法对日本的安全政策进行了阐释，综合强调了体系权力结构因素与国内政治因素对日本国家安全政策的影响。③ 詹妮弗·林德（Jennifer M. Lind）认为"和平主义"只是日本在特定历史条件下做出的精明抉择，而伴随着国际安全环境与国内政治的发展，其国家安全政策也相应发生了一系列变化。④ 和田修一认为，国际环境与国内政治的变化是战后日本安全政策演变的重要影响因素，同时也推动了日本的修宪进程。⑤

相较而言，将国际体系因素与国内政治因素同时作为日本安全政策演变的原因，更加具有说服力；但却也产生一种"因素罗列"之嫌。照此分析框架，国际、国内所有因素均可以成为国家安全政策演变的原因，但却没有一种解释可以穷尽所有因素，而且也无法回答"各因素如何对国家安

---

① Nicholas D. Anderson, "Anarchic Threats and Hegemonic Assurances: Japan's Security Production in the Postwar Era," *International Relations of the Asia-Pacific*, Vol. 17, No. 1, 2017, pp. 101-135.

② 田中明彦：『安全保障——戦後 50 年の摸索』、読売新聞社、1997 年 7 月。

③ Kawasaki Tsuyoshi, "Postclassical Realism and Japanese Security Policy," *Pacific Review*, Vol. 14, No. 2, 2001, pp. 221-240.

④ Jennifer M. Lind, "Pacifism or Passing the Buck? Testing Theories of Japanese Security Policy," *International Security*, Vol. 29, No. 1, 2004, pp. 92-121.

⑤ Wada Shuichi, "Article Nine of the Japanese Constitution and Security Policy: Realism Versus Idealism in Japan since the Second World War," *Japan Forum*, Vol. 22, No. 3/4, 2010, pp. 405-431.

全政策的演变发挥作用""在何种情况下发挥何种程度的作用"等问题。

此外，还有诸多论著运用理性主义分析方法对日本战后某一历史阶段的安全政策演变进行了分析。信强认为，近年来，为了应对中国的崛起，美国奥巴马政府提出了"亚太再平衡"战略；以此为背景，日本多届政府为了打破"战后体制"、实现"国家正常化"而对国家安全政策进行了调整。① 南昌熙（Nam Chang-hee）则将安倍内阁推动日本安全政策转型的因素归结为朝鲜军事威胁与中国的军事扩张行动。②

综合而论，运用理性主义对战后日本安全政策演变进行分析的论著占据着较大比重，但其关于"国家利益具有先验性"的理论判断制约了对国家安全政策演变的分析。理性主义认为，国家利益是先验、给定的，在参与到国际体系之前就已确定。③ 按照新现实主义者的理论逻辑来看，日本为了确保国家安全，会因应亚太权力结构的转变而不断强化自身军事力量，并最终实现自主防卫；按照新自由制度主义者的理论逻辑来看，日本安全政策的转变可能仍会在日美同盟框架下进行，并且还可能会选择在一定机制下与中国进行广泛合作。由此，理性主义分析方法的缺陷便暴露无遗，即：赋予日本不同的利益假定前提，就会得出不同的分析结果。然而，"国家利益"既有给定的、不会改变的内容，也有不断变化的内涵；④ 因此，"国家利益"难以明确断定的性质会造成理性主义在探究国家政策演变的原因时由国家行为倒推国家利益，从而使得部分成果欠缺一定的说服力。

（二）政治过程分析方法

安全政策作为国家政策的一项类别，自然会受到国家政治运作模式及

---

① 信强：《"次轴心"：日本在美国亚太安全布局中的角色转换》，《世界经济与政治》2014年第4期。

② Nam Chang-hee, "Can South Korea Embrace Japan's Expanding Security Role? Sources and the Manifestation of the Conflicting Identities," *Pacific Focus*, Vol. 32, No. 3, 2017, pp. 396-415.

③ 方长平、冯秀珍：《国家利益研究的范式之争：新现实主义、新自由主义和建构主义》，《国际论坛》2002年第3期，第58页。

④ 王逸舟：《国家利益再思考》，《中国社会科学》2002年第2期，第160页。

其过程特征的影响。日本"政治过程"中相关因素的作用演变会影响国家安全政策的发展变化。草野厚在《政策过程分析入门》一书中罗列了政党、利益集团、大众传媒、市民团体、首相官邸、政府部门、政治领袖、高级官僚、学者等日本政治过程中的诸多行为主体。① 王新生针对政治过程分析方法指出,"它强调政治系统内部各个部分的互动作用,即政治系统的每项决策均为各个政治主体相互作用的结果,而且其决策又在某种程度上是新一轮决策的动因,从而有助于人们了解各种政治现象乃至某项决策的来龙去脉及其发展趋势"。② 目前为止,学界通过政治过程分析方法来阐释日本安全政策演变的论著大致可分为以下三种路径。

第一,政治思潮。徐大同指出,"政治思潮作为一种观念形态可大致归结为:在特定历史条件下形成的、具有共同政治倾向和较为广泛影响的重大政治思想潮流"。③ 政治思潮作为决策过程中多类行为主体政治思想的集体倾向,必然会影响国家安全政策的演变。平田惠子对战后日本出现的和平主义、经济主义、保守主义、民族主义四种政治思想及其势力进行了分析,认为上述政治势力的发展变化影响了日本国家安全政策的演变。④ 加藤博章从民族主义影响国家安全政策转变的角度,对日本派遣自卫队赴海外执行扫雷任务的事件进行了实证主义分析。⑤ 张广宇认为冷战后日本新保守主义促使其走向了军事大国的道路。⑥ 马冉冉从新民族主义的角度对日本外交与安全政策的演变进行了分析。⑦ 李畅从新和平主义的角度对日本安全政

---

① 草野厚:『政策過程分析入門 [第2版]』、東京大学出版会、2012年。
② 王新生:《现代日本政治》,北京:经济日报出版社,1997年,第23页。
③ 徐大同主编:《当代西方政治思潮》,天津:天津人民出版社,2001年,导言第2页。
④ Hirata Keiko, "Who Shapes the National Security Debate? Divergent Interpretations of Japan's Security Role," *Asian Affairs*, Vol. 35, No. 3, 2008, pp. 123-151.
⑤ 加藤博章:「ナショナリズムと自衛隊——1987年・91年の掃海艇派遣問題を中心に」、『国際政治』2012年10月。
⑥ 张广宇:《冷战后日本的新保守主义与政治右倾化》,北京:北京大学出版社,2005年。
⑦ 马冉冉:《后冷战时期日本新民族主义兴起及对外交政策的影响》,硕士学位论文,山东大学,2015年。

策与实践进行了阐释。① 另外，大众舆论作为政治思潮范畴下的表现之一，也被部分学者用来分析日本安全政策的演变。保罗·米德福德（Paul Midford）通过对大众舆论进行归纳分析，认为日本公众对安全的认知从"和平主义"转变成了"防御性现实主义"，从而在一定程度上影响了日本国家安全政策的转变。②

第二，决策机制。执政党、内阁、高级官僚作为日本决策过程中的最终环节，其相互间关系形成的决策机制以及利益集团在决策过程中所扮演的角色也在一定程度上影响着国家政策的具体内容与实践。"党高政低""官僚主导""政治主导""官邸主导"等不同决策机制类型间的转换必然会对日本国家安全政策产生影响。徐万胜认为，安倍内阁的"强首相"决策机制推动了日本"国家正常化"的战略走向。③ 津山谦主要以日本决定加入美国主导的防扩散安全倡议为研究对象，对日本首相官邸、外务省、防卫厅的政策决定进行了重点分析，并用大量实证材料论述了日本安全政策转变的历史过程。④ 信田智人同样从决策机制的角度，分别就日本首相官邸、外务省、防卫厅、政党、利益集团、媒体、大众舆论对冷战后日本安全政策转变造成的影响进行了分析。⑤ 王广涛以"政官财"三者间的利益诱导政治为分析机制，探讨了日本军工利益集团对日本国家安全政策演变所造成的影响。⑥

第三，政党政治。部分论著从政党活动、选举制度、政权更迭等政党政治的角度，对日本安全政策的演变进行了阐释。罗伯特·帕坎南、艾利

---

① 李畅：《冷战后的日本新和平主义思潮研究》，博士学位论文，吉林大学，2008年。

② Paul Midford, *Rethinking Japanese Public Opinion and Security: From Pacifism to Realism*, California: Stanford University Press, 2011.

③ 徐万胜：《安倍内阁的"强首相"决策过程分析》，《日本学刊》2014年第5期。

④ 津山谦：『「軍」としての自衛隊：PSI参加と日本の安全保障政策』、慶応義塾大学出版会、2017年10月。

⑤ 信田智人：『冷戦後の日本外交——安全保障政策の国内政治過程』、ミネルヴァ書房、2006年9月。

⑥ 王广涛：《军工利益集团与日本的安全政策——兼论安倍政权下的军工利益诱导政治》，《世界经济与政治》2017年第12期。

斯·克劳斯（Robert Pekkanen/ Ellis S. Krauss）认为20世纪90年代日本社会党在安全政策上的转向及其自身的瓦解使得自民党"保守主义"色彩浓厚的安全政策主张失去对抗力量，从而影响了日本安全政策的转变。[1] 中西宽认为日本国内政治的变动带来了外交安全政策的转变。[2] 肯特·考尔德（Kent E. Calder）从选举制度的角度对日本安全政策进行了分析，认为日本众议院选举曾经采取的中选区制，使得候选人在竞选中没有将安全防务问题作为争论的焦点，从而导致日本安全政策从战后至20世纪90年代基本没有发生大的转变。[3] 另外，豪、坎贝尔（B. M. Howe / J. R. Campbell）从政权更迭的角度分析了民主党执政后日本国家安全政策的延续与改变。[4]

总体来看，政治过程分析方法主要通过分析各行为主体来阐释国家安全政策的演变，能够较为全面地呈现出政策制定的运作过程，但也存在着一定的弊端。一方面，行为主体因素过多会导致无法阐明各因素之间如何相互作用、每个因素对国家安全政策的作用机理及作用程度究竟如何等问题；另一方面，政治过程分析方法专注于对政策制定的过程进行阐释，是对政策演变本身进行的叙述性研究，探寻的是机制性原因，而非诱发性原因，无法触及国家安全政策演变的深层机理。

（三）文化心理分析方法

运用文化心理分析方法对战后日本国家安全政策演变进行研究的路径主要有两种。其一，强调日本的文化特性，从日本独有的国民性及其战略文化的角度来阐释日本安全政策的演变。宫玉振指出，"所谓战略文化，就是国家在运用战略手段实现国家战略目标的过程中所表现出来的持久性的、

---

[1] Robert Pekkanen and Ellis S. Krauss, "Japan's 'Coalition of the Willing' on Security Policies," *Orbis*, Vol. 49, No. 3, 2005, pp. 429-444.

[2] 中西寛：「国内政治の変動と対外政策の変化」、『国際安全保障』2010年12月。

[3] Kent E. Calder, *Crisis and Compensation: Public Policy and Political Stability in Japan*, New Jersey: Princeton University Press, 1991.

[4] B. M. Howe and J. R. Campbell, "Continuity and Change: Evolution, Not Revolution, in Japan's Foreign and Security Policy under the DPJ," *Asian Perspective*, Vol. 37, No. 1, 2013, pp. 99-123.

相对稳定的价值取向与习惯性的行为模式"。①国家安全政策的发生与演变是一国政治行为主体参与国家决策的具体实践，而政治领袖、高级官僚、媒体、大众等政治行为主体必然受到共有价值取向与思维模式等所谓"国民性"的影响。国民性作用于国家安全政策，便呈现出该国特有的战略文化。因此，从战略文化的角度来阐释日本国家安全政策的演变，具有一定的可行性。其二，运用心理学分析方法，借助人类共有的"欲望""恐惧""荣誉""贪婪""高傲"等心理活动来阐释日本安全政策的演变。心理学在国际关系领域的运用主要集中在对微观层次的分析，即：通过研究决策者或决策层等个体的认知心理来阐释国家政策的出台与演变。②此外，理查德·勒博（Richard N. Lebow）在《国际关系的文化理论》一书中提出了一套基于"欲望""精神"等人类心理动机的宏观层次分析理论，在一定程度上将国家"拟人化"并赋予其心理动机，强调人类心理活动对国家与国际体系间的互动所产生的影响。③总之，文化心理分析方法注重对政治行为主体的价值观、情感、心理等非理性因素进行研究。值得一提的是，政治过程分析方法中的"政治思潮"路径，同样是对非理性因素进行的研究，但其强调对政治行为主体在国家政策决定过程中的政治思想与政治势力进行分析；而文化心理分析方法则侧重于民族特性与人类情感的角度。

首先，部分学者从战略文化的角度进行了分析。约翰·伊肯伯里（John Ikenberry）、猪口孝认为，日本文化中的等级观念在一定程度上影响了日本的国际观，其将国际体系视为层级式的结构关系，从而促使日本在冷战后仍然选择与美国结盟，并接受美国的主导作用。④马千里强调日本安全政策

---

① 宫玉振：《中国战略文化解析》，北京：军事科学出版社，2002年，第10页。

② 尹继武、李江宁：《心理与国际关系——国际关系心理学的理论正当性与研究路径》，《欧洲研究》2005年第1期，第56页。

③ Richard N. Lebow, *A Cultural Theory of International Relations*, Cambridge: Cambridge University Press, 2008.

④ John Ikenberry and Inoguchi Takashi, *Reinventing the Alliance: U. S. -Japan Security Partnership in an Era of Change*, London: Palgrave Macmillan, 2003.

的调整除了受到国际体系结构压力的影响外，也受到其自身战略文化的制约。① 宫坂直史同样从战略文化的角度对日本在 20 世纪 90 年代后半期的反恐政策进行了分析。② 李建民对日本战略文化的内涵与表现形式进行了总结，并在此基础上分析了战略文化对日本"普通国家化"进程及其国家安全政策转型的推动作用。③ 张望认为，日本国家战略的具体落实往往受到其国内政治、美国的态度和其自身文化思维的制约，并重点论述了日本社会特有的心理构造对其国家战略决策造成的影响。④

其次，部分学者从社会心理学的角度进行了分析。保罗·米德福德将社会心理学的"威胁""疑虑"等概念引入到新现实主义的分析当中，认为日本 20 世纪 90 年代的外交安全政策是为了消除东亚邻国的战略疑虑，目的在于避免遭受曾被日本侵略过的国家的制衡与报复。⑤ 迈克·奥斯林、迈克·格林（Michael Auslin / Michael Green）认为，日本战略思维的形成与转变主要由害怕遭到孤立的恐惧、对中国地缘政治力量的考虑、对现行国际权力结构的适应三个因素造成，在一定程度上将国家行为体拟人化，运用"恐惧"等心理学概念对日本安全政策的调整进行了分析。⑥ 陆伟借助《国际关系的文化理论》一书中提出的相关理论，认为"荣誉"这一精神性动机下造成的"身份迷思"和"地位偏执"促使日本国家安全政策愈加表现出积极的扩张性特征。⑦

伴随着国际关系研究的社会学转向，国民性、心理动机等非理性因素

---

① 马千里：《冷战后日本大战略调整研究——基于结构压力与战略文化的考察》，博士学位论文，中国政法大学，2013 年。

② 宫坂直史：「テロリズム対策における戦略文化——1990 年代後半の日米を事例として」、『国際政治』2002 年 2 月。

③ 李建民：《日本战略文化与"普通国家化"问题研究》，北京：人民出版社，2015 年。

④ 张望：《东亚安全结构中的日本及其战略选择》，《国际安全研究》2016 年第 5 期。

⑤ Paul Midford, "The Logic of Reassurance and Japan's Grand Strategy," *Security Studies*, Vol. 11, No. 3, 2002, pp. 1-43.

⑥ Michael Auslin and Michael Green, "Japan's Security Policy in East Asia," *Asian Economic Policy Review*, Vol. 2, No. 2, 2007, pp. 208-222.

⑦ 陆伟：《荣誉偏执、身份迷思与日本战略偏好的转向》，《当代亚太》2016 年第 4 期。

开始受到一定的重视。国家与国际组织虽然是国际体系的基本单元,但人类活动却是国际社会运转的根本动力。不容否认的是,国家安全政策的演变必然会受到政治行为体情感、人性、心理等因素的影响。因此,文化心理分析方法自然有其合理性与必要性。然而,如何将文化心理因素的作用进行理论化概括,却具有较大的难度。例如,用"荣誉"这一精神动机可以来解释冷战后日本安全政策的"对外扩张性"趋势;但用"恐惧""疑虑"等心理活动来解释同样的历史变化仍然具有一定的说服力。而究竟是何种心理因素造成了日本国家安全政策的演变,其作用机理又是怎样,很难用一个完整的理论框架对此加以阐释。同样,如果利用国民性对日本安全政策转变进行说明的话,总能找到与所述国民性不相符的国家行为。因此,如何提升文化心理分析方法的理论性、可验性及通用性,仍然是一个需要深入研究的课题。

(四) 建构主义分析方法

自20世纪90年代以来,建构主义国际关系理论内部发展出诸多流派;其中,以亚历山大·温特（Alexander Wendt）提出的"国际政治的社会建构理论"最具代表性。① 温特建构主义认为,国际政治的基本结构不仅仅来源于物质性因素,还会更多受到观念性因素的影响;国家行为体在观念上的互动构成了国际体系的文化结构,国际体系的文化结构建构国家行为体的身份和利益,国家行为体在具备身份和利益后采取与之相符合的政策与行动。② 另外,彼得·卡赞斯坦（Peter J. Katzenstein）主编的《国家安全的文化》一书中,部分学者也探讨了国内文化对国家身份和利益的建构作用。③ 需要进行说明的是,对于在阐释国家安全政策演变时同样注重国内文

---

① 杨广:《国际体系的形成、稳定和变化——图解温特〈国际政治的社会理论〉》,《欧洲》2002年第5期,第62页。

② Alexander Wendt, *Social Theory of International Politics*, Cambridge: Cambridge University Press, 1999.

③ Peter J. Katzenstein, *The Culture of National Security: Norms and Identity in World Politics*, New York: Columbia University, 1996.

化因素的相关成果，本文进行如下分类：将强调国内文化建构国家身份和利益、国家身份和利益影响国家政策的研究成果，归类于建构主义分析方法；将强调民族性与人类情感会影响国家安全政策的研究成果，归类于文化心理分析方法。

伴随着建构主义国际关系理论的发展，运用建构主义分析方法对战后日本安全政策演变进行研究的成果愈加丰富。托马斯·伯杰（Thomas U. Berger）认为，日本战后形成的"反军国主义"文化对其国家安全政策的制定产生了重要影响，有力遏制了日本"军事扩张"路线的开展。[①] 泉川泰博认为，日本安全政策的演变既受到现实主义的影响，也受到"反军国主义"文化的制约。[②] 彼得·卡赞斯坦指出，"反军国主义"文化是日本社会价值规范的主流，对日本国家安全政策具有主导性作用。[③] 陆伟对战后日本形成的"和平主义"文化的退化过程进行了分析，认为日本国内规范挑战者主动对国家身份进行重构，从而影响了国家安全政策的转变。[④] 安德鲁·欧罗斯（Andrew L. Oros）重点对日本武器出口政策、外太空军事利用、同美国的导弹防御合作等三项事例进行了分析，认为日本安全政策的演变将在未来很长一段时间内受制于其二战后形成的安全认同。[⑤] 李淑钟（Lee Sook-jong）运用建构主义方法对20世纪90年代以来日本不断变化的安全规范与认知进行了分析。[⑥] 布胡达·辛格（Bhubhindar Singh）认为，日本自20世纪90年代以来，安全认同由和平国家转变成了国际国家，并以此为理论基

[①] Thomas U. Berger, "From Sword to Chrysanthemum: Japan's Culture of Anti-militarism," *International Security*, Vol. 17, No. 4, 1993, pp. 119-150.

[②] Izumikawa Yasuhiro, "Explaining Japanese Antimilitarism Normative and Realist Constraints on Japan's Security Policy," *International Security*, Vol. 35, No. 2, 2010, pp. 123-161.

[③] Peter J. Katzenstein, *Cultural Norms and National Security: Police and Military in Postwar Japan*, New York: Cornell University, 1996.

[④] 陆伟：《身份建构战略与日本"和平宪法"制度化规范的退化———种关于日本去战后体制化的新解释》，《日本学刊》2017年第3期。

[⑤] Andrew L. Oros, *Normalizing Japan: Politics, Identity and the Evolution of Security Practice*, California: Stanford University Press, 2008.

[⑥] Lee Sook-jong, "Japan's Changing Security Norms and Perceptions since the 1990s," *Asian Perspective*, Vol. 31, No. 3, 2007, pp. 125-146.

础对日本的国家安全实践进行了阐释。① 杨鲁慧、张怡潇通过对身份、规范、认知三个变量因素的分析，论述了冷战后日本防卫政策演变的动因。② 罗克·茹潘契奇、米哈·瑞博尼克（Rok Zupancic / Miha Hribernik）认为，国家可以通过规范性权力来实现外交与安全政策的目标；日本希望获得规范性权力的战略意图，在一定程度上影响着其外交与安全政策的转变。③

建构主义分析方法为研究战后日本国家安全政策的演变提供了一个新的视角，其在承认物质性因素的基础上，更加注重观念性因素以及国际结构与国家行为体之间的互构关系。然而，部分研究成果也不同程度地存在着以下不足。第一，对国家身份的形成过程欠缺理论性研究。已有研究成果虽然注意到了国际文化结构与国内文化对国家身份和利益具有建构作用，但却很少探讨观念性因素如何建构国家身份、国际文化结构与国内文化以及物质性因素如何相互作用等问题，从而导致对国家身份在何种情况下会发生转变、为何发生转变等问题欠缺研究。正如李格琴指出的那样："日本'反军国主义文化'从形成到发展，其核心内涵、支持群体与政治影响在不同的时间段有不同的内容，这是一个动态的过程，而不是一个静态的研究对象。"④ 第二，忽视了国家身份与安全政策的互动关系。已有研究成果虽然涉及了国家身份影响国家安全政策等问题，但却较少对安全政策影响国家身份进行研究。日本国家安全政策与行为的演变在一定程度上影响了其国家身份及安全认同的转换。例如，20世纪90年代，日本政府开始将自卫队派出国门执行国际维和任务，此举遭到了大部分国民的反对；但在自卫队参加国际维和的国家安全政策执行数年后，日本民众对自卫队走出国门

---

① Bhubhindar Singh, *Japan's Security Identity: From a Peace State to an International State*, London: Routledge, 2013.

② 杨鲁慧、张怡潇：《冷战后日本防卫政策的演变及调整》，《辽宁大学学报（哲学社会科学版）》2017年第2期。

③ Rok Zupancic and Miha Hribernik, "'Discovering' Normative Power as a State Strategy in the Framework of Security, Foreign, and Defense Policy: The Case of Japan," *Philippine Political Science Journal*, Vol. 35, No. 1, 2014, pp. 78-97.

④ 李格琴：《关于日本安全政策变化的再认知——冷战后美国学界对日研究的厘析》，《太平洋学报》2014年第10期。

执行任务的认可度有了明显的提升，其国家认同与身份也随之发生了变化。

总之，上述四种分析方法均为探究战后日本安全政策的演变提供了合理可行的分析视角。已有成果中，理性主义分析方法与建构主义分析方法注重从体系层次加以研究，以整体主义为方法论基础，强调国际体系对国家单元的作用。理性主义认为体系内权力结构的变化或国际制度的变化会导致国家政策与行为的转变；建构主义认为体系内观念性因素建构国家的身份和利益，从而推动国家政策与行为的转变。政治过程分析方法与文化心理分析方法注重从个体层次加以研究，以个体主义为方法论基础，强调国内政治因素或文化心理因素对国家政策与行为的影响，以国家政策与行为的特征来解释国际体系结构的变化与发展。当然，运用理性主义分析方法进行研究的部分成果也注意到了国内政治因素的影响；运用建构主义分析方法进行研究的部分成果也注意到了国内文化因素对国家身份与利益的建构作用。如果从本体论的角度进行划分的话，理性主义分析方法与政治过程分析方法属于物质主义的范畴，重视物质性因素对国家行为体造成的影响；文化心理分析方法与建构主义分析方法则属于理念主义的范畴，更加强调观念性因素的作用。①

上述分析方法均注重对因果关系的探究与阐释，分别将战后日本安全政策演变的原因归结为权力结构因素、国内政治因素、文化心理因素、身份认同因素。不可否认的是，各种因素在战后日本国家安全政策演变的过程中均发挥了作用。因此，单纯从某一个角度进行探讨，难免会显得解释乏力。通过对已有研究成果的梳理与总结，本文试图在借鉴上述成果的基础上，以建构主义理论中的"身份"概念为核心提出一种动态分析框架，在探寻各要素对国家身份进行建构的基础上，研究国家身份决定安全政策、安全政策支撑国家身份的互构关系。

---

① 秦亚青：《国际政治的社会建构——温特及其建构主义国际政治理论》，《欧洲》2001年第3期，第5页。

二、本文的研究框架

本文致力于借助"国家身份"的概念来研究战后日本国家安全政策演变的历史过程。"身份"是建构主义理论中的核心概念之一,但传统研究过于注重对"国际文化结构(国家行为体之间的观念互动以及在此基础上形成的国际规范)与国内文化建构国家身份、国家身份决定国家政策与行为"的实证性论述,忽视了身份的动态变化过程和其他因素对身份的建构作用。本文认为,国家身份与安全政策具有互构关系;国家身份在国际权力结构与国家实力(政治生态、地缘位置、经济状况)等物质性要素以及国际文化结构与国家文化等观念性要素的相互作用下一直处于动态变化的过程中,这一过程与国家安全政策的演变过程同步进行、交织影响。在主要借鉴建构主义"身份"理论并参考前述其他分析方法的基础上,本文注重对国家身份演变的动态过程及其与国家安全政策的互构关系进行考察,并以此来搭建一种新的研究框架。需要说明的是,鉴于本文重点研究国家身份与安全政策的互构关系,因此未将国家身份对国际文化结构、国家文化等要素的建构作用纳入研究范围之内。综上所述,本文的研究对象与研究结构大致如下图所示。

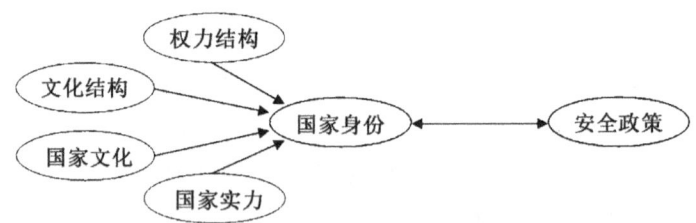

本文的研究框架有两点创新:其一,在研究国家身份决定安全政策的同时,探究安全政策对国家身份的强化与支撑作用;其二,通过研究国际与国内的物质性、观念性要素对建构国家身份发挥的相互作用,来分析国家身份转换的过程机理,即对"国家身份为什么会发生变化""国家身份如何发生变化"等问题进行探讨。

(一) 国家身份的转换

温特的国际关系建构主义理论主要借鉴了社会学中乔治·米德（George Mead）的符号互动理论和安东尼·吉登斯（Anthony Giddens）的结构化理论，认为"身份作为有意图行为体的属性，可以产生动机和行为特征"。[①] 米德的符号互动理论将人类个体的身份建构过程分为三个阶段：第一阶段指嬉戏阶段，拥有自有知识的个体之间进行互动；第二阶段指游戏阶段，个体在关联、互动的基础上形成共有知识；第三阶段指泛化为他人的阶段，共有知识规范、建构个体的身份。[②] 吉登斯的结构化理论主张个体身份与社会结构的形成过程并不是彼此独立的，社会结构内化于人类个体的行动，人类个体的行动塑造社会结构，结构与施动者是互构的关系。[③]

社会学建构主义主要研究人类个体之间及其与社会间的互动关系；国际关系建构主义主要研究国家行为体之间及其与国际体系间的互动关系。温特在借鉴社会学建构主义的基础上，对国家行为体之间及其与国际体系间的互动进行了理论化提升，认为国家行为体之间的观念互动以及在此基础上形成的国际规范均对国家身份具有建构作用。但温特建构主义并没有对国家身份的形成及动态演变过程进行细化研究。而且，国家行为体与国际体系的关系虽然和人类个体与人类社会的关系具有一定的类比性，但国家的构成与性质要比人类个体复杂得多，因此人类个体身份的形成过程必然不能简单套用在对国家身份的分析上。本文认为：国家身份是在国际权力结构、国际文化结构、国家实力、国家文化四种要素的综合作用下而形成的，不同时期、不同情况下，每种要素所发挥作用的大小也不同。为了进一步细化国家身份形成与演变的研究框架，本文试图通过分析国家身份的两个性质来探究其演变过程与转换机理。

---

① Alexander Wendt, *Social Theory of International Politics*, Cambridge: Cambridge University Press, 1999.
② [美] 乔治·米德：《心灵、自我与社会》，赵月瑟译，上海：上海世纪出版集团，2005年。
③ [英] 安东尼·吉登斯：《社会的构成：结构化理论大纲》，李猛等译，北京：三联书店，1998年。

首先，国家身份具有多样性。从不同的角度与类别来看，一个国家同时具有多种多样的身份。以日本为例，它是儒教文化圈国家、是二战战败国、是象征天皇制国家、是议会内阁制国家、是经济大国、是美国的同盟国、是东北亚地区的岛国、是与中国具有领土争议的邻国……甘均先将一国的国家身份划分为文化身份（宗教情感、历史记忆、政治制度）、权力身份（国家实力在国际权力结构中的位置）、地理身份等三大类。[①]然而，由于国家身份的建构来源于多种因素，因此部分国家身份无法按照上述分类进行划分。例如，日本"和平主义"国家身份的形成，既受到美国军事压力等国际权力结构因素的影响，也受到二战后国际规范以及日本国民性等观念性因素的影响；因此无论将"和平主义"划归为文化身份还是权力身份都显得不尽合理。不同影响因素间的排列组合会导致不同名称的国家身份，因此，如何将一个国家在特定时期、特定领域的属性与特征凝聚成一种特定的国家身份，是"身份"理论研究框架搭建的难点。

有鉴于此，本文为了论述方便，不再对国家身份进行分类与汇总，而是根据具体的研究内容来确定研究所需的国家身份的范畴。本文研究战后日本安全政策的演变，因此将文中论述的国家身份框定为安全身份。安全身份作为国家身份，其形成与演变同样受到国际、国内物质性因素与观念性因素的影响。对战后日本安全身份的演变进行属性与特征上的分类以及时间阶段上的划分，是本文的重点与创新之处。本文基于日本在战后不同历史时期所体现出的安全身份的特征与内涵，对其安全身份进行了时间上的划分与属性上的归类。需要强调的是，国家身份的形成或转换并非瞬间完成的动作，而是具有一定的过程，因此在对安全身份进行划分时会对时间范围进行模糊化处理。战后日本的安全身份可大致归纳为："和平主义"身份（战后初期—20世纪50年代）、"随美振兴"身份（20世纪50年代—20世纪80年代）、"政治大国"身份（20世纪80年代—21世纪10年代）、"正常国家"身份（21世纪10年代—）。上述安全身份的命名，来源于日

---

① 甘均先：《国家身份与国际安全》，《浙江大学学报（人文社会科学版）》2011年第3期，第125页。

本独特的历史经验，不可简单套用于针对其他国家的分析；各安全身份均具有区别于其他安全身份的特征与内涵，并将在本文第三部分进行详细论述。

其次，国家身份具有可变性。国家身份的转换导致安全政策的演变；因此，为了研究安全政策的演变，需要首先厘清国家身份转换的过程机理。国际权力结构、国际文化结构、国家实力、国家文化是国家身份发生转换的四种因素，任何一种因素的变化均会引起国家身份发生转换。国家身份的动态发展具有量变与质变之分，量变是指国家身份的强化与弱化，质变是指国家身份的形成与消亡。所谓国家身份的转换，不是指一种旧身份的消亡与另一种新身份的形成，而是指一类身份的弱化与另一类身份的强化。在同一属性范畴内，一国可能同时具有多种身份，但每个身份的强弱程度不同且演变趋势不同。以安全身份为例，一定时期内，某一较强的身份对安全政策起主导作用，但较弱的身份也会对安全政策形成一定的影响和制约。因此，安全身份的转换是指对安全政策具有主导性作用的身份发生了改变。以20世纪90年代的日本为例，日本的"和平主义"身份呈现出逐步减弱的趋势，但并未彻底消亡；与此同时，"政治大国"身份呈现出逐步增强的趋势，并成为对安全政策发挥主导作用的身份。这一时期，日本安全身份的动态变化过程反映在国家安全政策上便呈现出如下特点：一方面，日本不断强化军事力量建设，持续增加自卫队在海外活动的任务范畴；但另一方面，日本仍然在行使集体自卫权、对外出口武器等问题上存在着较多限制。

此外，从国家行为体的单元层次来看，国家身份的形成样态大致可分为骤变型与渐变型两种。一般情况下，国际权力结构的剧烈变化会导致一国某一国家身份的突然形成；而渐变型国家身份则一般由原有的旧身份逐渐演变而成。战后日本"和平主义"国家身份便属于骤变型身份；而21世纪10年代形成的"正常国家"身份则是由20世纪80年代形成的"政治大国"身份逐渐演变而成。另一方面，从国际体系的结构层次来看，国家身份的形成过程大致可抽象分为主动型、合力型、被动型三种。主动型国家身份的形成一般会受到国际体系内其他国家行为体以及国际规范的压制与抗衡；被动型国家身份的形成一般会受到国内政治势力以及国内文化的反抗与排斥；合力型国家身份是指国家行为体在国际规范以及其他国家行为体充分认同的基础上主动构建的一种身份，其发展会因顺应时代潮流而较为顺畅。当然，具体某一国家身份的形成过程或许并不能简单套用上述三种类型，也可能出现国际体系中部分国家支持、部分国家反对的情况。日本"和平主义"身份属于被动型国家身份；"随美振兴"身份与"政治大国"身份属于部分国家反对的合力型国家身份；"正常国家"身份属于主动型国家身份。

（二）安全政策的演变

安全政策是国别与区域研究中的重点研究对象之一，但却较少有研究成果对此进行明确的定义。巴里·布赞（Barry Buzan）指出，"安全是一个发展得非常不全面的概念、一个未被深入分析的概念以及极具争议性的概念，安全的本质决定了寻求统一的安全定义是没有意义的"。[①] 从安全政策的研究议题来看，按照地域或国别的指向性来划分，对华安全政策、亚太安全政策、东亚安全政策等议题较为常见；按照传统与非传统的内容来划分，南海安全政策、网络安全政策、太空安全政策、粮食安全政策、文化安全政策、能源安全政策等议题较为常见。虽然大部分关于安全政策研究的成果没有明确安全政策的定义，但似乎也都沿用了一个基本的框架。首先，安全政策的主体一般是国家；其次，安全政策的范畴一般以传统安全领域为主，强调国家对以军事力量为主的一切资源的建设与运用；最后，安全政策研究的内容不仅包括国家的政策性文件，更主要的是对国家安全行动的研究。

本文认为，一个国家的安全行动是其安全政策的重要组成部分，如果仅仅对安全相关的政策性文件进行研究的话，将很难把握一国安全政策的全部内涵及确切取向。而且，国家安全相关的政策性文件除了具有规划、

---

① ［英］巴里·布赞：《人、国家与恐惧：后冷战时代的国际安全研究议程》，闫健、李剑译，北京：中央编译出版社，2009年。

指导安全行动的功能外，还具有对国内民众及其他国家进行宣传的效用，如此一来便有可能使得国家安全行动与政策性文件存在一定的偏离。该情况下，安全行动更能确切反映该国的安全政策。因此，本文论述的"战后日本国家安全政策"不仅仅包括日本《防卫白皮书》、内阁决议、政府报告等政策性文件，还涵盖日本建设与运用自卫队的具体实践以及其他与国家安全相关的行动。由此，研究"战后日本安全政策的演变"不仅仅是探究其政策性文件的改变，而是更注重通过对其安全行动进行历史性梳理来归纳总结出其安全政策核心内涵的发展变化。

本文所述国家安全政策的演变不是指某一项具体政策的形成与发展，而是指国家安全政策在性质和取向上的变化。一个国家的安全政策从独立性的角度来看，可分为自主型、依附型两种极端类别；从攻击性的角度来看，可分为防御型与进攻型两种极端类别。两大类别进行排列组合，便产生自主防御型、自主进攻型、依附防御型、依附进攻型四种类型。军事联盟关系介于依附型与自主型之间，根据国家在联盟中的定位与作用，还可细分为偏依附型、偏自主型等情况。

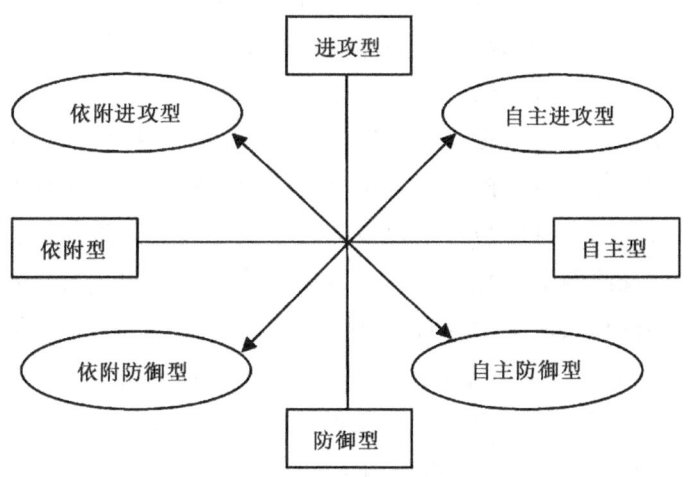

大部分国家的安全政策均处于动态变化的过程中，并介于上述四种类型之间。例如，美国的安全政策基本维持了偏自主进攻型的状态，并通过不断调整同盟关系改变着偏自主的程度；日本在旧金山媾和后基本确立了

依附防御型国家安全政策，而后又不断朝着自主进攻型的方向转变。一个国家安全政策的性质与取向主要由该国的安全行动所反映，因此，研究一国安全政策的演变，需要对该国某一时间跨度内的安全行动进行实证性分析与归纳。

（三）国家身份与安全政策的互构关系

本文认为，国家身份与安全政策具有互构关系；两者相互作用，不断处于循环演化的系统之中。首先，国际权力结构、国际文化结构、国家实力、国家文化综合作用形成国家身份，国家身份中的安全身份决定安全政策，安全政策支撑并强化与其对应的安全身份。然后，建构国家身份的四种要素发生变化会导致国家身份的转换，而国家身份的转换则会导致安全政策的演变，演变后的安全政策再次强化转换后的国家身份。如此一来，国家身份与安全政策在发生互构作用的同时，随时在国际权力结构、国际文化结构、国家实力、国家文化这四种要素的驱动下处于动态变化的过程之中。

战后日本的国家安全政策由依附防御型逐步向自主进攻型转变，其主线便是"专守防卫"政策从酝酿到消退的演变过程。"专守防卫"政策的演变源自国家身份的转换。战后日本国家身份中的安全身份经历了由"和平主义"身份依次向"随美振兴"身份、"政治大国"身份、"正常国家"身份的转换过程。运用本文提出的国家身份与安全政策的互构框架进行分析的话，战后日本国家身份与安全政策的动态演化过程大致如下：在美国军事压力、国际反法西斯文化、日本战败后经济崩溃、国民渴求安稳生活等多种国际、国内物质性要素与观念性要素的综合作用下，日本被动认同了"和平主义"身份，实行"非武装"政策；该政策的确立，在一定程度上孕育并壮大了日本国内的和平势力，从而强化了日本的"和平主义"身份。冷战爆发后，日本在国际、国内各因素的综合作用下，形成了"随美振兴"身份，在重新建立军事力量的同时，逐步确立了依附防御型安全政策，并于1970年正式提出"专守防卫"的概念；该政策的实行同时也在一定程度上强化了日本的"随美振兴"身份。20世纪80年代，日本经济发展已取得较大成果,民族自豪感获得提升,再配合国际权力结构与文化结构的变化,日本逐步形成了"政治大国"身份,并强调依靠军事力量在国际舞台上发挥大国的作用,其"专守防卫"政策发生了异变,自卫队开始走出国门执行国际维和、支援多国部队作战、打击海盗等任务;上述日本国家安全政策的演变进一步强化了其"政治大国"身份。2012年底安倍晋三第二次执政后,日本主动追求"正常国家"身份,从而使得"专守防卫"政策开始逐步消退,国家安全政策朝着偏自主进攻型的方向转变;出台新安保法、修改宪法第九条、发展攻击性武器等行动将进一步强化其"正常国家"身份。

三、日本国家身份的转换与"专守防卫"政策的演变

二战结束后至今,日本的安全身份依次经历了"和平主义"身份、"随美振兴"身份、"政治大国"身份、"正常国家"身份这四个具有明显不同特征的演变阶段。每一时期,发挥主导作用的安全身份决定着安全政策的性质与取向;同时,其他较弱的身份也对该时期的安全政策产生了一定的限制。下文以日本"专守防卫"政策的演变为例,对战后四个阶段日本国家身份及其与安全政策的互构关系进行验证性考察。以下四节均将按照安全身份的背景要素与形成过程、安全身份对安全政策的影响、安全行动对安全身份的强化等顺序进行论述。

(一)"和平主义"身份的认同与"非武装"政策的确立

二战结束后,国际反法西斯文化盛行、美军进驻日本、日本国内经济崩溃、日本民众反战厌战情绪高涨等诸多国际、国内物质性要素与观念性要素综合作用,促使日本被动接受了"和平宪法"所约束的"和平主义"身份。作为西方政治思想概念的"和平主义"(pacifism),主要指以"非

战、非武装、非暴力"为原则的理念和思想。① 日本战后初期形成的"和平主义"身份，是对其放弃武装与交战权这一特征的概括。

第二次世界大战期间，同盟国在开展对轴心国作战的同时，也在积极筹划建立一种各国联合维护世界和平与安全的国际机制。1945年4月至6月，来自50个国家的代表起草并通过了《联合国宪章》；同年8月，日本宣布接受旨在敦促其立即投降的《波茨坦公告》，世界反法西斯战争胜利；10月24日，《联合国宪章》生效，联合国正式成立。二战结束后，国际反法西斯文化持续盛行，改造战败后的法西斯国家、杜绝侵略战争的再次出现、构筑世界和平等思想成为国际潮流。伴随着日本的战败，美军在盟军最高司令官总司令部（简称"盟总"）的名义下对日本实行了占领。1945年8月28日，美军开始进驻日本本土，并成立"盟总"，通过向终战联络委员会或日本政府下达指令，对日本实行"间接统治"。截至1946年初，美军在日本驻扎兵力达46万人左右。盟总最高司令官麦克阿瑟曾表示："实际上，我对日本国民拥有无限的权力，我是八千万日本国民的绝对统治者。"② 另一方面，日本国内经济秩序异常混乱，生产资料与粮食的极度匮乏使得民不聊生。③ 日本民众在战败体验中产生的厌战、悔恨、受害等意识，成了战后初期反战和平主义思想的原点。④

在此背景下，盟总对日本实行了非军事化、民主化改造；其中最具代表性的举措便是指导日本制定了以"和平主义"为原则之一的《日本国宪法》。1946年2月3日，麦克阿瑟以美国政府文件《占领后美国初期对日方针》（SWNCC150/4）及《日本统治体制改革》（SWNCC228）为基础，对日本制定新宪法提出了"天皇为国家元首、放弃战争、废除封建制度"三项指示；随后，盟总民政局据此制定了"宪法草案"并交付日本政府。3月

---

① 邱静：《战后日本的"和平主义"与"积极的和平主义"》，《国际政治研究》2015年第6期，第46页。
② 袖井林二郎：『マッカーサーの二千日』、中央公論社、1974年、第88页。
③ 内野达郎：《战后日本经济史》，赵毅等译，北京：新华出版社，1981年，第38页。
④ 舒方鸿：《战后日本和平主义思想研究》，博士学位论文，中国社会科学院，2012年，第22页。

6日,日本政府以"盟总草案"为指导,发表了《宪法改正草案要纲》;后经帝国议会审议、修改,最终于10月29日表决通过了《日本国宪法》。从宪法的讨论过程及最后确定的第九条内容来看,日本政府根据盟总指示确立了"非武装与依靠联合国进行自卫"的安全构想。① 可见,日本"和平主义"身份首先由盟总设计而出,然后再经历了被动接受的过程。

以《日本国宪法》的颁布与实施为明显标志,日本形成了"和平主义"身份;该身份决定了日本在战后初期实行"非武装"政策。美军占领日本伊始,日本政府便在盟总的指令下于1945年10月15日解散了陆军参谋本部、海军军令部以及教育总监部等军事统帅指挥机构;11月30日,日本政府撤销陆军省和海军省,并于次日设置复员局,办理复员军人的回乡安置事务,开始有组织地遣返和复员散布于海内外的710余万日军官兵。② 《日本国宪法》的成立继续限制了日本的重新武装,虽没有明确的规定,但"占领军负责防卫实行'非武装'政策的日本"成为当时的普遍观点。③

战后初期,"非武装"政策的实行孕育了日本的和平思想与和平势力。据《每日新闻》于1946年进行的舆论调查显示,认为有必要"在新宪法中写入放弃战争的条款"的人数占69.8%;认为没必要的占28.4%。④ 可见,"和平条款"在当时已具有一定的民众思想基础。《日本国宪法》施行后,除了共产党等左翼政治势力积极拥护"非武装"政策外,广大知识分子也在各报刊上宣传"和平主义"思想,并通过成立组织来开展"和平主义"运动。《新生》《民主评论》《世界》《改造》等言论阵地大量刊载"和平主义"思想的文章。1947年,横田喜三郎在其专著《战争的放弃》中明确表达了对宪法第九条的支持。⑤ 1949年,丸山真男、南原繁等50余名学者成

---

① 楠精一郎:「戦後日本の安全保障と憲法をめぐる政治過程」、加藤秀治郎(編)『日本の安全保障と憲法』、南窓社、1998年、第143頁。
② 冯玮:《日本通史》,上海:上海社会科学院出版社,2008年,第612页。
③ 小林幸夫:「安全保障と憲法をめぐる争点」、加藤秀治郎(編)『日本の安全保障と憲法』、南窓社、1998年、第176頁。
④ 『毎日新聞』、1946年5月27日。
⑤ 横田喜三郎、『戦争の放棄』、国立書院、1947年。

立了"和平问题谈话会"。伴随着日本"非武装"政策的实行,和平势力日益成长壮大,日本"和平主义"身份也进一步得到了强化,甚至在当今仍然发挥着一定的作用。

(二)"随美振兴"身份的互构与"专守防卫"政策的形成

冷战爆发,资本主义与社会主义意识形态严重对立,日本选择"片面媾和"加入西方阵营及其战后经济亟待振兴等诸多国际、国内物质性要素与观念性要素综合作用,促使日本在美国的控制下主动设计出"随美振兴"的国家身份。"随美振兴"身份是对日本成为亚洲地区对抗社会主义阵营的"桥头堡"以及战败后需要重建经济与谋求崛起等特征的综合概括。

1947年3月,美国总统杜鲁门发表了敌视社会主义国家的国情咨文,提出以遏制共产主义作为国家对外政策与意识形态的方针;同年7月,马歇尔计划正式启动,美国对西欧各国进行广泛的经济援助,并开始掌控西欧政治格局。由此,以美国为首的资本主义阵营与以苏联为首的社会主义阵营开始了在欧洲地区的冷战。1948年1月,美国陆军部长罗亚尔发表演讲称,"应将日本打造成远东地区的防波堤";而后,美国国务院政策设计委员会主席凯南访日后提交报告指出,"为了抑制苏联等社会主义国家,应重新研究对日政策";10月,美国国家安全委员会制定了《对日政策建议报告》(NSC-13/2),表示要提振日本经济、壮大日本警察力量等。可见,伴随着冷战的爆发,美国的对日政策已发生明显改变。1949年2月,道奇作为盟总财政顾问来到日本,协助日本重振经济。

1950年6月,朝鲜战争爆发,直接推动日本开始重整军备,并加速其选择"片面媾和"与"借助美军实现安全保障"。7月8日,麦克阿瑟要求吉田茂政府创建由75000人组成的警察预备队并向海上保安厅增员8000人。① 另一方面,冷战向亚洲地区的蔓延,使得日本之前确立的"非武装与依靠联合国进行防卫"的设想失去了现实基础,日本国内开始出现"依靠美军进行防卫"与"非武装中立或武装中立"的两大类争论,并同"片面

---

① 大嶽秀夫:『戦後日本防衛問題資料集』第一巻、三一書房、1991年、第426頁。

媾和"与"全面媾和"的争论相对应。在美国的控制以及日本决策者的现实主义选择下,日本最终实现了"片面媾和"。1950年11月,美国政府发表了《对日媾和七原则》,随后与吉田茂内阁就媾和问题展开了磋商。关于再军备问题,吉田以经济负担过重、邻国反对等原因加以拒绝;但最终迫于美国压力,确立了以承诺设立保安部队为主要内容的"限定式再军备"方针。① 关于媾和后美军继续驻留日本的问题,吉田内阁多次向美国政府承诺可由日方主动提出驻军申请。吉田认为,只有承认美军驻留日本才能实现早日媾和。② 1951年9月,日本与48个国家签署"旧金山和约";随后与美国签署《日美安保条约》;1952年2月,日美两国签署《日美地位协定》。由此,日本在美国的主导下,经过自身积极协调,最终形成了"随美振兴"的身份。该身份的确立决定了日本一方面加入美国阵营、发展军备力量、抵抗社会主义,另一方面又受制于战后经济恢复振兴的特殊历史时期,因此最终只得选择"限定式再军备与依靠美军进行防卫"的依附防御型安全政策。

1952年4月26日,海上保安厅创设海上警备队;8月1日,吉田内阁成立保安厅,下辖警察预备队及海上警备队;而后,海上警备队改名为警备队,警察预备队改名为保安队。关于保安队与警备队的性质,《保安厅法》并没有明确表述,吉田内阁只是在1952年11月25日的政府见解中强调"其并非宪法所禁止的'战力'"。1953年5月,美国国务卿杜勒斯表示对日本进行基于《相互安全保障法》(MSA)的援助,同时要求日本强化武装力量。1954年7月1日,日本政府依据6月份通过的《防卫厅设置法》与《自卫队法》,将保安厅改设为防卫厅,并成立了陆海空自卫队。《自卫队法》明确规定自卫队的任务为"守护国家和平与独立、保卫国家安全,针对直接侵略或间接侵略而对国家进行防卫"。1954年12月22日,鸠山内阁对宪法第九条发表了新的政府统一见解,声称"宪法承认我国的自卫权,因此以自卫为目的而建立一定规模的实力部队是宪法所允许的"。③ 自卫队

---

① 楠精一郎:「戰後日本の安全保障と憲法をめぐる政治過程」、第148页。
② 石川真澄:『戰後政治史』、岩波書店、1995年、第56页。
③ 『朝日新聞』、1954年12月22日(夕刊)。

的成立，标志着日本战后依附防御型安全政策的正式实施；而后又经过数届内阁对该政策的补充与发展，最终凝练成为"专守防卫"这一概念。

1970年，日本在首部《防卫白皮书》中第一次提出了"专守防卫"政策的概念，对其1954年成立自卫队以来实行的依附防御型安全政策进行了概括。其中指出："我国的防卫，以'专守防卫'为宗旨。所谓'专守防卫'是指，我国在遭受侵略时，通过发动自卫权这一国家固有的权利，来贯彻战略守势，从而维护我国的独立与和平。因此，防卫力量的大小与武器装备的配置等防卫力的本质内容以及遭受侵略时采取何种程度的行动等，必须限定在自卫的范围之内。也就是说，'专守防卫'是在遵守宪法的基础上实现防卫国土的一种思想。在上述前提下，我国以构筑能够有效应对局部战争的常规武器防卫力量为目标。"[①] 此外，该白皮书还对"专守防卫"在宪法以及政策方面的限制进行了说明，指出："首先，我国的防卫力量，以自卫为目的；其规模也限定在自卫所必须且相当的程度内。虽然无法具体言明此种'专守防卫'究竟意味着何种程度的防卫力量，但类似于远程轰炸机、攻击型航母、洲际弹道导弹等能够对他国造成侵略威胁的武器应该被禁止。其次，不能采取超越自卫范围的行动。只有当我国遭受直接或间接侵略时，才能出动自卫队。因此，不能实施所谓的'海外派兵'。再次，在核武器方面，采取'无核三原则'的政策。最后，我国的防卫力量建设，应以国力国情为基准，在自卫所需的必要限度内，与社会保障、教育等领域协调推进，渐进式发展有效的防卫力量。"[②] 在此基础上，日本进一步丰富、发展了"专守防卫"政策的内涵；针对集体自卫权、武器出口等问题，依据"专守防卫"的思想理念做出了一系列政府解释。例如，1972年10月，日本政府就集体自卫权发表统一见解称，"我国作为主权国家，当然拥有国际法规定的集体自卫权；但以和平主义为基本原则的宪法不能解释为无限制地承认自卫措施……宪法所能允许的武力行使，仅限于

---

① 日本防衛省：『防衛白書1970』、http：//www.clearing.mod.go.jp/hakusho_data/1970/w1970_02.html。

② 日本防衛省：『防衛白書1970』、http：//www.clearing.mod.go.jp/hakusho_data/1970/w1970_02.html。

应对针对我国的紧急且不当的侵害，所以，以阻止施加于他国的武力攻击为内容的集体自卫权，在宪法上是不允许的"；① 1976 年 2 月，三木武夫首相在原有"武器出口三原则"②的基础上提出"对三原则对象以外的地区也不出售武器"；1976 年 11 月，三木政府以内阁决议的方式规定防卫费不得超过国民生产总值的 1%；1981 年 1 月，日本国会通过了《关于武器出口问题》的决议，表示"日本一直实行禁止对任何国家出口武器的方针"。可见，日本在"随美振兴"的身份下，实行了内涵丰富的"专守防卫"安全政策。

日本"专守防卫"政策的执行，使得民众逐渐认可了自卫队的存在，同时，反对自卫队扩大规模的民众也一直占据着较大比例。1956 年，日本政府实施舆论调查显示：支持成立自卫队的人数占 58%，反对成立自卫队的人数占 18%，认为自卫队可有可无的人数占 12%；认为有必要扩大自卫队的占 17%，认为有必要缩减自卫队的占 6%，认为自卫队应维持规模的占 38%。③ 1959 年日本政府舆论调查显示：70%的民众认为政府应将财政用于社会福利等事项，4%的民众认为政府应将财政用于强化防卫力量。④ 1963 年日本政府舆论调查显示：认可自卫队存在的人数占 76.2%，不希望自卫队存在的人数占 5.9%；认为有必要扩大自卫队的人数占 19.7%，认为有必要缩减自卫队的人数占 10.8%，认为自卫队应维持规模的占 45.9%。⑤ 另外，从 20 世纪 70 年代及 80 年代前期的日本政府舆论调查可以看出，认为自卫队应维持现状的人数一直处于最大比例。可见，伴随着"专守防卫"

---

① 朝雲新聞社編集局：『平成 21 版　防衛ハンドブック』、朝雲新聞社、2009 年、第 627、628 頁。

② 不向共产主义阵营国家出售武器、不向联合国禁止的国家出口武器、不向发生国际争端的当事国或可能要发生国际争端的当事国出售武器。

③ 『防衛問題に関する世論調査』、1956 年 1—2 月、https：//survey.gov-online.go.jp/s30/S31-01-30-09.html。

④ 『国防意識に関する世論調査』、1959 年 10 月、https：//survey.gov-online.go.jp/s34/S34-10-34-07.html。

⑤ 『防衛問題に関する世論調査』、1963 年 6 月、https：//survey.gov-online.go.jp/s38/S38-06-38-02.html。

政策的实施，日本民众自 1954 年自卫队成立以来，愈加认可了自卫队的存在，同时又对增强自卫队规模保持了强烈的警惕。这也在一定程度上支撑了日本"随美振兴"的国家身份。

（三）"政治大国"身份的塑造与"专守防卫"政策的异变

冷战色彩淡化，国际权力格局剧烈变动，日本经济发展取得显著成效及其民族意识空前高涨等诸多国际、国内物质性要素与观念性要素综合作用，使得日本主动提出并开始塑造"政治大国"身份，强调在国际舞台发挥更大影响力并试图成为国际新秩序的主导者之一。该身份的提出与塑造在一定程度上契合了日本的经济实力，同时也得到了部分国家的支持与认可。然而，由于日本对侵略历史欠缺真诚的反省态度且与部分国家存在较大竞争，因此也有一些国家对日本成为"政治大国"提出了质疑与反对。

进入 20 世纪 80 年代，冷战色彩逐渐淡化，政治全球化的发展使得国际秩序开始发生深刻变革。伴随着国际政治经济互动网络的拓展，各国在政治与经济领域的相互依存关系也在加深；尤其是苏联的衰退乃至解体，使得国际权力格局出现真空。国际政治主体多元化、国际政治结构多层化的形势为美苏之外的强国提供了广阔的政治交往空间。① 另一方面，日本经济实力显著增强，1985 年，日本成为世界最大债权国；1987 年，日本人均 GNP 超过美国；1990 年，美日德三国名义 GNP 比例为 3.6∶2∶1。与此同时，以"抢夺国际主导权"为目标的新国家主义与以"大和民族优越论"为核心的新民族主义在日本政界与民众间泛滥开来。

1983 年，中曾根康弘发表演说时提出，要在世界政治中加强日本的发言权，不仅要增强日本作为经济大国的分量，而且要增强作为政治大国的分量。此后，中曾根内阁提出"战后政治总决算"的口号，又将"政治大国"的提法改为"国际国家"。1985 年，日本《外交蓝皮书》首次表示

---

① 戚洪国、张艳梅：《政治全球化视角下的日本政治大国战略》，《日本学论坛》2005 年第 2 期，第 14 页。

"日本应成为向世界开放的国际国家"。① 继中曾根内阁之后，日本数届内阁均致力于将日本塑造成为政治大国。1988 年，竹下登发表演说强调"要树立为世界做贡献的日本形象";1990 年，海部俊树发表施政方针演说时表示"世界正处在历史性变化之中，日本必须参与构筑国际新秩序"。由此，日本在综合因素的推动下，塑造出了"政治大国"身份。"政治大国"身份是对日本以经济实力为后盾，试图通过在国际舞台上的积极行动来成为国际新秩序创建者的特征概括。在这一身份下，日本除了开展广泛的政治外交工作外，还在持续强化自卫队力量，以图在国际军事与安全领域发挥更大的影响力。该身份决定了日本的安全政策开始朝着外向型方向转变;但由于受到逐渐弱化的"和平主义"身份的制约，日本的"专守防卫"政策并没有被彻底抛弃，而是发生了异变。

1987 年，日本防卫费开支首次突破国民生产总值 1%的限额;1991 年，日本《防卫白皮书》提出"其他手段均无法替代军事力量的作用，军事实力是国家安全的最终保证"。这一时期，日本政官学界部分人士强烈呼吁日本的军事力量要在国外发挥影响力，声称"一国和平主义已经失去了市场，只有将经济与军事紧密结合起来，才能在国际社会发挥应有作用"。② 1991 年 4 月，日本派遣海上自卫队赴波斯湾进行了扫雷活动，首次走出国门执行了与战争有关的任务;1992 年 6 月，日本国会通过了《联合国维和行动合作法》，而后开始派自卫队参与维和行动;2001 年与 2003 年，日本相继通过《反恐特别措施法》与《支援伊拉克重建特别措施法》，自卫队开始对以美国为首的多国部队进行作战支援;2009 年，日本通过《应对海盗法》，向自卫队赋予了索马里护航的任务。③ 这一时期，日本还于 1997 年与美国修订了《日美防卫合作指针》，并于 1999 年、2003 年相继通过了《周边事态法》与《武力攻击事态法》，从而进一步扩大了自卫队的职能与权限，使得

---

① 外务省:『わが外交の近況 1985』、http://www.mofa.go.jp/mofaj/gaiko/bluebook/1985/s60-contents.htm。
② 李畅:《冷战后日本的新和平主义思潮研究——以〈反恐特别措施法〉的实施为例》，《社会科学战线》2008 年第 6 期，第 262 页。
③ 栗硕:《论自卫队海外派遣与相关法律体系建设》，《国际论坛》2012 年第 1 期，第 75 页。

"专守防卫"政策的部分限制被放宽。

伴随着日本自卫队海外派兵行动的开展以及"偏依附防御型"安全政策的执行,日本的"政治大国"身份也得到了强化。一方面,国际社会中的部分国家对日本的"主动作为"表示了支持,接受并认可了其"政治大国"的身份。美欧国家对日本自卫队的海外行动大加赞赏,部分获得了日本经济援助的国家也对日本持有较好的印象。另一方面,日本国民逐渐认可了自卫队的海外行动,接受并转而支持日本军事力量在海外发挥影响力。通过分析20世纪90年代的舆论调查结果可以看出,自日本正式通过《联合国维和行动合作法》以来,支持自卫队参与国际维和行动的人数不断上升。① 据1999年日本政府实施的舆论调查显示,认为日本应该参与联合国维和行动的人数占90.8%;认为不应该参加的仅占2.3%。②

据2000年日本政府实施的舆论调查显示,对自卫队持有良好印象的人数占比82.2%;持有不好印象的人数占比为10.4%。③ 可见,日本国民对自卫队一直持有较好印象,也间接说明了其对自卫队执行海外任务的认可与支持。

(四)"正常国家"身份的追求与"专守防卫"政策的消退

亚太地区的国家间竞争与对抗日趋显现,国际逆全球化思潮逐渐蔓延,日本经济发展长期遭遇瓶颈及其政治右倾化趋势深刻凸显等国际、国内物质性要素与观念性要素综合作用,使得日本开始追求"正常国家"身份,强调摆脱战后体制、打破"和平宪法"造成的军事发展束缚,谋求与世界其他国家具有同等的军事发展权限。该身份是在"政治大国"身份的基础上发展而来,属于主动型国家身份,在形成过程中将不可避免地遇到国际体系的压制与排斥。

---

① 刘小林:《冷战后日本的和平运动与和平理念》,《日本学刊》2006年第5期,第17、18页。
② 『外交に関する世論調査』、1999年10月、https://survey.gov-online.go.jp/h11/gaikou/index.html。
③ 『自衛隊・防衛問題に関する世論調査』、2000年1月、https://survey.gov-online.go.jp/h11/bouei/index.html。

伴随着中国经济的持续发展以及外向型外交政策的逐步实践，以美日为首的部分国家开始强化对中国的制衡。奥巴马执政时期，美国提出了"亚太再平衡"战略，在军事方面，除了表示要强化与盟国间的合作外，还声称要加大在亚太地区的部署与参与。① 而后，日本安倍内阁于 2013 年提出了"积极和平主义"理念，并在其《国家安全保障战略》中强调"将基于国际协调的积极和平主义作为我国国家安全保障的基本理念，努力实现'维持我国和平与安全''通过强化日美同盟、推进安保合作等手段来改善亚太地区的安全环境''在构筑国际秩序、解决国际纷争方面发挥主导性作用并改善全球安全环境'三大目标"。② 另一方面，国际逆全球化思潮蔓延，部分国家相继出台一系列"保护主义"政策，在此背景下，各国民族意识与对抗意识愈加强烈。由此，日本的政治右倾化趋势也不断增强。

关于"正常国家"（部分学者称其为"普通国家"）的概念，相当一部分成果均将其作为日本的国家战略进行研究，并将其等同于"政治大国"的概念追溯至小泽一郎于 1993 年出版的《日本改造计划》一书。③ 需要强调的是，国家身份并非仅由国内政治家的主张建构而成，而是在国际、国内多重要素的综合作用下而形成；而且本文所论述的"政治大国"身份与"正常国家"身份有着明显的区别，"正常国家"身份是对日本企图摆脱战后体制、打破军事发展限制的特征概括。2012 年底，安倍晋三第二次就任首相后，日本政府开始主动追求成为"正常国家"。在国际、国内多种要素作用下，安倍内阁积极推动日本形成"正常国家"身份。当前，日本的此种身份正处于形成过程之中，这也决定了日本政府推进其安全政策从"偏依附防御型"朝着"偏自主进攻型"的方向转变。

---

① The White House Office of the Press Secretary, "Remarks by the President on the Defense Strategic Review," the Pentagon, January 5, 2012, https：//obamawhitehouse.archives.gov/the-press-office/2012/01/05/remarks-president-defense-strategic-review.

② 閣議決定：『国家安全保障戦略』、2013 年 12 月 17 日、http：//www.cas.go.jp/jp/siryou/131217anzenhoshou/nss-j.pdf.

③ 参见贾群英：《日本谋求"正常国家"的背景分析》，《山西高等学校社会科学学报》2006 年第 1 期。

2014年3月11日,安倍政府举行国家安全保障会议,审议通过了"防卫装备转移三原则"草案;4月1日,日本内阁会议决定新"三原则"正式生效,从而破除了以往历届内阁坚持的武器出口限制。2014年7月1日,安倍内阁通过了题为《构筑保卫国家、守护国民的无缝安保法制》的决议文件,对原有的"武力行使三原则"进行了修改,表示要通过安保法制改革来扩充自卫队在"应对灰色事态""参与国际维和""支援多国部队作战""防护美军"等"武力行使"方面的权限,摒弃了以往政府关于"禁止行使集体自卫权"的宪法解释。① 2015年9月19日,日本国会最终通过了以上述内阁决议文件为核心内涵的"新安保法"。新安保法施行后,日本自卫队开始对美军进行防护作业,并在维和行动中增加了"驰援护卫"等任务。此外,自民党及日本政府还在积极探讨通过引进巡航导弹、打造航空母舰等途径来构筑对敌基地攻击能力。另一方面,安倍内阁还在积极推动修改"和平宪法"第九条。可见,日本长期坚持的"专守防卫"政策已名存实亡。

日本政府主动追求"正常国家"身份,从而决定了其安全政策也发生了相应变化,长期坚守的"专守防卫"政策开始逐步消退。安倍政府采取的一系列安全行动将进一步强化并支撑其所追求的"正常国家"身份,但在该身份稳定形成之前,还会受到国际体系的压制及国内和平主义势力的抗衡。针对安倍政府的上述举动,中俄韩等日本周边国家均感受到了一定的威胁,并表示了严正关注;日本国内部分民众也通过游行示威等表达了对"新安保法"的反对。美国虽对日本强化日美同盟、拓展自卫队行动权限表示了欢迎,但对安倍政府修改"和平宪法"的举措尚未明确表态。修宪既是日本的内政问题,同时也是其摆脱战后秩序、追求"正常国家"身份等会对国际体系产生重大影响的行为。如若日本修宪成功,则标志着其初步形成了"正常国家"身份,而后该身份影响下的安全行动将会进一步强化"正常国家"身份;届时,日本摆脱战后秩序的行动将会获得更多国

---

① 閣議決定:『国の存立を全うし、国民を守るための切れ目のない安全保障法制の整備について』、2014年7月1日、www.cas.go.jp/jp/gaiyou/jimu/pdf/anpohosei.pdf。

民的支持与认可。

四、结语

国家身份的形成与转换，是在国际、国内物质性要素与观念性要素的综合作用下而发生的动态过程，并非仅靠一国政府的主动作为而能完成。因此，若过分强调政府在塑造国家身份时的主观能动性，便会忽视国家未来走向的规律性与逻辑性。也正因为国家身份的转换过程具有一定的规律性与逻辑性，才能够对一国的政策取向及道路选择进行预测与判断。

战后日本的国家身份从"和平主义"依次向"随美振兴""政治大国""正常国家"而发生着转换，从而决定了其国家安全政策以"专守防卫"政策的演变为主线出现了明显的变化。未来一段时间，日本仍然会朝着形成"正常国家"身份的方向继续发展，而国际体系及主要大国会接受日本以怎样的身份在国际舞台活动等问题值得进一步研究。此外，作为世界大国、崛起国、日本邻国、曾被日本侵略迫害以及最终赢得世界反法西斯战争胜利的中国，今后在国际社会中应该以怎样的态度来对待逐步走向"正常化"的日本，也有必要对此表示明确的态度。

研究生论坛

"危机的溢出"：
千日战争与巴拿马独立

杨泽华*

摘　要　千日战争和巴拿马独立是哥伦比亚近代史上两个举足轻重的事件，它们共同的历史背景是保守党和自由党之间的党派斗争。哥伦比亚国内的党派冲突持续近一个世纪，千日战争可以被视作这一冲突的最终成熟形态，巴拿马独立则是它的结果。中央集权和联邦主义的道路分歧构成了党派冲突的核心议题。保守党人和自由党人都没有完全弥合地方分离倾向。反而正是围绕这一特殊议题，政治斗争不断升级，不断建构巴拿马独立的可能性。千日战争并没有终结这种相互对抗的态势，而是加深了已有的矛盾，并使其陷入看似无休止的对抗当中。这一对抗的衍生效应又继续映射到外交谈判的进程中，导致协约难产。从党派冲突到千日战争，从千日战争到巴拿马独立的进程，体现了危机不断地从原有框架中溢出。自由党和保守党人关于国家组织形态的争论从议会机制中溢出，造就地方分离势力和自由党人的联盟，导致政治反对派地方化与内战爆发。巴拿马的分裂倾向又从哥伦比亚国内政治体系中溢出为国际问题，导致分离主义诉求和外部干涉结合。党派斗争再一次从原有的场域中溢出，从国内矛盾转化为国际危机，巴拿马独立也从可能变为现实。

关键词　巴拿马独立　千日战争　哥伦比亚

---

*　杨泽华，首都师范大学历史学院世界史专业本科生。

在《百年孤独》一书中，布恩狄亚家族第二代成员奥雷连诺上校的一生都围绕着保守党与自由党之间的内战展开。他在目睹保守党人的贿选与残暴行径之后毅然加入自由党，在外征战多年，成为一个标志性的革命领袖。但这段经历也塑造了他孤僻、多疑的性格，而以推翻独裁者为名进行的正义事业却最终陷入骇人听闻的暴力和无止尽的复仇之中。文学评论家常常将其视作一种隐喻，① 象征着哥伦比亚自由党与保守党之间漫长而残忍的冲突。马尔克斯笔下反复提及的血腥内战，即对应着现实中的哥伦比亚"千日战争"（Guerra de los Mil Días）。这场战争前后持续将近三年，给哥伦比亚的社会经济带来难以估量的损失，痛苦的回忆直至今日仍然萦绕在哥伦比亚公众的记忆之中。②

从 1902 年 11 月 21 日千日战争结束到 1903 年 11 月 3 日巴拿马独立，这两个在哥伦比亚近代史中影响深远的事件，前后间隔仅仅只有一年。但从二者既有的研究视阈而言，似乎存在着"内"与"外"的分野。后者长久以来被视为在筹备修建洋际运河的背景下，外部势力策动的结果，其根源在于美国人希望尽可能多地攫取运河利益，并保证自身对运河的影响力。如理查德·特克《美国海军和"夺取"巴拿马，1901—1903 年》③ 和 J·迈克尔·霍根的《西奥多·罗斯福和巴拿马的英雄们》④，以巴拿马危机作为例证来探讨美国海军行动的外交影响和西奥多·罗斯福的个人政策偏好。类似的研究还涉及美国外交政策从"门罗主义"到"干涉政策"的转向，如理查德·亚斯提尼的《巴拿马运河：帝国遗产问题的经典案例》⑤ 和罗伯

---

① George R. McMurray, "Reality and Myth in García Márquez Cien Años De Soledad," *The Bulletin of the Rocky Mountain Modern Language Association*, vol. 23, no. 4, 1969, p. 176.

② Alfredo Camelo, "La tragedia de la Guerra de los Mil Días y la Secesión de Panamá," *Deslinde*, No. 33, 2000, p. 73.

③ Richard W. Turk, "The United States Navy and the 'Taking' of Panama, 1901-1903," *Military Affairs*, vol. 38, no. 3, 1974, pp. 92-96.

④ J. Michael Hogan, "Theodore Roosevelt and the Heroes of Panama," *Presidential Studies Quarterly*, vol. 19, no. 1, 1989, pp. 79-94.

⑤ Richard W. Van Alstyne, "The Panama Canal: A Classical Case of an Imperial Hangover," *Journal of Contemporary History*, vol. 15, no. 2, 1980, pp. 299-316.

特·巴罗的《1904年第一次巴拿马运河危机》①。而斯坦利·莱伯戈特的《回到美帝国主义，1890—1929》② 一文指出这种"转向"不仅体现在政治上，也体现在经济层面。这使得有关于巴拿马运河的讨论，常常与"帝国主义"和它的遗产相关联。也有研究注意到巴拿马独立的"内生性因素"，但将讨论的重点放在了经济模式对政治稳定程度的分析。如查尔斯·伯奎斯特的《咖啡和哥伦比亚的冲突》③ 一书，就提及咖啡主导的对外贸易对哥伦比亚政局以及地狭局势的影响。从以上的梳理中可以看出，相关研究大抵依照个体、国家和国际体系的三重分析路径铺开，但其叙事的最终指向却并非哥伦比亚和巴拿马——有关巴拿马独立的历史书写始终围绕着美国的国家利益和外交政策，本质上是美国史在海外的延伸。

  千日战争尽管存在着邻国自由党人的外部支持，但在哥伦比亚史家的视角下却是一场缘自国内党派冲突的不折不扣的内战。④ G·德马雷斯特在《千日战争》⑤ 一文中，从战役战术角度解析了千日战争的具体过程。而大卫·布什内尔的《现代哥伦比亚的形成：一个不由自主的国家》⑥ 一书则将千日战争放在哥伦比亚内战的时间序列里加以审视，重点讨论了哥伦比亚国内政治生态的形成过程，相似的研究还有斯蒂芬·兰德尔的《国家构建与内战：19世纪末哥伦比亚对国家与社会的不同看法》⑦。在有关千日战争的探讨中，巴拿马独立则被视为一个"注脚"。在千日战争后美国人得以

---

 ① Robert M. Barrow, "The First Panama Canal Crisis, 1904," *Caribbean Studies*, vol. 5, no. 4, 1966, pp. 12-27.

 ② Stanley Lebergott, "The Returns to U. S. Imperialism, 1890-1929," *The Journal of Economic History*, vol. 40, no. 2, 1980, pp. 229-252.

 ③ Charles W. Bergquist, *Coffee and Conflict in Colombia*, Duke University Press, 1981.

 ④ William M. Sullivan, "Colombian-Venezuelan Relations, 1900-1902," *Caribbean Studies*, vol. 15, no. 3, 1975, pp. 78-97.

 ⑤ G. Demarest, "War of the Thousand Days," *Small Wars and Insurgencies*, March 2001, 12 (1): 1-30.

 ⑥ David Bushnell, *The Making of Modern Colombia: A Nation in Spite of Itself*, University of California Press, 1993.

 ⑦ Stephen Randall, "Nation Building and Civil War: Diverging Views of State and Society in Late 19th Century Colombia," *Journal of Military & Strategic Studies*, Vol. 16, Issue 3, 2015.

"乘虚而入"，从侧面反衬出哥伦比亚政治局势的混乱，也体现了这场战争的破坏性，但二者之间的关系却往往含混不清。

即便这两个几乎首尾相接的事件总是被放到不同的场域里加以讨论，但它们背后似乎都萦绕着相似的"影子"。回溯19世纪中叶到20世纪初的哥伦比亚政治，党争从独立伊始发源，不断升级，最终在千日战争中达到高潮。这一进程与巴拿马独立呈现相互伴生的关系。保守党与自由党之间争端的某些特点，形塑出巴拿马独立的道路与可能性。两党之间争论的核心议题具有特殊性，其焦点集中于中央集权主义和联邦主义的道路选择。巴拿马独立从设想的萌生到成为现实都笼罩在这种党派冲突的阴影下，而独立问题本身，可以看作两党斗争造成的持续危机于院外的溢出效应。

保守党与自由党之间的党派斗争、千日战争和巴拿马独立，三者之间呈现相互影响的关系，本文将在哥伦比亚国内政治的场域中，审视"内生性"的发生过程及动力。同时，笔者并不打算淡化域外势力干涉在这一进程中至关重要的作用。其意在于破除"内"与"外"的分野，将二者同时置于哥伦比亚政治生态演化的进程中加以审视。千日战争是两党矛盾冲突的集中爆发，它的重要性体现在两个方面。一方面，在巴拿马的独立进程中，千日战争是诸次巴拿马危机的综合体。它将历史中已经形成的巴拿马问题堆叠于一处，标志着其独立的可能性已经齐备，条件业已成熟。但两党间的争端只是使得巴拿马独立成为可能，而不是必然。另一方面，千日战争是两党冲突的高潮，但并不是结束。它不仅没有消解哥伦比亚政治中的结构性问题，反而使得原有的体系变得更不稳定。哥伦比亚保守党政府面临的危机使得《海—埃兰条约》流产，这最终作为导火索引爆了巴拿马问题。由此，党派斗争再一次从原有的场域中溢出，使国内矛盾转化为国际危机，巴拿马独立也从可能变为现实。

一、"弱势的威权"：千日战争后的哥伦比亚保守党政府

1860年哥伦比亚内战中保守党人的失败，激进的自由主义者里奥内格罗的上台和1863年宪法（La Constitución política de Colombia de 1863）的颁

布，标志着自由党人的胜利。而此中自由党和保守党争论的核心围绕着中央—地方关系展开。在大哥伦比亚共和国成立之初的宪法框架中，蕴含着浓厚的中央集权色彩。1821 年宪法（Constitución de Cúcuta）构想了一个强有力的中央政府以及相应的总统角色，其将承担起统合新生共和国的任务。① 这部宪法以及以它为基础构造的政治框架是独立战争时期共和国主要领导人之间政治原则冲突的结果，冲突的焦点集中于中央集权主义（Bolivarianismo）和联邦主义（Santanderismo）的路线选择上。前者的暂时胜利奠定了哥伦比亚的政治基调，即总统权力和中央集权。但反对派只是暂时噤声，并没有放弃自己的主张。争论双方逐渐形成了自由党和保守党两个集群。②

1863 年宪法奠定的联邦体系虽然几经修改，但仍并不稳固。到 1875 年，自由派的某些成员也开始质疑宪法是否合理。他们认为，其导致过度和激进的权力分散，难以调和冲突中的各种利益，并显然损害了哥伦比亚的国家主权。由此，哥伦比亚社会中呼吁加强联邦政府的权力，允许联邦政府干预州执法事务的声势逐渐壮大。③

1874 年，哥伦比亚重要经济作物咖啡的国际价格出现震荡下跌。④ 经济上的困难局势以及 1876 年保守党针对教育体制改革所发动的武装暴动，促使以拉斐尔·努涅斯（Rafael Nuñez）为首的一些温和派自由主义者试图加强中央政权。1880 年和 1884 年，在一些自由党人和诸多的保守党人的支持下，努涅斯脱离了自由党，并赢得了总统选举。在他的促进下，政府于 1886 年颁布新宪法，废除了联邦制度。其将各联邦州改为辖制于中央政府的省，加强中央集权并将相当大的权力分配给总统，整合并扩充了军队置

---

① Aline Helg, "Simón Bolívar's Republic: A Bulwark Against the 'Tyranny' of the Majority," *Revista de Sociologia e Política*, 20.42 (2012), pp. 34-35.

② Helen Delpar, "Aspects of Liberal Factionalism in Colombia, 1875-1885," *The Hispanic American Historical Review*, vol. 51, no. 2, 1971, pp. 251.

③ Edwin Cruz Rodríguez, "El federalismo en la historiografía política colombiana (1853-1886)," *Historia Crítica*, no. 44, 2011, p. 106.

④ Charles W. Bergquist, *Coffee and Conflict in Colombia*, p. 21.

于总统的管控之下。1886年宪法不仅体现了中央集权，甚至还颇有威权主义的色彩。①

　　1863年和1886年宪法无论在实际内容还是指导思想上的迥然相异，体现了自由党和保守党人之间的尖锐对立。在意识形态层面上，自由党深受启蒙主义影响，主张世俗化和自由贸易、对外开放；保守党则操持着实证主义原则，支持天主教会的社会作用。② 双方现实当中的政治利益矛盾不断地和价值观念上的冲突混融，在几乎所有公共议题上呈现相互对立和不信任。对于1886年宪法庇护下的保守党政府而言，这种对立意味着要尽力将对手从选举以及日常的政治生活中排挤出去。而保守党政府不断强化的控制力，却削弱了选举机制本身的中立性。从在野的自由党人的视角上观察，执政党不断依靠议会以及政府内部的多数优势，将"游戏规则"（选举的程序）修改得有利于自己。不仅如此，即使选举程序并没有倾向性，从国家机器（关税）得来的丰厚利润使得执政党不仅建立了一支亲政府的军队，而且也利用并不完善的选举机制以金钱和恫吓收买选票，以至于1885—1904年只有两名自由党人进入国会。③ 自由党对法定的政治程序不再抱有希望，因为其认为这种由1886年宪法确立的体制，本身就与他们的意识形态相左而合法性成疑。

　　保守党内也出现了国家派（Los Nacionalistas）和反对派④（Los Históricos）的分裂。在战争开始前，保守党政府处于强势的国家派领袖副总统卡罗（Miguel Antonio Caro）的手中。反对派则主张迎合温和自由派的迫切需要，引入政治和财政改革。1898年的选举中卡罗将自己的傀儡圣克莱门特（Manuel Antonio Sanclemente）推上前台，导致反对派的抗议。由于

---

　　① Del Río, César Miguel Torres, *Colombia siglo XX: Desde la guerra de los mil días hasta la elección de Álvaro Uribe*, Edtitorial Pontificia Universidad Javeriana, 2015, p. 20.

　　② Posada-Carbó, Eduardo, "Limits of Power: Elections Under the Conservative Hegemony in Colombia, 1886-1930," *The Hispanic American Historical Review*, vol. 77, no. 2, 1997, p. 251.

　　③ ［英］莱斯利·贝瑟尔主编：《剑桥拉丁美洲史（第五卷）》，中国社科院拉丁美洲研究所译，北京：社会科学文献出版社，1991年，第656页。

　　④ 在《剑桥拉丁美洲史》中被译为"历史悠久的老资格派"，其更为贴近其本意。

健康堪忧,这位84岁的老总统没有上任,副总统马罗金(Marroquín)掌控了政府。他以让步的缓和态度管理了政府几周,采取了迎合历史和自由主义者的财政改革。国家派的支持者则强推圣卡莱门特履职,这使得缓和的局势再次紧张。①

如果情势完全符合自由党人的想象,千日战争的形态及后果将变得更为简单。在咖啡产业兴盛的促进下,商贸阶层出身的自由党人并没有因为政治权力的丧失而失去经济实力,②只不过他们几乎不再有机会在体制内宣泄怨气了。保守党政府成功扑灭了1885年的自由党人革命,并以此为理由追捕自由党的核心成员、没收他们的财产。③这使得保守党中的强硬派更加坚持于自己的政策。受益于1887年始国际咖啡交易重新回暖以及国内自19世纪40年代以来就不断增长的咖啡种植业,保守党政府财政尚且充沛,却极度依靠咖啡出口关税。④ 随着19世纪90年代末咖啡价格的崩溃,社会聚集的不满与自由党已有的不满合流,加上财源衰退造成保守党政府的控制力衰落,1899年的千日战争最终在咖啡主产区桑坦德(Santander)打响了第一枪。⑤

一场"残酷而血腥"的战争并没有改变哥伦比亚政治的对立格局。双方展开会谈,并进行和解,政府承诺进行新的选举并改革财政系统以恢复经济。⑥ 停战条约在美国"威斯康星"号战舰上最终签订之时,双方可能都仅仅感到疲倦,而非满意。⑦ 千日战争加重了哥伦比亚政治的混乱程度。在

---

① [英]莱斯利·贝瑟尔主编:《剑桥拉丁美洲史(第五卷)》,第658页。

② Helen Delpar, "Road to Revolution: The Liberal Party of Colombia, 1886-1899," *The Americas*, vol. 32, no. 3, 1976, p. 351.

③ Stephen Randall, "Nation Building and Civil War: Diverging Views of State and Society in Late 19th Century Colombia," p. 105.

④ G. Demarest, "War of the Thousand Days," *Small Wars & Insurgencies*, vol. 12, Iss. 1, 2001, p. 3.

⑤ René De La Pedraja, *Wars of Latin America, 1899-1941*, McFarland & Company, Incorporated Publishers, 2015, p. 6.

⑥ Stephen Randall, "Nation Building and Civil War: Diverging Views of State and Society in Late 19th Century Colombia," p. 112.

⑦ G. Demarest, "War of the Thousand Days," p. 25.

保守党政府方面，随着咖啡出口的萧条以及战争给经济带来的严重创伤，其"控制能力"被极大地削弱了。①

在1900年的一场政变中，卡罗被赶下台，取而代之的是马罗金，但在上台后他又明确表示自己不会成为任何政治部门的"工具"。② 和解没有到来，战争继续进行。但这并不能使得国家派满意，双方都在争夺战后保守党政府的控制权。停战条约虽然已经签订，但有些省份仍在自由党人的控制之下（其中就包括巴拿马），事实上处于半独立状态。③ 在这样的情况下，为防止自由党人进一步扩大自己的势力（双方只是无力再战，而并非和解），保守党政府对于自由党依旧抱有敌意。1886年宪法的制度愿景是建立一个强大有力的中央政府，千日战争以及经济萧条使得这种追求在现实中化为泡影，已有的政治制度和它的威权主义态度却仍在台上纹丝未动。自由党人对政治体制的失望随着战争有增无减。④

有人将千日战争看作19世纪中叶以来哥伦比亚政治动荡的尾声。但显然，从某种意义上而言，千日战争是对"保守党—自由党"矛盾的又一次激化。保守党人操持政权，将自身主张转化为政治政策，却无力将其贯彻下去，既不愿意和解也没有能力消灭对手的政治影响。自由党人无法用暴力推翻政府，也没有获得足够的参政途径，其政治诉求丝毫没有得到满足，因而心怀不满。

经济的萧条既是原因也是结果，给势力相差悬殊的双方一个开战的可

---

① David Bushnell, *The Making of Modern Colombia: A Nation in Spite of Itself*, p. 149. 经济问题（咖啡国际市场价格的下跌）以及政府糟糕的应对政策（滥发纸币与通货膨胀）在一定程度上进一步激化了矛盾。

② Iván Marín Taborda, "Centenario del golpe de Marroquín: entre la intransigencia y la conjura", Colombia Info, http://www.banrepcultural.org/biblioteca-virtual/credencial-historia/numero-126/centenario-del-golpe-de-marroquin, 访问时间：2019年7月28日。

③ David Bushnell, *The Making of Modern Colombia: A Nation in Spite of Itself*, p. 151.

④ Joseph L. Arbena, "Colombian Reactions to the Independence of Panama, 1903-1904," *The Americas*, vol. 33, no. 1, 1976, p. 135.

能。议会和选举制度由于贿选等问题,① 早已经失去了将对抗约束在立法机关内部的能力和信誉。双方在国会中的辩论和敌意,其影响从正常政治机制中溢出,演变为内战。可内战却并没有使得一方完全占得优势或是消弭不满,反而使得执政的保守党阵营内部出现分裂。双方争论的核心议题的特殊性(中央和地方关系),又导致意识形态与原则上的分歧被实体化,给某些心怀不满的地区以一种可能和追求。中央政府无力控制地方,② 对抗从立法机构溢出,政治反对派地方化,这三者相互关联,使得国家组织原则的分歧变成了可能割裂统一国家主体的冲突。在千日战争后,巴拿马独立前,哥伦比亚的政治生态就处于这种混乱中。千日战争没有带来保守党政治的彻底崩溃,也没有使得国内矛盾弥合,而是削弱了中央政府,并使得原有的裂痕进一步扩大。

二、"一种可能性":巴拿马危机的形成

战争开始于桑坦德,结束于巴拿马。这或许只是一个偶然,但从某种意义上却象征着"地狭"的历史和现实。1821 年巴拿马从西班牙独立并加入大哥伦比亚共和国(Gran Colombia),到 1903 年从哥伦比亚共和国(República de Colombia)独立。在这段时间内哥伦比亚的国内冲突中,巴拿马要么作为动荡的起源,要么作为动荡的焦点。问题缘起于巴拿马的地方诉求与哥伦比亚政治目标(中央集权主义)之间长期的共存与冲突。这种制度理想的对立与政区单元的特殊利益相结合,也将长期构成哥伦比亚政治生活中地方与中央政权之间的矛盾。

巴拿马地狭地区的经济主要依赖与国际商品的流通与转运的"横向贸易",尤其是起到货物跨洋中转的重要作用。其经济与南方的哥伦比亚其他

---

① Eduardo Posada – Carbó, "Limits of Power: Elections Under the Conservative Hegemony in Colombia, 1886-1930," *The Hispanic American Historical Review*, vol. 77, no. 2, 1997, pp. 265-267.

② W. John Green, "Left Liberalism and Race in the Evolution of Colombian Popular National Identity," *The Americas*, vol. 57, no. 1, 2000, p. 95. 哥伦比亚政府的集权计划,以后世的眼光加以评断,是难以令人满意的,有些边远省份处于实际上"半独立"的状态。

地区缺乏紧密的联系。中央政府的管辖也没有给巴拿马带来任何实际性的利益,过多的干涉与迟缓的政令反而影响了地狭的正常贸易活动。"统一的新格拉纳达"这个概念,在依赖国际商贸的巴拿马人眼中没有什么吸引力,中央政府带来的影响只有"波哥大没完没了的财政要求"。① 在现实中满足巴拿马人的希望有两种解决方案:巴拿马独立,建立一个英美保护下的"汉萨同盟"式的商业国家;② 或者是保障巴拿马(当时与邻近地区作为一个独立的政治单元被称为"Departamento del Istmo")在联邦体制内有足够的自治权。后者与哥伦比亚的政治基调相冲突,③ 这种主张也会使得保守党将巴拿马人看作政治对手的天然盟友。

大哥伦比亚中央政府试图对地方加以更为直接且强力的控制,可在这样的政治基调下它不能适时地保证巴拿马的特殊利益。那么,与其在哥伦比亚的政治框架内徒劳地哀求中央政府"赐予"更多自治权,巴拿马不如寻求政治上的完全独立。但这种想法显然不能为波哥大方面所容忍,军事介入成为最终手段。但这只是完成对一部分反对派的肉体消灭,并不解决上述存在的问题。所以周期性的武装冲突的隐患已经埋下,并将成为巴拿马问题的"泄压阀"。在可能的情况下,一旦中央政府的控制力衰弱,巴拿马问题就会不可避免地滑向第一种解决方案。

1839年的至高战争(Guerra de los Supremos)将巴拿马的长久诉求与哥伦比亚的党派斗争联结在一起。1837年秉承经济保护主义和保守主义的何塞·伊格纳西奥·德·马尔克斯·巴雷托(José Ignaciode Márquez Barreto)击败自由主义的何塞·马里亚·奥万多(José María Obando)出任总统。他的世俗化政策(关闭帕斯托当地的一所修道院)点燃了地方精英反对波哥

---

① J. Ignacio Méndez, "Azul y Rojo: Panama's Independence in 1840," *The Hispanic American Historical Review*, vol. 60, no. 2, 1980, p. 279.

② Frank Safford, Marco Palacios, *Colombia: Fragmented Land, Divided Society*, Oxford University Press, 2001, pp. 132-133.

③ David Bushnell, *The Santander Regime in Gran Colombia*, Vol. 5, Newark: University of Delaware Press, 1954, pp. 15-17.

大的干涉、要求更多的政治与经济权利的引信。① 自由党人（Santanderista）的联邦主义愿景与地方利益相符合，保守党人则支持中央集权与某种程度上不可避免的威权主义，来捍卫自身珍视的传统与价值观。两大政治派别初步形成，造成了一场波及全国的内战。

巴拿马的政治领袖们对新格拉纳达的财政和政治政策并不满意。1840年11月18日，巴拿马拥抱了自由主义者的反叛阵营，宣布独立。独立委员会开始颁布法令，旨在纠正混乱的商业法规，并刺激因来自合恩角航线的竞争而受损的跨地峡运输。林林总总的商业政策，使得巴拿马人切身感受到了自治的好处。即使效用没有完全显现，但是尝试解决问题的效率要比哥伦比亚政府高得多。② 虽然在1841年12月31日双方达成和解，但这场战争的影响远没有就此消散。

这场战争所塑造的对抗模式，反映出政治派别之间的分歧难以在正常政治体制的约束框架内加以解决。而巴拿马等地方政治精英与波哥大政府之间的对立也达到了一个临界点，二者的合流导致政治反对派的"地方化"。保守主义和自由主义两种意识形态的对抗，以党派斗争和地方诉求为接合纽带，转化为中央政府与地方政治精英的冲突。随着自由党人和保守党人在政治中愈发势如水火，这种"合流"也意味着每一次国会控制权以及总统职位在两党间的交接轮转，都会引起巴拿马人条件反射式的警觉。这也导致保守党政府一旦上台，不仅时刻要面对政敌的"政治攻讦"，还要提防这种敌对在巴拿马这样的地区与分离主义相结合，形成由"联邦主义"的激进诉求造就的分裂力量。

1846年12月12日，美国与新格拉纳达签订《马利亚里诺—比德莱克条约》（Tratado Mallarino-Bidlack）。该条约第35条赋予美国"在巴拿马地峡的通行权或过境权。对于当前存在的或今后可能建立的任何交通方式，都应向美国政府和公民保持开放"，作为回馈美国许诺在自身利益不受损害的情况下，保持在地狭问题上保持中立态度。然而一旦发生战争，无论是

---

① David Bushnell, *The Making of Modern Colombia: A Nation in Spite of Itself*, p. 91.
② J. Ignacio Méndez, "Azul y Rojo: Panama's Independence in 1840," pp. 285-290.

外国对新格拉纳达的侵略还是国家内部的分裂和叛乱，地狭的自由通行和美国的中立地位就会受到影响。这也意味着在内战中，美国需要进行军事和政治干预以防止跨越地峡的交通中断。①

新格拉纳达政府以此为巴拿马套上来自外部的枷锁，美国人也的确积极履行了自身的义务。在1885年巴拿马危机中，由于驻地狭的哥伦比亚军队被抽调清剿叛乱，巴拿马人趁势响应反叛军队。这一形势触发了条约的适用情况，美军与少量哥伦比亚政府军的联合行动抑制了巴拿马的反叛活动。②条约被证明是充分且有效的，对于保守党政府而言这当然是一个利好消息，因为其可以暂时不再为地狭的分裂势力而过于担忧了。但回到条约文本以及美国人的基本意向上，1846年的条约使得美国人获得了介入巴拿马这一重要地理枢纽的权利，哥伦比亚政府则得到了美国的安全保障。但外部干涉的"法理缺口"已经打开，③美国人维护巴拿马地狭的中立状态不完全等同于美国对哥伦比亚政府对巴拿马控制的完全保障。二者之间的差别在美国人的评判标准下，即谁破坏了巴拿马的中立局面。换言之，哥伦比亚政府如果"过度"干涉地狭事务，妨碍了美国人的商贸以及政治利益，同样也会触发条约机制，引起政治乃至武装干涉。

从"大哥伦比亚"时代起，中央集权与联邦主义的争端就愈演愈烈。每一次中央集权的尝试，都会损害巴拿马自身独特的商贸利益。1840年的至高战争，使得党派政治冲突与地方分离主义结合，造成政治反对派的地方化。保守党与自由党间的政治权力争夺，在巴拿马即表现为脱离中央政府控制的独立尝试。1846年哥美之间签订的条约，确立了美国的利益在巴拿马的存在，也赋予了美国人干涉的权利。在某些特殊条件下，巴拿马问

---

① James Brown Scott, "The Treaty Between Colombia and the United States," *The American Journal of International Law*, vol. 15, no. 3, 1921, pp. 434-435.

② Stephen J. Randall, *Colombia and the United States: Hegemony and Interdependence*, Vol. 6, University of Georgia Press, 1992, pp. 69-71.

③ M. M. Mallarino, B. A. Bidlack, "General Treaty of Peace, Amity, Navigation, and Commerce between the United States of America and the Republic of New Granada," *Proceedings of the American Society of International Law at Its Annual Meeting (1907-1917)*, vol. 7, 1913, pp. 283-284.

题会将内部的冲突与外部势力的干涉欲望联结在一起，使得党派争端溢出为外国操纵下的分裂。至此，这一逻辑链条上的所有要素都成为可能。

千日战争就像1826年、1840年和1885年三次危机的叠加。正如本文第二部分当中所述，1884年宪法与保守党上台后的政策，引发自由党人和地方精英的双重不满，千日战争由此爆发。作为哥伦比亚保守党政府与自由党人的内战，千日战争沿着党派冲突地方化的路径将叛乱"引入"巴拿马。巴拿马的战略重要性使双方领导人笃定地相信，谁主宰地峡谁就会赢得战争。从1899年10月到1902年5月，巴拿马爆发了六十多次海上和陆地的战斗。[①] 哥伦比亚中央政府无力平息叛乱，动荡给了美国人引述条约介入的理由。形势发展到此，哥伦比亚政府已经在实质上失去了对巴拿马的控制。千日战争作为前文所述的"特殊条件"，已经构成了巴拿马危机的外溢。

巴拿马独立的可能性要素已经齐备，但这不构成将历史发展导向1903年事件的充分动因。1885年的巴拿马危机也有着相似的条件，但以哥伦比亚政府重新控制巴拿马告终。1903年和1885年两次危机截然不同的结果，说明1903年巴拿马独立有着更为特殊的原因。而压死骆驼的最后一根稻草就是1903年哥伦比亚参议院否决《海—埃兰条约》。

三、保守党的困境和协约难产

哥伦比亚和美国的全权代表于1903年1月22日签署《海—埃兰条约》（Hay-Herrán Treaty）。条约的主要内容为哥伦比亚政府授权新巴拿马运河公司向美国出售和转让其特许权、财产和转让权。以此为基础，美国获得继续开凿以及使用巴拿马运河的权利。作为回报，哥伦比亚将获得一笔1000万美元的补偿和每年25万美元的"租金"。[②] 双方订立条约并不是谈判的终

[①] Enrique Santos Molano, "Panamá: el último año," http://www.banrepcultural.org/biblioteca-virtual/credencial-historia/numero-174/panama-el-ultimo-ano, 访问时间：2019年7月19日。

[②] U.S. Congressional Serial Set, Diplomatic History of the Panama Canal Correspondence Relating to the Negotiation and Application of Certain Treaties on the Subject of the Construction of an Interoceanic Canal, and Accompanying Papers, Sen. Doc. 474, 63d Cong. 2d Sess, Washington, D.C.: Government Printing Office, 1914, pp. 278-288.

点，该条约仍需要由哥伦比亚国会批准通过并宣布生效。这给一波三折的巴拿马运河谈判又平添了几分不确定因素，但鉴于哥伦比亚在战后同时受到财政压力和和解进程的影响，条约的前景还是相当乐观的。1903年8月1日，在漫长的拖延、造势和等待之后，哥伦比亚参议院特别会议却投票否决了《海—埃兰条约》。①

在既有研究的视野中，巴拿马独立问题的特殊性在于这个国家似乎只是因为一条至关重要的运河被人为制造出来的。② 1903年11月18日，美国与新独立的巴拿马签订《海—布纳-瓦里亚条约》（Tratado Hay-Bunau-Varilla，即《美巴条约》），③ 这一条约当中的某些严苛条件令迫切希望独立的巴拿马人都难以接受。但慑于1885年的事件重演，巴拿马方面只能接受这个现实，在美国人的保护下脱离波哥大的控制。④ 笔者在前文中梳理了巴拿马独立可能性建构的三个阶段，巴拿马运河的开凿不仅作为外部干涉的前提条件，也作为巴拿马人通过独立想要实现的诉求。换言之，如果在1903年《海—埃兰条约》被哥伦比亚国会顺利通过，不仅美国人的干涉将朝着相反的方向进行（笔者在前文不止一次提到1885年的例子），巴拿马人自己独立的热情也会随着与中央政府对立的缓解而褪去。无论1903年8月1日的事件因何发生，目的为何，它都是11月3日事件最为直接的导火索。

哥伦比亚国内反对《海—埃兰条约》主要有三股声音。最为强烈的是哥伦比亚人对某些条款可能侵害主权的不满，因为其中涉及运河及毗邻之条带状运河区的地位和性质界定问题。此外，还有对商业、航运专营权和

---

① Telegram from Mr. Beaupré to Mr. Hay, August 12, 1903, *FRUS*, 1902, Vol. 8, Colombia, United States Government Printing Office, 1902, p. 179.

② Michael L. Conniff, *Panama and the United States: The Forced Alliance*, third edition, Athens: The University of Georgia Press, 2012, p. 66.

③ U. S. Congressional Serial Set, Diplomatic History of the Panama Canal Correspondence Relating to the Negotiation and Application of Certain Treaties on the Subject of the Construction of an Interoceanic Canal, and Accompanying Papers, Sen. Doc. 474, 63d Cong.. 2d Sess, Washington, D. C.: Government Printing Office, 1914, pp. 278-295.

④ Michael L. Conniff, *Panama and the United States: The Forced Alliance*, third edition, pp. 69-70.

司法裁判、驻军问题的反对意见。① 由于在千日战争后，巴拿马实质上处于美国人的监护之下，② 并且自由党人在千日战争中最后几个据点就在巴拿马，③ 这使得的波哥大政府方面对于巴拿马的主权所有非常敏感。美国介入和运河开凿或许会加重巴拿马的离心倾向，不仅由于美国人对运河及附近地区的控制会将那里变为实际上的"国中之国"，还因为这将进一步削弱巴拿马对哥伦比亚的商贸依存度和心理认同（千日战争已经重创了他们）。这样的前景使得公众认为条约严重损害了哥伦比亚的主权。④ 最后，反对的声音将矛头指向了保守党政府。这一声音来自国会内部，却与院外势力合流。反对者指责政府试图推卸责任，不愿意为条约带来的影响负责。⑤ 他们试图通过阻止条约的签订，达到阻滞和削弱保守党政府执政基础的目的。

8月5日，也就是哥伦比亚国会拒绝条约后不久，哥伦比亚外交部长正式照会美国驻哥伦比亚公使博普雷（Beaupré），提出对条约的九项修改建议。其中指出：原条约的第2条和第8条条款应加以修改，以明确表示哥伦比亚只给予美国使用该区和毗邻领土的部分权利。应当明确表示，给予美国的权利属于租赁性质，并不包括所有权（主权）。特许权有永久性，但特许权范围内的财产应明确说明，不包括巴拿马和科隆两个城市。此外，应声明1846—1848年条约的保证不得以任何方式修改，并应继续适用于包括该地区在内的整个巴拿马省。⑥ 这一修改体现了哥伦比亚方面对巴拿马地位和运河区主权的双重关切，也在一定程度上反映了国内普遍认为原有的条

---

① Telegram from Mr. Beaupré to Mr. Hay, May 07, 1903, *FRUS*, 1903, Vol. 8, Colombia, United States Government Printing Office, 1902, p. 144.

② Telegram from Mr. Adee to Mr. Hart, August 04, 1902, *FRUS*, 1902, Vol. 8, Colombia, United States Government Printing Office, 1902, p. 307.

③ G. Demarest, "War of the Thousand Days," pp. 23-25.

④ Telegram from Mr. Beaupré to Mr. Hay, May 04, 1903, *FRUS*, 1903, Vol. 8, Colombia, United States Government Printing Office, 1902, p. 143.

⑤ Telegram from Mr. Beaupré to Mr. Hay, August 15, 1903, *FRUS*, 1903, Vol. 8, Colombia, United States Government Printing Office, 1902, pp. 182-183.

⑥ Telegram from Mr. Beaupré to Mr. Hay, Bogotá (dated 5th) (Received August 12, 1903), *FRUS*, 1903, Vol. 8, Colombia, United States Government Printing Office, 1902, p. 172.

约在财政和主权两个方面都不利于哥伦比亚。①

如果我们沿着时间线向前追溯到当年三月，在1903年3月条约签订后不久，博普雷曾向华盛顿不无乐观地报告条约通过的前景。报告中称，即使哥伦比亚的公共舆论有着反对的声音，但普遍认为，政府能够控制选举，哥伦比亚的公众舆论也不一定是控制立法的有利因素。此外，经济危机使得哥伦比亚急需运河所有权转让带来的资金收入，而长期的战争也使得公众对公共问题保持冷漠。②

前后对比就会发现，哥伦比亚公众对于该议题的热情和态度发生了巨大的转变，博普雷向华盛顿方面的报告里乐观情绪也转为对条约前景的担忧。他提到，负责财政部的政府部长费尔南德斯将军向波哥大新闻界发出通知，邀请公众讨论运河公约，而该通知的意思是政府对该措施没有先入为主的愿望。与此同时，出版了据称是公约文本翻译的内容。博普雷深切地感受到一场风暴正在酝酿。从认可到怀疑，从怀疑到决定反对，都是上个月公众情绪变化的阶段。这个城市的报纸充斥着措辞强硬的文章，总的来说，这些文章表明了公众对条约最为激烈的敌意。③

此时，事态转变的根源依旧不明晰，似乎民众的不满受到了某些力量刻意的激发与推动。而保守党政府则慑于民意不愿意表明自己的态度。在6月11日，博普雷指出，当下条约未能通过的核心问题在于政府没有积极地为条约签订而造势辩护。波哥大方面可能希望进入下一个阶段（国会正式讨论）再做类似的工作，因为处于执政地位的保守党政府害怕自由党的反对与其煽动的公共舆论。使条约难产的危险在于拖延，而这正是自由党人所争取的。④ 对此博普雷建议美国政府向哥伦比亚方面施压，暗示保守党政

---

① Telegram from Mr. Beaupré to Mr. Hay, June 20, 1903, FRUS, 1903, Vol. 8, Colombia, United States Government Printing Office, 1902, p. 154.

② Telegram from Mr. Beaupré to Mr. Hay, April 15, 1903, FRUS, 1903, Vol. 8, Colombia, United States Government Printing Office, 1902, p. 134.

③ Telegram from Mr. Beaupré to Mr. Hay, March 30, 1903, FRUS, 1903, Vol. 8, Colombia, United States Government Printing Office, 1902, p. 133.

④ Telegram from Mr. Beaupré to Mr. Hay, July 11, 1903, FRUS, 1903, Vol. 8, Colombia, United States Government Printing Office, 1902, p. 163.

府向国会施压加快条约的审议过程。

在本文的第二部分中,笔者集中讨论了千日战争后哥伦比亚保守党政府面对的局势以及其自身的状态。必须指出,由于战争的破坏和内部派系间的分裂局面,它不再具有对公共议程的绝对控制力。从上文中博普雷的观察里可以看出这一点。他对哥伦比亚政治生态的"原始印象"使他保持乐观态度,并相信在保守党操控下的国会会很快通过这一法案。但此时哥伦比亚政坛的局势由于战争的冲击已经不似以往。千日战争最为明显的遗产在于出现了一种尴尬的局面:保守党人操持政权,将自身主张转化为政治政策,却无力将其贯彻下去,其既不愿意和解也没有能力消灭对手的政治影响;自由党人无法用暴力推翻政府,也没有获得足够的参政途径,其政治诉求丝毫没有得到满足,因而心怀不满。由此,政府失去了对参议院的绝对控制,任何试图为其政策辩护的努力,得来的都只是满场的嘘声。①

在这样的状态下,保守党政府主持的公共议题无论为何,对于在野的自由党人而言都是攻击执政党的途径和目标。弱势的威权政府难以忽视公众意见,却在同时无意吸收制造公共议题的反对派。这使得相关议题被长期阻滞在其自身的框架和权利范围中,所有有关于议题的争论和攻评都将等同于攻击保守党政府。但如果此时放弃自己的立场寻求和解,则等同于默认反对派的指责为真,以及承认自己屈服其压力,无力对抗自由党的影响力。如果强行通过,则会进一步激化民意,将反对派的指责从假设变为现实。两难中保守党政府只有选择拖延,但拖延的代价从后世的眼光而言是巨大的。

保守党政府的麻烦也没有结束,反而进一步升级。拖延近三个月后,哥伦比亚国会会议终于在波哥大召开。但此时,条约通过的最大障碍从国会外转移到了国会内。副总统卡罗谴责政府缺乏诚意和一致性,不论是对美国还是对哥伦比亚民众。他指出,保守党政府试图推卸自己的责任,佯装条约的制定者并不是自己,并努力将全部责任推诿到给国会身上。这一

---

① Telegram from Mr. Beaupré to Mr. Hay, September 11, 1903, *FRUS*, 1903, Vol. 8, Colombia, United States Government Printing Office, 1902, p. 193.

说法源于，如果以副总统的名义签署条约，制订条约的全部责任就会转嫁于行政权力承担；而如果不以副总统的名义签署，无论条约被国会批准还是拒绝，行政权力都不承担任何责任。卡罗在演讲中激烈地批判政府的这一行径，并明确表示不会签署，即使参议院通过了法案。① 这就导致如果参议院提出的动议获得通过，而他仍然声明拒绝签署，那么参议院的决定将无法生效，而且很可能国会将被解散。

卡罗在千日战争期间的政变里被迫下台，他被排除在保守党政府之外，和自由党人一样心怀不满。② 博普雷的报告中曾经指出，现在的情况是，任何一个卡罗认真反对的项目，其成功的机会都微乎其微，③ 因为他背后有一批势力不小的支持者。保守党政府不仅要面对来自外部的压力，其阵营内部也出现了危机和分裂。事实证明，卡罗的不合作态度成为条约最终未能通过的又一重要推手。在与一些参议员进行过沟通后，博普雷感到绝望，认为本届国会不会有什么令人满意的结果。因为诸多参议员都先后倒向了卡罗的阵营，构成了反对条约的决定性多数。④ 在本届国会最后的几次辩论中，参议员们指出拒绝条约并非是反对运河建造计划本身，而是在做出一种"意见的表达"，反对政府行为的违宪以及专断态度。⑤

鉴于此前美方在谈判中的强硬态度，⑥ 保守党政府此时或许意识到了问题的严重性，他们试图做出补救。11月1日上午，政府通电全国并草拟了

---

① Telegram from Mr. Beaupré to Mr. Hay, July 11, 1903, *FRUS*, 1903, Vol. 8, Colombia, United States Government Printing Office, 1902, p. 164.

② Telegram from Mr. Beaupré to Mr. Hay, August 15, 1903, *FRUS*, 1903, Vol. 8, Colombia, United States Government Printing Office, 1902, p. 184.

③ Telegram from Mr. Beaupré to Mr. Hay, September 30, 1903, *FRUS*, 1903, Vol. 8, Colombia, United States Government Printing Office, 1902, p. 205.

④ Telegram from Mr. Beaupré to Mr. Hay, November 02, 1903, *FRUS*, 1903, Vol. 8, Colombia, United States Government Printing Office, 1902, p. 222.

⑤ Telegram from Mr. Beaupré to Mr. Hay, October 23, 1903, *FRUS*, 1903, Vol. 8, Colombia, United States Government Printing Office, 1902, p. 217.

⑥ Telegram from Mr. Hay to Mr. Beaupré, July 31, 1903, *FRUS*, 1903, Vol. 8, Colombia, United States Government Printing Office, 1902, p. 168.

一份宣言。① 这份宣言在 11 月 2 日早上已经出版并张贴在大街上，试图引起人们的注意。政府着重强调了自己遇到的困难：一方面来自千日战争带来的影响——经济凋敝以及很多州政府的独立倾向；另一方面则来源于立法机关的不合作和参议员的敌视。这部分印证了前文提及的政府的某些困境。在后半部分，它严厉批评国会的行动，特别是参议院的行动，称后者浪费时间攻击政府，而不是致力于审议国家福祉所需的措施。在巴拿马运河问题上，政府已决定恢复谈判，希望能够达成一项新的协议，该协议将得到下一届国会的批准，并已指示哥伦比亚驻华盛顿的代办向美国政府转达这一信息。

然而一切已经为时已晚，因为美国人的耐心已经被波哥大的拖延和争吵消磨一空。罗斯福早在 10 月份就已经开始毫不掩饰地表达军事介入巴拿马的倾向。② 美国的确又一次援引 1846 年的条约义务"保持地狭稳定"，③ 但并非是如同哥伦比亚方面希望的那样。④ 巴拿马则彻底对中央政府不抱希望，筹划着将武装独立从预谋变为现实。⑤ 11 月 3 日，几乎就在国会闭幕演说的同时，巴拿马在美国人的庇护下宣告独立。1903 年，在千日战争的余烬上哥伦比亚党争正酣，却忽略了相关议题巨大的外部性。这一系列斗争的结果成为最后一块拼图，使得巴拿马独立从可能变为现实。一场灾难就这样导出了另一场灾难。

---

① Telegram from Mr. Beaupré to Mr. Hay, November 02, 1903, *FRUS*, 1903, Vol. 8, Colombia, United States Government Printing Office, 1902, p. 222.

② Robert A. Friedlander, "A Reassessment of Roosevelt's Role in the Panamanian Revolution of 1903," *The Western Political Quarterly*, vol. 14, no. 2, 1961, p. 537.

③ Telegram from Mr. Beaupré to Mr. Hay, November 09, 1903, *FRUS*, 1903, Vol. 8, Colombia, United States Government Printing Office, 1902, p. 227.

④ Telegram from Mr. Beaupré to Mr. Hay, November 06, 1903, *FRUS*, 1903, Vol. 8, Colombia, United States Government Printing Office, 1902, pp. 226-227. 哥伦比亚方面试探性地询问美国政府是否会履行条约义务，允许哥伦比亚军队登陆镇压叛乱。美国人的确承认了条约义务，但是以相反的方式履行。

⑤ Telegram from Mr. Beaupré to Mr. Hay, November 06, 1903, *FRUS*, 1903, Vol. 8, Colombia, United States Government Printing Office, 1902, pp. 225-226.

四、结论

哥伦比亚国内的党派冲突持续近一个世纪，千日战争可以被视作这一冲突的最终成熟形态。巴拿马独立则是它的结果，象征着哥伦比亚保守党政府在两个维度上的失败。中央集权和联邦主义的道路分歧构成了党派冲突的核心议题，保守党人和自由党人都没有完全弥合地方分离倾向。正是围绕这一特殊议题，政治斗争不断升级，不断建构巴拿马独立的可能性。即使经过如此血腥的战争，保守党人也没有真正击败自己的对手，而是陷入了看似无休止的对抗当中。这一对抗的衍生效应又继续映射到外交谈判的进程中，导致协约难产。两个维度的失败汇于一处，巴拿马独立从可能变为现实。

如果以制度的角度加以观察，从党派冲突到千日战争，从千日战争到巴拿马独立，这一进程体现了危机不断地从原有框架中溢出。自由党和保守党人关于国家组织形态的争论从议会机制中溢出，造就地方分离势力和自由党人的联盟，导致政治反对派地方化与内战爆发。巴拿马的分裂倾向又从哥伦比亚国内政治体系中溢出为国际问题，导致分离主义诉求和外部干涉结合。党派冲突作为最后一根稻草完成了国际问题向国内问题的回归。

1903年11月3日巴拿马正式宣布独立，梦寐以求的自由与繁荣看似已经降临在地狭，却实为他人做嫁衣裳，将自己的百年命运拴缚在运河和美国的干涉中。哥伦比亚的不幸没有就此终结。巴拿马式的地区分离主义和以千日战争为蓝本的党派争夺萦绕着国家政治，在摇摆中导向20世纪50年代骇人听闻的暴力冲突。同样的故事，不断上演在同一片大陆。在拉丁美洲独特的历史背景下，有关外部干涉与内部动乱之间的伴生关系，千日战争和巴拿马独立之间的历史路径或许可以给研究者提供一种思考的可能。

第一届艾森豪威尔政府对缅援助政策探析

李聪慧[*]

摘 要 冷战时期的对外援助始终是影响美缅关系发展的重要因素。艾森豪威尔上台后,缅甸政府便因国民党军残部问题断绝了美援,并在大米严重滞销的情况下主动寻求社会主义国家的帮助,中缅、苏缅经济联系不断加深。为防止缅甸倒向共产主义集团,美国政府便积极推动对缅援助,缅甸政府也在苏缅关系出现分歧之际恢复了美援谈判,美国对缅援助走上正常轨道。截至1956年底,艾森豪威尔政府共向缅甸提供价值数千万美元的经济援助和军事援助。由此观之,第一届艾森豪威尔政府调整对缅援助政策的主要动因是基于意识形态的考虑,即通过援助的方式加强美缅关系,防止缅甸被共产主义"颠覆"。而美苏两大阵营对缅甸的争夺无疑让奉行"中立外交"的缅甸政府在接受外援中获得更多主动权,并在东西方阵营的对抗中实施了更加灵活、更加自主的外交政策。

关键词 艾森豪威尔 吴努 经济援助 军事援助

---

[*] 李聪慧,华东师范大学历史学系硕士研究生。

冷战时期的对外援助政策既是美国外交政策的核心内容之一，又是美国实施"遏制"战略的重要工具。随着战后东南亚民族解放运动的兴起，20世纪50年代美国"遏制"战略的重点从东亚扩展到东南亚，采取经济、军事和文化等多种援助手段对东南亚各国施加影响，缅甸便是其中之一。纵观近几年的研究，学界对第一届艾森豪威尔政府对缅援助的研究力度明显偏弱，具体表现为史料来源单一、多侧重于援助政策而非援助过程的描述且剖析深度不足。① 鉴于此，本文将以美国、缅甸、英国和印度等国家的官方文献和相关的二手文献为基础，运用国际史的研究方法全面探讨这一时期美国对缅援助的历史过程及其影响因素。

一、有限的联系：艾森豪威尔政府对缅援助政策的启动（1953—1954）

1948年缅甸独立以后，缅甸总理吴努（U Nu）便推行亲西方的"中立外交"，典型的表现便是向英美国家寻求经济援助和军事援助。鉴于战后英国实力的衰弱和冷战初期的欧洲成为冷战主战场因素的影响，英美两国对此反应并非十分积极。随着新中国的成立和朝鲜战争的爆发，美国逐步将"遏制"战略由欧洲扩展到亚洲，通过援助的方式实现"援缅反共"的目标便也成为杜鲁门政府的极佳选择。1950年2月，美国政府先后派遣两个代表团前往缅甸考察，吴努政府对两个考察团表现出极大热情并提出迫切希

---

① 国内外的学术研究成果大多运用《美国对外政策文件集》（FRUS）、《美国档案解密在线》（USDDO）和《英国外交事务文件集》（BDFA）等公开易见史料，缺乏对美国第二国家档案馆、缅甸国家档案馆和《尼赫鲁文集》等档案史料的运用。另外，现有研究成果多侧重于美缅之间的互动，忽略了美苏冷战范围扩大的大背景以及美国政府内部对美国援助缅甸进程的影响。参见李雪华：《吴努政府时期美国对缅援助探析》，《东南亚南亚研究》2016年第1期；李雪华：《美国对缅援助研究（1950—1968）》，硕士学位论文，赣南师范大学历史文化与旅游学院，2016年；高亚兰：《艾森豪威尔时期美国对缅甸的政策》，硕士学位论文，云南师范大学历史与行政学院，2014年；Matthew Foley, *The Cold War and National Assertion in Southeast Asia*: *Britain, the United States and Burma, 1948-1962*, New York: Routledge, 2010; Kenton Clymer, *A Delicate Relationship*: *The United States and Burma/Myanmar since 1945*, New York: Cornell University Press, 2015。

望得到美援。四个月后，美国国务院制定了缅甸政策声明，该声明确定了拉拢缅甸与美、英合作，增加其抵抗共产主义入侵的能力和恢复国内秩序稳定的目标。为此，美国决定在缅甸开展技术援助和军事援助，为英国对缅援助提供帮助和补充。在美缅双方的共同推动之下，双方于 9 月 13 日签订了"经济合作协定"，并确定了 1040 万美元的援助款项。同时，美方还应缅方请求向后者提供了价值 800 万—1000 万美元的 10 艘巡逻艇。但出于对外援的担忧和疑虑，美缅双方在援助实施方式和确定援建项目等方面存在很大分歧，而且吴努政府提出的多项援助要求并不符合缅甸的实际情况，这导致美国经济合作署（Economic Cooperation Administration，ECA）和技术合作署（Technical Cooperation Administration，TCA）在执行援助协定过程中非常被动。因此，美国对缅援助效果大打折扣。而杜鲁门为了牵制中共的军事力量，暗指中情局援助从云南逃亡缅北的国民党军残部，这批军队在缅北不断地发展壮大，严重威胁到中缅边界的安全和缅甸政府对缅北的控制，也最终导致了 1953 年缅方拒绝接受美国援助。①

1953 年艾森豪威尔上台后便推行"贸易而非援助"的经济外交政策，进而确定了美国对发展中国家经济政策的基本原则，即缩减对外援助规模

---

① "Memorandum of Conversation, by the Ambassador at Large (Jessup)," February 10, 1950, in *Foreign Relations of the United States*, 1950, Vol. VI, East Asia and the Pacific, Washington D. C: United States Government Printing Office, 1976, pp. 229-232; "Record of an Interdepartmental Meeting on the Far East at the Department of State, May 11, 1950, 11: 30 a. m.," May 11, 1950, in *FRUS*, 1950, Vol. VI, pp. 89-90; "Policy Statement Prepared in the Department of State," June 16, 1950, in *FRUS*, 1950, Vol. VI, pp. 233-244; "Telegram from American Embassy in Rangoon to the Department of State," September 14, 1950, RG84 Entry UD2187, BOX11-1, U.S. National Archives II, College Park, MD; "The Charge in Burma (Day) to the Acting Assistant Secretary of State for Far Eastern Affairs (Allison)," December 11, 1951, in *FRUS*, 1951, Vol. VI, East Asia and the Pacific (Part 1), Washington D. C.: United States Government Printing Office, 1977, pp. 320-321; Robert H. Taylor, *General Ne Win: A Political Biography*, Singapore: Institute of Southeast Asian Studies, 2015, p. 143; 范宏伟：《和平共处与中立主义：冷战时期中国与缅甸和平共处的成就和经验》，北京：世界知识出版社，2012 年，第 95 页。

的同时鼓励自由贸易。① 恰值此时，美缅关系的发展受缅北国民党军残部问题的严重考验，② 这批部队在缅甸境内的活动明显削弱了缅甸政府对缅北的控制。碍于缅方和台湾当局没有"外交"关系，缅甸政府一直请求美方让蒋介石命令该部队缴械或投降。不过蒋介石一直以该部队不受其控制为由拒绝合作，并暗中支援缅北国民党军李弥残部。1952 年该部队在失去中情局援助的情况下开始与克伦国防军组织（Karen National Defense Organization, KNDO）合作以获得粮食和军事装备，并联合起来一同对抗缅甸政府军。为了彻底打击国民党军残部和克伦国防军组织，缅甸军方于 1953 年初发动了大规模的"沙拉之战"，结果以大败收场。此时，缅甸国内不断出现针对美国对国民党军残部政策的批评声音。1 月 30 日，缅甸工农党发表声明指控美国对国民党残部的支持和控制。几天后，缅甸《新时代报》（*New Times*）先后发表了攻击国民党军残部以及间接指向美国的声明和社论。③ 鉴于美国从中斡旋不利以及应对国内此起彼伏的反美声音，缅方决定将该问题提交联合国，并计划断绝接受美国援助。

3 月 2 日，缅甸总理吴努在议会众议院的演讲中提出决定将国民党军问题提交联合国，并于当日向议员和美国驻缅大使威廉·塞巴尔德（William

---

① 刘国柱：《艾森豪威尔政府对发展援助政策的调整与美国冷战战略》，《求是学刊》2011 年第 3 期，第 124 页。

② 1950 年 2 月，驻守云南的国民党部分军队在中国人民解放军的打击之下进入缅北，这批部队在美国中央情报局的援助下和国民党第 8 军军长李弥的领导下不断发展壮大，严重威胁到中缅边界的安全和缅甸政府对缅北的控制。参见：覃怡辉：《李弥部队退入缅甸期间（1950—1954）所引起的几项国际事件》，《人文及社会科学集刊》2002 年第 4 期。

③ 范宏伟：《和平共处与中立主义：冷战时期中国与缅甸和平共处的成就和经验》，第 95—100 页；"Telegram from American Embassy in Rangoon to Secretary of State," February 3, 1953, RG 59, Central Decimal File, 1950-1954, Box 2993, National Archive II, College Park, MD; "Telegram from American Embassy in Rangoon to Secretary of State（NO. 1480），" February 10, 1953, RG 59, Central Decimal File, 1950-1954, Box 2993, National Archive II, College Park, MD; "Telegram from American Embassy in Rangoon to Secretary of State（NO. 1491），" February 3, 1953, RG 59, Central Decimal File, 1950-1954, Box 2993, National Archive II, College Park, MD; "The Ambassador in Burma（Sebald）to the Department of State," September 3, 1952, in *FRUS*, 1952-1954, Vol. XII, East Asia and the Pacific（Part 2）, Washington D. C. : United States Government Printing Office, 1987, pp. 29-32.

J. Sebald) 发布了国民党军侵略缅甸的政府声明。① 半个月后，缅甸外长告知塞巴尔德，缅方已掌握李弥部队受台湾当局支持的证据，为给独自解决该问题创造有利外部环境，缅方决定自当年6月30日起断绝美国援助。② 次日，美国国务卿约翰·杜勒斯（John F. Dulles）向缅方说明，美国援助不能像水龙头一样随意开启和关闭，况且断绝美援不能解决缅北国民党军问题，只会增加美国国会和公众对缅甸的负面印象，并导致美国取消1954年对缅援助计划。③ 塞巴尔德也向吴努表示美方正在努力解决该问题，且已经取得实质性的进展。但吴努还是将该问题提交联合国解决，并在当年6月底断绝了美国的经济和技术援助。无奈之下，杜勒斯在塞巴尔德的建议下撤回了经济技术合作署在缅甸的多个项目，并有计划地取消了价值约1000万的援助，美缅关系陷入冰点。④

但是，吴努政府出于清缴克伦国防军和缅甸共产党的需要，仍在断断续续地争取美国军事援助。1953年3月10日，缅方向美方提交了一份包括

---

① "KMT Aggression: Translation of the Hon'ble Prime Minister's Speech in the Chamber of Deputies on Monday, March 2, 1953," 1953, National Archives of Myanmar, 12/3-172; "KMT Aggression in Burma," 1953, National Archives of Myanmar, 12/6-499; "Telegram from American Embassy in Rangoon to Secretary of State," March 2, 1953, RG 59, Central Decimal File, 1950-1954, Box 2994, National Archive II, College Park, MD.

② "Telegram from American Embassy in Rangoon to Secretary of State," March 17, 1953, RG 59, Central Decimal File, 1950-1954, Box 2994, U.S. National Archives II, College Park, MD; "The Ambassador in Burma (Sebald) to the Department of State," March 17, 1953, in *FRUS*, 1952-1954, Vol. XII (Part 2), pp. 74-75.

③ "Telegram from Department of State to American Embassy in Rangoon," March 18, 1953, RG 59 Central Decimal File, 1950-1954, Box 2994, U.S. National Archives II, College Park, MD; "The Secretary of State to the Embassy in Burma," March 18, 1953, in *FRUS*, 1952-1954, Vol. XII (Part 2), pp. 75-76.

④ "The Ambassador in Burma (Sebald) to the Department of State," March 21, 1953, in *FRUS*, 1952-1954, Vol. XII (Part 2), pp. 76-77; "The Ambassador in Burma (Sebald) to the Department of State," March 21, 1953, in *FRUS*, 1952-1954, Vol. XII (Part 2), pp. 87-88; "The Secretary of State to the Embassy in Burma," May 7, 1953, in *FRUS*, 1952-1954, Vol. XII (Part 2), pp. 103-104; Matthew Foley, *The Cold War and National Assertion in Southeast Asia: Britain, the United States and Burma, 1948-62*, p. 105.

大炮、坦克、雷达、弹药、枪支、手榴弹和地雷在内的武器装备采购清单。① 30日，缅甸国防军总司令奈温（Ne Win）再次向美方表示希望采购可以装备四个师的军火。缅方的两次武器装备采购要求得到了美国国务院的重视，双方在4月底开始谈判，并于6月9日签署了一项有偿军事援助协议。②

7月，根据美缅军事协定要求，缅方再次向美方提交了一份武器采购清单。但考虑到该计划不符合缅方军队的现实需要，美方要求对清单进行修改。8月，缅方根据修改要求再次提交了一份包括78架飞机、2艘驱逐舰和72艘鱼雷艇等在内的大型武器清单，美方认为缅方提出的要求"不无道理"。③ 但美英双方在军援问题上的分歧拖延了军援的实施进程。由于《英缅防卫协定》的存在和英国在缅甸军援中的主体地位，美方不断征求英方的意见。美国驻英国大使温斯罗普·阿尔德里奇（Winthrop W. Aldrich）认为，缅甸是英国在东南亚的"少数几个势力范围"，美缅军事援助协定有损于英国在缅甸军事援助中的主体地位。英国军事援助顾问团认为，仰光对武器装备的要求是不切实际的和荒谬的，而且缅甸军队无法保养所需的军事设备，建议美方推迟援助进程，直到英缅双方达成军事合作。④

但塞巴尔德并不同意阿尔德里奇的意见。相反，他建议国务院加快完成缅方提出的军火采购计划，理由是军援不仅能帮助吴努政府稳定国内政

---

① "The Ambassador in Burma (Sebald) to the Department of State," March 10, 1953, in *FRUS*, 1952-1954, Vol. XII (Part 2), p. 68.

② "The Ambassador in Burma (Sebald) to the Department of State," March 31, 1953, in *FRUS*, 1952-1954, Vol. XII (Part 2), pp. 100-101; "The Ambassador in Burma (Sebald) to the Department of State," June 8, 1953, in *FRUS*, 1952-1954, Vol. XII (Part 2), p. 112; Kenton Clymer, *A Delicate Relationship: The United States and Burma/Myanmar since 1945*, p. 145; Robert H. Taylor, *General Ne Win: A Political Biography*, p. 172; Matthew Foley, *The Cold War and National Assertion in Southeast Asia: Britain, the United States and Burma, 1948-62*, p. 107.

③ Kenton Clymer, *A Delicate Relationship: The United States and Burma/Myanmar since 1945*, pp. 145-146.

④ "The Ambassador in Burma (Sebald) to the Department of State," July 31, 1953, in *FRUS*, 1952-1954, Vol. XII (Part 2), pp. 122-124; Matthew Foley, *The Cold War and National Assertion in Southeast Asia: Britain, the United States and Burma, 1948-62*, pp. 107-108.

局，还能增强其抵抗共产主义入侵的能力。英方在军援中的消极态度和美方在军援中的"袖手旁观"将加强缅方与社会主义国家间的关系。① 不过，美国国务院依旧希望在军援问题上与英国合作，但英方对缅援助依旧热情不高。10月27日，在美方的一再要求下，英国政府答应为缅甸提供除炸弹以外的所有军火，不过并未就军火价格和交付时间进行详细说明。②

这种状况直到1954年才得以改变。1954年1月，英缅新一轮的防务协定谈判失败，英国国防部也决定停止在缅军事援助顾问团的各项职能。③ 与此同时，奈温开始向南斯拉夫寻求军事援助。塞巴尔德向国务院表达了对缅方与南斯拉夫接触的担忧，并建议国务院立刻向缅甸提供军事援助。④ 1月16日，美国国家安全委员会出台了题名为"美国在东南亚的目标与行动"的NSC 5405号文件，该文件确定了美国在东南亚的总目标是防止东南亚国家滑向共产主义轨道，并增加其抵抗共产主义的势力。具体到缅甸援助问题，该文件规定国务院以售卖方式向缅甸提供军事装备和用品，积极

---

① "The Ambassador in Burma (Sebald) to the Department of State," July 31, 1953, in *FRUS*, 1952–1954, Vol. XII (Part 2), pp. 122–124.

② "The Acting Secretary of State to the Embassy in Burma," August 21, 1953, in *FRUS*, 1952–1954, Vol. XII (Part 2), pp. 126–127; "The Ambassador in Burma (Sebald) to the Department of State," August 27, 1953, in *FRUS*, 1952–1954, Vol. XII (Part 2), pp. 130–131; "The Secretary of State to the Embassy in the United Kingdom," October 20, 1953, in *FRUS*, 1952–1954, Vol. XII (Part 2), pp. 162–164; "The Ambassador in Burma (Sebald) to the Department of State," October 30, 1953, in *FRUS*, 1952–1954, Vol. XII (Part 2), pp. 166–167.

③ "Defence Agreement: Position of a British Service Mission," December 31, 1953, in *British Documents of Foreign Affairs*, Part V, Series E, Vol. 5, Washington: University Publications of America, 2007, p. 107; "Conversation between the Secretary of State and the Burmese Foreign Minister on March 2, 1954," March 2, 1954, in *British Documents of Foreign Affairs*, Part V, Series E, Vol. 7, Washington: University Publications of America, 2008, pp. 16–17.

④ "The Ambassador in Burma (Sebald) to the Department of State," January 10, 1954, in *FRUS*, 1952–1954, Vol. XII (Part 2), pp. 194–196; Matthew Foley, *The Cold War and National Assertion in Southeast Asia: Britain, the United States and Burma, 1948–62*, p. 108; Robert H. Taylor, *General Ne Win: A Political Biography*, p. 176.

解决国民党军残部问题并在缅甸政府主动提及的情况下考虑恢复对缅经济援助。① 在该文件的指导下，美方加快了对缅援助的进程。3月，美方在和英方的协商下向吴努政府提供了一份军火清单，但缅方以军火价格过高为由拒绝接受。对此，塞巴尔德认为美英在该问题上的合作是弄巧成拙，援助进程的延缓将导致严重的结果。② 塞巴尔德的建议最终被国务院接受，美国开始逐步取代英国在对缅军事援助方面的主体地位。9月18日，美国行动协调委员会（Operations Coordinating Board, OCB）制订了一份向缅甸出售价值2000万美元军事装备的计划，该计划经过近一个月的修改最终成型。但缅方又提出任何军事交易不得公开的要求，美缅两国的军事讨论再次陷入僵局。③

受到英国殖民时期工业基础薄弱和传统农业发展状况的影响，缅甸的财政来源严重依赖大米出口，该项收入一度占缅甸外汇来源的80%以上，而外汇来源占缅甸财政收入的二分之一强，其中印度从缅甸进口的大米数量占其全部出口的50%。朝鲜战争爆发后，国际大米市场需求增加，缅甸财政收入也因此得到保障。然而，大约从1954年开始，受到朝鲜战争停战、印度对缅甸大米需求减少以及美国和加拿大出售大量剩余农产品等多种因素的影响，大米价格不断下降。受此影响，缅甸大米严重滞销，最终酿成

---

① NSC 5405, "United States Objectives and Courses of Action with Respect to Southeast Asia," January 16, 1954, *Documents of the NSC Second Supplement*, Microfilm, University Publications of America, Inc., Reel 1, pp. 8, 17-18.

② "The Ambassador in Burma (Sebald) to the Department of State," January 10, 1954, in *FRUS*, 1952-1954, Vol. XII (Part 2), pp. 216-218.

③ "OCB Working Group Discusses Sale of Arms and War Materials to Burma," 19 August, 1954, in *USDDO*, CK2349314050; "OCB Assistants' Meeting 10/1/54 to Discuss 'Proposed Policy on Sale of Arms and War Materials to Burma' (NSC 5405)," 24 September, 1954, in *USDDO*, CK2349314065; "'Proposed Operating Plan on Sale of Arms and War Materials to Burma', (NSC 5405) Detailed," 5 October, 1954, in *USDDO*, CK2349314076; "Paper Approved by the Operations Coordinating Board," October 27, 1954, in *FRUS*, 1952-1954, Vol. XII (Part 2), pp. 234-241; Kenton Clymer, *A Delicate Relationship: The United States and Burma/Myanmar since 1945*, pp. 146-147.

严重的财政危机。① 得知该消息的杜勒斯决定采取措施帮助吴努政府解决难题。1953年10月28日，美国国务院照会日本政府鼓励其购买缅甸大米。两天后，杜勒斯向英国政府建议增加马来亚和香港地区对缅甸大米的进口量。② 不过，杜勒斯的积极态度并未得到其他政府官员的支持。1954年7月，美国国会通过了第480号公法，③ 该法案规定美国在多个国家以援助的方式倾销剩余农产品。其中就包括日本、越南等缅甸传统的大米市场国家，这一点引起了缅方的极度不满。④

为开拓大米市场，吴努转而向包括中国在内的社会主义国家求助。1954年4月22日，中缅两国签署了建交以来的第一个贸易协定，缅甸以大米换取中国的各类商品和技术援助。贸易协定的达成也促进了中缅两国关系的改善。6月，周恩来访问缅甸，双方发表《中缅两国总理联合声明》，共倡"和平共处五项原则"。12月初，吴努访华并就缅甸大米问题与中方达成一致看法。双方商定：从1955年起至1957年止，中方每年将从缅甸进口15万—20万吨大米，大约为缅甸大米出口总量的十分之一；同一时期，缅甸

---

① "Economic Situation in Burma," 22 September, 1955, in *USDDO*, CK2349598456; "To K. K. Chettur," September 4, 1953, in *Selected Works of Jawaharlal Nehru*, Second Series, Vol. 23, New Delhi: Oxford University Press, 1998, pp. 472-473; "Rice from Myanmar," 21 January, 1954, in *Selected Works of Jawaharlal Nehru*, Second Series, Vol. 24, New Delhi: Oxford University Press, 1999, pp. 609-610; *New York Times*, January 6, 1953, p. 84; *The Sun*, June 10, 1953, p. 7; *New York Times*, July 5, 1953, p. 3; *The Washington Post*, September 29, 1953, p. 29; Frank N. Trager, "Burma's Foreign Policy, 1948-56: Neutralism, Third Force, and Rice," *The Journal of Asian Studies*, Vol. 16, No. 1 (November 1956), p. 99.

② "The Secretary of State to the Embassy in Burma," October 30, 1954, in *FRUS*, 1952-1954, Vol. XII (Part 2), pp. 167-168.

③ PL480法案即"以粮换和平计划"，该计划是在美国农产品严重过剩的大背景下，随着美国对外粮食援助政策的确立而产生的。由于该计划是美国国会通过的第480号公法 (Public Law 480)，故该法案又被称为"PL480"。参见：王慧英：《"剩余品"时代美国的对外粮食援助政策》，《世界历史》2006年第2期。

④ "The Charge in Burma (Acly) to the Department of State," October 22, 1954, in *FRUS*, 1952-1954, Vol. XII (Part 2), pp. 167-168; Matthew Foley, *The Cold War and National Assertion in Southeast Asia: Britain, the United States and Burma, 1948-62*, p. 132.

将从中国进口中国可能供应的工业设备、工业器材和日用必需品。① 事实上，中缅两国的经济合作仅仅是缅方"以大米换取援助"的开始。为了尽快解决大米滞销问题，吴努政府又将求援的目光转向了苏联和东欧国家。次年初，吴努政府派遣贸易代表团访问东欧国家和苏联，并与德意志民主共和国、捷克斯洛伐克、匈牙利等多个国家达成了"易货贸易"协定。②

1953—1954年是美国对缅援助政策的启动时期。虽然国民党军残部问题直接导致缅甸政府拒绝接受美国援助，但艾森豪威尔政府一直试图利用军事援助恢复恶化的美缅关系。恰值此时，英缅新一轮防务协定谈判失败，美国政府遂逐步取代英国在对缅甸的军事援助方面的主体地位。不过，受"贸易而非援助"对外经济政策和第480号公法的影响，美国政府并未对缅甸的大米危机予以足够重视。吴努政府求助美国未果后转而向包括中国在内的社会主义国家寻求帮助，而中苏对外政策的调整无疑为解决缅甸大米滞销并增强缅方与社会主义阵营间的经济和政治联系铺平了道路，也为艾森豪威尔政府重视缅甸的大米滞销问题并调整对缅政策奠定了基础。

二、艰难的转变：
艾森豪威尔政府对缅援助政策的调整（1955—1957）

1955年初，吴努派遣贸易代表团前往苏联考察时受到后者热烈欢迎，双方还签署了易货贸易协定。③ 与此同时，中缅、苏缅的持续走进引起了美国政府的担忧。2月27日，杜勒斯在给艾森豪威尔的备忘录中指出：美国

---

① 《中缅两国总理联合声明》，《人民日报》1954年6月30日，第1版；《中缅两国总理会谈公报》，1954年12月12日，中共中央文献研究室、中央档案馆编：《建国以来周恩来文稿》（第11册），北京：中央文献出版社，2018年，第491页；Chi-shad Liang, *Burma's Foreign Relations：Neutralism in Theory and Practice*, New York：Praeger Publisher, 1990, p.78.

② Frank N. Trager, "Burma's Foreign Policy, 1948-56：Neutralism, Third Force, and Rice," *The Journal of Asian Studies*, p.101；Matthew Foley, *The Cold War and National Assertion in Southeast Asia：Britain, the United States and Burma, 1948-62*, p.120.

③ Matthew Foley, *The Cold War and National Assertion in Southeast Asia：Britain, the United States and Burma, 1948-62*, p.120.

政府在亚洲国家出售剩余农产品严重影响了缅甸传统的大米市场，并直接导致缅甸 20% 的大米无法正常出口，这无疑为缅甸向苏联靠拢提供了机会。① 不过华盛顿诸多官员对于帮助缅甸解决大米滞销问题始终兴趣索然。3 月 28 日，美国农业部长本森（Benson）告知艾森豪威尔，美国根据第 480 号公法在亚洲国家处理剩余稻米并未影响缅甸大米的正常销售，其理由是缅甸大米拥有价格优势，且日本刚刚进口 20 万吨缅甸大米，因而美国倾销大米不会对缅甸大米市场造成冲击。② 本森的意见得到美国对外经济政策委员会（Council on Foreign Economic Policy）的肯定。随后，该委员会决定于当年 7 月 31 日前再向亚洲倾销大约 23 万吨大米。③ 美方的做法引起缅方强烈不满。5 月 19 日，吴努向美方表示，缅方决定削减财政预算以应对目前的经济危机，并以官员腐败将导致外援资金无法正常使用为由拒绝了美国提出的提供贷款的请求。④ 5 月底，美国派遣鲍德温（Baldwin）率领代表团访问缅甸，就美国大米政策向缅方做出解释，也未得到缅方的认可。对此，新任美国驻缅大使萨特斯维特（Satterthwaite）建议国务院尽快采取措施帮助缅方解决大米滞销和财政危机问题，因为美国的大米政策无疑加强了缅甸与社会主义国家的关系。⑤ 美缅谈判一度陷入僵局，这一局面随着 6 月底吴努访问华盛顿才得以打开。

访美期间，吴努向美国政府赠予 1 万美元用于感谢美国士兵在二战期间为缅甸解放做出的贡献，并因此受邀参加了电视节目。作为回礼，艾森豪

---

① "Telegram from the Secretary of State to the Department of State," February 27, 1955, in *FRUS*, 1955–1957, Vol. XXII, Southeast Asia, Washington, D. C.: United States Government Printing Office, 1989, pp. 3–4.

② "Letter from the Secretary of Agriculture (Benson) to the President," March 18, 1955, in *FRUS*, 1955–1957, Vol. XXII, pp. 4–5.

③ "Editorial Note," in *FRUS*, 1955–1957, Vol. XXII, p. 6.

④ "Telegram from the Embassy in Burma to the Department of State," May 19, 1955, in *FRUS*, 1955–1957, Vol. XXII, p. 8.

⑤ "Telegram from the Embassy in Burma to the Department of State," May 28, 1955, in *FRUS*, 1955–1957, Vol. XXII, pp. 11–12; "Amb. Satterthwaite Recommends U. S. Not Sell Surplus Rice to Markets Important to Burma," 28 May, 1955, in *USDDO*, CK2349312236; Matthew Foley, *The Cold War and National Assertion in Southeast Asia: Britain, the United States and Burma, 1948–62*, p. 132.

威尔向吴努赠送了一幅画,并邀请其共进早餐。美国国务院认为这是缅方态度好转的一个迹象,但是吴努在一个月的访问期间很少公开提及缅甸大米贸易情况,对第480号公法和美国的大米政策更是不予置评。这一情况引起了艾森豪威尔和杜勒斯的重视,他们认为这是吴努对美援迟迟拖延的不满表现。鉴于此,美方向吴努表示将让国际复兴开发银行介入缅甸财政危机之中,并提供援助方案。①

吴努的态度也有所好转,回国后不久他就向美方发出贷款请求,远东事务助理国务卿塞巴尔德认为这是缅甸中立主义政策的重大变化,建议国务院为此批准5000万美元贷款。② 不过"巴特尔法"(Battle Act)影响了这次贷款援助的谈判。该法案规定"凡是向威胁美国安全的任何国家、国家集团输出包括清单A(清单A包括武器、弹药、战争用品等具有战略意义的物资)和清单B(清单B包括石油制品和橡胶等工业物资)所列物资,美国将停止对该国的援助项目"。③ 但当时中缅之间存在着大米和橡胶贸易,这让美国陷入十分尴尬的境地。而吴努也向美方表示,缅甸政府不会做出禁止向中国提供橡胶的保证,甚至不会禁止向中国出售战略物资。但他们仍然有兴趣按照第480号公法获取相应商品。④ 就在美国贷款问题因"巴特尔法"僵持不下之时,苏缅关系得到了较快的发展。

---

① "Memorandum of a Conversation, White House, Washington," June 29, 1955, in *FRUS*, 1955-1957, Vol. XXII, pp. 14-15; "Telegram from the Department of State to the Embassy in Burma," July 12, 1955, in *FRUS*, 1955-1957, Vol. XXII, p. 16; Kenton Clymer, *A Delicate Relationship: The United States and Burma/Myanmar since 1945*, p. 148; U Nu, *U Nu: Saturday's Son*, Translated by U Law Yone, Edited by U Kyaw Win, New Haven and London: Yale University Press, 1975, pp. 248-249.

② "Telegram from American Embassy in Rangoon to Secretary of State," August 10, 1955, RG 59, Central Decimal File, 1955-1959, Box 3749, U. S. National Archives II, College Park, MD; "Memorandum from the Deputy Assistant Secretary of State for Far Eastern Affairs (Sebald) to the Secretary of State," August 31, 1955, in *FRUS*, 1955-1957, Vol. XXII, pp. 20-22.

③ 崔丕:《美国的冷战战略与巴黎统筹委员会、中国委员会(1945—1994)》,北京:中华书局,2005年,第263—264页。

④ *New York Times*, July 2, 1955, p. 7; "Telegram from the Department of State to the Embassy in Burma," September 16, 1955, in *FRUS*, 1955-1957, Vol. XXII, pp. 23-24; "Telegram from the Department of State to the Embassy in Burma," September 23, 1955, in *FRUS*, 1955-1957, Vol. XXII, p. 25.

7月1日，苏缅两国签署了一个为期三年的"大米换取工业品"的易货贸易协定。10月21日，吴努对苏联开展了为期两周的访问，并与苏方达成"大米换取技术援助"的一致意见。12月初，赫鲁晓夫和苏联部长会议主席布尔加宁回访缅甸，并与吴努达成了大米换取商品和技术援助的协定。① 对此，萨特斯维特评论道，苏联领导人的访问完全不利于西方政策的推行，但只要美国国务院采取措施帮助缅甸出售剩余大米，美国还有望得到吴努政府的好感。而中情局的看法更加悲观，他们认为这次访问为共产党在亚洲的活动提供了便利。② 同时，杜勒斯也开始认识到苏联对外经济活动对美国的"威胁"，他在11月15日美国国家安全委员会第266次会议上指出了苏联政府在印度、阿富汗和缅甸等八个发展中国家开展援助活动的情况，并希望美国政府能够对不发达国家采取援助措施以应对"苏联威胁"。这一提议虽然得到副总统尼克松的认同，但遭到了国防部长查尔斯·威尔逊（Charles E. Wilson）的坚决反对，后者认为向发展中国家提供援助对美国来说十分棘手，而且受援国拥有援助项目成果后将可能走上国家社会主义或共产主义的道路。两个多月后，杜勒斯在美国国家安全委员会第273次会议上再次提及美国加大援助亚洲国家的问题时，财政部长乔治·汉弗莱（George M. Humphrey）表达了反对意见，他认为美国帮助亚洲不发达国家建立和维持其经济体将会弄巧成拙。③ 虽然美国政府内的诸多官员对援助缅甸并不积极，但在艾森豪威尔和杜勒斯的推动之下，美国国家安全委员会

---

① "A Tour in Soviet Russia with Prime Minister U Nu of Burma", December 14, 1955, National Achives Department of Myanmar, Series 12/3Acc-216; Matthew Foley, *The Cold War and National Assertion in Southeast Asia: Britain, the United States and Burma, 1948-62*, pp. 120-121.

② "Operations Coordinating Board Daily Intelligence Abstracts, Topics Include: Bulganin-Khrushchev Visit to Burma," 14 December, 1955, in *USDDO*, CK2349007030.

③ Memorandum of discussion, 266th Meeting of the National Security Council, November 15, 1955, in *FRUS*, 1955-1957, Vol. X, Foreign Aid and Economic Defense Policy, Washington D. C: United States Government Printing Office, 1989, p. 29; Memorandum of discussion, 273rd Meeting of the National Security Council, 18January 1956, in *FRUS*, 1955-1957, Vol. X, pp. 64-68.

还是达成了援助缅甸的基本共识。①

此时，苏缅贸易协定在执行过程中出现了苏方商品质量较差且价格估计过高以及缅方承担大规模的债务等问题，这也让吴努政府重启了美援谈判。② 美国政府对此反应十分积极：一方面，国务院开始制订详细援助计划和解决大米滞销问题的方案并付诸实施；另一方面，国务院决定灵活处理"巴特尔法"对缅甸援助的限制。1956年2月8日，美国和缅甸签署了一份价值2170万美元的农产品协定，虽然该协定规定所有货币均需用缅甸货币支付，但双方决定协定经济来源的80%将用于缅甸各项经济发展项目。28日，杜勒斯又批准了一份价值340万美元的援助计划，用于帮助缅甸建造医疗中心。3月，国务院同意提供价值100万美元的技术援助以换取1万吨缅甸大米，并提出了购买价值100万美元的缅甸大米援助巴基斯坦的"三角计划"。5月4日，在美国政府的推动下，国际复兴开发银行也决定批准535万美元和1400万美元的贷款用于缅甸铁路建设港口建设，不过这一协定在随后的一年中并未得到执行。③ 美方批准的一系列援助显然是为了加强美缅关系，防止缅甸倒向共产主义集团。而援助的到来也确实增进了缅甸部分

---

① NSC 5405 PR (3), "United States Objectives and Courses of Action with Respect to Southeast Asia," December 21, 1955, *Documents of the NSC First Supplement*, Microfilm, University Publications of America, Inc., Reel 2, pp. 12–13.

② Matthew Foley, *The Cold War and National Assertion in Southeast Asia: Britain, the United States and Burma, 1948–62*, pp. 136–137; Burton I. Kaufman, *Eisenhower's Foreign Economic Policy, 1953–1961*, p. 65.

③ NSC 5405 PR (4) and NSC5429/5 PR, "United States Objectives and Courses of Action with Respect to Southeast Asia (NSC 5405) and Portions of NSC5429/5," July 11, 1956, *Documents of the NSC First Supplement*, Microfilm, University Publications of America, Inc., Reel 2, pp. 11–13; "Telegram from American Embassy in Rangoon to Department of State," February 9, 1956, RG59 Central Decimal File 1955–1959 Box 3853, National Archive II, College Park, MD; "Memorandum from the Assistant Secretary of State for Far Eastern Affairs (Robertson) to the Secretary of State," February 9, 1956, in *FRUS*, 1955–1957, Vol. XXII, p. 39; "Memorandum from the Secretary of State to the Director of the International Cooperation Administration (Hollister)," February 28, 1956, in *FRUS*, 1955–1957, Vol. XXII, pp. 44–45; "Telegram from the Embassy in Burma to the Department of State," March 9, 1956, in *FRUS*, 1955–1957, Vol. XXII, p. 45; "Telegram from the Department of State to the Embassy in Burma," March 29, 1956, in *FRUS*, 1955–1957, Vol. XXII, pp. 48–50; *New York Times*, March 13, 1953, p. 11.

官员对于美国政府的好感,但"巴特尔法"对美援的阻碍依旧存在。

5月7日,缅甸副总理吴觉迎(U Kyaw Nyein)告诉美国驻缅代办阿克利(Acly),缅甸不接受"巴特尔法"要求下的美国援助。半个月后,吴努致信艾森豪威尔并讨论了美援问题。吴努提出缅甸接受美援面临两个困难:其一是缅甸不接受无偿援助;其二是"巴特尔法"与缅甸遵循的"中立主义"外交政策相抵触,建议美方考虑使用大米交换美国的经济和技术援助,并摆脱"巴特尔法"对援助的限制,否则缅方不会接受美援。①

鉴于此,国务院决定重新考虑"巴特尔法"与美援的关系。部分官员以缅甸出口产品数量有限并不适宜"巴特尔法"审查为由,要求国务院尽快落实对缅援助。国务院参赞道格拉斯·麦克阿瑟二世(Douglas MacArthur, II)认为缅方的要求给美国提供了一个绝好的机会,国务院应该尽快开展援助活动以防重蹈埃及覆辙(此处指埃及向苏联求好,并计划收回苏伊士运河)。远东事务助理国务卿饶伯森(Robertson)也建议国务院按照"大米换取援助"的方式向缅方提供2500万美元的贷款。② 6月28日,杜勒斯指示萨特斯维特可以告知缅方,美国对缅经济援助将不适用于"巴特尔法"的要求,美方有意按照第480号公法的相关要求向缅方提供2500万美元的经济援助和1730万美元的贷款。经过漫长的谈判,双方于次年3

---

① "Telegram from the Embassy in Burma to the Department of State," May 8, 1956, *FRUS*, 1955-1957, Vol. XXII, pp. 61-62; "Telegram from the Embassy in Burma to the Department of State," May 29, 1956, in *FRUS*, 1955-1957, Vol. XXII, pp. 64-65; Kenton Clymer, *A Delicate Relationship*: *The United States and Burma/Myanmar since 1945*, pp. 153-154.

② "Memorandum from the Counselor of the Department of State (MacArthur) to the Secretary of State," June 5, 1956, in *FRUS*, 1955-1957, Vol. XXII, p. 65; "Memorandum from the Deputy Assistant Secretary of State for Far Eastern Economic Affairs (Jones) to the Secretary of State," June 14, 1956, in *FRUS*, 1955-1957, Vol. XXII, pp. 67-68; "Memorandum from the Counselor of the Department of State (MacArthur) to the Secretary of State," June 15, 1956, in *FRUS*, 1955-1957, Vol. XXII, pp. 71-72; "Memorandum from the Assistant Secretary of State for Far Eastern Affairs (Robertson) to the Secretary of State," June 25, 1956, in *FRUS*, 1955-1957, Vol. XXII, pp. 72-73; "Memorandum from the Assistant Secretary of State for Far Eastern Affairs (Robertson) to the Secretary of State," June 27, 1956, in *FRUS*, 1955-1957, Vol. XXII, pp. 73-74; Kenton Clymer, *A Delicate Relationship*: *The United States and Burma/Myanmar since 1945*, pp. 154-155.

月 21 日签订了经济合作协定。该协定要求国际开发署向缅甸提供 2500 万美元贷款用来发展缅甸的农业和交通业，缅方可以使用本国货币偿还，并指定其中 550 万美元用于资助缅甸土地复垦。同时，国务院按照协定和第 480 号公法要求，向缅甸提供 1800 万美元贷款，用于缅甸进口棉花、油脂、原油、烟草等商品。美方还额外提供 650 万美元用于缅甸国内航道的清理、拓宽和现代化船坞建设。①

随着 1955 年中缅边界冲突爆发和 1956 年经援谈判进入实质性阶段，军事援助再次成为中缅双方讨论的焦点。1955 年 11 月 20 日，中缅军队在两国边境黄果园地区发生武装冲突，双方各有数人受伤。对此，缅甸媒体和西方媒体纷纷报道，指责中国侵略缅甸。虽然双方在这次冲突后保持了极大的克制，但冲突的发生却间接地加快了美缅军援问题的谈判进程。② 1956 年 3 月 7 日，奈温向美方非正式要求获得军事援助，并计划用该援助在未来 3—5 年内武装 5—10 个师。③ 缅方的主动请求引起国务院的重视，塞巴尔德建议国务院即刻与缅方讨论军援问题，因为缅方很可能向苏联寻求军事援助。鉴于仰光不接受无偿援助和吴努政府对军援可能附带政治条件的担忧，美方也可以在不签订协议的条件下促成两国军事合作，并以贷款的方式为

---

① "Economic Co-operation Agreement between the Government of the Union of Burma and the Government of the United States of America," 21, March, 1957, National Archives Department of Myanmar, Series 15/2Acc-577; "Telegram from the Department of State to the Embassy in Burma," June 28, 1956, in *FRUS*, 1955-1957, Vol. XXII, pp. 75-76; "Telegram from the Department of State to the Embassy in Burma," June 28, 1956, in *FRUS*, 1955-1957, Vol. XXII, pp. 76-77; "Telegram from the Embassy in Burma to the Department of State," March 30, 1957, in *FRUS*, 1955-1957, Vol. XXII, p. 101; Kenton Clymer, *A Delicate Relationship: The United States and Burma/Myanmar since 1945*, p. 155; 孙建党：《美国与东南亚经济关系研究（1945—1973）》，北京：经济管理出版社，2011 年，第 252 页。

② 范宏伟：《和平共处与中立主义：冷战时期中国与缅甸和平共处的成就和经验》，第 59 页；Matthew Foley, *The Cold War and National Assertion in Southeast Asia: Britain, the United States and Burma, 1948-62*, p. 136.

③ "Telegram from the Embassy in Burma to the Department of State," April 3, 1956, in *FRUS*, 1955-1957, Vol. XXII, p. 54.

军事顾问提供工资。① 不过国防部和参谋长联席会议反对该提议，认为美国向中立国家提供军事援助将引起同盟国的不满。② 此事也随之不了了之。

当年5月，奈温出访美国提出希望获得武装10个师的装备以抵抗共产党的入侵，他还请求美方帮助训练缅甸军队。不过美国国防部对此态度十分消极，拒绝讨论任何细节。而国务院却在一个月后宣布重启军援谈判，并指示萨特斯维特按照《共同安全法》（Mutual Security Act）第401条与缅方探讨500万—1000万美元的军援资金。③

此时，国防部、参谋长联席会议与国务院在军援问题上的分歧日益明显。国防部认为向中立国提供军援将损害美国与同盟国的关系，况且美国没有足够的资金和装备用于国务院的提案，并对军援实施全额报销提出异议。而国务院认为对缅军事援助有助于政治上加强缅甸与"自由世界"国家的关系，军事上提高缅甸抵抗共产党入侵的能力。鉴于国务院与军方分歧过大，杜勒斯决定将该问题提交总统决定。8月30日，艾森豪威尔在国家安全委员会会议上支持了杜勒斯的决定，并就军援内容进行了详细讨论。④ 9月5日，国家安全委员会根据会议讨论情况制定了名为"美国在东南亚大陆政策"的NSC 5612/1号文件，该文件提出通过贷款或缅甸政府可

---

① "Letter from the Deputy Assistant Secretary of State for Far Eastern Affairs (Sebald) to the Assistant Secretary of Defense for International Security Affairs (Gray)," April 4, 1956, in *FRUS*, 1955–1957, Vol. XXII, pp. 55–57.

② "Letter from the Assistant Secretary of Defense for International Security Affairs (Gray) to the Deputy Assistant Secretary of State for Far Eastern Affairs (Sebald)," April 26, 1956, in *FRUS*, 1955–1957, Vol. XXII, p. 60.

③ "Memorandum from the Deputy Assistant Secretary of State for Far Eastern Economic Affairs (Jones) to the Secretary of State," June 14, 1956, in *FRUS*, 1955–1957, Vol. XXII, pp. 69–70; Robert H. Taylor, *General Ne Win: A Political Biography*, p. 190.

④ "Memorandum from the Assistant Secretary of State for Far Eastern Affairs (Robertson) to the Secretary of State," July 31, 1956, in *FRUS*, 1955–1957, Vol. XXII, pp. 79–80; "Memorandum from the Acting Secretary of State to the President," August 24, 1956, in *FRUS*, 1955–1957, Vol. XXII, pp. 81–82; "Editorial Note," in *FRUS*, 1955–1957, Vol. XXII, pp. 83–84.

接受的方式向缅甸提供军事援助,以抵抗共产主义在缅甸的扩张。① 与此同时,国务院决定派遣厄斯金(Erskine)率领代表团访问缅甸,并就此征求缅方的意见。②

1957年3月,厄斯金考察团正式访问缅甸,缅甸新任总理吴巴瑞(U Ba Swe)、奈温和吴努认为只有美方提供大量军事援助才能有效地应对国内的动乱,否则将引起反对派的批评和缅甸共产党更强烈的反抗,军方还提出希望得到至少两个师的武器装备。萨特斯维特认为缅方确实希望尽快得到军事援助。③

不过双方在军援适用范围和资金数量问题上依旧没能达成共识。9月6日,杜勒斯指示萨特斯沃特弄清缅甸政府内部的分歧,以便顺利开展援助。杜勒斯认为吴努似乎想要武装国内的警察力量,对于武装军队并不感兴趣,而吴巴瑞更期望后者的目标可以实现。④ 17日,吴觉迎向美方表示出于稳定治安的考虑,缅甸政府决定利用援助贷款增强警备力量,并希望美方加快援助步伐。⑤ 次年3月,行动协调委员会制订了2000万美元的军事贷款计划,其中1000万美元用于采购军事装备、1000万美元用于增强警备力量。

---

① NSC 5612/1, "U. S. Policy in Mainland Southeast Asia," September 5, 1956, *Documents of the NSC Second Supplement*, Microfilm, University Publications of America, Inc., Reel 2, pp. 8-9.

② "Telegram from the Department of State to the Embassy in Burma," September 20, 1956, in *FRUS*, 1955-1957, Vol. XXII, pp. 84-85.

③ "Telegram from the Embassy in Burma to the Department of State," March 1, 1957, in *FRUS*, 1955-1957, Vol. XXII, pp. 92-94; "Telegram from the Embassy in Burma to the Department of State," March 5, 1957, in *FRUS*, 1955-1957, Vol. XXII, pp. 94-96.

④ "Telegram from the Department of State to the Embassy in Burma," September 6, 1957, in *FRUS*, 1955-1957, Vol. XXII, p. 118.

⑤ "Telegram from the Embassy in Burma to the Department of State," September 18, 1957, in *FRUS*, 1955-1957, Vol. XXII, pp. 119-120.

该计划得到了国务院的批准。① 6月，双方在仰光正式签订了军事贷款协议。② 至此，艾森豪威尔政府对缅援助开始走上正常的轨道。

1955—1956年是第一届艾森豪威尔政府对缅援助政策的调整时期，为防止缅甸倒向社会主义阵营，艾森豪威尔政府帮助缅甸解决大米滞销问题、灵活处理"巴特尔法"对援助的限制、摆脱军方对援助的不满，利用价值数千万美援的经济援助和军事援助积极推动美缅关系发展。但美国政府的决策显然过高地估计了中苏两国对缅甸的影响，低估了吴努政府抵抗"共产主义"的能力，也夸大了美国援助对缅甸外交政策的影响。事实证明，吴努政府既未因中缅、苏缅关系的加强而倒向社会主义阵营，也未因美援的到来断绝与中苏两国间的经济联系，而是在接受对外援助中采取更加灵活和自主的外交方式。这也直接影响到了第二届艾森豪威尔政府对缅援助的实施进程。③

一方面，美国对缅援助确实取得了一定的政治成效。比如，1956年缅甸政府认同了美国在苏伊士运河危机期间对英、法、以三国对埃及的军事行动的谴责。另外，缅甸政府也对美国谴责1956年苏联入侵匈牙利表示了一致意见。与此同时，吴努政府也在接受美援的过程中有意地减少了与苏联的经济联系，但并非完全终止与社会主义阵营间的经济合作。④

另一方面，美苏两国对缅甸的"争夺"加强了缅甸在争取外援过程中的主动地位。1958年奈温组建看守内阁后，新政府频繁采取军事行动打击

---

① "Operations Coordinating Board Washington, D. C. Overseas Internal Security Program for Burma," March 21, 1958, in *FRUS*, 1958-1960, Vol. XV/XVI, Burma, Malaya and Singapore East Asia-Pacific Region Cambodia (Microfiche Supplement), Washington D. C: United States Government Printing Office, 1993, p. 75; "Telegram from the Department of State to the Embassy in Burma," September 20, 1956, in *FRUS*, 1958-1960, Vol. XV/XVI, p. 77.

② "Memorandum from the Director of the Office of Southeast Asian Affairs (Kocher) to the Deputy Assistant Secretary of State for Far Eastern Affairs (Parsons)," June 2, 1956, in *FRUS*, 1958-1960, Vol. XV/XVI, pp. 120-121.

③ Matthew Foley, *The Cold War and National Assertion in Southeast Asia: Britain, the United States and Burma, 1948-62*, p. 124.

④ Kenton Clymer, *A Delicate Relationship: The United States and Burma/Myanmar since 1945*, p. 156; *New York Times*, January 6, 1957, p. 13.

缅甸共产党，受此影响，奈温对中苏两国也采取更加谨慎的态度，并鼓励美国政府进一步扩大援助范围。1959年，奈温请求美国帮助建造一条价值7500万美元到1亿美元的连接仰光（Yangon）、曼德勒（Mandalay）和密支那（Myitkyina）的高速公路，这一提议得到美国政府的高度重视。当年6月，艾森豪威尔批准了75万美元用于建设公路的初步调查。与此同时，奈温政府还希望美国进一步扩大军援范围，以此增强缅甸的军事力量。但1960年吴努重新执政后再次加强了中缅和苏缅关系，缅方不仅要求重新考虑高速公路建设项目，还拒绝给美国援助人员提供工资，对美援再次保持了一定距离。①

三、美国对缅援助政策的影响因素

综上所述，笔者认为，以下几个因素助推了第一届艾森豪威尔政府的对缅援助。

首先，美苏冷战范围的扩大。1953年赫鲁晓夫入主克里姆林宫以后，便提出与美国开展"和平竞赛"，并逐渐将全球战略的焦点扩展到第三世界。苏联政府试图运用经济援助和军事援助等手段与美国开展"人心之争"，而艾森豪威尔政府则将"和平竞赛"视为苏联与美国争夺第三世界的策略，并积极推动美国在第三世界的政治、经济、军事和情报等各类活动。1955年，赫鲁晓夫和苏联部长会议主席布尔加宁共同访问了印度、缅甸和阿富汗三国，并与这些国家签订了多项协定。赫鲁晓夫在访缅期间表达了希望加强苏缅关系的意向，并与缅甸政府达成了大米换取援助的一致看法，同时，赫鲁晓夫还就缅北国民党军残部问题和西方援助拖延迟缓的状况含沙射影地批评了美国。为了防止东南亚国家倒向社会主义阵营，美国政府决定加大援助力度。1953年12月，艾森豪威尔政府在制订的第一个共同安全计划中指出了帮助东南亚国家维持自身稳定和经济发展的目标。次年12

---

① Matthew Foley, *The Cold War and National Assertion in Southeast Asia: Britain, the United States and Burma, 1948-62*, pp. 144-150.

月，艾森豪威尔又提出希望建立特殊的亚洲基金来支援东南亚地区经济发展。这些行动表明，美国政府认识到与苏联在东南亚的竞争并非短期的军事领域的竞争，而是长期的经济领域的竞争。同时，也反映出东南亚地区在美国对外战略中变得愈加重要。因而，美国对缅甸的关注也在不断加深。随着缅甸与社会主义国家联系的加强，美国开始逐步调整对缅政策，并积极推动对后者的经济援助和军事援助。①

其次，刺激日本经济复兴的需要。新中国的成立和朝鲜战争的爆发促使美国将东亚战略目标逐渐从遏制苏联转向为遏制中苏同盟，并积极推动日本经济复兴，以此对抗共产主义势力在亚洲范围内的扩大。而20世纪50年代日本国内始终存在促进中日贸易来实现经济自立的呼声。于是，美国政府希望借助"日本—东南亚—美国"模式加强日本同美国和东南亚国家的经贸联系，推动日本在没有中国的情况下实现经济自立，而缅甸作为亚洲的重要稻米出口国，对战后的日本经济复兴具有重要意义。② 因此，美国政府积极推动日缅经济赔偿问题的谈判进程，并试图利用经济援助和技术援助增强缅甸与日本、美国等"自由世界"国家的关系。

最后，建立集体安全的考虑。朝鲜战争结束后，受到"多米诺骨牌"理论的诱导，美国不断强化与亚洲盟国（地区）的安全关系，并希望通过建立多边安全合作模式将共产主义活动遏制在固定的边界之内。作为冷战初期美国亚太安全体系重要一环的东南亚，美国试图套用欧洲模式，建立一

---

① ［挪］文安立：《全球冷战：美苏对第三世界的干涉与当代世界的形成》，牛可等译，北京：世界图书出版公司，2014年，第65页；世界知识出版社编：《赫鲁晓夫言论》（第4册），北京：世界知识出版社，1965年，第380—382、387—396、401—402页；徐建华：《艾森豪威尔政府时期美国对东南亚援助政策评析》，《武汉大学学报（人文科学版）》2016年第4期，第105—106页；Burton I. Kaufman, *Eisenhower's Foreign Economic Policy, 1953-1961*, Baltimore and London: The Johns Hopkins University Press, 1982, p. 65.

② 史勤：《日本和缅甸关于战争赔偿的交涉》，《世界历史》2018年第5期，第94页；崔丕：《冷战时期美日关系史研究》，北京：中央编译出版社，2013年，第101—123页。NSC 177, "United States Objectives and Courses of Action with Respect to Southeast Asia," December 30, 1953, *Documents of the NSC*, Microfilm, University Publications of America, Inc., Reel 4, pp. 2-3, 8; NSC 5612/1, "U. S. Policy in Mainland Southeast Asia," September 5, 1956, *Documents of the NSC Second Supplement*, Microfilm, University Publications of America, Inc., Reel 2, p. 1.

个类似北约的多边安全合作组织。在美国国务卿杜勒斯的多方游说斡旋下，1954年9月6—8日，美国联合英国等西方盟国和亚洲的菲律宾、泰国和巴基斯坦三国，在马尼拉召开外长/国防部长会议，并成立了东南亚条约组织（SEATO）。显而易见，东南亚条约组织为美国介入东南亚国家事务提供了法理依据。但缅甸政府一直以推行"中立"外交政策为由，拒绝加入这一组织。就在东南亚条约组织成立的五天后，吴努重申了"缅甸拒绝与任何权力集团保持一致"的外交政策，并于次年2月拒绝了杜勒斯邀请缅甸加入东南亚条约组织的请求，美国政府也逐步放弃了将缅甸纳入该组织的目标。但是，艾森豪威尔依旧试图运用经济援助和军事援助的手段加强其对缅甸内政外交政策的影响，促进缅甸融入美国在东南亚的区域协调政策中。①

而中缅关系的改善成为阻碍美国对缅援助的一个主要因素。自1954年中缅签署易货贸易协定以及当年两国总理互访后，双方关系急剧升温，而这一情况也逐渐引起了美方的担忧。1955年1月3日，塞巴尔德在给菲律宾和东南亚事务办公室主任（Director of the Office of Philippine and Southeast Asian Affairs）肯尼斯·扬（Kenneth T. Young）的备忘录中提出中缅两国总理的良好关系影响了美缅关系的发展，并建议扬继续推动美国对缅甸的军事援助和吴努访问美国一事的进展。次日，扬在给塞巴尔德的回复中解释了美国对缅政策的积极立场，并提出了美国将利用缅泰关系和科伦坡计划发展美缅关系的想法。与此同时，美国驻缅甸大使馆也认为中缅贸易协定的签署为中共在缅甸的经济和政治活动提供了机会。同时，中缅关系的发展一定程度上影响了缅甸的对外政策，由于中缅经济联系的加强和政治关系的

---

① 喻常森：《冷战时期美国对东南亚区域合作的政策选择——从东约（SEATO）到东盟（ASEAN）》，《东南亚研究》2014年第5期，第52页；NSC 5405 PR（1），"United States Objectives and Courses of Action with Respect to Southeast Asia," August 6, 1954, *Documents of the NSC Third Supplement*, Microfilm, University Publications of America, Inc., Reel 2, p. 6; Chi-shad Liang, *Burma's Foreign Relations: Neutralism in Theory and Practice*, pp. 163, 204; NSC 5612/1, "U.S. Policy in Mainland Southeast Asia," September 5, 1956, *Documents of the NSC Second Supplement*, Microfilm, University Publications of America, Inc., Reel 2, pp. 5-6.

升温，缅甸对美援的需求并非那么迫切，并且在接受美国援助的问题上开始变得更加小心谨慎，这也在一定程度上影响了美国对缅援助的实施进程。①

但缅甸政府推行的"中立外交"政策对美援的影响是复杂而多变的。1948年1月，缅甸摆脱英国殖民统治获得独立，刚刚独立的缅甸政府面临着错综复杂的国内国际形势。从国内来看，缅甸政府深陷和克伦国防军组织与缅甸共产党的长期内战，经济基础薄弱，发展空间有限。从国际来看，美苏冷战全面打响，紧挨印度和中国两个大国的地缘政治环境让缅甸政府深感忧虑。为了应对国内外复杂局势，吴努开始推行试图在东西方阵营间保持平衡的"中立外交"政策。但此时的"中立外交"政策带有明显的亲西方倾向，典型的表现是吴努先后向英美国家寻求经济援助和军事援助，但英美两国对此反应并非十分积极。随着新中国的成立和朝鲜战争的爆发，美国开始将"遏制"战略由欧洲扩展到亚洲，并逐步加深了对东南亚地区的关注，而吴努政府也看到了韩国加入西方阵营对小国安全带来的负面影响，便进一步落实"中立外交"政策，突出的表现之一便是拒绝接受带有任何"附加政治条件"的援助和公开的军事援助，这在一定程度上影响了美国对缅援助进程的实施。另外，"中立外交"政策让吴努在外交活动中更具灵活性和机动性，也让缅甸政府在接受外援中处于有利地位。比如，1953年面临财政危机的吴努政府在向美国求助却未得到很好的答复时，便向社会主义国家求助，而当1956年苏缅两国在援助协定执行过程中出现问题之时，吴努便恢复了美国对缅援助的谈判。②

---

① "Memorandum from Mr. Young to Mr. Sebald," January 4, 1955, RG 59 Central Decimal File 1955-1959 Box 3748, National Archive II, College Park, MD; "Telegram from the Embassy in Rangoon to the Department of State," January 13, 1955, RG 59 Central Decimal File 1955-1959 Box 3852, National Archive II, College Park, MD.

② 梁志：《缅甸中立外交的缘起（1948—1955）》，《世界历史》2018年第2期，第46—59页；Matthew Foley, *The Cold War and National Assertion in Southeast Asia: Britain, the United States and Burma, 1948-62*, pp. 136-137; Burton I. Kaufman, *Eisenhower's Foreign Economic Policy, 1953-1961*, p. 65.

结　语

　　总的来看，第一届艾森豪威尔政府对缅援助政策的确定与调整受制于多边关系的发展和多重因素的考虑。1953—1954年是美国政府对缅援助政策的启动时期，受到"贸易而非援助"政策、缅甸主动断绝美援和英国对缅援助主体责任的影响，美方并未对缅甸大米危机和军援请求做出积极反应。但随着中苏两国与缅甸经济联系的加强和美国政府与公众对缅甸可能倒向社会主义阵营担忧的加深，第一届艾森豪威尔政府后期开始逐步调整对缅援助政策。恰值此时，中缅边界爆发冲突和苏缅经济协定缺陷的显露导致吴努政府重启美援谈判，美国政府重新恢复对缅援助，这也直接影响了第二届艾森豪威尔政府加大了对包括缅甸在内的第三世界国家的援助力度并同苏联争夺广阔的中间地带国家。

　　另外，第一届艾森豪威尔政府对缅援助政策是多个目标互动的结果。从意识形态的角度来看，美国政府希望通过援助影响缅甸的对外政策，加强缅甸与"自由世界"的关系；从美国的亚洲战略来看，美国希望利用援助强化日缅关系的发展，巩固其在亚洲抵抗"共产主义"的势力；从东南亚的区域发展来看，美国希望通过援助将缅甸纳入东南亚区域协同发展的战略之下，便利于美国更好地干预东南亚各国的发展进程。

　　以上历史深刻说明，第一届艾森豪威尔政府确定并调整对缅援助政策的主要动因是基于意识形态的冷战战略。美国政府利用援助手段与苏联争夺包括缅甸在内的广大发展中国家，或多或少地将导致美国在援助谈判中处于被动地位。但以国家利益为外交主导且信奉"中立外交"的吴努政府无疑让美援的实施进程变得更加复杂，也让缅甸在美苏两大阵营间的外交活动更具灵活性和自主性，并在接受援助过程中更多地处于主动地位。

宣传与公共外交史

占领时期美国对冲绳的文化政策：
1950—1960 年*

李金成**

摘　要　1948年，为适应东亚冷战形势的需要，美国开始重新审视冲绳军事基地的战略价值。为确保美军对冲绳的长期稳定统治，美国政府除了实施经济援助和政治民主化改革等政策外，也注重从文化上改造冲绳社会。20世纪50年代，美军占领当局通过教育政策、奖励传统文化和文化宣传活动等方式，来塑造冲绳青年的身份认同，培养冲绳人的亲美情感，深刻影响了战后的冲绳社会。20世纪50年代中期以来，冲绳民众自我意识的提高与美军统治的加强，导致冲绳民众与美军的关系恶化，冲绳青年的身份认同发生改变。美国对冲绳的文化政策随着反美运动的兴起而走向失败。

关键词　美国　冲绳　文化政策　身份认同

---

* 本文是湖南省哲学社会科学基金项目"文化冷战与美国'自由'形象的海外传播研究（1947—1961）"（16YBA021）的阶段性成果。

** 李金成，北京师范大学世界史专业硕士研究生，本科就读于首都师范大学世界史专业。

第二次世界大战末，美国为进攻日本本土，于 1945 年 4 月发动冲绳岛战役。美军占领冲绳后，在此修建军事基地，开始了对冲绳 27 年的军事统治。1972 年，美国将冲绳归还日本，但冲绳的美军基地仍保留至今。在此期间，美国的文化政策对冲绳人的民族文化和思想观念产生了深远影响，并经历了三个主要阶段：战后初期重建冲绳，激发冲绳人的独立意识，消除其对美军的敌意；20 世纪 50 年代着重反共、亲美、离日的意识形态宣传，培养亲美的知识分子群体；20 世纪 60 年代承认日本对冲绳的主权，专注于培养现代化人才，缓和冲绳人与美军的矛盾。其中，20 世纪 50 年代的文化政策集中体现了冷战背景下美国对冲绳的文化战略，在塑造冲绳人的身份认同方面占有重要地位。因此，本文希望通过考察这一时期美国对冲绳的文化政策，分析其对冲绳知识分子的影响，以更好地理解冲绳的复归运动，以及当前美日关系中的冲绳基地问题和冲绳人的自治运动。

近年来，国内外学界关于占领时期美国对冲绳的文化政策已有所研究。其中，国内学者的研究尚处于起步阶段，主要从教育问题入手。如傅丽雯的《美国托管时期对冲绳的教育政策及其影响研究》，探讨了美国统治的 27 年间，冲绳教育政策的演变过程、成因和影响。[①] 日本和美国学者的研究则相对成熟，除了教育政策外，更多地从文化冷战的角度，关注美国对冲绳文化宣传、文化交流的战略目的和效果等。如日本学者土屋由香的《文化冷战与留学生入学教育电影：占领时期日本和冲绳的"GARIOA"留学项目》，从留学制度和留学电影宣传的角度，分析了美国对日本本土和冲绳留学项目不同的战略目的；[②] 美国学者佐伯千鹤的《1953 年佩里一百周年纪念活动在冲绳：冷战时期对冲绳的文化政策》，论述了美军当局开展这一纪念

---

① 傅丽雯：《美国托管时期对冲绳的教育政策及其影响研究》，硕士学位论文，福建师范大学社会历史学院，2016 年。

② 土屋由香：「文化冷戦と留学オリエンテーション映画——占領下の日本および沖縄における『ガリオア留学』」，『愛媛法学会雑誌』第 42 卷第 1 号，2015 年，第 75—100 页。

活动的文化意图以及冲绳民众对此的认识。① 总体而言，学者们的研究都侧重于文化政策的某一方面，而未能体现美国文化政策的整体概况和各部分政策间的相互联系。因此，本文将综合国内外学者的研究成果，主要从教育政策、文化宣传、留学项目三个方面探究20世纪50年代美国对冲绳文化政策的战略意图，及其对冲绳知识分子身份认同和反美运动的影响。

一、东亚冷战与美国对冲绳文化政策的改变

冲绳原为琉球王国，位于中国台湾和日本九州之间。明清时期琉球一直是中国的朝贡国，17世纪后其也被迫向日本朝贡。1879年，日本正式将琉球吞并，改为冲绳县，对琉球群岛的民众进行"皇民化"和军国主义的同化政策。太平洋战争爆发后，美国以岛屿登陆战的方式向日本本土进攻。1945年4月1日，美军在冲绳本岛登陆，随后美国太平洋舰队总司令尼米兹发布美国海军军政府布告第1号，停止日本政府在冲绳的所有行政权，建立军政府。6月战争结束后，冲绳一片废墟，人员伤亡惨重。军政府成立后，美军在冲绳本岛修筑军事基地，将岛上居民集中到收容所进行管理。而早在1944年11月，美国海军作战总部就给即将前往冲绳赴任的军政官分发了《民事手册》，作为了解冲绳的基本材料。该手册基于人类学的研究指出，"冲绳人不是日本人"，而是受日本人歧视的少数民族。② 这一认识框架成为此后美国军政府实行"离日"政策以巩固军事基地的理论依据。1948年3月，驻日盟军司令官麦克阿瑟在与乔治·凯南的交谈中就表示："冲绳人不是日本人，他们来到日本本土后从未被同化……随着美国军事基地在

---

① Chizuru Saeki, "The Perry Centennial of 1953 in Okinawa: Cultural Policy in Cold War Okinawa," *Journal of International and Area Studies*, vol. 19, no. 2 (December 2012), pp. 13-27. 此外，美国学界有关美国对冲绳文化政策的研究，也产生了一些较高水平的博士学位论文，如：So Mizoguchi, *Schooling for Democracy?: The Cultural Diplomacy of Education in Okinawa, 1945-1972*, Michigan State University, 2018; Kinuko Yamazato, *Identity Formation and Negotiation Processes of Okinawan Students Who Studied in the United States, 1945-1972*, University of Hawai'i at Manoa, 2013.

② 小川忠：『戦後米国の沖縄文化戦略——琉球大学とミシガンン・ミッション』，東京：岩波書店，2012年，第28頁。

琉球群岛的发展,这些淳朴善良的人们将会过上十分富足幸福的生活。"①

军政府在战后冲绳重建的过程中,把教育摆在优先地位。1945 年 5 月,战争还在冲绳南部继续时,冲绳中部的石川收容所新建了第一所初等学校,此后冲绳各地的学校建设开始复兴。针对战前日本政府将"皇民化"教育作为同化冲绳人的宣传政策,军政当局也通过教育来强调冲绳人的独立意识、灌输美国的价值观,使其意识到美军不是敌人,而是帮助他们摆脱日本军国主义统治的解放者,进而消除冲绳人对美军的敌视心理。为此,1945年 8 月,军政府设立冲绳教科书编纂所,废止之前带有军国主义、超国家和民族歧视性质的教材,编纂旨在重新认识冲绳文化、切合生活的综合性冲绳教材。② 军政府规定学校不得教授日本史,而是教授冲绳史和以美国史为主的世界史,并增加英语课的节数,在新编的教科书中增添英语读物和读本。

此外,军政府也推行扶持传统文化的政策来强化冲绳与日本的差异。尼米兹在冲绳战役开始前下达指令,"在军事行动允许的情况下,保护和保存所有历史、文化和宗教方面的文物"。但由于激烈的地面战争,以琉球王国的都城首里城为代表的许多历史建筑物遭到毁灭,而且,冲绳独特的民俗建筑物龟甲墓也在美军的集中轰炸下被彻底破坏。③ 为了保护这些成为冲绳人身份认同基础的重要文物,美军对破坏的墓地等重要文物进行了复原,并致力于复兴冲绳的音乐、舞蹈、歌剧和戏剧等非物质文化。此外,军政府还同冲绳官员、民众努力收集失散的文物,修建博物馆以展览这些文物,让美军及其军属了解琉球文化。④ 这些政策赢得了冲绳民众的好感,激发了他们对传统文化的自豪。不过,1946 年 7 月陆军军政府接替海军军政府后,并没有立即延续这些政策。

---

① Memoranda of Conversations with General of the Army Douglas MacArthur, March 1, 1948, p. 189, U. S. Declassified Documents Online, https：//gdc. gale. com/gdc/artemis？p＝USDD&u＝cnbnu#.
② 琉球政府：復刻版『琉球要覧』第 1 卷,東京：不二出版,2013 年,第 277 頁。
③ 琉球政府：復刻版『琉球要覧』第 1 卷,第 61 頁。
④ 「琉球文化の特異性と戦後の文化財保護事業」,琉球列島米国民政府：復刻版『今日の琉球』第一卷第二号,東京：不二出版,2013 年,第 21 頁。

1945年8月日本投降后，冲绳军事基地的作用减弱，美国军方主张继续保留冲绳基地，国务院主张将冲绳归还日本，双方的争执使美国政府对冲绳的政策悬而未定。随着冷战两大阵营对峙局面的形成，美国重新审视冲绳基地的战略意义，美国政府的冲绳政策开始形成。① 1948年10月，美国国家安全委员会通过了第13/2号文件（NSC 13/2）中关于在冲绳建设长期军事基地的建议，② 次年由杜鲁门总统批准生效。新中国成立和朝鲜战争爆发后，东亚冷战的格局逐步确立，冲绳基地在美国遏制政策中的地位更为突出。1950年9月，在准备对日媾和条约草案时，美国国务院提议付诸文字以确保北纬29度以南的琉球群岛和其他岛屿，处于美国的"排他性战略统治之下"。③ 根据1951年9月签订的"旧金山和约"第三条，④ 日本同意美国对北纬29度以南，包括琉球群岛在内的西南群岛等地送交联合国实行托管统治的提议。美国在承认日本"潜在主权"的前提下，实现了对冲绳的单独托管统治。从1948年起，美国正式启动一度搁置的冲绳经济、政治和社会等各个领域的复兴计划，以建设永久性的军事基地。

　　在此背景下，美国对冲绳的文化战略也发生重大变化。防止共产主义意识形态对冲绳的渗透，将冲绳基地作为在东亚反共的楔石，是美国确定对冲绳政策的决定性因素，亦是美国军政府对冲绳文化政策的核心内容之一。"旧金山和约"签订后，部分冲绳知识分子开始反对美军占领，要求复

---

① 详见刘少东：《日美冲绳问题起源研究（1942—1952）》，博士学位论文，南开大学日本研究院，2010年，第三章。

② The Acting Secretary of State to the Executive Secretary of the National Security Council, October 26, 1948, United States Department of State, *Foreign Relations of the United States*, 1948, vol. 6: The Far East and Australasia, pp. 1636-1637, https：//history.state.gov/historicaldocuments.

③ The Secretary of State to the Secretary of Defense, September 7, 1950, United States Department of State, *Foreign Relations of the United States*, 1950, vol. 6: East Asia and the Pacific, p. 2306, https：//history.state.gov/historicaldocuments.

④ The Secretary of Defense (Marshall) to the Secretary of State, June 28, 1951, The First Secretary of the Embassy in the United Kingdom (Ringwalt) to the Head of the Japan and Pacific Department (Johnston) in the United Kingdom Foreign Office, June 30, 1951, United States Department of State, *Foreign Relations of the United States*, 1951, vol. 6, Part 1: Asia and the Pacific, pp. 1939-1940, 1962, https：//history.state.gov/historicaldocuments.

归日本。为了获得冲绳民众对美国长期占领冲绳、永久使用军事基地政策的支持与合作，美国军政府确定了反共、亲美、离日的文化政策。为防止共产主义从日本本土向冲绳的知识分子渗透，以琉球大学的创立为标志，军政府在冲绳确立了独特的高等教育制度。在冲绳民众间推广民主、自由、男女平权等美国的价值观，鼓励冲绳人赴美留学、体验美国人的生活方式，则成为培养亲美情感的重要举措。同时，军政府也继续扶持冲绳的传统文化，从文化、思想上削弱日本的影响力，增强冲绳人的离日意识。因而在20世纪50年代美国军政府的教育政策和文化宣传中，反共、亲美和离日的意识形态相互交织，共同服务于美国对冲绳的文化战略。

二、20世纪50年代的教育政策

随着美国对冲绳占领的永久化，1950年12月，美国军政府正式改名为琉球列岛美国民政府，在冲绳推行民主化的政治实践。经过临时琉球咨询委员会和琉球临时中央政府的过渡，1952年4月1日，琉球中央政府成立，并根据美国民政府的指示确立了美国式的立法、行政、司法三权分立的体制。与此同时，民政府也开始了教育体制改革。在此过程中，琉球大学的创建、教育立法的民主化和美国留学制度，构成了20世纪50年代美国对冲绳教育政策的主要内容。

第一，琉球大学的建立及管理。1950年5月，冲绳第一所大学——琉球大学成立。琉球大学由理事会运营管理，美国密歇根州立大学为其提供所需的顾问团教授，即"密歇根使团"。琉球大学的创立，既是军政府发展冲绳高等教育的需要，更是美国文化战略的一环，具有强烈的政策意图：除了防止共产主义渗透、培育亲美情感和扶持琉球传统文化、平息复归运动外，琉球大学作为专门的教育机构，还需在冲绳人中培养推动冲绳经济和社会现代化、辅佐美国统治的行政官僚、技术专家和教育者，以确保美国的有效统治。[①]密歇根使团作为美国文化外交的非官方参与者，在援助琉

---

① 小川忠：『戦後米国の沖縄文化戦略——琉球大学とミシガンン・ミッション』，第82页。

球大学的过程中贯彻这些方针,以密歇根大学为蓝本指导建设美国式的现代化大学。

琉球大学建立在首里城的旧址上,大学名为"琉球大学"而非"冲绳大学",正是军政府出于清除日本的同化影响、重新塑造"琉球人"意识的考虑。琉球大学作为发展琉球传统文化和传播美国文化的中心,本身具有重要的象征意义。根据美国军政府的请求,密歇根大学对于琉球大学的援助项目包括:实用技能、科学、行政学、农学、财政学、家政学、英语教育、教师教育、社会科学、面向普通成年人的素养教育项目等。美国方面希望通过对冲绳人的"再教育",培养专业性和技术性人才,从中渗透亲美、离日和反共产主义的意识形态,对冲绳社会进行民主化改造,琉球大学因而成为培养对冲绳再教育人才的核心机构。琉球大学1953—1961年的九届毕业生,大多从事与教育相关的职业,为美国民政府提供了众多的教育人才。[1]不过,美国民政府通过理事会严格管控琉球大学,直接导致了后来的学生运动。

1951年1月,美国民政府发布了有关琉球大学管理办法的第30号布令。该布令规定创立琉球大学的主要目的是"为男女学生提供与艺术、科学以及其他专门职业相关的高等教育",且"只要不违反占领军的政策",大学可以帮助琉球列岛的成年人促进"包括言论、集会、请愿、宗教、出版目的在内的民主国家的自由"。[2] 这一规定表明美国民政府以法律的形式,对琉球大学的学术自由和大学自治加以限制,禁止其支持共产主义意识形态、主张反美思想的言论、集会和出版。几年后学生运动兴起时,美国民政府以此为依据通过大学当局对运动予以取缔。当时美国国内麦卡锡主义盛行,受其影响,琉球大学亦具有浓厚的反共色彩,共产主义者在大学内任职、工作皆为非法。

第二,冲绳教育立法的民主化。在建设琉球大学的同时,教育立法的民主化亦是冲绳教育体制改革的一项重要内容。1946年1月,美国军政府

---

[1] 琉球政府:復刻版『琉球要覧』第4卷,東京:不二出版,2013年,第387页。
[2] 小川忠:『戰後米国の沖縄文化戰略——琉球大学とミシガンン・ミッション』,第95页。

成立文教部，主管包括冲绳本岛、奄美大岛、宫古和八重山群岛在内的整个琉球群岛的学校教育。文教部以"清除狭隘思想，培养热爱人类、奋力建设新冲绳的积极进取气魄和崇高理想"为根本教育方针，强调广泛了解世界情况，特别是理解美国。① 在其主导下，群岛各地进行了多次学制改革，1948年3月起实行九年义务教育制，所有学校男女合校。为体现教育的机会均等，文教部废除了以往的高等学校都市集中制，而将其分散配置在各地区。1950年美国军政府改为民政府后，文教部进行了改组，琉球群岛各地的教育立法出现民主化倾向，冲绳教育界人士可参与立法，不再完全受制于美军的干预。同时，在复归运动的浪潮下，冲绳人要求教育向日本本土看齐，迫使美国民政府健全冲绳的教育体系。1952年琉球中央政府成立时，统一的教育行政制度基本形成，美国民政府和琉球中央政府召集各群岛的议员、地方各级行政官、教育部门代表和校长代表，征询各方代表对起草教育法的意见。2月28日，美国民政府颁布了群岛统一的《琉球教育法》（布令66号）。该教育法以日本本土的教育法为参照，综合了各群岛的教育法规，② 以满足冲绳教育发展的需要。

《琉球教育法》的第一章《教育基本法》规定了冲绳教育的基本准则。如第一款说明教育的目的在于"充分发展人，作为一个和平与民主的国家和社会的建设者，国民应该成为……拥有自主精神的人"；第二款在阐明教育的原则时，强调"必须尊重和实践学术自由，在现实生活中，提倡主动进取的精神……实现一种民主的生活方式"；第九款有关教育行政的内容中指出，"教育不应该受任何不恰当的控制，教育应该是对所有国民直接负责的"。③ 可见，美国民政府在推动冲绳教育民主化的过程中，注重对自主精神、学术自由等民主生活方式的实践。此外，从"国家""国民"等用词也可以看出，美国民政府希望教导战后的冲绳青年重新树立国家意识，将冲绳视为一个独立于日本主权之外的琉球国家。

《琉球教育法》颁布后，冲绳的教育立法开始规范化和具体化，美国式

---

① 琉球政府：复刻版『琉球要览』第1卷，東京：不二出版，2013年，第277页。
② 傅丽雯：《美国托管时期对冲绳的教育政策及其影响研究》，第43页。
③ 同上，第43—44页。

的民主教育理念随之形成,但冲绳教育界人士对此颇有争议。冲绳民众的自主意识觉醒后,冲绳教育界呼吁民主立法,反对美军干涉。1953年4月,琉球政府的中央教育委员会开始筹备教育立法提案,相关教育团体汇集民意,参与教育法案的制订。1954年4月起,中央教育委员会先后向立法院提出了《教育基本法》《学校教育法》《教育委员会法》《社会教育法》四个教育法案。其中,《教育基本法》大量参照日本教育法的内容,主张冲绳人民"作为日本国民"来教育。① 1956年1月,临时议会全体一致通过了冲绳民众自主制订的"教育四法",但因违反了美国民政府的布令第13号和布令第68号而成为废案。20世纪50年代后期冲绳民众的反美情绪日益高涨,民众与美国民政府的严重对立,最终使美国民政府做出让步,于1958年1月批准了"教育四法"。对此,中央教育委员会表示其作为民主教育的基础,"要自觉意识到教育不应受无理的支配,而应直接对全体居民负责;同时,要根据公正的民意办好符合琉球实际情况的教育行政。"② 11月,中央教育委员会举行了首次公选,新一届委员会基于民众立法产生的委员会法,进一步推动了教育立法的民主化进程。

第三,美国留学制度。留学制度作为冲绳人认识和理解美国的又一重要途径,可视为美国对冲绳教育体制改革的延伸。冷战初期,美国政府将留学制度作为文化外交的一环,利用陆军部的占领地区政府救济资金(Government Appropriation for Relief in Occupied Area,即GARIOA基金)作为奖学金资助冲绳和日本本土的青年去美国留学,以"正确地理解"美国,体验美国的民主生活。③ 1949年,美国军政府为培养建设冲绳所需的人才,开始实施GARIOA留学项目,派遣冲绳青年去夏威夷和美国本土的大学留学。直到1970年因归还冲绳问题,这项留学制度才被取消。留学生招募的具体工作由美国民政府的教育局负责,在评测的笔试和面试中,都特别看重留学申请者的英语水平。在此刺激下,许多渴望到美国留学的学生产生

---

① 傅丽雯:《美国托管时期对冲绳的教育政策及其影响研究》,第62页。
② 琉球政府:復刻版『琉球要覧』第2巻,東京:不二出版,2013年,第314页。
③ 土屋由香:「文化冷戦と留学オリエンテーション映画——占領下の日本および沖縄における『ガリオア留学』」,第76页。

了对英语学习的兴趣。留学申请者来自不同的行业,包括高校毕业生、翻译人员、教师、自由职业者等,留学生的最终人选由美国的大学确定。

留学制度要求留学生学成之后回到冲绳,运用所学的专业知识和技能为冲绳的经济、社会发展做出贡献。这也是早期留学生赴美留学的主要因素,因为他们觉得美国是一个能为冲绳复兴提供希望的地方。[①] 从美国归来的留学生被称为"美留组",他们回乡后大都从事教育、金融、行政、商务等方面的职业。美国民政府对于留学生在美国的经历和所获学位非常重视,并根据他们所从事的职业为其提供特殊的待遇。"美留组"的相当一部分人在琉球大学任教,将在美国大学学到的知识文化和思想传播给冲绳学生。相较于其他的文化政策,美国留学制度在培养亲美的冲绳精英方面取得了显著成功。

三、美国对冲绳的文化宣传活动

美国对冲绳的文化宣传活动始于1950年左右,并以琉美文化会馆作为宣传的主要阵地。到1952年,占领当局在琉球群岛设立了六处琉美文化会馆,其中三处在冲绳本岛。琉美文化会馆与日本本土的美国文化中心类似,是美军占领当局在冲绳宣传美国形象、开展文化交流活动的根据地。美军设立琉美文化会馆的意图,除了提供有关美国的信息外,也是为了增进冲绳人对美国的友好情感。以琉美文化会馆为中心的宣传形式多种多样,包括英语课程、展览、电影、会议、广播、报纸、杂志、海报、宣传册等,宣传的内容大多为美国的生活方式、民主的意义和美国社会的进步。以展览和宣传册为例,1952年,琉美文化会馆举办了53次展览,主题涉及美国的媒体、农业、运动和特殊假日等诸多方面;琉球群岛各地散发的大批宣传册,从标题上看,多与"民主"有关,如"民主国家的公民权利""民主

---

① Kinuko Yamazato, *Identity Formation and Negotiation Processes of Okinawan Students Who Studied in the United States, 1945-1972*, p. 18.

政府的建立"。① 这些宣传活动都围绕一个共同目标而进行，即让冲绳民众认可和向往美国的生活方式和美国民主，从而理解和支持美国的冲绳政策。1957年10月，美国民政府创刊发行了月刊《今日之琉球》，该杂志的宣传重点除了冲绳现代化建设的成就外，还包括琉美关系、琉球历史和传统文化、自由民主、美国文学等内容。据统计，《乡土的脚步：为了年轻人而写的琉球历史》和《美国文学的故事》分别在《今日之琉球》上连载了116次和126次。② 而且，由于该杂志的执笔者大多为冲绳知识分子或居住在海外的冲绳人，在有关琉美关系的主题中，与冲绳本地或留美学生的美国认识相关的文章占有较大比重。

为纪念1853年佩里抵达那霸港，开创琉美关系的时代，美国民政府于1953年5月举行了"佩里一百周年纪念"的活动。这一纪念活动旨在深化冲绳与美国的友谊和理解，缓和冲绳居民对美军强占土地的仇恨心理。"佩里一百周年纪念"活动是美国民政府举办的最大的琉美文化节，包含多种文化活动，如琉美文化会馆艺术展、体育竞赛和作文比赛等。在此期间，超过2万多美国人和冲绳人观众，汇集到那霸和首里参观游泳、网球、排球、棒球、乒乓球和田径比赛。在以提升琉美友谊为主题的作文比赛中，宫古女子高中的高三学生山口百合子（Yamaguchi Yuriko）关于"庆祝佩里一百周年纪念"的作文获奖，并为其赢得四年的琉球大学入学奖学金。作为获胜者，山口在佩里一百周年纪念堂的开幕式上朗读了自己的作文。③ 这种动员冲绳民众参与比赛，以建立美军与冲绳民众之间人际纽带的文化策略，对以琉美文化会馆为主的单方面文化宣传进行了有效的补充。因而，美国民政府在此后继续举办以纪念佩里、宣传自由民主等为主题的各种竞赛活动。1958年5月，为纪念佩里来琉105周年，美国民政府举办了琉美

---

① Chizuru Saeki, "The Perry Centennial of 1953 in Okinawa: Cultural Policy in Cold War Okinawa," *Journal of International and Area Studies*, vol. 19, no. 2 (December 2012), p. 18.
② 復刻版『今日の琉球』第3回配本（全4卷・別冊1），東京：不二出版，2014年，第9頁。
③ Chizuru Saeki, "The Perry Centennial of 1953 in Okinawa: Cultural Policy in Cold War Okinawa," p. 20.

亲善运动会和琉美艺术节①等活动。11月，美国驻琉球群岛高级专员布思（Booth）向全琉球高三学生发出通知，组织第一次论文比赛，获胜者将获得四年的琉球大学奖学金。其中，1958年和1959年论文比赛的主题分别为"琉球在当今世界的作用"和"民主主义对人类的贡献"，②且第一次论文比赛得奖的文章《从世界形势看琉球的作用》③刊登在1959年5月的《今日之琉球》上。

美军当局在塑造美国的正面形象和增进琉美友谊的同时，也注重宣传共产主义的危害和美国对冲绳的贡献。《今日之琉球》创刊初期刊载了多篇强调共产主义威胁的文章，如《热爱自由》批判共产主义国家严格限制干涉公民自由，《渺茫的共产主义作家们》以信件的形式证明苏联政府对个人通信的严格检查和干涉，④《讲述苏联的内情：扣留归还者所见的苏联》讲述了波兰事件、匈牙利事件等共产主义世界动荡不安的情况和苏联内部的权力斗争。⑤与之相对，另一些文章则表现了"自由世界"的合作取得的成就，以及美国为了全人类利益倡导和平发展原子能的努力，如《石油事业的今与昔：文化与石油繁荣》表明了美国的消费文化对战后冲绳石油业发展的影响，《原子能的和平利用：亚洲多国支持和平利用原子能计划》介绍了美国与其他国家合作，在全世界扩大原子能和平使用的情况。⑥ 1958年，

---

① 「琉米親善譜　親善スポーツ/琉米芸術祭」，琉球列島米国民政府：復刻版『今日の琉球』第二巻第七号，東京：不二出版，2013年，第12—13頁。

② 「高校生にお知らせ——懸賞論文の当選者に高等弁務官が琉大四ヵ年の奨学資金を贈る」「高等弁務官論文コンテスト——当選者に琉大四ヵ年の奨学資金」，琉球列島米国民政府：復刻版『今日の琉球』第二巻第十一号表紙裏，第三巻第十二号表紙裏。

③ 「世界情勢から見た琉球の役割」，琉球列島米国民政府：復刻版『今日の琉球』第三巻第五号，第6—7頁。

④ 「"自由"を愛する」「はかない共産主義作家達」，琉球列島米国民政府：復刻版『今日の琉球』第一巻第一号，第10—11頁，第11—14頁。

⑤ 「ソ連の内情を語る——抑留帰還者のみたソ連」，琉球列島米国民政府：復刻版『今日の琉球』第一巻第二号，第22—24頁。

⑥ 「石油事業の今と昔——文化は石油と共に栄える」「原子力の平和利用——アジヤ諸国の多くは原子力の平和利用計画を支持」，琉球列島米国民政府：復刻版『今日の琉球』第二巻第四号，第20—21頁，第二巻第十二号，第28—29頁。

琉球商会发起了一次大规模的图片展览，突出战后 15 年在美国的援助下，冲绳经济和社会福利体系取得的成就和进步。不久，这一展览活动传到各地的琉美文化会馆。那霸琉美文化会馆举行了名为"现代化降临冲绳"的大型展览，强调美国对冲绳进步，特别是在公共设施建设和引入新技术技能等方面的贡献。① 事实上，冲绳民众对于美国的反共宣传并不感兴趣，他们更关心那些与自身利益相关的文化宣传，或参与其中，或进行抵制。

除上述文化宣传和文化活动外，与美国留学制度相对应，美国陆军部还制作了以 GARIOA 留学生为原型的官方宣传电影，在冲绳和日本本土上映。1953 年，美国民政府向即将前往美国的冲绳留学生放映了入学教育电影《引领未来的人们》（*Leaders for Tomorrow*）。该电影以来自冲绳、八重山、奄美和宫古的四名留学生为中心，讲述了留美学生从家出发、到达美国、大学学习、服务社会的故事。② 这一入学教育电影没有过多地宣传自由、民主等抽象理念，而是以纪录片的形式，重点关注留学生对实用知识的掌握和运用，来突出美国援助对冲绳经济社会发展的重要意义。电影在结束时以如下一段解说词③传达了美国对冲绳留学生宣传的政策意图：

> 这些青年正在学习的各领域的专门知识，是琉球（社会）切实需要的知识。他们接受的培训，铸就了一批引领未来的人士：治病的医生，教育孩子的教师，交流专家，农业专家，商人，行政专家，修建桥梁、道路、高楼、发电站等的工程师。美国为琉球人从事这些职业而对其进行培训。美国之所以这么做，是因为她相信：只有所有国家的进步和繁荣，才能带来世界的和平与安全。

---

① Chizuru Saeki, *U. S. Cultural Propaganda in Cold War Japan: Promoting Democracy 1948-1960*, Lewiston, New York: The Edwin Mellen Press, 2007, pp. 153-154.

② 土屋由香:「文化冷戦と留学オリエンテーション映画——占領下の日本および沖縄における『ガリオア留学』」，第 95—96 页。

③ 同上，第 96 页。

由此可见，美国政府对冲绳留学生的电影宣传，不仅强调美国在实用知识技能方面对冲绳援助的意义，也在树立冲绳知识分子的"琉球国家"意识和"领袖"意识，从而实现亲美、离日的文化战略。事实上，美国在日本本土放映的两部留学生入学教育电影《交换生的一年》（Year in America）和《美国指南》（Introduction to America）也在冲绳上映，但《引领未来的人们》则不在向日本宣传的电影之列。而且，美国政府将《引领未来的人们》作为对外援助的典型事例，也在中东、南美和亚洲的发展中国家上映。① 这意味着在美苏冷战的格局下，美国将冲绳看作主权独立于日本的第三世界国家进行援助。实际上，1950年美国政府在制订对远东地区的援助项目时，就已将琉球群岛置于与日本、印度尼西亚等国并列的GARIOA项目中。② 同时，出于巩固统治的目的，美国政府也以促进冲绳的繁荣和进步来加深冲绳精英对美国的依赖，淡化美军统治的不利影响。

四、冲绳知识分子身份认同的变化

战后初期，美军统治下的冲绳，未来的归属并不确定。美国军政府对冲绳进行民主化改革，鼓励冲绳人独立，冲绳人作为"日本人"的身份认同发生动摇。1945年11月，在东京的冲绳人结成冲绳人联盟，发行机关报《自由冲绳》。冲绳人联盟向驻日盟军总司令部（GHQ）和日本政府交涉对日本本土冲绳人的救济和返还等问题，得到驻日盟军总司令麦克阿瑟的支持。1946年2月，日本共产党向冲绳人联盟全国大会致以"冲绳民族独立的贺词"："苦于日本天皇制帝国主义剥削和压迫的冲绳人诸君……渴望多

---

① 土屋由香:「文化冷戦と留学オリエンテーション映画——占領下の日本および沖縄における『ガリオア留学』」，第98页。

② A Report to the National Security Council by the Executive Secretary on Coordination of U. S. Aid Programs for Far Eastern Areas, May 16, 1950, pp. 5-6, U. S. Declassified Documents Online, https://gdc.gale.com/gdc/artemis?p=USDD&u=cnbnu#.

年的独立和自主开始到来"。① 4月，在美国军政府的监督和指导下冲绳民政府成立，选举产生民政议会，建立自治组织。由于军事基地的缩减和美军对冲绳经济的持续援助，大多数冲绳人即使不主张冲绳独立，对于美军的民主化政策也表示欢迎，批判战前日本的军国主义和殖民主义统治。尽管部分冲绳官员和知识分子主张复归日本，但并不代表这一时期冲绳知识分子的主流看法。

随着冲绳经济的逐渐恢复，冲绳人开始改变与美军合作的态度，对美军统治的诸多问题表示不满，特别是美军强占冲绳居民土地的问题。朝鲜战争爆发后，美国援助冲绳重建的速度明显慢于日本本土，冲绳与日本本土的巨大差距，使冲绳独立论因缺乏现实性而失去政治影响力。1951年，冲绳人民党和社会大众党改变冲绳独立论的立场，转向复归日本论。② 3月召开的群岛议会中，两党主张的复归日本论以多数票通过。这一投票结果，使琉球群岛北部的奄美大岛复归成为定局，并在两年后正式复归日本。4月，冲绳政界以社会大众党、人民党和民主团体为中心，成立了"日本复归期成会"，在对日媾和会议期间发起复归署名运动，将有约72%的20岁以上冲绳居民署名的署名簿送至和会的日方代表吉田茂首相和美方代表杜勒斯特使手中。③ 1952年4月，"旧金山和约"生效后，琉球中央立法院根据和约的第三条，认为冲绳的最终主权仍在日本，向美国政府和日本政府请愿，请求尽早让冲绳回归日本。④ 在早期的冲绳复归运动中，冲绳的教育工作者起到了重要的舆论向导作用，他们中的一些人具有强烈的复归情感，给美国人一种战前日本"皇民化"教育残留的认识。同时，美国政府也将本土复归论看成日本本土容共势力的影响，认为北部琉球人强烈主张复归

---

① 大内義徳：「アメリカの対沖縄占領教育政策」，『沖縄文化研究』第21卷，1995年，第349页。
② 小川忠：『戦後米国の沖縄文化戦略——琉球大学とミシガン・ミッション』，第161—162页。
③ 池宮城秀意：『戦争と沖縄』，東京：岩波書店，2012年，第180页。
④ S. D. U., "The United States, Japan, and the Ryukyu Islands," *The World Today*, vol. 8, no. 8 (August 1952), p. 357.

宣传与公共外交史

日本是共产主义者支持的结果，琉球群岛任何一部分的复归，都是共产主义的胜利；即使未能复归，共产主义者也会成功地在琉球人中传播对美国诚意的怀疑。① 为此，美国民政府以琉球大学为根据地，在青年阶层中培养反共、离日的亲美冲绳精英，塑造冲绳人新的身份认同。

20 世纪 50 年代初开始，美国民政府通过民主化的教育体制和琉球大学的人才培养，在战后的冲绳青年中传播了自由、民主、平等、自主、独立等美国的价值观，对琉球语言和传统文化的重视，则推动了冲绳青年民族主体意识的形成。在"既非日本人又非美国人"② 的教育理念之下，战后的冲绳青年产生了一种不同于老一辈冲绳知识分子的独特自我认同。不过，这些人的身份认同也因个人的不同经历而有所差异。

留美学生回到冲绳后，美国民政府对其所从事职业的优待政策，促使他们在集体层面形成一种肩负冲绳未来的领袖意识，即"美留组"的特殊身份认同。③ 与美国的期望不同，"美留组"并非纯粹的亲美冲绳精英。他们在留学期间，切身体验了美式民主和美国人的生活方式，同时也深刻认识到了美国的种族、性别、阶级等社会矛盾。个人留学经历的差异，塑造了他们复杂的美国观。许多留美学生对"美留组"身份的意义进行探讨，产生了一种作为战后冲绳领袖的责任意识。④ 因此，除了美国民政府对"美留组"的重视外，充分发挥职业优势以造福冲绳社会的责任意识，也是推动"美留组"身份认同形成的重要因素。

另一方面，那些留学归来后在公共学校，而非琉球银行等与美国民政府联系紧密的机构工作的冲绳青年，没有获得和留学经历有关的特殊待遇。而教职员会是当时复归运动的领导力量，在其影响下，不少青年教师加入

---

① Summary of 4/2/51 CIA Daily Digest of Significant Reports, April 2, 1951, p. 6, U.S. Declassified Documents Online, https://gdc.gale.com/gdc/artemis? p=USDD&u=cnbnu#.
② 小川忠：『戦後米国の沖縄文化戦略——琉球大学とミシガンン・ミッション』，第 164 页。
③ Kinuko Yamazato, *Identity Formation and Negotiation Processes of Okinawan Students Who Studied in the United States, 1945-1972*, p. 126.
④ Ibid., p. 126.

161

反美运动的队伍。① 值得注意的是，这些青年教师最初的反美斗争主要是为了争取自己的职业利益，而非复归日本。美国民政府为实行离日政策，在琉球大学采取了重视英语教育、轻视日语和日本文学教育的措施，引起大学教授和学生的一致抗议。其中，学生们对日语的态度，反映了他们新的身份认同。20世纪50年代，琉球大学的学生在处理日语和琉球语的关系时，以琉球语为自身的传统语言而自豪，而将日语相对化，借助日语的表达来复兴冲绳的文学、音乐、舞蹈等传统文化。② 这一点与战前无条件接受日语同化、放弃琉球语的冲绳学生有着本质的差异，可谓美军推行传统文化扶持政策的成功。

20世纪50年代中期，由于美国的冲绳基地扩建和对冲绳的控制进一步加强，美军当局与冲绳民众的关系变得紧张起来。1952年"旧金山和约"生效后，美国民政府以低价租金强征军用土地的政策遭到冲绳居民和立法院的反对。至1957年，美军占用的土地面积约4万英亩，相当于全琉球陆地总面积的约12.7%，其中约44%为农地。而琉球居民中约60%为农民，他们依靠耕种零碎的土地来维持生计。③ 琉球政府为了维护民众利益和社会稳定，向美军当局提出了"土地保护四原则"。但美国民政府认为这是冲绳社会大众党和人民党等共产主义势力"煽动"的结果，拒绝了该提议，并接连压制冲绳居民的土地保护运动。1955年10月，美国众议院军事委员会向冲绳派遣了一个关于土地问题的普莱斯调查团（Price Subcommittee）。次年6月，美国国会根据调查报告（即《普莱斯报告》）表示，若同意琉球政府的要求，将无法确保美国对冲绳基地"绝对的所有权"，由此拒绝了冲绳民众的请求。④《普莱斯报告》完全背离了冲绳民众对美国民主的期待，将美国的军事需要置于绝对优先的地位。以此为导火索，冲绳各地兴起了

---

① Kinuko Yamazato, *Identity Formation and Negotiation Processes of Okinawan Students Who Studied in the United States, 1945—1972*, p. 121.
② 小川忠：『戦後米国の沖縄文化戦略——琉球大学とミシガン・ミッション』，第170頁。
③ 琉球政府：復刻版『琉球要覧』第1巻，第134頁。
④ 小川忠：『戦後米国の沖縄文化戦略——琉球大学とミシガン・ミッション』，第159—160頁。

被称为"全岛斗争"（島ぐるみ闘争）的大规模反美运动。

与此同时，琉球大学的学生也开始反对美国的强权统治。1950年6月，琉球大学学生会成立，其成立之初并不关心政治问题，而是致力于校内事务。1952年4月，学生会因校内问题开展了最初的学生运动。① 对此，美国民政府和大学当局制订并实施《琉大学生准则》，以强化对学生的管理，导致学生会与大学当局的纷争。1953年5月，学生会因不满大学当局对四名学生的严重处分而进行抗议，而美国民政府对学生运动的批判，促使琉球大学最终对四名学生实行退学处分，是为"第一次琉大事件"。该事件后，琉球大学的学生运动逐渐向政治运动转变。1956年7月，围绕土地问题的反美运动爆发后，琉球大学学生参加了反抗美军统治的游行，引发了"第二次琉大事件"。在美军当局的压力下，琉球大学理事会对六名学生予以开除。美军的强权统治侵犯了冲绳民众的自由权利和大学自治，使冲绳青年对美国的民主形象表示怀疑，亲美情感随之消失。

1956年开始，日本民众要求收回冲绳领土的呼声日趋强烈。这一时期，日本国内最大报纸之一的《朝日新闻》发表了大量有关冲绳问题的文章，严厉抨击美军对冲绳的统治政策，支援冲绳民众的反美斗争。日本报纸关于冲绳问题的报道，使日本的学生组织、工人联盟和日本共产党开始支持冲绳的复归运动。同时，许多冲绳领导人也赞成复归日本以摆脱美国的统治。② 冲绳人和日本人反对美国统治冲绳的共同政治目标，促进了冲绳人，特别是冲绳官员和学生对"日本人"身份的认同。而在这一认同形成的过程中，也不乏来自日本本土反美运动的影响。1955年3月，在华盛顿的一次联席会议上，美国国防部代表霍华德·萨克斯（Howard Sachs）曾指出，琉球学生的复归运动"明显受到了当时盛行于日本大学的左翼思潮和民族

---

① 小川忠：『戦後米国の沖縄文化戦略——琉球大学とミシガン・ミッション』，第166—167页。

② Chizuru Saeki, *U. S. Cultural Propaganda in Cold War Japan: Promoting Democracy 1948–1960*, p. 159.

统一主义情绪的影响,这些因素使复归问题变得更加棘手"。① 1960年4月,冲绳教职员会、革新政党、冲绳行政机关工会等广泛的组织,组成祖国复归协商会(简称"复归协"),作为冲绳复归运动的主要领导机构。5月,琉球大学学生会正式加入复归协,并抵制美国民政府在校内发行的《守礼之光》《今日之琉球》等"殖民主义的出版物"。② 与日本本土反对安保条约的学生运动相呼应,6月艾森豪威尔总统访问冲绳时,冲绳学生参加了复归协发起的反美游行。琉球政府首脑与艾森豪威尔等人会谈时,要求给冲绳更多的自治权,在双边关系的表述中以"日美"关系取代了之前的"琉美"关系。③ 随着20世纪60年代复归运动的发展,冲绳人的"日本人"身份认同在反美斗争中最终确立。

结 论

第二次世界大战后,为适应东亚冷战形势的需要,美国重新认识冲绳军事基地在其东亚战略中的重要地位,企图长期统治冲绳以永久保持冲绳基地。在此背景下,美国对冲绳的文化政策发生重大变化,反共、亲美和离日的战略目标,成为20世纪50年代美国民政府推行文化政策的出发点。以琉球大学的成立和冲绳教育体制的美国化为标志,美国对冲绳进行教育输出,试图在战后的冲绳青年中培养亲美的精英,从思想、文化层面消除战前日本对冲绳知识分子的同化影响,对冲绳社会进行"再教育"。另一方面,美国也将冲绳视为第三世界国家的一员,对其进行文化宣传。20世纪50年代前期,在教育政策、文化宣传和传统文化扶持政策的作用下,冲绳社会的民主体制基本确立,冲绳青年形成了"既非日本人又非美国人"的

---

① OCB Working Group Meeting 3/16/55 on Okinawa and the Ryukyus Detailed, March 17, 1955, p. 3, U. S. Declassified Documents Online, https://gdc.gale.com/gdc/artemis? p=USDD&u=cnbnu#.

② 小川忠:『戦後米国の沖縄文化戦略——琉球大学とミシガンン・ミッション』,第178—179页。

③ Memorandum of Conversation, June 19, 1960, United States Department of State, *Foreign Relations of the United States*, 1958-1960, vol. 18: Japan; Korea, pp. 581-582, https://history.state.gov/historicaldocuments.

独特自我认同。从这些变化来看，美国对冲绳的文化政策取得了较大成效。

20世纪50年代中期以后，随着冲绳民众自主意识的觉醒，他们开始运用美国的民主理论，反对美国民政府的强权统治以维护自身利益。其中，最典型的便是冲绳民众对美军强征军用土地的反抗。但美军当局对此并不理解，认为是共产主义者"煽动"的结果而对其进行压制，导致冲绳人与美军关系的迅速恶化，宣传中的美国正面形象不攻自破。美国民政府对琉球大学控制的加强，则进一步加深了冲绳青年对美国统治的失望，使琉球大学由培养亲美精英的文化阵地变成学生运动的中心。冲绳和日本本土共同的反美情绪和政治目标，促使冲绳青年逐渐认同自己为"日本人"，成为复归运动中的一员。1961年2月，琉球大学的部分学生在反美运动中产生了马克思主义信仰，标志着20世纪50年代美国文化政策的最终失败。

总而言之，20世纪50年代美国对冲绳的文化政策，没有实现反共、亲美、离日的战略目标，但对冲绳社会产生了深远影响。从文化宣传的角度来看，美国的专断统治与民主宣传的矛盾，导致了这一时期美国对冲绳的文化政策的失败。冲绳民众的反美斗争，在一定程度上正是美军当局民主化教育的产物。从身份认同的角度来看，美国的文化政策则产生了一个"意外"的结果，即通过传统文化扶持政策，激发了冲绳人对琉球文化的认可和自豪。尽管在政治上，冲绳人确立了"日本人"的身份认同，但这种认同基于摆脱美军统治、实现冲绳和平自主发展的目的之上。在文化上，他们坚持琉球民族的优越地位，强调本民族文化在世界文化发展中的作用。换言之，美国的文化政策在文化层面实现了离日战略。冲绳民众作为文化政策的接受者，他们对政策内容的自主选择决定了美国文化政策的成效。

战争信息署档案选译（四）*

王睿恒 编校，周婧怡、张兆青 译**

一、"美国之音"：海外无线电广播局①

两次世界大战之间，无线电广播通讯（技术）逐渐成熟。从很多方面来看，它是现代心理战最重要的武器之一。我们是如何利用无线电广播通讯技术的？我们是否充分挖掘了它的潜在价值？我们的海外广播在多大程度上达到了预期的效果？卡尔顿先生是战争信息署海外行动部（Overseas Operations Branch of OWI）的项目筹备部主任。他在《纽约邮报》（*New York Post*）担任了四年的电台编辑，目前正在休假。作为一名作家和美国多家报纸的前驻欧通讯记者，他在这篇文章中描述了美国广播电台在海外扮演的角色。

战争信息署每周七天昼夜不停地向世界各地的人们播放"美国之音"（Voice of America）节目。该广播节目使用24种语言进行播放，但不论是用哪种语言，传播的都是美国的信息。"美国之音"这个词已彻底成为战争信

---

* 本译文是国家社会科学基金青年项目《二战时期美国对华宣传与文化外交研究》（15CSS016）的阶段性成果。

** 王睿恒，历史学博士，南京大学历史系副教授。周婧怡，北京大学历史学系博士研究生，方向为美国对外关系史。张兆青，南京大学历史学院硕士研究生，方向为美国史。

① 本文译自 Leonard Carlton, "Voice of America: The Overseas Radio Bureau," *The Public Opinion Quarterly*, Vol. 7, No. 1 (Spring, 1943), pp. 46–54。如本文第一段所言，本文作者是战争信息署（OWI）海外行动部的项目筹备办公室主任，曾经是广播节目编导。该文旨在向公众说明战争信息署如何在海外宣传中使用广播。——编者注

息署海外广播行动（Overseas Branch radio operations）的标志。

珍珠港事件以来，美国向外传输的无线电短波通讯增加至原来的三倍。那时，国际广播完全处于民营企业和广播电台的控制之下，包括全国广播公司（NBC）、哥伦比亚广播公司（CBS）、通用电气公司（General Electric）、克罗斯利公司（The Crosley Corporation）、世界广播基金会（The World-Wide Broadcasting Foundation）。美国政府开始制作广播节目起始于1942年1月，当时情报协调局（Office of the Coordinator of Information）制作了第一批广播节目，通过伦敦的英国广播公司（British Broadcasting Corporation）的长波和中波电台进行转播。与1942年2月进行比较，那时平均每周制作7个新节目，而一年之后平均每周推出2682个新节目，可见其增长速度之快。

1942年春夏两季，情报协调局达成了一系列短波信号发射器租用协议，其中包括克罗斯利公司在辛辛那提的信号发射器和一些低功率的公共运营商的信号发射器。7月，新组建的战争信息署接管了情报协调局的海外无线电广播业务后，其发起的项目租用了更多的公共运营商。至1942年9月，战争信息署的广播节目可以通过政府租赁的七个信号发射器广泛播送，并供应给大量民营的广播电台。其每周平均总播送时间长达458个小时，占美国广播节目总数的50%。11月，随着北非登陆计划的迫近，与民营短波广播电台的漫长谈判终于结束，战争信息署开始全权负责美国无线电广播的海外播送业务。在战争信息署的全面监管下，全国广播公司和哥伦比亚广播公司可以继续制作自己的节目，而他们积累的大量宝贵经验得以保留。

战争信息署面临着一个迫切的现实，它必须迅速地从数十种渠道以及成百上千的员工中获取信息。而这些员工之前从未共同工作过，对于美国应该广播何种类型的节目尚未达成共识。将这些形形色色的元素整合在一起，使其成为运作流畅、有组织的语言单位，且具有共同的美国看法和共同的美国价值取向，是战争信息署的首要职责之一。

我们必须认识到这样一个事实，即对我们最重要的听众群体而言，最大的需求是那些非常重要的、真实的新闻。即使是沦陷区里我们最好的朋友也不信任"宣传"（propaganda），并且他们中的许多人已经非常清楚地表明了对我们的不信任。他们想要的是信息和硬新闻（hard news）①，即对正在发生的事情的真实描述，即使是令人不快的消息。因此，美国短波电台在播放新闻和评论时都坚持真实性。报道诸如珍珠港事件这样的"苦果"时都不曾辩解。

坚持真实性的同时，战争信息署也在不断寻找生动有趣的表现方式。海外部开发的多音源技术（multi-voice technique）是国际广播领域的一项创新；扬基歌（Yankee Doodle）② 被用作所有节目的主题曲；一些特别节目给广播的常规模式增加了多样性，比如接送在纽约市政厅参加接待晚宴的来自战舰"黎塞留"号（Richelieu）和巡洋舰"蒙卡尔姆"号（Montcalm）的法国船员时，使用法语进行广播实况转播。

（一）三种类型的无线电广播节目

战争信息署海外部已发展出三种基本的节目制作类型。第一种类型是传统的短波传输形式，它使用高频率传输多语言广播节目，以便在短波接收设备上接收。这一类型的节目占据了所有部门第一年里的绝大部分精力和活动。第一年行动的晚些时候，另外两种新的节目制作类型变得越来越重要。一种是中继转播（relay broadcasting），即通过世界各地的中波电台接收和转播美国传送的短波节目信号。这种类型的无线电广播节目将继续增加。最后一种是战争信息署正在制作的录播节目，这些节目将通过船舶和飞机被送至海外办事处，并在盟军所在地和中立区的地方中波电台播放。

今天，战争信息署在美国通过 21 个短波发射器，使用 24 种语言播放广播节目。它还单独向欧洲和非洲一天 24 小时不间断地播放节目。1942 年 11

---

① 硬新闻是关系到国计民生和人们的切身利益，具有较强的思想性、指导性的新闻。它主要包括：党和国家重大方针政策的制定、实施和修改，重大的党务、国务、政务活动，重大科技发明，时局变化，各地的新情况、新经验、新成就、新问题以及市场行情、流行性疾病、自然灾害等。这类新闻直接或间接地对人们的政治、经济、文化和日常生活发生影响，是人们了解世界、决策行动的重要依据之一。它时效性较强，报道要求迅速及时。但由于其文笔庄重，格式较为固定，内容比较严肃。——译者注

② 扬基歌又称洋基歌、扬基小调、扬基杜德尔，是美国独立战争时流行的一首爱国歌曲，曲调具有一定的苏格兰民歌色彩，被认为是最能代表美国的歌曲。——译者注

月战争信息署与私人电台达成租赁协议后，整合美国所有的短波发射器成为可能。随后发展出五种基本的节目模式，每种模式都集合了现有的最好设施，服务于特定地区。

第一种基本模式是面向欧洲的放送节目，使用英语、德语、法语和意大利语播送；第二种模式则完全用法语播送；第三种模式适用于地中海区域，使用西班牙语和葡萄牙语播送；还有一种模式主要用于中欧和近东地区的广播；最后一种模式是通过北欧当地信号最强的电台向斯堪的纳维亚诸国进行播送。

战争信息署的广播节目也会放送到北非，并通过当地的广播电台重播。它还在美国东部地区向澳大利亚发送节目。当然，许多节目主要还是针对在海外的美国军队。最近刚从瓜达尔卡纳尔岛（Guadalcanal）[①] 返回的范德格将军（General Vandergrift）谈到，南太平洋的士兵对军方节目，特别是战争信息署的"海军陆战队节目"（Marine Program）赞赏有加。

（二）我们的短波广播节目有多大规模的听众呢？

毫无疑问，通过短波发送的"美国之音"节目在许多地区都拥有真实的听众。虽然，战争严密封锁了许多平日可以搜集收听信息的渠道，但我们仍然获得了许多地区的听众反响情况的数据。

有证据表明，"美国之音"在法国颇受欢迎。自法国沦陷以来，美国短波广播电台常常收到听众来信，最近六个月里，这些信件比以往任何时候都要多得多。这些信件表明，法国听众清晰而热切地接收到了来自美国的信息。在某些特定的重要目标区域，美国的广播信号似乎比英国广播公司（BBC）的更强更清晰。英国广播公司的中波广播受到了密集的干扰，以至于只有法国的西部地区可被持续覆盖。因此，涉及11月7日以来的法属北非相关情况的播送时，美国电台在法国的地位尤为重要。美国登陆北非次日，《纽约时报》（New York Times）驻伯尔尼（Berne）的一名记者报道称，"在法国，人们日夜收听美国的广播节目，它已然为听众留下了非常

[①] 瓜达尔卡纳尔岛是南太平洋所罗门群岛的一个小岛。——译者注

深刻的印象"。

维希政府向法国人民播放的禁止收听美国短波广播的警告论调，从另一个侧面表明了美国广播节目在法国都市区的受欢迎程度。2月7日，《纽约时报》的记者从伯尔尼发回的报道称，"美国和英国的广播一直令维希政府感到恐惧"。当然，短波广播可以抵达的受众数目远多于直接收听广播的人数。新闻消息在被关键人物收听后，可以通过传单和口耳相传的形式迅速传播。通过对法国地下报纸的考察可以证明，法国人充分利用了美国短波电台。例如，事实上所有帮助美国军队登陆北非的人都曾听过美国电台播送的新闻，尽管直接收听的人数可能并不多。

来自西班牙的收听情况数据并未像法国的那样令人瞩目，但过去的六个月里可以看到相当大的进步，这显然是因为启用了为伊比利亚半岛设计的一套新的发射器。现在，那里的信号很强。

由于与德国和意大利人民之间的所有交流频道都被严密封锁，因此缺少节目在这些国家的反响情况信息并不令人惊讶。关于德国和意大利收听情况的证据主要来自他们自己的广播。这些证据显示，美国在北非登陆后，民众的愤怒和不满情绪显著增加。这些广播反响并不总是通过短波向外部世界播送，但是经常在国内向德国和意大利的民众广播。可以合理地假设，如果没有证据表明我们的广播得到广泛收听的话，那么轴心国就不必大费周章地攻击我们的节目，从而为其做宣传。在瑞士，美国的广播信号很强烈，当地的美国广播听众数量也在持续增加。因为很显然的是，我们的节目是为与瑞士相邻的德国听众和意大利听众准备的。而且他们的确收听到了。我们甚至收到了一些来自轴心国核心地区的听众来信，言辞恳切。

由于受大气条件和敌人干扰因素的影响，斯堪的纳维亚半岛是最难服务的地区之一。然而，听众来信表明美国在该地区也拥有听众群体，除了在大气条件极为困难的时期外，他们甚至可以在低功率的设备上经常性地听到我们的声音。

"美国之音"已经深入渗透到欧洲中部的敌占区与近东地区。由于欧洲的大部分地区就是一个封闭的纳粹监狱，所以纽约总部并未收到多少关于广播在匈牙利、波兰、罗马尼亚和保加利亚的接收与反响的具体信息。但一些常规报道体现出"美国之音"所发挥的作用。从这些地区来到英美的旅者们称,"美国之音"在当地拥有听众。中欧的报纸和广播电台必须时常设法驳斥美国广播电台的言论。从这个欧洲监狱偶尔发来的信件也用他们自己的方式告诉了我们同样的情况。近东地区也传来了振奋人心的消息,在埃及、叙利亚和波斯湾沿岸等地区,"美国之音"的反响越来越好。除了在极端的大气干扰时期外,土耳其似乎在收听"美国之音"方面也没有什么困难。

来自世界其他地区的反响情况也令人鼓舞。中非和马达加斯加岛可以非常清晰地收听我们的节目,南非的新发射器可用于保证战争信息署向南非联邦(Union of South Africa)①发出足够强度的信号,以便通过南非广播公司(South African Broadcasting Corporation)的站点进行转播。驻扎在印度的美国军队来信表明,当地的信号接收情况正在改善,而且通过印度本地电台进行转播是可行的方式。

(三)中继转播

转播,或称中继广播,使海外广大听众能够通过他们自己的中波电台收听美国的广播节目。美国播送的短波广播节目先由外国电台接收,然后由该电台向其固定听众再转播这些节目。比如说,这就像我们自己的广播网络为我们转播来自伦敦的节目一样,它们几乎和纽约演播室制作的节目一样清晰。1月28日,战争信息署的首批此种类型的节目迎来了它们的一周年纪念日。在1942年的那一天,位于伦敦的英国广播公司接收了美国广播用德语、法语和意大利语播放的特别节目,并通过它的7个发射器向欧洲大陆转播。现在,伦敦每天要接收8个来自战争信息署的日播节目,并使用英语、法语、德语、意大利语、波兰语和芬兰语向欧洲转播。在一些特殊时期,例如,11月7日法属北非登陆战役时,战争信息署向欧洲转播了其手头准备的与该事件相关的大量特别素材。

从技术上讲,转播节目的质量优良。美国发往伦敦的信号质量和清晰

---

① 南非联邦在1961年5月31日成为南非共和国。——译者注

度相当之高，甚至连开罗都可以接收并转播每日用英语播送的"美国之音"。在大不列颠群岛和阿尔及尔地区录制的美国广播节目录音显示，在正常的大气条件下，美国的节目传输几乎没有失真情况，音量也非常大。目前的计划需要将战争信息署的伦敦转播日程安排增加三倍。预计"美国之音"很快将以当地语言向瑞典、挪威、捷克斯洛伐克、南斯拉夫、罗马尼亚、匈牙利、希腊、西班牙和葡萄牙进行播送。

自登陆北非以来，战争信息署已在该地区建立了广泛的中继转播业务，利用北非电台播送美国的节目。哥伦比亚广播公司驻北非记者查尔斯·科林伍德（Charles Collingwood）在12月底的一次广播中谈到，战争信息署的"重大任务"就是"让北非了解过去两年发生的事情"。北非可能成为向南欧、巴尔干半岛和东地中海地区的所有国家广泛提供美国中短波广播服务的一个转播中枢。

位于比属赤道非洲（Belgian Equatorial Africa）的利奥波德维尔（Leopoldville）电台是美国广播节目的另一个中继站。美国的节目每天都会被其接收并转播到中非和北非，以及法国的都市区。在澳大利亚，我们的部队可收听通过澳大利亚广播公司（Australian Broadcasting Corporation）转播的新闻评论和专题节目。特立尼达（Trinidad）近期也正向加勒比海地区转播一个特别节目。南非、冰岛和孟买等相隔遥远的地区可能很快也会听到"美国之音"的转播。

（四）"回答你"

通过一种与之前略微不同的转播方式，战争信息署主推的系列节目之一在10月中旬启动。这是一个名为"回答你"（Answering You）的系列节目，旨在促进盟国和中立国公民对美国及美国人产生更清晰的看法。

去年秋天，英国广播公司开始向战争信息署提供来自英国社会各界的民众提出的问题，这些问题涉及美国生活和文化的方方面面。10月23日，海外部制作了首个"回答你"系列节目。该节目回答了英国民众提出的一部分问题，并直接说出了提问者的名字。该节目在英国广播公司国内广播的高峰时段播出，供英国人消遣娱乐。一份听众报告显示节目很受欢迎，有12.1%的英国成年公民收听了该节目。今年2月,澳大利亚广播公司也推出了类似的系列节目。克利夫顿·法第曼(Clifton Fadiman)、乔治·盖洛普(George Gallup)、亨利·凯泽(Henry Kaiser)、约翰·冈瑟(John Gunther)、杰弗里·帕森斯(Geoffrey Parsons)、《得梅因纪事论坛报》(*Des Moines Register & Tribune*)发行商W·W·威马克(W. W. Waymack)、卡尔·范·多伦(Carl Van Doren)、埃莉诺·罗斯福(Eleanor Roosevelt)、玛格丽特·米德(Margaret Mead)和多萝西·肯扬(Dorothy Kenyon)等人受邀回答了我们这些系列节目中海外听众提出的问题。同一类型的系列节目已经开始在阿拉伯播送,预计土耳其和瑞典也将开展类似活动。

(五)海外办事处的录播节目

战争信息署推出的第二种新节目类型是海外办事处的录制广播节目。它们以录音唱片的形式通过海路运往国外,供盟国和中立国的本地电台使用。在过去的半年里,为中波电台的播放准备录制节目的工作已成为一项日益重要的活动。自10月以来,广播局海外办事处(Outpost Division of the Program Bureau)已经将以英语、波斯语、土耳其语、南非荷兰语、阿拉伯语、意大利语、葡萄牙语、西班牙语、德语、瑞典语、法语和冰岛语录制的唱片送往这些听众可能收听的各个地点。

海外办事处的录播节目能够覆盖大量使用自己的小型收音机收听家乡电台节目的听众,因此对呈现美国来说这是一个非常重要的媒介。盟国和中立国的人们可以通过它们来了解美国人民和美国的制度,美国的音乐和美国人对战争及战后世界的基本看法。作为我们面向大量听众的广播大使,这些节目是按照美国广播的最高标准制作的。由于不受短波无线电自身机械条件的限制(信号弱化、大气状况和人为干扰),海外办事处的录播节目可以制作得更加精妙,并使用在其他类型的国际广播节目中效力有限的情感技巧。海外办事处还向海外播送由该领域高水准的美国公司制作的录播音乐。

美国场景的方方面面都以语言和音乐的形式在多个系列节目中呈现出来。其中一个系列讲述了联邦各州的故事,包括它们的工业、人民、歌曲和总体前景。以播放流行音乐、半古典音乐和民谣音乐为主的音乐节目也得到了广泛应用。每周都会用南非荷兰语播送"艺术评论"（Art Review）节目。海外办事处还面向阿拉伯国家播放了关于美国农村人的录播节目。各种各样的英语系列节目也被广泛翻译成各种语言，包括《美国领导人传略》（Profiles of American Leaders）、《源头》（At the Source）、《目击者报告》（Eye-witness Reports）、《这就是美国》（This is the U.S.A.）和"美国河流"（American Rivers）系列节目。对在美土耳其留学生的采访节目、女性类节目和好莱坞访谈节目都被送往土耳其。海外办事处还向瑞典播放了瑞典裔美国人的消息，以及来自明尼苏达州的每周报道。

这些都是典型的面向海外听众录制的海外办事处广播节目。海外办事处也为美国在海外的作战部队准备了广播节目，并为军队使用美国广播站点的节目以及特别制作的节目提供便利。在这一方面，"家乡新闻"（News from Home）节目具有开创性地位。该节目每天播送半小时，受到世界各地的美国作战人员的喜爱。它每天向世界各地播送数次，以播送新闻、八卦资讯、给士兵的个人信件以及音乐为主要特征。总的来说，它的目的就是让美国军人了解美国国内支持他们的具体情况。应驻瓜达尔运河的海军陆战队的要求，海外办事处每周会向西南太平洋地区播送五次特别节目"告诉海军陆战队"（Tell It to the Marines），同时每日也会向我们的海上作战人员播送海军节目。

（六）美国无线电广播的一个新领域

总的来说，国际无线电广播行动对美国而言是一个正在努力的全新领域。与之相比，英国今年将迎来其国际广播业务的十周年庆，而德国早在1933年就进行了精心设计的短波宣传试验。美国的国内电台过去从未被要求面对诸如如何在大气扰动或敌人蓄意干扰的情况下接收短波信号等问题。在国内常规广播节目中表现出色的某些声音却被发现根本无法应用于国际广播中。语速、音乐的选取、幽默的使用和音效等问题都必须得到解决。

由于战事紧急，美国必须迅速解决这些问题，并不得不在困难重重且毫无经验的情况下，尽快建立起世界范围的无线电广播服务。它在11月7

日经受住了第一次重大考验,未来它将还会迎来其他考验。为了应对这些考验,美国正在集中它在技术设施、方向感和经验方面的全部资源。

(周婧怡译,王睿恒校)

二、用信息战斗:战争信息署的海外事业[1]

[编者按][2] 就经费开支、人员及活动范围而言,海外部无疑是战争信息署两大分部中更加重要的一个。负责大西洋行动的海外部副部长约瑟夫·巴恩斯(Joseph Barnes)将在下文中介绍其海外信息活动的主要目标,以及为实现这些目标而新设立的一些行政单位。

1927年毕业于哈佛大学后,巴恩斯先生前往海外游学一年,主要在法国和苏联旅行。1931年他返回苏联,在接下来的三年中作为太平洋关系研究所(Institute of Pacific Relations)的工作人员游历于"满洲"、中国和日本。1937年,他入职《纽约先驱论坛报》(New York Herald Tribune),1940年和1941年间担任该报海外新闻编辑。去年秋天,他陪同温德尔·威尔基(Wendell Willkie)一起环球访问。

"心理战"和"总体战"一样,是敌人加诸我们的词汇。美国人对于这两个术语背后的实情并不陌生。在心理战所需的一些技巧上,美国人已经领先于全世界。不过,将心理战理解成一场通过大规模操纵忠诚和信念,并混淆真假来影响和控制人民的言论之战,至少就当前的语境而言,这种普遍看法无疑是希特勒与戈培尔式的思想。至少可以说,纳粹在心理战中取得的重大成就之一就是心理战这一术语的广泛传播,以及让德国之外的许多人相信,心理战是一种高科技的镜子魔术。

---

[1] 本文译自 Joseph Barnes, "Fighting with Information: OWI Overseas," *The Public Opinion Quarterly*, Vol. 7, No. 1 (Spring, 1943), pp. 34–45。

[2] "编者按"为原文所有。

战争开始以来，类似这样的想法为针对美国政府外宣工作的三项常见指控之一提供了基础，即我们的宣传工作太过简单、太过美式、太过坚定地致力于将真相作为武器以迷惑敌人，并向我们的朋友提供信心。

在 1942 年 6 月以前，海外信息工作由信息协调办公室（Coordinator of Information）管辖。自那时以后，这就成为战争信息署海外部的职责。显然，在这两段时期使用"信息"一词来形容其工作是极有意义的。在设立战争信息署的第 9182 号行政命令中，总统认识到"如实得知战争进展，是美国人民和反对轴心国侵略者的所有其他国家人民的权利"。随后，他对战争信息署做出进一步指示，"应通过使用新闻、广播、电影及其他各种方式来制订和实施信息项目，以促进国内外合理而明智地看待战争现状和进程，以及政府的战争政策、活动与目标"。

这一任务显然与纳粹**宣传部**的一贯做派大相径庭。它并不排斥所谓"神经战"（war of nerves）的技巧。在现代战争中，和神经战经验丰富的敌人斗争时运用一些此类手段已被证明是必须的。但仍然应当摒除弄虚作假的方式，并在很大程度上，如果不是全部的话，排除恐怖战略的部分。从长远来看，"实话实说"正是这种总统政令措辞所赋予战争信息署的总体任务所在。

（一）智用真相

今天，大多数美国人都准备承认，国际传播中的真相具有弹性。例如，大多数人希望本国的战时海外宣传不会聚焦在飞机工厂的罢工威胁，配给困难，或国内政治争执上。他们更希望能以有效而明智的方式向世界展现美国傲人的人力物力，同时他们也相信，如果向足够多的我们的敌人和朋友展示我国的真相的话，将有助于缩短战争。

无论成效好坏，战争信息署从一开始就为实现这一期望而努力。一些不可控因素也迫使其选择这种工作方式。美国与其宣传所针对的目标地区距离较远，而宣传目标的选择性也随距离增长而降低。例如，我国短波无线电发射机的单个波束会覆盖多达十二个不同的国家，并且所有的证据都显示，大多数欧洲短波广播听众能听懂多种语言。单这一点就让战争信息署很难——即使成心想这么做——用匈牙利语和罗马尼亚语播报相互矛盾的内容。纳粹更容易利用这种狡猾而充满谎言的政治战。

不过，令战争信息署决定以真相为主要武器来实施美式政治战方法的，并不是漫长的距离，或美国人对欧洲政治的相对缺乏经验，或外部世界对真实客观新闻的强烈渴求，抑或是任何一种道德上的吹毛求疵。从该问题所引发的超过一年的激辩来看，它更多来自一种信念：认为一个拥有新闻自由并对自由抱有热切信念的民主社会，只会因为采取法西斯主义心理战的模式、伎俩甚至定义而自我削弱。

（二）"美国之音"

战争信息署海外工作的第二个设想，是集中力量赋予**"美国之音"** 广播电台以音量、语调和意义。对于一个拥有大批海外出生公民和新来难民的国家而言，这一决定总是难以为之辩护，它和坚持宣传真相的决策类似，显然引起了严重的分歧。即便如此，该决策背后的原因同样是务实的。

可以说，1914年至1918年世界大战以来的这一代人，至少在两大方面改变了欧洲人对美国的态度。在欧洲人眼里，美国本身在很大程度上已变得比1917年更加强大，更加令人印象深刻。而许多欧洲人对其长居美国之同胞们的感觉，也变得更加复杂和紧张。

第一点无需争论，最好的例证便是珍珠港事件以来纳粹喉舌们对其本国人民所采取的宣传策略：他们说，将在美国动员起来之前结束这场战争；他们说，将通过潜艇战来阻挠美国人与补给品奔赴前线发挥效用；他们说，如果美国赢得战争，它将把欧洲移交给布尔什维克……他们还说了很多其他的话。但是，即使是纳粹分子都不曾试图告诉欧洲人民，美国——这块机遇无穷，**令许多欧洲人魂牵梦萦的移民目的地**——会无力赢得这场战争。

在**"美国之音"** 获得海外认可之时，难民和移民的声音与上一代人的任何时期相比都暂时变得无足轻重了。多年以来，不少欧洲国家都在强行灌输针对那些移民美国的少数族群的敌意。同时，法西斯政权在许多国家的崛起，直接导致国内外亲属之间的正常交流被切断。最后，许多德国人和意大利人完全不愿听取其留美同胞的好意劝诫和信息分享，不愿直面留在家中的人将要面临或失败或投降的严峻抉择。

因此，战争信息署海外部试图兑现"**美国之音**"所带来的不可估量的巨大资产。它最为有效的广播节目——那些各种反响最为广泛的——皆冠名以"美国之音"，并紧接着"联合国家成员之一"的称呼。美国的短波发射机同样也定期为其他联合国家成员服务，其中许多人每天借此向自己的母国广播，但是他们并不自称为"美国之音"，而是"南斯拉夫之音"或"挪威之音"。不过，以战争信息署为名输出国外的信息仍然保持着美式论调和风格。

（三）与基本的外交政策相契合

最后，战争信息署还要依据第三条总指示来开展海外工作：那就是或明确或隐晦地强制命令所有广播剧本或传单的作者都必须谨慎地保持在美国官方外交政策允许的范围内。在一些批评者看来，这似乎是心理战领域中的退让行为。

同样的，正是纳粹模式在许多方面塑造了大众对宣传的看法。最近对战争信息署海外工作的讨论（见《财富》杂志，1943年3月）抨击了美国的宣传路线，认为他们没能让波兰人了解，他们的国界线在战后将发生怎样的变化，也没能告知匈牙利人未来可以获取哪些他们想要的领土。与此类似，其他许多针对战争信息署的批评认为，其宣传对意大利共和国的筹建、印度的自由、巴勒斯坦的犹太复国运动和巴勒斯坦的阿拉伯化、哈布斯堡王朝的复辟以及其他诸多问题都闭口不谈，只因美国政府在这些问题上没有公开表态。

许多此类批评都令人有理由怀疑，普遍呼吁采取更加自由发挥的心理战方法可能是居心不良。但是，有一种情况却并非如此。毫无疑问在欧亚人民的心目当中，关于联合国家战争目标的具体宣传项目很可能成为一枚心理炸弹。同样毫无疑问的是，目前尚没有任何具体的超出《大西洋宪章》或《联合国家宣言》范围的宣传项目供我们的海外宣传使用。

战争信息署已经以各种尚且可行的手段来应对这种情况。首先，它尽可能广泛地播发了联合国家领导人的讲话，这些讲话已经就战争目标问题达成了翔实的协议，即使尚未形成书面文件。其次，它试图使关于美国实力的种种说法，诸如"美国必不战败"，与重申美国的理想主义且缺乏侵略动机的言论相对应，如"美国胜利后绝不劫掠"。最后，利用一切可操控的媒介，它致力于长期地、每天 24 小时不厌其烦地向全世界宣讲战争实况。这一告知真相的宣传活动还利用区域化的专家和指令，确保演讲和思想的传播都能以每一个外国国民容易理解的方言、语调和习语进行。它使用的讲述方式将传播美国战争动员与战备生产的每一个故事，使特定的听众深信其所传达的话语等同于我国压倒性的强大力量，以及可以缔结真正和平的对无条件结束战争的渴望。战争信息署的地区专家们仍需学习更多技能，使得这种宣传更加高效。但他们一定会在美国政府所规定的外宣工作职权范围内学习这些技能，坚信唯有真理战无不胜、攻无不克。

（四）海外行动的领导者

海外部部长罗伯特·舍伍德（Robert E. Sherwood）负责为美国政府在西半球之外规划和实施全面的宣传战项目。负责心理战政策的副部长詹姆斯·沃伯格（James Warburg）和主管联合国家信息政策的副部长费迪南德·库恩（Ferdinand Kuhn）协助他完成这项任务。隶属于部长直辖办公室的行政助理部长菲利普·汉伯特（Philip C. Hamblet）负责行政管理事务。

部长办公室有责任批准长期计划、区域指令和日常指示，这些目标信息是所有海外工作的基础。该方式用以保证目标信息来源于行动本身，同时可以协调宣传所面向的诸海外地区以及作战部门和其他相关政府机构的工作。

除部长和两个负责具体政策的副手外，海外部还有一些主要负责此类协调工作的地区负责人。此外，部长办公室还包括一名行动联络官爱德华·斯坦利（Edward Stanley），以及一名战地代表，美国海军陆战队的本·斯特恩中校（Lt. Col. Ben Stern），主要负责海外办事处的工作。

以下海外办事处已经在运行当中：澳大利亚：悉尼；中国：重庆；埃及：开罗；阿拉斯加：安克雷奇；厄立特里亚：阿斯马拉；不列颠群岛：伦敦，都柏林；黄金海岸：阿克拉；夏威夷：檀香山；冰岛：雷克雅未克；

伊拉克：巴格达；印度：新德里，孟买，加尔各答，卡拉奇；黎巴嫩—叙利亚：贝鲁特；尼日利亚：拉各斯；北非：阿尔及尔，卡萨布兰卡，奥兰；苏联：库比雪夫；西班牙：马德里；南非：约翰内斯堡；瑞典：斯德哥尔摩；瑞士：伯尔尼；土耳其：伊斯坦布尔。

目前正在筹建的海外办事处包括：阿拉斯加：朱诺；澳大利亚：努美阿，布里斯班，墨尔本；中国：昆明，成都，桂林，西安；印度：科伦坡，马德拉斯；伊朗：德黑兰；新西兰：惠灵顿，奥克兰；北非：突尼斯，达喀尔；巴勒斯坦：耶路撒冷；南非：开普敦；西班牙：巴塞罗那。

1. 分区处（Regional Divisions）

为了协助海外部部长制定政策、发展项目和监督运营，设立了七个分区处，具体如下：

第一区，负责人：费迪南德·库恩（Ferdinand Kuhn）

（分区：英国和爱尔兰；澳大利亚和新西兰；印度；南非）

第二区，负责人：珀西·维纳（Percy Winner）

（分区：法国和比利时；北非；意大利；西班牙和葡萄牙）

第三区，负责人：道格拉斯·米勒（Douglas Miller）

（分区：德国和奥地利；荷兰和瑞士）

第四区，负责人：比亚内·布拉托伊（Bjarne Braatoy）

（分区：挪威和丹麦；瑞典；芬兰和波罗的海国家）

第五区，负责人：罗伯特·帕克（Robert Parker）（任职到返回安卡拉为止）

（分区：土耳其和希腊；捷克斯洛伐克；波兰和南斯拉夫；匈牙利；罗马尼亚和保加利亚）

第六区，负责人空缺

（分区：埃及，伊朗，伊拉克，叙利亚，黎巴嫩）

第七区，负责人：乔治·泰勒（George Taylor）

（分区：日本，中国，印度尼西亚，菲律宾）

各分区处处长之职责：

（a）在规划委员会（Planning Board）的总体指令框架内，制定并持续更新区域政策指令，以统筹该地区的一切战争信息署工作。

（b）通过广泛设置的行动局和海外办事处，为所辖区域制订和持续更新详细的工作计划，以实现既定目标并充分利用各类通讯媒介。

（c）接受负责大西洋和太平洋地区的副部长以及本区海外办事处对其所在区域的计划和指令执行情况进行随时检查。

（d）在办公人员会议上公开展示该地区的拟行政策和项目，如下文所示，以便与其他区域的政策和项目相协调，并按要求向海外规划委员会提交上述内容。

（e）定期与负责大西洋和太平洋地区的副部长会晤，以确保就部长批准的本区域政策和项目形成共识。

（f）与该区的海外办事处代表保持频繁联系；确保已制订的方案满足办事处的需求；与其他官员，尤其是海外办事处服务局（Outpost Service Bureau）局长通力合作，以确保及时满足办事处的要求；招募和培训前哨人员，并为部长追踪从该区域海外办事处收发的一切行动消息。

（g）与中央情报小组（Central Intelligence Panel）合作，旨在让所有情报材料均符合该分区的政策和项目要求。

（h）与其他联邦机构的相关人员和外国政府代表保持最密切的工作联系，以协调该分区与其他机构的相关工作；以上工作应尽可能通过战争信息署国内部和海外官员建立的现有联系加以完成。

（i）监督其直属人员的工作。

2. 大西洋行动部（Atlantic Operations）

大西洋行动部由副部长约瑟夫·巴恩斯和他的助理路易斯·科万（Louis G. Cowan）主管，总部位于纽约市。监控办公室［其负责人是埃德·约翰逊（Edd Johnson）］直属于该副部长办公室，通过它可以掌控纽约分部的所有产出，包括直播、转播的广播节目、新闻报刊、照片、出版物、电影和其他媒介。监控办公室建立在分区基础上，以协助副部长根据区域指令与特殊需求策划、生产和协调所有的广播新闻、电影及其他宣传行动，旨在确保所有这些行动与普遍的和地方的政策指令不相违背。大西洋行动部的工作划分给四个附属机构：海外广播局、电影局、出版局以及海外新闻与特稿局。关于这些分局工作的内容简要说明如下：

（1）海外广播局（Overseas Radio Bureau）

在约翰·豪斯曼（John Houseman）主管的海外广播局监督下，所编辑的广播时长持续增长，该项服务由商业电台和参与程度越来越深的战争信息署提供。的确，自1942年3月开始，战争信息署每天以四种主要语言广播 $6\frac{1}{4}$ 小时。4月起，每天广播时长增加9小时，5月再增加8小时。6月起（每天）广播时长增加了19个小时，8月又增加了15个小时。目前战争信息署以24种语言进行广播，每周广播时长近6000小时，节目内容也从原定计划的即时新闻与特稿模式逐渐转型，扩充成包括一些女性节目、劳工节目和抗干扰项目在内的综合放送。通过靠近敌境的中波发射器转播的节目在该局工作中发挥着越来越重要的作用，在纽约录制并运往海外办事处用于当地的项目也同样重要。

（2）电影局（Motion Picture Bureau）

罗伯特·里斯金（Robert Riskin）所主导的电影局负责制作用于海外传播的新闻影片，并为之配套十几种语言版本的字幕和同期声，其中包括许多美国优秀厂商拍摄的最好的电影。同时，它还制作特定主题的彩色和黑白短片，不仅会用到现有的影像资料，还需要拍摄一些新素材。此外，该局还为机动小组挑选和准备专用于在遥远地区播放的影片。电影无疑具有明显的宣传效力，影像比单纯的言语影响更加持久，且更加真实可信，它们是政治斗争中的重要武器。

（3）出版局（Publications Bureau）

约翰·哈克特（John Hackett）领导的出版局的职能，可以简单地加以陈述。该局负责各种形式的印刷材料生产。这项核心职能和许多其他职责是紧密相关的，例如准备供海外印刷使用的图片与印版，对图书进行摘录和评论，开发轻量级印刷设备，以及对速溶汤粉、茶叶、肥皂、脱水食品等特殊产品进行制备和包装，这些工作有助于直白地传达希望的讯息。

该局下辖多个科室，其中一个科室负责彩色插图杂志《胜利》（Victory）的编辑工作，另一科室则正在筹备一本名为《美国》（USA）的小型文摘刊物。

印刷科（Printing Section）负责各类印刷材料的实物生产，接收来自艺术科（Art Section）提供的终版设计图，并监督外语写作。

（4）海外新闻与特稿局（Overseas News and Feature Bureau）

新闻与特稿局由爱德华·巴雷特（Edward Barrett）担任局长，是向参与美国宣传战的战斗武器提供大部分弹药的武器库。该局所辖之基础新闻部（Basic News Division）负责润色通过电报和短波广播节目发送的所有新闻稿件。广播可是美国政治战中的远程火炮。

该局下属的无线电报处（Cable Wireless Division）向全球的每个角落播报每日新闻，其报道试图凭借准确性和可靠性令成千上万困守家中的外国人民对联合国家必将迅速胜利信心大振。

通过下属的特稿处（Feature Division），该局利用航空邮件传播美国人民及其盟友的故事，表达他们对赢得战争胜利这一共同使命的奉献精神，以及他们对建设未来美好世界的共同计划，并图文并茂地讲述我们为何而战的故事。通过图片处（Picture Division），新闻与特稿局将美国的真实一面带给那些对我们知之甚少的人们。

新闻与特稿局的基本方针和战争信息署海外行动部下所有部门的都一样，即以友爱精神提供的简单事实就是所有可行宣传中最好的。如在1943年2月，他们的宣传拯救了美国人，并几乎覆盖世界上的每个国家，超过200万个单词和20万张图片的宣传图文定期出现于3500多种出版物中，并通过不计其数的传单、海外广播电台和数不尽的地下渠道传达了他们的讯息。

3. **太平洋行动部**（Pacific Operations）

太平洋行动部由副部长欧文·拉铁摩尔（Owen Lattimore）管理，其工作紧跟上文指出的大西洋行动部的模式。该部门总部位于旧金山，负责准备和制订针对远东、澳大利亚、檀香山和阿拉斯加地区的海外分部行动计划。其设施主要提供本部与中国、澳大利亚和新西兰及敌国日本间的直接通讯。它的三个基本任务目标是：对日本和其他轴心国发动心理战，向我们的盟国和部署在太平洋地区的武装部队发送重要信息，并向日本占领地区（尤其是菲律宾群岛）的民众保证，在彻底解放他们之前我们决不会停止战斗。

4. 海外办事处服务局

海外办事处服务局由詹姆斯·利嫩（James Linen）担任局长，负责为各海外办事处提供维持其高效运作的持续服务，包括财务管理、预算编制、个人海外通勤、材料和设备供应以及为其提供所有行政服务。

履行这些职责之时，海外办事处服务局局长在行政上一方面对海外部部长负责，另一方面直接与地区负责人合作，以确保每一项计划和项目都稳步推进。该局还要负责协助地区负责人为海外办事处的工作招聘和培训人员。

海外办事处服务局下属的无线电传真部（Radiophoto Division）的职责不限于新闻图片和传真材料的传输与处理，还要负责尽可能地通过所有可视化媒体向海外传播信息。例如，它运营和服务的机动小组在向非洲大陆、近东和印度的群众播放教育影片。这些影片由电影局制作完成。

除广播外，其他海外项目的运作节奏将取决于战争信息署在未来数月内能否如期迅速地输送达成这一目标所需的人力和物力。因此，运输问题不是偶发性问题，而是关键性问题。由于必须随着战争进展产生的变化配合行动，这些问题变得更加复杂。

5. 海外研析局（Overseas Bureau of Research and Analysis）

海外研析局由尤金·卡兹（Eugene Katz）担任局长，旨在确保系统而有序地处理各类信息情报，彻底探究各类情报素材，并为了实现行动目标和政策目标搜集、分析和整理情报。该局通过提供背景资料的情报来协助各部门行动，并在政策决策形成过程中协助规划副部长和分区负责人。

6. 通讯设施局（Communications Facilities Bureau）

高效而灵活的通讯系统是任何宣传战的组织基础。通讯设施局的局长为莫里·布罗菲（Murry Brophy），该局负责为战争信息署海外部门提供一个全世界范围的通信网络，它将通过广播和文字，电报和无线电，向全世界每一个重要的宣传目标传达美国的声音。

如今，高速的现代通讯手段意味着事件本身及其对公共舆论造成的影响几乎同时发生，一个参战国如果要在前线作战的同时亦在思想战中建功立业，必须拥有迅捷及时的通信能力。和现代战争的其他所有环节类似，美国战前在这方面并无充分准备。尽管现在美国已经取得了一些进步，但日本和德国仍然在通信设施的装备上（例如短波无线电发射机）占据明显优势。

通讯设施局将就通讯相关的一切事项向部长提供建议；它要调研无线电信号全球覆盖的可行性，并将足以实现这一目标的技术手段付诸实践；它还要传达海外部已经使用或即将投入使用的通信设施的技术细节。此外，它还与联邦通讯委员会（Federal Communications Commission）和私人通讯公司就通讯开发、新型设备研发、关税费率和其他诸多具体事项通力合作。

战争信息署海外部的主要职责，是为我国提供向战争中的世界讲述美国故事的手段。这将一直是该署的主要工作。然而，对于美国这样一个为生存而战的国家来说，为**"美国之音"**赋声赋能，只是另一项任务的开始。这项任务就是在现在和当胜利开始聚积，当我们的敌人无条件投降之时，塑造和重塑我们将要讲述的故事。在一个民主国家，后一项任务将属于整个政府和全体人民。

（张兆青译，王睿恒校）

文化符号的重塑

——评艾瑞克·莱维《莫扎特与纳粹——
第三帝国对一个文化偶像的歪曲滥用》

付园源*

《莫扎特与纳粹——第三帝国对一个文化偶像的歪曲滥用》①（以下简称《莫扎特与纳粹》）是一部研究纳粹德国时期不同群体如何通过重塑莫扎特这一文化形象表述自身政治主张的作品。本书作者艾瑞克·莱维（Erik Levi）为伦敦大学皇家霍洛威学院（Royal Holloway University of London）的教授，主要研究领域为20世纪德国音乐史，特别是纳粹德国时期的音乐史，除本书外，其著作还包括《第三帝国的音乐》②。莱维对德国音乐史有深入的研究，他不仅拥有音乐方面的专业素养，也颇具历史学的敏感度。《莫扎特与纳粹》一书中莱维不仅希望探讨莫扎特在纳粹德国时期的形象变化，也希望以莫扎特为切入点，探讨纳粹德国时期不同群体——包括纳粹党、流亡者等群体——如何通过重塑莫扎特的形象来宣传自身的政治主张。如莱维本人所说，"本书追踪这整个时期对莫扎特的接受——他既是纳粹宣传

---

* 付园源，中国人民大学历史学院2019级硕士研究生，本科就读于首都师范大学历史学院世界史专业。

① Erik Levi, *Mozart and the Nazis: How the Third Reich Abused a Cultural Icon*, New Heaven: Yale University Press, 2010, 336pp. 中译本为［美］艾瑞克·莱维：《莫扎特与纳粹——第三帝国对一个文化偶像的歪曲滥用》，杨宁译，桂林：广西师范大学出版社，2017年。

② Erik Levi, *Music in the Third Reich*, New York: St. Martin's Press, 1994.

的牺牲品，也是1933年后因种族和政治原因被迫离开德国的人的希望的灯塔"（第3页）。通过莫扎特，可以透视一个文化符号所具有的多重可塑性。

本书的结构较为简明，分为四个部分。第一章"序奏：1931——莫扎特年"为第一部分，也是整本书的引子，其简短介绍了1931年莫扎特纪念年的相关音乐事件。这些事件基本上引出了同莫扎特音乐密切相关的重要人物，其中包括纳粹党政权的支持者与反对者；第二、三、四章为第二部分，也是本书的主要内容，其论述纳粹政权如何利用或颠覆莫扎特的观念和活动来为其意识形态服务；第五、六章为第三部分，其从被纳粹当局迫害，被迫在德国以外继续活动的有高度影响力的演奏家与音乐学家的角度，探讨对莫扎特作品的接受情况，旨在探讨纳粹政权的反对者对莫扎特形象的塑造；第七、八章为第四部分，这一部分同第二部分的联系更加紧密，主要讨论纳粹党如何在大后方和占领区利用莫扎特为自身的政治利益服务；第九章为本书结语，简要介绍了纳粹对莫扎特的歪曲给战后的作曲家带来的消极后果。

一

在第一章"序奏：1931——莫扎特年"中，莱维简要介绍了1931年德国莫扎特年纪念活动的基本情况，以及在这一纪念活动中出现的具有影响力的莫扎特音乐的阐释者。在经济危机的冲击下，德国的文化事业残破不堪，但是1931年的莫扎特诞辰175周年庆给了德国人一个缅怀自己音乐遗产的机会。尽管"它比1927年的贝多芬逝世百年庆典要小得多，但学术、演出和出版方面在1931年的一系列成就，还是为这位作曲家于30年代后期在第三帝国内外的被接受奠定了基础"（第7页）。莱维主要通过三方面内容介绍莫扎特年的基本情况：阿尔弗雷德·爱因斯坦（Alfred Einstein）编订的《唐·乔万尼》（*Don Giovanni*，也译为《唐璜》）；《伊多梅纽》（*Idomeneo*）的多个"竞争版本"；国际莫扎特大会和莫扎特中央研究院。

阿尔弗雷德·爱因斯坦是德国反犹主义的受害者之一，他编订的《唐·乔万尼》被他寄予厚望，这一版本本身也有较高的价值，但是反犹主义的盛行使爱因斯坦的职业生涯异常艰难，无法获得大学教职。但尽管如此，这一作品仍然获得了积极的反响，直到纳粹党上台。爱因斯坦复原真实的莫扎特的尝试同当时其他的一些音乐家不同，他们更希望以更接近当代观众的方式重构作曲家的原意。当时争论的焦点是莫扎特并不著名的作品《伊多梅纽》，关于这一作品的争论集中在四个音乐家编订的两个版本上——理查德·施特劳斯（Richard Strauss）和洛塔尔·瓦勒斯坦（Lothar Wallerstein）编订的版本与艾尔玛诺·沃尔夫-费拉里（Ermanno Wolf-Ferrari）和恩斯特·利奥波德·施塔尔（Ernst Leopold Stahl）的版本。几位音乐家都声称将莫扎特放在首位，但他们实际上都对原作进行了大篇幅的修改，都在尝试按照当代的文化习惯重构莫扎特的作品。瓦勒斯坦不仅参与了《伊多梅纽》的版本编订，也参与了在萨尔茨堡举行的国际莫扎特大会（International Mozart Congress）。这一大会几乎可以被视为1931年德语世界最重要的"莫扎特事件"，其主要讨论了两个问题：莫扎特与共济会的关系；莫扎特的民族认同。这两个问题实际上也支配了整个纳粹时期对莫扎特音乐的阐释。而在大会中加入莫扎特中央研究院内部委员会的大多数成员都成了第三帝国的忠仆，参与到重构莫扎特音乐的文化活动中。可以说，莫扎特大会基本上奠定了第三帝国在政治上利用莫扎特音乐的基础。

二

第二至四章为第二部分，主要内容为第三帝国当局如何利用莫扎特及其音乐为自身的意识形态与政治正当性服务，三章分别探讨了莫扎特的民族认同、莫扎特与共济会的关系、莫扎特的雅利安化三方面的内容。

在第二章"德意志的莫扎特"中，莱维探讨了纳粹当局在莫扎特的民族认同方面重塑莫扎特形象的政治行动，他指出，"在纳粹党掌权后民族复兴的气候中，谈论任何文化和历史方面的重要人物，都必须把他们的德国爱国主义放在中心位置"（第26页），贝多芬、巴赫、瓦格纳等音乐家都在民族主义的背景下被重新表述，莫扎特自然也不例外，纳粹当局不遗余力地强化莫扎特民族主义作曲家的身份。其中比较有代表性的行为是《德国颂》(Hymne an Deutschland) 的出版。实际上，莫扎特的作品里并没有以此为题目的乐曲，《德国颂》的音乐取自莫扎特的英雄戏剧《埃及王泰莫斯》(Thamos, König in Ägypten) 的第一段合唱"太阳，你已落去"(Schon weichet dir, Sonne)。马克斯·弗里兰德 (Max Friedlaender) 把原曲的文本换成了瓦勒里安·托尔尼乌斯 (Valerian Tornius) 所作的爱国诗，开篇是"我们赞美您，德国！我们的家乡！"(Dich preisen wir, Deutschland! Heimat!) 经过改编之后，该曲以《德国颂》的标题出版。除了强调莫扎特的爱国主义精神外，纳粹党也希望在文化源流方面重塑莫扎特的音乐。许多音乐家、批评家的著作、论文都参与其中，它们的主要内容固然存在较大差异，但主旨都是一致的。他们都试图淡化甚至抹除莫扎特音乐中的意大利文化和法国文化元素，建立起莫扎特音乐中北欧面貌的主导性，也就是强化北欧文化与德意志文化在莫扎特作品中的地位及作用。

第三章"莫扎特和共济会：纳粹的难题"探讨了纳粹党如何处理莫扎特与共济会的关系。首先，纳粹党与共济会的敌对关系由来已久，希特勒相信，正是共济会和犹太人的阴谋使德国在一战中战败并且陷入了全面的社会危机中，因此清除共济会的影响就成了纳粹党的基本政策之一。但是在另一方面，莫扎特与共济会有十分密切的关系，如果纳粹党希望利用莫扎特及其音乐为纳粹主义服务，就不得不重新解释莫扎特与共济会的关系，这也为纳粹党重塑莫扎特的尝试带来了困难。但是切断莫扎特与共济会联系的尝试并不是纳粹党首创，早在18世纪末，就有人尝试重新解释莫扎特与共济会的关系，从而抹除莫扎特音乐中的共济会要素。而到了第三帝国时期，这一需求自然更加强烈。在这一过程中，对莫扎特作品《魔笛》(Die Zauberflöte) 的处理就显得尤为棘手。一方面来说，《魔笛》中包含有丰富的共济会符号体系，对这些内容进行修改是必须的，但是另一方面，《魔笛》深受希特勒重视，甚至命令作曲家"不准乱动《魔笛》"。但是政治不可能向艺术让步，莱维在分析戈培尔日记的基础上认为，去除《魔笛》中共济会元素的推动力可能直接来自希特勒。作曲家在对《魔笛》的改编中，往往是尽可能淡化其政治和宗教色彩，以更偏向童话性、民俗性和喜剧性的角度对《魔笛》进行诠释。

第四章"把莫扎特雅利安化"主要阐述了纳粹党如何进一步强化莫扎特的民族主义形象，抹除莫扎特与犹太人的联系。反犹主义本身是纳粹主义的基本原则，但是莫扎特生前同许多犹太人都有密切的关系，因此纳粹党也不得不重新处理莫扎特与他的犹太友人的关系。这其中最令纳粹党头疼是洛伦佐·达·蓬特（Lorenzoe Da Ponte）。达·蓬特不同于莫扎特的其他犹太友人，他参与了莫扎特许多音乐作品的创作，因此莫扎特与达·蓬特的关系是尤其需要重视的。纳粹党对此采取的策略的是污名化达·蓬特：一方面称他与莫扎特的合作并非来自对音乐的热爱，而是意图从中谋利；另一方面则是贬低达·蓬特参与创作的作品，称他的作品都是二流的。与此同时，由于莫扎特—达·蓬特作品的诸多德译本都是由19世纪末的犹太指挥家赫尔曼·莱维翻译的，因此也有音乐家试图创作莫扎特作品的新译本来取代莱维的版本。作曲家齐格弗里德·安海瑟尔（Siegfried Anheisser）就是其中的代表，他试图重新翻译《费加罗的婚礼》来取代莱维的译本。安海瑟尔的尝试受到了德国音乐学者路德维希·席德迈尔（Ludwig Schiedermair）的支持，他的译本也逐渐被搬上了舞台，并且成为德国歌剧院的主导译本。但是安海瑟尔的地位并非没有受到挑战，威利·梅克巴赫（Willy Meckbach）译本的《费加罗的婚礼》和赫尔曼·罗特（Herman Roth）译本的《唐·乔万尼》都对安海瑟尔的译本产生了冲击，而且三人之间还产生了漫长的争执。歌剧院一度不能确定采用谁的译本。而德国官方最后并没有从三个人之中选择标准译本，而是选择了德国音乐专家格奥尔格·许涅曼（Georg Schünemann）的译本。许涅曼的译本在德国同样受到了极大的关注，而且德国官方也在有意推销许涅曼的译本。从1940—1941年乐季开始，德国宣传部要求各剧院弃用其他的莫扎特作品译本，而采用许涅曼的译本，达·蓬特和莱维的痕迹逐渐被抹除，莫扎特的作品基本上实现了"雅利安化"。

三

五、六章为第三部分，主要内容为流亡海外的政治难民对莫扎特形象的重塑，莫扎特也成了他们最有力的文化认同载体。莱维认为，这同莫扎特音乐本身的特质相关，"莫扎特作品的结构和美学是一剂和悲惨现世大相径庭的解药，能抚慰他们背井离乡的创伤。同样重要的是莫扎特作为启蒙主义和人道主义代表人物的人格和文化观"（第 107 页）。五、六章则分别从德国流亡者同莫扎特音乐相关的活动与流亡作家对莫扎特形象的塑造两个方面探讨这一问题。

第五章"莫扎特在海外"主要介绍德国的流亡音乐家组建的文化机构和音乐节，莱维将其称为"莫扎特离散群体"（Mozart Diaspora）。最早的莫扎特离散群体是由犹太人组成的犹太文化联盟（Jüdischer Kulturbund），旨在为失去剧院工作的犹太人提供文化领域内的工作。有趣的是，《费加罗的婚礼》也是文化联盟十分重视的剧目，联盟希望通过这部歌剧表达对威权主义的反对以及对平等、自由、博爱的追求。联盟的文化活动获得了极大的成功，而这不可避免地引来纳粹党的敌视，因此在 1937 年 5 月，纳粹党下令禁止文化联盟上演贝多芬、莫扎特以及歌德的戏剧。1934 年前后在英国举办的格林德伯恩（Glyndebourne）音乐节则是另一场由流亡音乐家举行的莫扎特音乐活动，这场音乐节汇聚了英国及欧洲各国的杰出音乐家，获得了空前的成功，格林德伯恩也成了德国流亡艺术家的文化象征。格林德伯恩音乐家代表了海外音乐家反抗纳粹的努力，萨尔茨堡音乐节则是处在纳粹党威胁下的音乐节。1933 年前后，德奥局势已相当紧张，纳粹当局对越境参加音乐节的德国人课以重税，一些受邀参加音乐节的德国音乐家被迫退出，奥地利的纳粹分子也暗中破坏音乐家的筹办。尽管面临强大的压力，萨尔茨堡音乐节仍然如期举行。犹太人音乐家布鲁诺·沃尔特（Bruno Walter）坚持用意大利语演唱《唐·乔万尼》，此举是对纳粹党的公开反对。除了这两次大规模的音乐节外，英国和美国等地也有大量由流亡音乐家参与举办的音乐活动，旨在捍卫他们所认为的莫扎特形象，反对纳粹暴政。

第六章"'真正的人文主义音乐'：流亡作家谈莫扎特"从莫扎特的个人形象的角度探讨德国政治难民对莫扎特的塑造。其中以前文提及的犹太人音乐家阿尔弗雷德·爱因斯坦为代表。爱因斯坦在流亡期间一方面撰文宣扬莫扎特的人文主义精神，另一方面则积极扩充第三版莫扎特作品的

"克歇尔目录"，编订莫扎特音乐的乐谱。其目的都是为了反对纳粹党对莫扎特的歪曲，努力还原莫扎特及其作品的原貌。这些行为自然引起了纳粹党的敌视，德国音乐家也迫于政治压力对爱因斯坦的成就沉默无言。但德国仍然有音乐家公开表达对爱因斯坦的敬意与认同，在德国之外的国家，爱因斯坦更是获得了广泛的赞誉。除爱因斯坦之外，奥托·埃里希·多伊奇（Otto Erich Deutsch）、保罗·奈特尔（Paul Nettl）、安内特·科尔布（Annette Kolb）也是这一时期比较重要的莫扎特诠释者。为了抵制纳粹对莫扎特的歪曲，多伊奇对莫扎特与共济会的关系进行了深入的研究，多次撰文阐明莫扎特与共济会的联系，而这也导致了他同反共济会者之间的论战。奈特尔的研究集中于莫扎特与共济会和捷克人的关系，他是揭露纳粹文化宣传误导性最犀利的学者之一。在他看来，莫扎特的作品丝毫不具有民族主义的特点。莫扎特的作品源于欧洲各国的文化，其本身具有深厚的人文主义特质，同纳粹主义没有丝毫的联系。安内特·科尔布则从另一个方面对莫扎特的形象进行了塑造，她的作品《莫扎特》并不是要还原莫扎特本人的形象，而是希望表达她对莫扎特理想主义与牺牲精神的赞扬。总体而言，她将莫扎特塑造成了一个超越党派和意识形态的文化形象；在民族问题上，她认为莫扎特丝毫不具有恶毒的民族主义，而是一个和平主义者。

四

七、八章为第四部分，主要探讨纳粹党在1938年后，也就是吞并奥地利后对莫扎特的利用，两章分别从德国大后方与占领区两个方面探讨这一问题。

第七章"莫扎特演出和宣传：从德奥合并到第二次世界大战结束"主要论述纳粹德国在德奥地区，也就是德国的大后方举行的莫扎特宣传活动。前文提到，萨尔茨堡音乐节在德奥合并前受到了德国的抵制与破坏，而在德奥合并之后，德国尝试重新利用音乐节为自己的政治利益服务。这几年举办的萨尔茨堡音乐节旨在渲染纳粹党所提倡的德意志精神，倡导爱国主义，号召国民投身国家。同时，纳粹党也希望通过音乐节渲染欢乐的气氛，将人们的注意力从动荡的政局上转移开。除此之外，纳粹党还积极筹办纪念莫扎特诞辰185周年的"莫扎特年"活动，在这期间，纳粹党在德奥地区举办了大量的关于莫扎特音乐的纪念活动，歌剧院、电台、电影等多种媒体都参与其中。

第八章"莫扎特服务德国帝国主义"则从占领区的角度探讨纳粹对莫扎特的利用。莱维指出，"莫扎特的作品除了被用来在后方提振民心以外，也服务于德国在占领区开展文化扩张主义的目的"（第219页）。纳粹党在不同地区采用了不同的方式利用莫扎特为扩张服务，大体而言，在捷克（斯洛伐克）地区，莫扎特的作品被用于宣扬德国的文化霸权，以莫扎特为切入点将捷克吸纳到德国的文化领域内，从而在文化上征服捷克人；波兰地区遭受到的文化压制则更加严酷，由于纳粹党在种族上将波兰视为劣等种族，因此禁止波兰人参与莫扎特音乐的庆典。尽管华沙等地也有一些音乐活动，但其规模无法同其他地区相比；在法国等西欧地区，纳粹党则通过莫扎特强调德国可以和占领区实现积极的合作，莫扎特就被当作不同国家可以共享的文化资源而成为两国联系的纽带。纳粹党在占领区举行了大量同莫扎特相关的音乐活动，布拉格甚至成了"第三个莫扎特城市"，而占领国的许多音乐家也被纳粹党吸纳进了文化宣传机器中，成为两国合作的纽带。

第九章"终曲：纳粹的遗产"为本书的结语部分，主要内容为纳粹党覆亡之后，同盟国以及之后的音乐家如何重新认识莫扎特，如何利用莫扎特作为重塑德国和欧洲秩序的文化符号。不管是政客还是作曲家，都希望消除莫扎特身上的民族主义痕迹，重新塑造一个国际主义的、超越国界与意识形态的莫扎特形象。奥地利在其中发挥了重要的作用，总理沃尔夫冈·许塞尔（Wolfgang Schüssel）希望能以莫扎特为纽带，联结整个欧洲的文化，希望欧洲的政治家能认识到，欧洲不应只是一个经济理念，也应该是一个文化共同体。

结　语

就本书而言，莱维基本上完成了他为自己设定的任务——探讨莫扎特如何被纳粹党以及纳粹党的反对者所重塑与利用。他通过公开出版的著作与政府文书比较完整全面地梳理了这一过程，而且对一些重要节点、人物的选取也使其论述有自己的着重点，选取的事件与人物也具有突出的代表性。通过这些分析，莱维也呈现出了纳粹党塑造莫扎特形象这一宣传政策的一些基本特点：重构性，指为了使莫扎特的音乐适应纳粹政治的需要，莫扎特的文化形象不可避免地要受到修改与重构。而纳粹党也确实在这方面投入了很大的心血，为了抹除莫扎特与共济会的关系，强化莫扎特的民族主义性，莫扎特与其音乐都受到了极大的修改；排他性，指由于莫扎特是纳粹文化政策的重要对象，而文化政策本身也是为其政治意识形态服务，因此纳粹党严格掌握着对莫扎特的解释权，而异见者或者迫于压力沉默，或者流亡外国。纳粹党为了贯彻其一元化的政治意识形态，不可避免地会贯彻一元化的文化政策；流变性，正是因为纳粹党的文化政策强烈依附于其政治利益，当政治利益发生变化时，其文化政策自然也要发生变化。这一点在对莫扎特作品的表现中十分突出，早期，纳粹党为了强化莫扎特音乐的德意志性，有意抹除莫扎特音乐中的意大利文化元素，但是在德意结盟之后，为了突出德意的政治联系，莫扎特歌剧的意大利语版本又出现在了舞台上。

此外，本书并不局限于纳粹党对莫扎特形象的塑造，莱维同样关注到了德国流亡者对莫扎特的借用，而这使本书呈现出莫扎特形象塑造的另一个特点：莫扎特原本的文化形象在这一过程中已经模糊不清了。不管是纳粹党还是其反对者，对莫扎特形象的重构都有很强烈的政治与意识形态目的。纳粹党利用莫扎特宣扬民族主义与帝国主义，而流亡者则通过莫扎特倡导国际主义与和平主义。战后的情况更加明晰地说明了这一点，不管是政治家还是音乐家，都希望通过莫扎特联结欧洲各国的文化，莫扎特的国际主义特点则得到了极大的关注。莱维通过莫扎特这一个案，也阐明了一个文化符号的变迁过程：文化符号的本质意义往往是模糊不清的，文化符号往往是在文化之外的语境中塑造出来的，而这些塑造则隐含着深刻的政治及社会动机。

评克里斯托弗·辛普森《胁迫之术：心理战与美国传播研究的兴起（1945—1960）》[*]

张　昊[**]

现代社会科学往往追求并强调其独立性、专业性与客观性，然而，这在很大程度上并不完全属实。《胁迫之术：心理战与美国传播研究的兴起（1945—1960）》[①]一书就探讨了二战后到冷战前期传播学与美国心理战的关系，在勾勒出1945—1960年美国心理战的历史脉络的同时，考察著名的大众传播研究者和机构对心理战事业的贡献，并且检视这些心理战项目如何影响传播研究领域对于传播和科研的普遍理解。

一

本书分作八章，第一章是对全书问题意识与内容的概述，以及对心理战概念的辨析。作者坦言本书是一项知识社会学研究，即它关注知识生产

---

[*] 本文是湖南省社科联成果评审委员会项目："'美国梦'对外传播战略研究（1931—1959）"（XSP17YBZZ129）的阶段性成果。

[**] 张昊，北京师范大学历史学院硕士研究生，本科就读于首都师范大学历史学院世界史专业。

[①] Christopher Simpson, *Science of Coercion: Communication Research and Psychological Warfare, 1945-1960*, Oxford University Press, 1996. 中译本为［美］克里斯托弗·辛普森：《胁迫之术：心理战与美国传播研究的兴起（1945—1960）》，王维佳、刘扬、李杰琼译，上海：华东师范大学出版社，2017年。

与特定时期社会政治条件之间的关系。进一步说,尽管政府与基金会自身实际上并不能创造一种持续性的学术潮流,但它可以支持某一受其赞许的潮流,打压其他竞争者,树立某种竞争优势。这样,强势集团的利益和价值就得以转换成学界广为接受的常识,并在一定程度上成为整个社会的共识(第3—4页)。至于心理战问题,作者一反通常的理解,认为心理战不是文明、科学、相对和平的解决国际冲突的工具,而是一种帝国治理的工具(第7页)。也就是说,美国发动的心理战不仅针对敌人,也包括对美国与其盟国的民众的控制。具体而言,作者对心理战的定义是,为了达到资助者的意识形态、政治与军事目标而应用大众传播理论,探索受众文化心理属性和传播系统的一套战略战术。它始于一战,发展于二战,兴盛于冷战,包括宣传、隐蔽行动、游击战与公共外交(第10—11页)。值得注意的是,作者指出,在美国的概念中,心理战一贯调用多种多样的暴力手段,包括游击战、暗杀、破坏、颠覆政权以及对独裁政权的支持。此外,心理战还包括各式各样的媒体宣传工作,范围囊括从公开的白色宣传(即新闻报道,强调中立性、事实性)、黑色宣传(即秘密地捏造事实,这一点一向被美国政府所否认),以及介于二者之间的灰色宣传(第13页)。

第二章概述了1945年前美国心理战的起源与发展,重点考察了著名传播理论家哈罗德·拉斯韦尔(Harold Lasswell)、沃尔特·李普曼(Walter Lippmann)的思想和行动。作者认为,二者给出的传播定义基于等级化工业社会中的传播模式,实际上是将其看作把一己之见强加于他人的有效工具,从而推动社会传播迈向实证主义。所谓实证主义即是将复杂而不可测量的现象拆解为各自分立的部分进行测量,再把结果一点点组装起来,形成所谓的对现象整体的客观理解,实际上完全忽视了现象自身内在的价值取向问题。尤其值得一提的是,拉斯韦尔的"5W"公式因其契合美国新型商业与政治力量的兴起而成为主流,事实上为现代广告业测量媒体售卖给客户的服务提供了基础(第19—20页)。此外,作者还考察了心理战在二战中应用传播研究而兴起的过程,尤其是威廉·多诺万(William Donovan)主政时期的美国战略情报局(Office of Strategic Services,OSS)。作者指出,大众传播领域中那些具有应用价值,便于精英通过系统操纵大众共识以维系民主、影响移民、抵御敌国威胁的研究得到了政府与基金会的资助，形成了六个从事心理战及相关研究的重镇，决定了美国大众传播领域在战后的长期研究方向，产生了乐于且善于从事社会应用研究的工作伦理，造就了一批日后的权威学者，并使其结成了富有影响力的关系网络。而其他持异议的研究者却遭到了打压和排斥。

在第三章，作者接着考察了冷战早期的心理战。不同于敌人清晰、敌对状态公开的二战，冷战时期战争的前线、具有争议的问题、敌人究竟包括谁都是模糊的。对于为何以及如何打仗的问题，国际上各主要集团都在欺瞒国内民众，美国亦是如此。承接心理战工作的新成立的国家安全委员会（National Security Council，NSC）和中央情报局面临的首要问题就是如何让秘密的心理战合乎宪法与民主。其方法十分巧妙。它先是颁布"国家安全委员会第4号"（NSC4）文件授权开展实际上半公开的所谓的"秘密项目"来进行宣传，同时又出台绝密级别的"国安委4A号"（NSC4-A）文件来秘密授权中情局执行"可被否认的"隐蔽项目，绕过"秘密项目"的渠道来进行。这样一来，对于公众来说，心理战指的是那些基本公开的宣传和大众媒体的互动；而对于国家安全和心理战的承包商们，这一词被延伸为有选择地使用武力，但绝密文件拒绝透露武力的具体量级；同时美国政府则娴熟地拒绝为任何特定的武力行动负责（第39—41页）。

在本书的第四至六章中，作者考察了战后时期，心理战和传播学相互依赖的发展轨迹。在第四章中，作者以《公共舆论季刊》（Public Opinion Quarterly，POG）为中心，揭示出部分学界人士与政府心理战机构的联系：（1）该期刊上许多文章明确探讨了心理战的经验，展示相关研究成果；（2）其中相当数量的文章实际上是以读者为对象进行说服，以证明美国干预海外事务的合理性，以及传播学研究可以为冷战发挥的独特作用；（3）多位编者和投稿者与国务院、中情局和军方心理战机构有经常性的秘密联系，编委会中至少三分之一的人依赖心理战机构提供的资金。

紧接着，在第五章中，作者继续以资金为线索，探寻了政府、基金会与传播学学术进展的关系。对密歇根大学调查研究中心、芝加哥大学国家民意研究中心、哥伦比亚大学应用社会研究所的考察显示出，若无国务院、军方或基金会的委托合同，这些中心在成立后的十年内不可能组建并维护一支可在全国范围内进行调查的研究团队，而这样一个团队对该中心的学术研究、商业合作以及经济收入而言都至关重要。并且，研究经费实际上是通过受政府青睐的承包商流向他们的朋友和同事。这一非正式的人际关系网络的存在通过垄断学术资助而塑造了传播学领域的主导范式。

在第六章中，作者继续考察了朝鲜战争及之后时期传播学对心理战项目的参与。随着冷战向第三世界扩展，传播学也随之将重心从美苏意识形态斗争转为争夺第三世界的人心。作者以1951年美国舆论研究学会（American Association for Public Opinion Research，AAPOR）年会为例，指出与会学者已经自觉地将传播研究看作心理战的一种形式，认为国际传播研究在很大程度上是分析、阐释如何将本国的国家意志强加于他国（第74—75页）。与这一共识相对应的是，在理论层面，无论新或旧的传播学学说，都忽视了传播对象所处的社会情境，只是急于寻找办法使听众能更有效地听从传播者。

然而，传播学与心理战的关系远不止是资助者带来研究偏见这么简单。作者在第七章中指出，在该学科发展的每个时期，主导范式的支持者们既要和那些追求各种非主流范式的同事做斗争，也要和持不同观点的非专业人士做斗争。主流的大众传播研究者并非简单地被政府收买，而是将受雇机构的价值观内化，认同这些机构行动的理据，甚至因参与这些行动而自觉高贵和光荣。作者援引并例证了彼得曼（A. Biderman）和克劳福德（E. Crawford）的观点——有五种基本因素使冷战时期的国家安全项目能够以专业化的方式被社会科学家们所接受：（1）社会科学家会有选择地关注政治、军事环境中那些与他们价值理念相一致的事务；（2）军方设法使社会科学家免于卷入到直接运用暴力的"脏活"之中，这有助于说服他们相信自己从事的是正派的工作；（3）非对称关系的理念，即军方让社会科学家相信他们可以使用军方的资源开展自己的研究，而且能够回避那些他们所不情愿或不屑于参与的事情；（4）军方许诺对心理战项目的参与不会威胁专业自主性，允许社会科学家留在高校或智库任职而非直接加入政府工作；（5）军方项目常常有着专业上的价值和吸引力。此外，作者还补充了其他因素：（1）社会科学家回避了对自己工作后果的反思，并把那些可能存在价值争议的问题转变成纯粹的工具性研究，这样就可以接受那些原本在道德和政治上充满疑点的研究课题;(2)学术声誉与资金,然而后者并非是动员学者的首要因素,相反,参加政府资助项目才能开展某些特定形式的研究并获得职业声誉,而这是其他途径无法达成的;(3)参加心理战的研究工作成为一种表达社会科学家爱国心、政治可靠性,证明社会科学合法性的有力方式,尤其是因当时麦卡锡主义的政治迫害,那些没有积极参与政府项目的学者会被批评为中立主义者,甚至是斯大林的同情者从而遭受压制甚至被开除教职。作者敏锐地指出这些因素中潜藏的问题是,它们会导致诸如《公共舆论季刊》等本应该提供一个公平开放的学术平台的刊物或机构反而会阐释和维护某些大众传播领域的特定观点,同时策略性地排斥阿多诺等批判学者,使得双方无法进行负责任的对话,从而阻碍了思想的自由交流。

最后,作者在第八章评析了心理战对传播学的影响。他考察了在1948—1970年占传播学研究主导地位的施拉姆(W. Schramm),认为其职业生涯与美国政府的心理操纵计划密切相关,例如他许多重要著作都是为美国政府宣传项目而准备的教材(第124页)。施拉姆最重要的理论贡献是区分威权式和苏联集权式两种媒介系统,并认为前者更人道、更自由。这显然是试图用科学理性来为美国扶植反共独裁政权的行为辩护。接着,作者逐个考察了心理战影响遍及的九个领域:(1)效果研究;(2)对苏及其他问题国家传播体系的研究;(3)舆情问卷抽样技巧的精细化操作及问卷统计方法;(4)对外国地区的民意研究和受众研究;(5)早期的扩散研究(Diffusion Research)①;(6)早期的发展理论研究;(7)施拉姆的大众传播

---

① 扩散研究又译为"散布研究","扩散"的定义是"散播关于创新消息的一种特殊传播样式"。在社会发展过程中,人们形成新的观念、从事新的实践、推广新的事物,这些都离不开创新。扩散研究主要是对创新怎样传播,从而为人知晓,并在社会系统中得到推广的研究。它关注一项创新被采用或拒绝的最后阶段,这是它与两级流动传播模式的区别所在。(笔者按:两级流动传播模式/理论是由传播学奠基人、美国社会学家拉扎斯菲尔德的观点,即观念总是先从广播和报刊传向"意见领袖",然后再由他们传到人群中不那么活跃的部分。)所以,扩散研究的重点不是一项创新的产生而是它的推广,即它在一个社会系统或组织系统内进行推广所经历的时间和跨越的空间,以及影响其扩散的因素,尤其是这一过程中的人际传播和大众媒介传播。扩散研究的主要内容包括:了解创新的早期阶段,同一社会系统不同创新的采用速度,创新精神,观念的领导者,扩散网络,传播渠道的使用,创新的结果。见黄晓钟、杨效宏:《传播学关键术语释读》,成都:四川大学出版社,2005年,第236页。

研究；（8）参照群体和两级传播理论；（9）在商业公共关系领域广泛运用的动机和士气研究。他认为，心理战对这些这一时代传播研究最重要的议题设置方面都起到了直接或间接的作用。而在内容方面，政府项目尽管并未决定什么是科学家应该说的，但是强烈地影响了谁具有话语权。

二

从学术史的角度看，作者突破了传统上只考察思想观点如何流变的学术史编纂方法，从传播研究与心理战的关系入手，梳理了传播学的早期历史并挖掘了许多如今为人所遗忘的往事。在方法论上，本书具有较强的知识社会学色彩与福柯式的批判精神，着重于考察知识生成的社会背景，以及审视学者与政治、社会科学与意识形态的关系。

然而，本书仍存在一些不尽如人意的地方。首先，书中未能明确区分战术心理战与更广泛意义上的政治宣传（主要是国家形象声誉的传播），而是笼统地将其涵盖在心理战的大范畴之下。而实际上二者之间存在着一定的矛盾。"这一矛盾既涉及不同官僚机构之间的权力斗争，即负责短期战术心理战的军方和情报机构与负责长期政治宣传的外交和宣传部门（主要是美国新闻署）之间对于政策制定主导权的争夺，更在深层次的工作哲学层面体现着对宣传的不同理解——对外宣传究竟是用来追求短时间效果的军事战术手段，还是事关长远的国家形象工程；是主要依靠谣言、抹黑来攻击敌人的黑色宣传，还是主要依靠剪裁信息和有倾向性的评论来构建正面形象的白色和灰色宣传。在1945—1956年的冷战高潮期时，美国对苏东长期和短期的宣传目标均是克敌制胜、赢得战争，整个国家机器就是围绕'战'的原则组织对外宣传的。所以二者之间表现趋同。但在1956年后冷战缓和的态势使得美国的宣传重点从攻击共产主义意识形态转为对外传播美国文化与生活方式，短期与长期宣传之间的张力更为显著。"[1]

---

[1] 详见翟韬：《"文化转向"与美国冷战宣传史研究的兴起和嬗变》，《世界历史》2018年第3期，第125—143页。

作者对军事心理战和民事的政治宣传未做区分,容易污名化传播学研究及其学者。整本书中,许多学者被描绘得像是跃跃欲试的冷战斗士,他们的学说也更像是为当局辩护,而不是客观规范的学术研究。而实际上,作者对这些学者服务于心理战的职业生涯与其学术观点之间联系的考察只具备相关性,而未能达到因果关系的程度。作者也承认,心理战项目实际上并未决定学者的研究结果,其只不过是挑选出那些理论观点符合政府需要的学者。换个角度思考,完全可以认为那些符合政府需要的学者及其理论是以其学说的深刻和有效性而受政府青睐的。实际上,在本书所论述的传播学的这一奠基时期出现的许多方法和理论,至今仍被用于美国国内的竞选和商业广告之中。作者带有预设的论述一定程度上夸大了心理战对传播学的影响。

其次,尽管作者主张反思心理战在传播学中的作用,审视其中的西方意识形态,以及学者在传播这种意识形态的过程中扮演的角色(第136页),但显然作者欠缺对冷战时期美国意识形态——自由国际主义的充分理解。它不仅包括作者所主要讨论的国家安全层面上抗衡苏联等敌人,更包括文化价值层面上运用美国理念、经验和模式(其中自然包括社会科学)文明地解决国际冲突、系统地改造外部世界的态度与实践。而这一意识形态不仅一直是冷战时期美国政府的对外政策方针,其浓厚的美国内生价值取向也使其在学术界得到了广泛的自发拥护。从这一角度可以更好地理解传播学学者对打着科学旗号、传播美国价值的心理战事业的接受与参与,以及他们对违背这一宗旨的黑色宣传与暴力活动的犹豫与拒绝。①

笔者认为,对于作者所指出的传播学中存在的诸多问题,心理战作为直接原因固然难辞其咎,与此同时却更不应忽视更为深远的学术领域科层化和官僚化方面的因素。因为倘若美国社会科学自身并不具备适应并支持心理战等宣传活动的潜在能力与意愿,那么即使外在的冷战战略需要与政治压力再强烈,心理战对于社会科学的应用也不会这般顺利,并取得如此

---

① 详见[美]雷迅马:《作为意识形态的现代化:社会科学与美国对第三世界政策》,牛可译,北京:中央编译出版社,2003年。

大的成功。实际上，现代社会科学盛行的是一种 C·赖特·米尔斯（C. Wright Mills）称之为抽象经验主义的科层制学术风格。它注重理论和方法上理性、系统、标准，易于个人或集体操作与重复，同时却忽略在价值层面上讨论、甄别并选择研究课题。它培养的与其说是独立自主地探求真理的学者，不如说是受过培训来为客户生产知识的专家。这种研究所达成的结果常常是加深了现代社会中从思想文化到政治、经济等各个领域内韦伯意义上科层形式的支配的范围与效率。这样，就像本书所讨论的那样，追求并强调客观中立的社会科学，却会服务于目的可疑的商业或政府项目，并且采取并接受了主顾所持有的顶层视角。而本应独立自主的大学与学术界也最终成了美国政商学联盟体制的有机组成部分。①

除此以外，在本书的翻译上还存在着一些问题有待商榷。首先是书名。笔者以为，按照作者的用意，本书旨在考察一门宣称自己客观中立的社会科学如何成为帮助政府实现对民众的说服与操纵的工具，所以应当译为《强制的科学》（Science of Coercion），以彰显价值无涉的科学理想与其所实际充当的强制性工具之间隐含的矛盾。其次，第五章所讨论的事项之一是基金会帮助美国政府进行心理战项目的资助，而在第 67 页里译者将"Carnegie Corporation"错译作卡耐基公司，实际上应是卡耐基基金会。

总之，本书具有开创性地将冷战时期的政治社会因素引入传播学学术史的研究中，扩展了冷战社会科学的研究范围。期待学界之后会有更全面的进一步研究。

---

① 详见 [美] C·赖特·米尔斯：《社会学的想象力》，李康译，北京：北京师范大学出版社，2017 年。

法国与冷战

法国外交文件选译（五）

沈练斌、李梦磊、王祎慈等编译*

[**编者按**]　为了推动冷战时期法国外交史的研究，本辑刊连续刊载了《法国外交文件选译》。本汇编为续篇。需要说明的是，本文编译时译者尽量保持了档案的原貌，发表时编辑做了一定删节。

19581007，FD000082
　　　　肖维尔①致德姆维尔②电（第3240—3243号）③
　　　　（1958年10月7日）
　　我刚刚把政府首脑的信件④交给了首相。

---

* 沈练斌，天津师范大学外国语学院讲师；李梦磊，首都经济贸易大学助教；王祎慈，中国社会科学院大学欧洲研究系博士生；参加译校工作的还有：南开大学历史学院硕士研究生刘彦伊，首都师范大学历史学院硕士研究生曹忠鑫、张臣臣、窦云婷、任子晴、杨紫桐。

①　舍瓦利耶·肖维尔（Chevalier Jean Chauvel），法国驻英国大使（1955—1962）。——译者注

②　莫里斯·顾夫·德姆维尔（Maurice Couve de Murville），法国外交部长（1958.6—1968.5）。——译者注

③　文献来源：*DDF*, 1958, Tome II, pp. 478-479。这份文件仅限戴高乐内阁外交顾问博埃涅（Boegner）、德姆维尔、外交部秘书长路易·若克斯阅览。

④　在10月6日回复的由格拉德温·杰布转交的英国首相的电报中，戴高乐将军指出他没有看到任何对如下内容的反对意见，即在英国首相和阿登纳总理可能进行的会谈中提及戴高乐将军已经向艾森豪威尔总统与麦克米伦先生提出的有关自由世界防卫组织的观点。将军在和德国总理的最近几次会谈中，已经呼请他注意这样一个事实，即北约并未囊括对法国利益攸关的地区；他向他指出，法国有部署原子武器的能力与意愿（De Gaulle, *Lettres*, *notes et carnets*, T. VIII, *juin 1958 - décembre 1960*, p. 100）。[赫伯特·格拉德温·杰布（Hubert Miles Gladwyn Jebb），英国常驻联合国代表（1950—1954）、驻法大使（1954—1960）。夏尔·安德烈·约瑟夫·马里·戴高乐（Charles André Joseph Marie de Gaulle），法国第四共和国部长会议主席（1958.6—1959.1）、第五共和国总统（1959.1—1969.4）。——译者注]

麦克米伦①先生仔细地阅读了信件，然后告诉我他所考虑的是想知道他可以与德国总理在何种程度上着手处理一个问题的本质方面，这是一个他打算无论如何都要提及的问题，即北约问题。因为我向他介绍了向德国和意大利驻北约理事会代表所做的通报，他告诉我，他很高兴能够得到阿登纳②先生的反馈。③

接着，他告诉我，他也深信世界安全不可分割的特性，并且他非常清楚地意识到北约、巴格达条约和东南亚条约组织碎片化的部署的随意性和不足。

但是，他也对一些国家将自己封闭在其边界或区域范围内的倾向表示关切，这些国家没有充分认识到它们各自在世界上其他任何一个地方会造成打破平衡的局面，因而导致这些国家成为其主体的后果。

这种狭隘尤其存在于德国。德国有一种从争夺世界霸权的失败中做出总结并且只关心自己国家利益的趋势。而英国首相呢，则抓住一切机会同这种趋势做斗争，为了共同体的利益而调动德国的潜能。

这种迹象由来已久。我的对话者自己以前就曾向我提及过。每每涉及德国他就回到这个问题上来的事实，于我而言好像就是表现出他对此很重视。

最后，麦克米伦先生对我说从他这方面来讲，目前他没有关于改革北约的方法和当下建立世界安全引以为凭的一整套手段的具体想法。政府首脑的备忘录成了一个认真研究的主题。这一研究自身提出了一些不容易得出答案的问题。

---

① 莫里斯·哈罗德·麦克米伦（Maurice Harold Macmillan），英国首相（1957.1—1963.10）。——译者注

② 康拉德·阿登纳（Konrad Adenauer），联邦德国首任总理（1949.9—1963.10）。——译者注

③ 10月10日的第3278—3283号电报，DDF未收录。在该电报中，大使通报外交部，英国首相在访问波恩时，已经同德国总理就关于北约改革的法国备忘录进行了讨论。英国首相并不认为自己有权披露备忘录原文，但应对此做出详细的分析。德国总理对"理事会"（directoire）的构想表达了强烈的担忧。麦克米伦先生回复说，从本质上讲，戴高乐将军明确指出了真实存在的严峻危险，这是由空间覆盖范围不足和盟国之间协调不力造成的。

我一直认为可以这样说，对这些问题的表述可能会有助于将研究继续进行下去。

(杨紫桐译，沈练斌校)

19581011，FD000083
塞杜①致德姆维尔电（第2268—2269号)②
(1958年10月11日)

在麦克米伦先生和德国总理几次会谈中，详尽地谈及了戴高乐将军的信件和北约可能发生的改组。③ 这是范·舍尔彭贝格④先生在他的报告中提到的第一个问题，他补充说他在布鲁塞尔与阁下交谈过此事。

他表现得很谨慎，只是表示问题提得很好并且问题也很严重，但是所提出的三方组织这一解决方案体现出的一种制度性，引起了联邦政府的保留态度。这一解决方案在他看来好像并不十分顾及德方利益。这些利益在中东是直接性的；甚至在远东，随即而来的政策可能对德国产生影响，因为苏联无法同时应对两条前线。

但是，目前联邦政府考虑的是不妨碍法国政府首脑。国务秘书已经得

---

① 弗朗索瓦·塞杜（François Seydoux），法国驻奥地利大使（1956—1958）、驻联邦德国大使（1958—1962、1965—1970）。——译者注

② 文献来源：*DDF*, 1958, Tome II, pp. 498-499。仅博埃涅、德姆维尔、若克斯和常驻北约理事会代表德库塞尔传阅。[若弗鲁瓦·绍德龙·德库塞尔（Geoffroy Chodron de Courcel），法国常驻北约理事会代表（1958—1962）、驻英大使（1962—1972）。——译者注]

③ 10月1日的第3175—3178号电报，DDF未收录，法国驻伦敦大使介绍了麦克米伦首相提出的预计10月8日访问波恩时的一些担心，即是在德国总理了解了法国备忘录时还是在了解了法国政府的看法时应该和他谈及此事。

④ 阿尔伯特-希尔格·范·舍尔彭贝格（Albert-Hilger van Scherpenberg），联邦德国外交部国务秘书（1958—1961）。——译者注

知了意大利人的反应,① 并且从这个方面来看他对冒失的行为感到遗憾。

(任子晴译,沈练斌校)

19581013,FD000084
德姆维尔致法国驻华盛顿、波恩、伦敦大使

以及常驻北约理事会代表电②

(1958年10月13日)

谨致大使:

您将在下文看到1958年10月11日阿登纳总理致戴高乐将军的信件的译文。

"主席先生。在今年9月15日我离开科隆贝双教堂③时,您提议我们应该就极具重要性的敏感问题互通私信。我对这一提议欣然同意。

"总之,请允许我告诉您我对最近几天事件的看法,并且同样本着这样一种友好想法,即会使您,我的将军,给出一些书面的交换意见。

"我想就您最近已经向艾森豪威尔④总统和麦克米伦首相提出的有关北约政治机构改革的备忘录谈一谈。

"当我在科隆贝时,您说过,总的来说,在您看来,改良北约的政治机构是必要的。我对这一总体看法表示认同。

---

① 范范尼先生和帕莱夫斯基先生在10月初的会谈期间,特别提到了法国政府给艾森豪威尔先生和麦克米伦先生的信件。范范尼先生说,如果这个传闻得到证实,强烈的反对意见就会产生;巴黎所持立场不可能会被意大利政府视为"可接受的"(罗马10月2日的第896—900号电报,DDF未收录)。[阿明托雷·范范尼(Amintore Fanfani),意大利总理兼外长(1958—1959)。加斯通·帕莱夫斯基(Gaston Palewski),法国驻意大利大使(1957—1962)。——译者注]

② 文献来源:DDF,1958,Tome II,pp. 503-504。发往各机构的编号依次是:第10999—11002号;第3578—3781号;第10164—10167号;第1603号。仅限博埃涅、德姆维尔、若克斯和德库塞尔传阅。

③ 法国东南部上马恩省小村,戴高乐故居和去世地。戴高乐1953年退出政坛隐居此地,并开始撰写二战回忆录,1958年才再度出山。——译者注

④ 德怀特·戴维·艾森豪威尔(Dwight David Eisenhower),美国总统(1953—1961)。——译者注

"据我所知，您的备忘录就所考虑的调整内容确定了详细的设想。我不知道备忘录的具体内容，但您的外长已经将有关其内容的信息交给了德国外交部国务秘书范·舍尔彭贝格先生，他已经就此向我做了汇报。麦克米伦首相在他的波恩之行期间就此问题同样向我提供了一些信息。

"多亏于此，我认为了解了这份备忘录的基本主线。

"主席先生，我非常担心的是这份作为讨论基础的备忘录一旦被人所知，将会激起一场有害且令人不快的公共论战，其规模绝不能被低估。

"请允许我建议您邀请斯巴克①先生——我并没有告诉他有这样一封信——来与您会面，和他着手讨论北约政治机构重组的问题，此乃重中之重。

"我知道您现在因法国的内政事务极为繁忙。如果说，尽管如此，我仍就此事给您写信，这也是怀念在科隆贝双教堂时的氛围，以及因为我时刻充满着忧虑。"

（刘彦伊译，沈练斌校）

19581014，FD000085

塞杜致德姆维尔电（第 2287—2289 号）②
（1958 年 10 月 14 日）

我认识克里斯托弗·斯蒂尔爵士③很久了，在他年假之后，今天下午来看望我作为对我到访的回访。他自发地对我说，在他看来，戴高乐将军给艾森豪威尔总统和麦克米伦先生的信件已经相当严重地困扰了德国总理（见我的 2268 号电报）。在英国首相最近访问波恩的期间，他能察觉到这一点。

---

① 保罗-亨利·斯巴克（Paul-Henri Charles Spaak），比利时政治家，1938—1939 年、1946 年、1947—1949 年任比利时首相，1957—1961 年任北大西洋公约组织秘书长。——译者注
② 文献来源：*DDF*, 1958, Tome II, pp. 514-515。
③ 克里斯托弗·斯蒂尔爵士（Sir Christopher Steel），英国外交官，1953—1957 年任英国常驻北约代表，1957—1963 年驻西德大使。——译者注

阿登纳总理似乎尤为担心这样的泄密可能使公众舆论获知此事，并且可能对他在有关内政方面产生严重干扰。

在我的英国同事看来，考虑到西方机构在很多方面需要由法国政府首脑做出评论，德国总理和英国首相可能已同意应该更定期和更频繁地进行政治磋商。但是，他们认为应保持某些灵活性，可根据讨论的问题而选取不同的参会者。德国、法国甚至是英国总是参与其中，这是没必要的。

另外，克里斯托弗·斯蒂尔爵士向我指出，他明白德国总理提出的建议并且倾向于使斯巴克先生参与研究这个问题。

（窦云婷译，沈练斌校）

19581015，FD000086

德姆维尔致法国驻美国、西德、英国大使以及常驻北约理事会代表电①
（1958年10月15日）

参考我的电报：

发给华盛顿的第10999—11002号；

发给波恩的第3578—3581号；

发给伦敦的第10164—10167号；

发给德库塞尔先生的第1603号。

您将在下文看到戴高乐将军1958年10月15日给阿登纳总理回信的原文：

"总理先生，我仔细阅读并研究了您10月10日②的信，我很高兴您主动在我们之间进行直接的意见交换。

"您一定记得在我们的科隆贝会谈期间，我们谈到了北约。我对您说这个组织，像它现在这样，很难与它的目标相适应。例如，北约的战略防区

---

① 文献来源：DDF, 1958, Tome II, pp. 517 - 518。编号依次为：第11066—11069号；第3610—3613号；第10233—10236号；第1619号。仅限博埃涅、外交部长办公室、路易·若克斯和德库塞尔传阅。

② 实际上是10月11日。

不包括东方、北非和红海这一事实似乎很难说是合理的。正如您所知，黑非洲是东方的政治目标，其处于为西方安全划定的区域范围之外这一事实与当下现实是不相适应的。由于西方同盟的义务，在太平洋或印度洋突然发生的争端会加速将欧洲卷进世界冲突，欧洲自己事实上无法决定其命运，这一事实应该不会被接受。最后，在战争状态是否运用核武器的决定——考虑到因此对欧洲所产生的所有后果——完全交由美国这一事实似乎应该加以修正。

"在这种情况下，在我看来，有必要像我曾经告诉您的那样，一方面重新考虑世界范围内的安全问题，另一方面，考虑北约特有的组织和领域已经变得很必要。这就是鉴于美英目前的以及可能的对世界责任的范围，也出于这两个西方强国持有核武器这一原因，我以一个备忘录的形式，向艾森豪威尔总统和麦克米伦首相表达的内容。

"总之，据我看，这就是我们可能能够建立起并取得成果的合作的主题。一旦艾森豪威尔先生和麦克米伦先生回复了我，就我这方面而言，我会非常希望在我们两个政府之间就组织西方安全，且首要的是欧洲安全的最佳方式进行尽可能深入的意见交换。"

(曹忠鑫译，沈练斌校)

19590326，FD000016

阿尔方①至德姆维尔电（第 1666—1673 号）②

（1959 年 3 月 26 日）

参阅我的第 1615—1631 号电报。

英国或者美国的官方评论自然地促成了于 3 月 20 日至 24 日在戴维营和华盛顿的对话的圆满成功。令人不快的是在如此深入的会谈之后，有人竟然提出西方阵营不睦的说法。

---

① 埃尔韦·阿尔方（Hervé Alphand），法国驻北约代表（1952—1954）、常驻联合国代表（1955）、驻美大使（1956—1965）。——译者注

② 文献来源：*DDF*, 1959, Tome 1, pp. 421-423。

但是，在麦克米伦离开美国后，有关今年 5 月向苏联人提出的问题的解决方法上，在英国人与美国人之间存在着严重的分歧。

在 3 月 25 日的总统新闻发布会上，在面对一些英国发言人试图解释结果或未达成结果的方式时，总统多次表现出很恼火的样子。

当被问及外长会议是否自动变为峰会时，艾森豪威尔先生用了比较强硬的语调做出了回答，并使用了这样的表述："只有在观察到的事态进展到认为可以时才能够这样做。"他还补充道："如果有人能给出不一样的见地，这是错误地解释我在对话时所说的内容。"

同样，当被问及关于英国在中欧的兵力和军备"解冻"方案时，艾森豪威尔先生回答道："我不知道谁曾告诉您这些。如果有人宣称我同意这个计划，他就是与我背道而驰。"美国总统的这番澄清话语解释了外交部（Foreign Office）的高官在上周会见之后对获得的结果进行分析所处的困境（伦敦第 1031—1035 号电①，华盛顿第 3411—3415 号电）。

毫无疑问，艾森豪威尔和麦克米伦的对话是在两个有着多年交情的老朋友的正常的互信的基础下进行的。但是，会谈一结束，双方发言人试图将不确定的利益都以有利于他们或者他们的政府的一面做出解释。如果协议能够达成，这也是片面的且是暧昧的，并且其后果也即将出现。英国政府现存的灵活政策确实令美国总统担忧。艾森豪威尔将美国的对外政策重新掌握在个人的领导之下，他坚持要向世人表明，作为美国的国家元首，应该由他做出决定，但这个决定不应该是英国与加拿大联合之下强加于他的。

在会晤后，英美关系让人不安。然而，应该注意的是，英国人除了对他们的政府首脑的选举忧心之外，认为还要完成一项真正的和解任务，因此英国人不会认为自己是被打败了。英国驻华盛顿使馆的武官和文官在国会、媒体和军队领域里很活跃，为的是强调他们认为的在美国最高领导人

---

① 3 月 25 日，DDF 未收录。在此电报中，大使汇报了同弗雷德里克·霍耶·米勒爵士（Sir Frederick Hoyer Millar）进行的有关戴维营会谈的谈话。常务副秘书长所表述的内容对于肖维尔先生"好像有点空洞"。在华盛顿的那些英国人所报告的唯一能令人感知的结果好像是为了回复 3 月 2 日苏联照会而做的一个共同起草文件。这是有关召集峰会、欧洲中心裁减军备区域、柏林问题以及使联合国发挥可能的作用这些内容的。

处发现的强硬政策会导致世界大战的巨大危险。他们在这方面的努力已经取得成效。一些疑虑已经出现,且不说一些媒体评论者,很多外交委员会的成员都认为,如同其主席富布莱特(Fulbright)先生所认为的,迟早有一天得达成和解。

杜勒斯①先生的健康状况②只能让他勉强参与英美对话。国务卿的威望仍非常重要。他在这样的场合说的一些话就能表明这一点,特别是在他生病前的几个月也亲身证明了这一点。

然而,艾森豪威尔先生是易受影响的。国务卿的观点可能更难能可贵,并且随着时间发展其情报将更加含糊。只是现在面对英国的灵活性,美国的态度仍然依赖于坚定的政策。另外,总统已经得到来自巴黎的建议以及共和国总统的信函③所提供的支持。在戴维营会谈前,我已经证实在这一领域法美观点的相似所带来的意义。这一点在会晤时没有被忘记。

(张臣臣译,沈练斌校)

19590331, FD000017
阿尔方至外交部电(第1719—1727号、第1730—1734号)④
(1959年3月31日)

谨致部长⑤:

3月31日一早我受到了赫脱⑥先生的接见。谈话直入主题,对昨天白天

---

① 约翰·福斯特·杜勒斯(John Foster Dulles),美国国务卿(1953.1—1959.4)。——译者注
② 因患癌症,国务卿杜勒斯于4月15日辞去职务并于5月24日去世。
③ 可能指3月11日戴高乐将军给美国总统的信件,在 DDF, 1959, Tome 1, 文件16的注释中曾提及。3月26日,英美会谈一结束,共和国总统再次写信给艾森豪威尔将军表示对巴黎和华盛顿间形成的统一阵线感到高兴(Charles de Gaulle, *Lettres, notes et carnets*, T. VIII, *juin 1958-décembre 1960*, Plon, 1985, p.208)。
④ 文献来源:*DDF*, 1959, Tome 1, pp.433-437。
⑤ 此时德姆维尔在华盛顿同美国、英国、西德外长商讨苏联3月30日和31日照会所引发的形势。
⑥ 克里斯蒂安·赫脱(Christian Archibald Herter),美国国务卿(1959.4—1961.1)。——译者注

收到的苏联照会进行了快速分析。代理国务卿表明他让人对各种照会进行了研究，以便确定是否要在答复中体现出差异。总之，美国方面普遍认为，苏联在这种情形下采用了一种温和的语气。我们避免正式对如下两点表态：从部长级会议过渡到峰会，德国加入的模式。然而，我指出，赫鲁晓夫装作把这两点视为已获得的成果。

赫脱先生随后提出了有关柏林问题的《应急文件》，该文件将于下午在三方基础上①进行评估。墨菲②先生明确指出，美国政府对由法国方面提出的针对第 10 段和第 11 段（见我的 1697 号电报③）新草拟的内容进行了评估。总的看来，这些文字内容好像还是可接受的。我指出，《应急文件》到现在已经讨论数周了，呈现一种迷失在细枝末节和无限推迟做出政治决策的趋势。重要的是，在要对我们实施封锁的情况下，得明确表现出我们决定保留我们的进入权和通行权。但是，很难设想出所有的假设情况，因为我们可能从本质上忽视了发生该事件的方式。针对这一点，只有在为了通知联合国我们根据宪章第 51 款（自卫权）可能会采取的行动时，对我来说好像才可能求助联合国。如果我们还想另行作为，我们会冒使行动瘫痪的风险。

赫脱先生给出回复，他同意这些大体上的原则。但是，英国人已经强调当船队遇阻时，还是有可能在求助于武力举措前进行新的谈判。选择将该事务提交给纽约的最佳时机的问题因此提出。从美国方面来讲还保持着

---

① 这是指一份相关的工作文件。在这份文件中，美国国务院全面总结了从 1958 年 12 月 11 日至 1959 年 3 月 31 日在华盛顿进行的各种有关进入柏林问题的协商。该份文件于 3 月 17 日通过华盛顿 756 号快件已经转到法国外交部。DDF 未收录。

② 罗伯特·墨菲（Robert Daniel Murphy），美国驻日本大使（1952—1953）、国务院国际组织事务助理国务卿（1953—1959）、政治事务副国务卿（1959.1—1959.12）。——译者注

③ 3 月 30 日电报，未收录。该电报对当天由美国副国务卿帮办、英国和法国大使召开的会议做了汇报，该会议旨在评估 3 月 11 日有关在紧急情况下为保留进入柏林的路径而采取的措施的文件（是有关在之前的注释中提到的那份美国文件）。法国外交官强调在美国的 1958 年 12 月 11 日照会（关于该照会的内容请见 *DDF*，1959，Tome 1 所收录文件 17，注释）中相继完成的增添内容只会使主要内容愈发不明确，即：我们决定在柏林保留的自由通行路径是陆地方式还是空中方式？英国大使指出，没有向伦敦请示他不能接受所建议的修改内容。墨菲先生向大使询问过，是否趁着 3 月 31 日三国外长举行会议的机会给出一个答复。

对此问题的很坚决的态度。

但是，与此同时，美国政府正在考虑表明其决心的合适的军事举措。

除了已经采取的措施外，还要考虑使北约盟军总司令（S. A. C.①）处在戒备状态以及在波罗的海和黑海采取适当的措施来封锁苏联的国际贸易。另外，只有经过深思熟虑才能采取这些措施，因为这个级别的封锁不能无限进行。

然后赫脱先生要求了解一下我们对四方小组报告的印象。我指出，如果我们想达成一个共同的协议，其中一个主要的困难可能是要明确"désengagement"②概念的意思和范围。我认为使用该词表达仍旧比较含糊并且不太容易理解。

麦钱特③先生做了补充，他提及戴维营的英美会谈，认为英国迟早有一天会试图把这个"désengagement"的问题同和欧洲安全相关的所有建议分开。另外，可能也仅仅只是涉及在欧洲中部的兵力和军备的冻结。即使以这种形式，美国政府并不是很支持这个想法，并且无论如何，只是构想对其进行和政治层面上的调整相联系的研究。

同样，英美之间仍然存在对于有关柏林的地位的某种分歧。赫脱先生明确指出，在这一点上，苏联人加速了危机，不应该是我们做出让步并且建议制订出新的规章。我们当然可以满足于已取得的成果。然而，塞尔温·劳埃德④先生暗示应该向苏联建议一份有关契约基础的新协议。这些契约的基础范围可能只限于西柏林，但是可能要避免提及征服权作为我们出席的理由。英国人提出的这个想法被国务院拒绝了，就如同被我们拒绝一样。

美国人的想法和我们一样，认为部长级会议会很长，而且峰会只应在夏季过半时举行。

---

① S. A. C. = Supreme Allied Commander（O. T. A. N. 北约）。
② 该词有"解约""撤军"等意思。——译者注
③ 利文斯顿·麦钱特（Livingston T. Merchant），历任美国国务院欧洲事务助理国务卿（1953—1956）、驻加拿大大使（1956—1958）、国务院欧洲事务助理国务卿（1958—1959）、国务院政治事务副国务卿（1959—1961）、驻加拿大大使（1961—1962）。——译者注
④ 赛尔温·劳埃德（Selwyn Lloyd），英国外交大臣（1955—1960）。——译者注

在3月31日的会议中,我向赫脱先生谈及了西班牙可能要加入北约一事。我表明已经得知接纳的各项工作已明确,并且法国政府一直积极考虑着其候选国资格。当然,还是要采取一些心理层面的防范措施,特别是为了消除一些斯堪的纳维亚国家的敌意。

我的对话者们答复说在没能确保得到一个一致认可的协议的情况下,大庭广众之下提出这样的问题会令人不快。国务院的官员们已经同挪威、丹麦和冰岛进行了对话。好像对抗在减弱。无论如何,问题还没有发展到能够当机立断做出决定的程度。

3月31日我向赫脱先生介绍了一些有关近期建立的三方合作的细节,但没触及实质问题。我强调,要辩论的问题与其说是政治性的不如说是军事性的。重要的是先要达成一个协议来建立一个全球战略,同时确定大的战场。当针对这样一个基本原则的协议达成之时,我们也许就能够评估一些更细节的问题,比如北约指挥部的重组问题。

法国舰队从地中海撤出应该在另一种情景中评估。我仅要明确的是,已经采取的措施在任何情况下都不能被视为以削弱我们所依赖的联盟为目的。

赫脱先生对此未做任何评论。麦钱特只是补充到,他近期会向大使馆提交一份旨在明确"贝劳伍德"号(Bois Belleau)航母法律地位的方案。

我最终向赫脱先生说明,有关在地中海舰队间的合作协议的对话最近已在巴黎召开。

在3月31日我们同代理国务卿会谈结束的时候,我向美国提出了民族解放阵线[1]代表地位的问题。由美国政府做出的禁止国务院接见叛乱分子的决定是一项有用的举措(我的第1694号电报)[2]。但仅有此项决议是远远不

---

① 民族解放阵线(Front de libération nationale, FLN),阿尔及利亚政党,1954年成立,前身为团结与行动委员会。1962年阿尔及利亚获得完全独立后成为执政党。——译者注

② 3月30日华盛顿第1694—1696号电报,DDF未收录。该电报提及欧洲事务助理国务卿同阿尔方的会谈。麦钱特先生向他的对话人通报了国务院禁止向民族解放阵线代表提供帮助的决定。这违背了美国行政方面一直以来听取任何要求被接见的人的呼声的传统。但是,行政方面不能给出这样正式的保证,即在任何情况下,所有美国公务员可能都会避开费尔哈特·阿巴斯的代表。这些代表也不再会在国务院被接见了。[费尔哈特·阿巴斯(Ferhat Abbas),阿尔及利亚民族解放阵线领袖,1958年9月阿尔及利亚共和国临时政府成立时任临时政府总理。——译者注]

够的。我们无法理解民族解放阵线的代表如何能够在该国得到合法入境移民的地位。而且，他们在美国境内投身于政治活动，并且在美国司法部被登记为政治团体分子，但美国并不承认其存在地位问题。赫脱先生及其同事因此又一次强调，因为美国法律条款的原因，不可能对他们拒发签证。针对阿尔及利亚分子的驱逐措施只有在他们违反了该国法律或者受到其宗主国即法国的刑事判决时才可实施。如果我们能够对此有确切的证据材料，事态会从一个新的基础上重新发展。

另外，美国立法对此正在进行修改。最高法院最近在一份颇受质疑的判决中表明不能将一名投身于共产主义宣传活动的外国人从美国驱除出境。面对国会的反应，应该加入一条法律使法院的判决无效。对此，可能会加入一些条款，以使我们满意。然而，赫脱先生很提防在这一问题上给我们一些明确的保证。

我做出总结并指出美国向阿尔及利亚分子表现出的宽容在法国产生了很坏的影响。如果由此而产生的局面还要延续下去，这会影响我们两国之间的友谊。

（沈练斌译、校）

19590331，FD000018
阿尔方至外交部电（第1740—1745号）①
（1959年3月31日）

在3月31日下午召开的会议中，三位外长专门评估了在柏林要采取的紧急应对措施《应急方案》（Contingency Planning）。

1.《应急方案》

德姆维尔先生给出的有关求助联合国的风险和用来在必要时确保通行自由的必要性的意见经简单讨论后作为一份协议的主旨被确定下来。塞尔

---

① 文献来源：*DDF*, 1959, Tome 1, pp. 437-438。

温·劳埃德先生事实上已经承认，在苏联接受了参加一次重要大会①之后的形势和在商讨的初期所面对的情形已有很大不同。预计采取何种举措只有在峰会失败时才能确定。如果失败无可避免，紧张程度陡然增长将会显而易见。因此，不能排除某些军事准备。我另用电报向您通报由三位部长同意的第十段和第十一段的内容。最主要的内容现在包含在第十段里，该段落确定了原则性观点（我的第1697号电报）。

2. 3月30日苏联照会

之前定好的是该照会不提及来自三个大国的书面答复。部长们在报刊上发布的简短公报中，心满意足地记录下了苏联的回复，同时再次提及苏联有关峰会以及对德国参赞的问题的看法。驻在莫斯科的大使们近期将会负责向葛罗米柯②先生做一个口头表述，向他确认我们正在准备5月11日的日内瓦会议。

3. 意大利的参加

三位部长对于意大利请求参加大会的要求而形成的共同观点达成一致。他们认为最好是限制加入对于德国具有特殊责任的四个大国中来。如果保留住这条规则不太可能，他们将提出让意大利也参加大会的建议作为对苏联提出的将波兰和捷克斯洛伐克纳入的建议的回复，因为意大利同波兰以及捷克斯洛伐克有着同等的地位。如果这两个国家只是具备观察员国的身份，那么意大利也应该被赋予同样的地位。如果这两个国家是具有同等权利的成员国，意大利也应当以同等的条件加入。

4. 美国的军事举措

塞尔温·劳埃德先生提出了美国飞机进入柏林的通道里在海拔超过1万英尺处飞行的问题。赫脱先生对此问题给出了解释。国防部认为，在空中桥梁仅限用于柏林驻防的情况下，应该使用最新型的运输机做出反应，飞行高度应该达到海拔2万英尺。美国军方提出了要求，为了表明其权利，美

---

① 在3月30日对西方照会进行答复的照会中，苏联政府接受了召集外长级会议的提议中所建议的时间和地点：5月11日，日内瓦。

② 安德烈·安德烈耶维奇·葛罗米柯（Andrei Andreyevich Gromyko），苏联外交部长（1957—1985）。——译者注

国会进行一定次数的超过海拔 1 万英尺极限高度的飞行。苏联曾经企图强行规定这一极限高度,而西方联盟事实上从未对此表示认可。经过在政府内部长时间的讨论之后,一次高级别的决议已经做出。首次飞行是在我第 1709—1711 号电报中提到的条件下完成的。

塞尔温·劳埃德先生非常怀疑这些飞行演习的效用。美国通过已完成的行动再次显示了其权利。可它在一次可能是比较严重的事故中会获取什么呢?

本次讨论仅限于这些观点的交流,因为赫脱先生已经注意到在政府内部对这些问题已经重新做了评估,但是仍未得到一个最终的解决方法。

(沈练斌译、校)

19590409, FD000019
摩洛哥处纪要:美国在摩洛哥和突尼斯的政策①
(1959 年 4 月 9 日)

在美国毫无保留地支持了法国对于摩洛哥和突尼斯的政策后,美国现在既不再表现出对于这两个国家内部事务的谨慎态度,也不再表现出有关这两个国家与法国关系的谨小慎微。

法国占有地缘优势,凭借其在历史中的作用,因此努力想通过其介入将这两个国家留在西方阵营,同时保住法国在这两个国家战略、经济和文化领域里的核心利益,这些利益赋予法国优先地位。

如果为了确保西方的影响力,美国一开始就承认法国在摩洛哥和突尼斯的主导地位——以这种观点看,美国在这两个国家的介入相对于我们的介入只是一种补充协助,与我们相配合——现在美国好像打算和我们竞争,说得更明确些,目前就是既在突尼斯又在摩洛哥。美国认为这样会更好地捍卫西方的利益,以反对由摩洛哥和突尼斯起草的"不依赖"政策。

有两个问题清楚地表现出美国政策的这种倾向,这两个问题可以让我

---

① 文献来源:*DDF*, 1959, Tome 1, pp. 474-476。有可能是由皮埃尔·德索(Pierre Dessaux)整理完成。

们表达出一些对美国政府不满的明确的责难：向突尼斯和摩洛哥提供美国军事物资的问题，以及美国空军在摩洛哥占领的基地问题。

I. 向突尼斯和摩洛哥提供美国军事物资

事实上从所附的专门为该问题而整理的纪要中可以得出以下内容：

——一方面，美国政府自1957年秋季开始就迎合布尔吉巴①总统的平衡游戏。自萨基埃特事件后布尔吉巴总统就尝试不断向美国发出请求，特别是对有关东方要挟很敏感的请求来抵消法国的影响。

——另一方面，美国政府一心图求从1959年1月开始它会引发摩洛哥政府对武器的需求，而摩洛哥政府在这方面一直以来收到的都是向法国政府恳求的帮助。

II. 美国空军在摩洛哥占领的基地

法国政府在1958年7月10日向摩洛哥政府阐述的有关在摩洛哥由法国军队占领的基地的意见中表述了以下内容：

——法国政府排除根据1950年协议由美国支配的基地（4个空军基地和1个海军航空基地）；

——法国政府指出如果其最终保留住4个战略性基地，并且被给予撤离另外5个基地的期限以及在卡萨布兰卡提供确保的便利，法国政府就准备单方面宣告其实施地面部队撤离的打算。

美国政府已得知这些意见。经过我们的同意，自1957年5月起美国政府同摩洛哥政府进行有关由美国军队使用的基地的谈判。然而，美国政府采取了与我们不同的立场，这种立场因此使我们的意见很难被摩洛哥接受。

a. 尽管我们表示反对，它实际上在1958年9月10日告知摩洛哥政府其准备承认撤出基地的原则，但是它希望达成一份可以使用这些基地若干年的临时协议（根据约斯特②先生给贝拉弗里杰③先生发的指示是7年，贝

---

① 哈比卜·布尔吉巴（Habib Bourguiba），1956年3月20日法国承认突尼斯独立，布尔吉巴任突尼斯首任总统（1957—1987）。——译者注

② 查尔斯·约斯特（Charles Woodruff Yost），美国驻叙利亚大使（1957.12—1958.2）、驻摩洛哥大使（1958.7—1961.3）。——译者注

③ 艾哈迈德·贝拉弗里杰（Ahmed Balafrej），摩洛哥首相（1958.5—1958.12）。——译者注

拉弗里杰先生更希望期限是2年)。

b. 另外，美国政府没有遵守1959年3月12日驻摩洛哥法美空军司令官间交换信函的承诺。

这次交换信函确定了法国政府10月18日决议的实施模式。该决议在美国政府的要求下旨在进行从美国空军（U.S.A.F.）占领的摩洛哥基地中撤出法国的身影。

然而，美国政府于1959年4月2日在没有事先向我们通知的前提下向摩洛哥政府表明对于所有与这些基地有关的谈判达成以下内容：

——它承认摩洛哥对于这些基地的基本主权，却完全不提其"法国性质"；

——它接受以摩洛哥旗帜和摩洛哥哨兵的形式来作为其主权的标志。而我们已经多次向它指出，我们反对这样的一种举措因为这有可能在摩洛哥和突尼斯法国基地产生反响。

因此美国政府显然背离了我们在这个问题上的立场，但事实上：

——悄无声息地从摩洛哥撤出外国军队的势头（美国军队从中受益），很大程度上是因为法摩关系的改善，而且它保持住这样的一个势头是完全受益的；

——法国和美国的共同目标是在摩洛哥保存对保卫自由世界必要的战略基地的部署。

美国政府对该事务的态度很大一部分是受其在拉巴特的大使约斯特先生的启发。约斯特先生从上任伊始就不惜以牺牲我们的利益为代价向摩洛哥做出承诺好处和恭维讨好的姿态。

似乎只能希望向美国政府指出：

——所有有损于法国在摩洛哥和突尼斯的主导影响力但并非专有影响力的做法归根结底都是与西方利益相违背；

——因此，已经出现这样的必要性，美国政府和法国政府在各自同摩洛哥和突尼斯进行谈判的同时保持紧密的合作，并且对于这两个国家采取的政策保持协调一致。

（沈练斌译、校）

19590428，FD000021

赫脱拜访戴高乐的汇报[①]
（1959年4月28日）

在持续三十分钟的会谈中，戴高乐将军和美国国务卿克里斯蒂安·赫脱先生专门对在将要举行的国际大会期间采取的态度、针对德国要采取的立场以及近东的局势进行了交谈。

有关外交部长级会议的准备工作，赫脱先生表达出这样的愿望，同盟国在剩下的几天内能够消除依然在彼此间存在的观点上的分歧，以便在召开会议时表现出无懈可击的统一阵线。

戴高乐将军同样有此考虑。对此，他认为，我们越是试图对一些细节内容达成一致，我们越是会损坏在我们之间在大的路线方面达成一致的机会，而唯独这才是至关重要的。至于我们在会议期间的策略，至少在会面初期我们急于求成或者采取主动都是不利的。苏联人是当前危机的始作俑者，应该由他们来给出一些意见。我们就让他们来做吧。我们不要提供给他们对来自我们这方的各类意见计诱我们的机会，然后在他们选定的某一个领域，在细节上让我们产生分歧。进入第二阶段，我们可以采取主动引导辩论围绕我们选定的领域，这可以让我们或者使对手陷入困境，或者更理想的是产生可喜的结果。为了使自己的想法更明确，将军提出所有西方国家在适当的时候建议落实组织对不发达国家的援助，西方和东方大国都可能会参与其中。

国务卿本人认为自外交部长级会议开始就提出西方国家计划的意见是合乎期望的，因为苏联人如果拒绝这些意见就会使自己失去世界的舆论。

戴高乐将军和赫脱先生都不期待这次外交部长级会议能取得实质性成果。他们一致认为，最差的结果是达成令人欣慰的有关柏林的临时协议。

---

① 文献来源：*DDF*, 1959, Tome 1, pp. 559-562。4月29日至5月1日西方四国外长齐聚巴黎以确定一份有关日内瓦会议的计划，该计划仍处于保密中。本次对话是在该部长级会议期间会外进行的。

低于该成果峰会的计划就不该保留。但是他们对这次外交部长级会议的重要性有不同看法：赫脱先生认为在苏联人中仅有赫鲁晓夫掌握决策权力，因此最好把辩论的基础建立在可以碰到一位有资格的对话者的地方，即在"峰"会上。

而将军本人更看重部长级会议。他认为，这样的会议应该是个检验场，可以把这些问题大概理出一个头绪并且在即将举行的几次会议里隐约看到解决的可行性，因为仅仅在峰会上进行所谓的斗争很可能是危险和徒劳的。

国务卿认为，他和艾森豪威尔总统都赞同戴高乐将军的这样一个想法，即麦克米伦先生莫斯科之行很受关注，从这时起就要竭力在苏联领导人的话语里找到西方和苏联间的谅解要素。两位政治家都一致形成这样一种预见：在下一次的大会期间让英国人力求成为东西方间的诚实的中间人，总是迅速地接受赫鲁晓夫的部分意见。

将军和赫脱先生估计我们可能召开一个长系列国际会议，而不是两个大会。他们更愿意参会人数有所缩减。然而，如果应该增加人数，他们一致同意把意大利接纳进来。

德国问题

将军重申了他对德国问题的一些观点。他并不认为苏联人当前的思想状态可以从整体上解决问题。赫脱先生还是想要从眼下就尝试一下。将军更愿意待苏联人发生某些变化时，以更大的成功把握再接手问题。

共和国总统认为没有人会认为德国的统一是当务之急，对于其他国家，苏联人、波兰人、德国人也是如此。他认为他们东方的边界应该划在奥得河—尼斯河一线：由此发生的领土损失是 1945 年战败的结果——处在该条分界线以东领土的德国居民撤回到了德国——波兰失去这一区域以及对该国家产生的政治结果可能不会是令人希望的。德国应该得到远期或近期统一的承诺、从现在起加入到联盟的权利以及最终拥有军备的权利作为放弃这些领土的代价。将军认为赫鲁晓夫要强调的就是这最后一点，并且其在几次会议期间发展出了一套蛊惑人心的花招。

东方

赫脱先生声明伊拉克的局势在急速恶化。共产主义者今后会在政府、行政部门、警察部门中发挥优势影响力。他没有看到卡塞姆①将军会如何制止住正在滑向人民民主制度的发展趋势。

赫脱先生同意戴高乐将军的看法,认为苏联在中东只看到一条通向非洲的道路,这还是一块空白宽阔的土地,苏联在此可以绕过欧洲并且威胁拉丁美洲。

华沙会议

对于国家元首提出的对中国参加华沙条约会议②的主张应该接受的问题,赫脱先生回答道,中国出席本次会议与其说取决于苏联对中国的友好姿态不如说是北京向莫斯科施压的结果,为的是在社会主义阵营的引导方面发挥越来越重要的作用。

(沈练斌译、校)

19590428,FD000022

德勃雷③致霍顿④的私人信件⑤

(1959 年 4 月 28 日)

我亲爱的大使:

自从您来到巴黎,我们已形成了如此坦诚的交谈习惯,以至于今天我

---

① 阿卜杜勒·卡里姆·卡塞姆(Abd Al-Karim Qasim),伊拉克军人、政治家,伊拉克共和国首任总理。1958 年 7 月领导自由军官组织起义,推翻费萨尔王朝,成立伊拉克共和国。共和国成立后,出任总理、国防部长兼武装部队总司令,掌握国家实权。——译者注

② 华沙条约的外长级会议于 4 月 27—28 日在波兰首都召开。这是中国第一次受邀以观察员身份参加该会议。

③ 米歇尔·德勃雷(Michel Debré),法国总理(1959—1962)、北约最高军事指挥官。——译者注

④ 阿莫里·霍顿(Amory Houghton),美国驻法大使(1957—1961)。——译者注

⑤ 文献来源:*DDF*, 1959, Tome 1, pp. 562-563。

希望再一次以这样的方式和您谈一下美国有关北非的政策。

我们的联盟是保持世界稳定最坚实的基础之一,我得说,其好像并没有在北非有所扩展。

在那儿我们为了自由国家的共同利益同叛乱进行斗争,这些叛乱活动的代表在美国——特别是在纽约和华盛顿——拥有很大的活动自由;这些人持有假护照,其中一些人已经被司法部门判处刑罚,却可以逍遥法外地进行宣传,实施一系列反对我们的活动;难道反叛旗帜几天前不是在卡内基音乐厅(Carnegie Hall)飘扬吗?

在摩洛哥,我没有感觉到我们的行动——无论是有关军事基地方面或者武器供给方面——得到了有效配合。

在突尼斯,叛乱头目逃亡于此,在代表贵国的官员处找到了专注于他们宣传内容的耳朵。

难道这些不会马上就让我们疏远彼此吗?然而,我们在北非代表着稳定、繁荣以及和平的唯一机会;只有我们能够阻止这片对于西方世界防御极其重要的区域毁灭在无政府状态而最终落入与自由为敌的人的手中。我们同时在此保护一些根本利益,不惜使用所有必要的资源完成此目标。

另外,您很清楚,我们的理想与你们的一致——难道它们在令人深受启发的实质上不是彼此互通吗?——并且,我们的政府比如戴高乐将军的愿望是施行一种自由主义和演变的政策,一种唯一能够在阿尔及利亚协调两个阵营要求的政策;任务不是在几天内就可以完成的。

但是,一些新生的民族主义只是经常适合一些崇尚极权的领导人的胃口。我应该告诉您,所不应该的,就是诱导这些新生的民族主义,这会使美国的政策玩火并且抛弃多年最为忠诚的老盟友,而同时却助长了这些运动——近期已经提出很多次相关证据了——这些运动正在成为国际共产主义的温床,而且由于数量持续增加,这些运动甚至从西方获得他们同其斗争的武器。

在不发达世界我们会与马克思主义交锋,这种较量对于我们的未来具有决定意义;我们应该开始进行这样的联合斗争,因为我们共同掌握着自由这笔财富。

对于我们这方来讲，我们深信——并且我是为了我们所有的公众舆论讲这番话——我们在北非捍卫这笔财富的同时却没有得到支持，我们会认为这是难以想象的。对于叛乱的纵容目前是其绝佳王牌，并且我向您承认我理解不了这种纵容；另外在法国没有一个您的朋友理解这种纵容。

您坦诚地向我们讲述您的见解这再正常不过；但是不应该顺着这些影响通过对抗性的政策制造隔阂。这些隔阂会对我们造成共同的损害，也将难以修补。

我一直考虑加强我们间的联系，这种联系将我们联合起来。我非常肯定的是只有我们的团结才能确保各个力量均衡共存，以便做到毫不犹疑地向您开诚布公地表达我的想法，就像我已经做到的这样；难道坦诚不是牢固友谊的不可辩驳的证据吗？

我请您……

(沈练斌译、校)

19590716，FD000180
德姆维尔致法国驻埃塞俄比亚、苏丹、几内亚、利比亚外交代表电①
(1959年7月16日)

在法国拒绝了加纳关于撒哈拉地区试验性核爆炸计划②的照会之后③，阿克拉政府曾发动类似的抗议向我们表达态度，但非洲国家似乎对于该如何做犹豫不决。利比亚大使对秘书长进行了口头表态，其态度更倾向于获

---

① 文献来源：*DDF*，1959，Tome II，p.53。电报号依次为：第453—454号、第278—279号、第554—555号、第235—236号。

② 1957年7月，法国在阿尔及利亚南部的撒哈拉沙漠中的雷根（Reggane）绿洲附近建立了法国第一个核武器基地，后在因埃克（In Ekker）建立了核试验场。1958年7月，戴高乐签署密令将法国首枚原子弹试爆日期定在了1960年开春。1960年2月13日，法国第一枚原子弹成功引爆。此前，美、苏、英三国已先后于1945年7月、1949年8月、1952年10月成功试爆原子弹。——译者注

③ 7月3日，加纳递交了一份反对撒哈拉可能进行核试验的抗议照会。次日，法国外交部要求其驻阿克拉代表将照会还给加纳外交部长，该照会被认为是对法国内政的干涉。7月7日，阿克拉电报第403—408号（未保留）说明了法国代表对加纳部长的举动。

得对于公共卫生的保证，而不是对我们的意愿表达抗议。利比里亚政府向我们在蒙罗维亚的代表提供了一份措辞温和的照会，外交部目前正在对该文件进行审议。

在这种情况下，我认为我们不应该阻挠任何符合我们利益的发展。因此，如果您收到一份措辞严谨的照会，其中不包括我7月6日电报①第二段中概述的加纳照会的表述，您可以接受它，并表明您对法国政府下一步将做什么持保留态度。您立刻发文给我，我会给您指示。

（李梦磊译、校）

19590814，FD000183

库蒂尔致德姆维尔电（第202号）②

（1959年8月14日）

请您查看1959年7月27日由原子能高级专员弗朗西斯·佩兰发给共和国总统的2K 128号说明的副本。

附录

原子能高级专员③

关于法国核武器政策的说明

（1959年7月27日）

编号2K 128，绝密

总体方向——政府奉行了一项已经制定多年的政策，决定尽快引爆一枚试验性的钚原子弹。第一次爆炸将于明年冬末在撒哈拉沙漠进行，此次爆炸将具有双重意义：

---

① 该封电报发至亚的斯亚贝巴（第434—436号）、蒙罗维亚（第234—236号）、喀土穆（第260—262号）、科纳克里（第512—514号）、的黎波里（第217—218号）。第2段转载了7月4日发给阿克拉的关于加纳照会不予受理的电报（文件未转载）。

② 文献来源：DDF, 1959, Tome II, pp. 175-178。库蒂尔（Couture），法国原子能委员会总干事。

③ 弗朗西斯·佩兰（Francis Perrin）。该说明被提交给共和国总统。

——一方面，这会成为外交和军事威望的一个要素；

——另一方面，这是实现核武器的第一步。

虽然这只是一枚原子弹（广岛型），相当于几万吨的常规炸药，而美国、苏联和英国多年以来已经拥有了相当于几百万吨炸药的热核氢弹，但外交威望还是具有一定的重要性，它让法国凭借其在核装备方面的领先而从其他国家中凸显出来，即便不拥有核武器，也能成为第四大国，法国至少已经朝着建立这种军备方面迈出了决定性的一步。这次爆炸对美国来说尤为重要，因为美国可能会认为这是法国从他们那里得到有效援助的条件，而为法国军队提供战术核武器。在重大外交谈判中，外交威望也很重要，即便对苏联来说也是如此。

在军事方面，第一颗试验性炸弹的爆炸是发展两种核武器的起点：一方面，相对较轻的武器易于运输，或进行短距离投射，即所谓的战术武器，威力在1000至1万吨之间；另一方面，较重的武器，所谓的战略武器，其威力约为10万吨，可用于摧毁大城市。

最后，第一枚原子弹的完成是制造具有巨大能量的热核炸弹的起点，它是一个开始，它组成了目前的战略武器，而战略武器的全面使用将会成为人类史无前例的一场灾难，其实质目的是恐吓。法国已经在考虑第三个目标，今年拨款约10亿旧法郎用于制造第一枚试验性氢弹，同时，铀同位素分离厂的总成本将超过1200亿旧法郎，相较于使用钚，该厂可能用浓缩铀235来制造更好的氢弹引剂。

法国所拥有的少量核武器，也是强大的力量，可能会给人一种强大和独立的危险错觉。核武器不可用于小规模战争，即使是为了抵抗外部压力（有扩大冲突的风险，例如在苏伊士远征事件中的英国）。如果发生重大战争，法国即使受到入侵的威胁，无论如何都不能主动使用核武器，也不能使用战略武器，因为它的脆弱性要大得多（这相当于国家自杀，法国可能会被几十枚氢弹摧毁）。

因此，令我感到不安的是，作为法国核武器的首要目标，总参谋部已经同意要成立一支具有打击力量的部队，该部队最初由具备巨大能量的少数核武器组成，几年后就会配备热核氢弹。在没有充分权衡使用这支军队的直接后果的情况下就动用它,这种打击力量的存在有可能使法国在发生冲突时暴露于极端危险之中。

为了减少这种可能产生的致命危险,在任何情况下使用核武器,都必须根据共和国总统的个人命令决定。

法国试验爆炸计划的实施和国际外交形势

法国第一次试验性原子弹爆炸将是一次空中爆炸,在筹备过程中,目前拥有核武器的三国政府正在日内瓦进行艰苦的谈判,以期阻止试验性原子弹爆炸。在这场谈判进行时,核武器试验实际上已经暂停。

探讨试验性核爆炸最终停止的协议主要有两个原因:

a. 由于这些爆炸而覆盖全世界的放射性沉降物开始变得令人担忧,在目前的水平下,这肯定是导致一些致命性白血病的原因,尽管这些白血病的相对增加幅度非常小,但却会造成大量人员伤亡。

b. 控制和全面停止试验性核爆炸将是限制核武器的第一步,相对容易实现。这将意味着,一方面停止目前拥有核武器的国家之间的军备竞赛,另一方面,新国家几乎不可能自行开发和制造核武器。这种控制相对容易,同时非常重要,因为它可以从遍布世界各地的固定国际哨所(在重要地区彼此相距约 1000 公里)进行。在苏联设立这种哨所已经是一种缓和的迹象,标志着在准备侵略战争方面的紧张局势有所缓和。

为了解决第一个问题,根据西方的一项提案,只要达成一项禁止空中核爆炸的公约,允许进行地下核爆炸,就不会带来任何短距离或长距离的放射性沉降物。这种地下爆炸已经试验过,并且在非常好的条件下,可以进行核武器的测试(高达 100 千吨的功率)。这种测试方法尚未用于热核武器(百万吨级以上);毫无疑问这可能适用于它们,尽管要困难得多。

在停止空中爆炸公约下的法国现状

如果在法国的第一次爆炸之前在日内瓦通过了这样的公约(这必定是空中爆炸),法国在提出推迟加入公约的同时,可以有理由地争辩说,它过分专注于准备第一次爆炸以改变其性质,此外,这次爆炸几乎不会增加过去热核爆炸产生的大量放射性物质，这些放射性物质将在几年内从平流层中消失。

法国即便推迟加入停止空中爆炸的协议，也比仅用一次核弹爆炸来加入"核俱乐部"要好，这表明法国有责任和意愿加入行动，以避免放射性有害物质在全球范围内继续增加。

为了利用这一机会，法国要与军事核大国达成协议，我们必须在第一次空中爆炸后，通过地下爆炸继续进行试验。在几次延误后，我们在阿尔及利亚南部选定了一个可能的地点，似乎有可能在1960—1961年的冬季进行爆炸计划，只进行几个月的观察对后续发展意义不大。

相反地，如果在面对美国、英国和苏联之间达成的一项结束空中爆炸的协议时法国拒绝加入，它将会被大国的"核俱乐部"排除在外，仅仅依靠一枚在1960年爆炸的广岛型炸弹，是不可能真正进入俱乐部的。在这种情况下，如果法国在第一次计划的爆炸之后继续进行空中爆炸，为了微不足道的经济利益，它将不得不面对一种非常敌对的国际舆论，尤其是在非洲国家中，甚至是属于法兰西共同体①的非洲国家。

虽然我们可以考虑面对这种敌意，况且程度相对较弱，但对法国的第一次原子弹爆炸来说，这种拖延是非常不利的，因为它必须证明法国技术的成功和它所预期的力量。通过进行其他的空中爆炸来延长和增加这种敌意是不合理的，而我们可以用这种启发性的方式进行必要的测试，以获得原型武器。

因此，我认为现在必须启动地下地点的准备工作，以便能够实施计划于1960—1961年冬季进行的试验性爆炸，并做出相应的决策以停止为筹备在拉甘的空中爆炸所需的任何费用。

在我看来，现在要求美国为我们提供他们为我们准备第一次空中爆炸所提供的类似援助，以准备一个地下爆炸地点和说明所需的必要工具，这

---

① 1958年9月法兰西第五共和国宪法规定，把"法兰西联邦"改为"法兰西共同体"，共同体各成员国在内政、经济方面享有自主权，但外交、国防等仍由法国控制。1959年共同体成立时，成员国除法国本土、"海外省""海外领土"外，还有前法属非洲的12个国家。——译者注

也是明智的。

关于停止所有核爆炸的协议，包括地下爆炸

法国可能对于推迟加入这样一项公约仍然有很大的利益，但它应保留在1960年进行第一次空中爆炸和1961年进行地下爆炸的权利。如果美国同意向我们提供从第一次爆炸的试验装置转变为原型战术武器所需的信息，也许法国会放弃这第二次保留意见。

法国加入全面停止试验性核爆炸协议的一个主要利益是能够让这项公约普遍化，确保在法国之后，新的国家无法加入，甚至无法获得基本的核武器。法国将进入"核俱乐部"并关上大门。这也是阻止中国在6—8年内获得独立核武器的唯一希望，而苏联可能并不希望如此。

对其他国家的核军事援助

在我看来，法国显然希望在其之后其他国家不会获得初级形式的核武器。否则它就不能再声称自己是第四大军事核大国，并且很快就会回到第一个小核国的位置。

通过直接帮助其他任何国家发展核武器，法国将助长世界的不安全性并加大核战争的威胁。因此，法国在加入核大国行列时会表现得缺乏责任感。

以色列的情况尤其如此，法国与其签订了一项秘密协议，原则上完全和平地帮助它建造一个钚反应堆，然后建造一个钚提取厂。严重的是，国防部的一些部门还与以色列在核武器研究的相关领域缔结了一项合作协定。几个月前，负责核能的总理特使对核能委员会总干事做出书面指示，恢复了这项屡次搁浅的协议。总理给总理特使的一封信将决定暂时搁置该协议，

但核能委员会未收到任何书面确认。①

（李梦磊译、校）

19580820，FD000185

肖维尔致德姆维尔电（第 2506—2513 号）②
（1959 年 8 月 20 日）

　　在与奥尼尔（O'Neill）③先生的最近一次谈话中，我的一位同事提到了在英国或海外，尤其是在非洲，有一些反对法国未来核试验的新闻宣传和敌对示威活动。在 8 月 10 日提交给奥尼尔的公报中，④我的同事在拟定了其中的一些要点之后指出，我们看到的这些运动，其所带来的影响在不同层面都是非常不利的，但似乎没有遇到任何反对意见。当然，在英国，几乎没有什么事情能够遏制工党的攻击，因为任何与核武器有关的问题都能成为骚乱的主题。我们痛惜的是，所有这些运动，无论是公开的还是潜在的，都能找到一个完全自由的场地。非洲领导人的示威也是如此。然而，英国政府已经进行了大量试验，它所获得的科学成果让其在探讨此话题时

---

① 1957 年 8 月，布尔热斯-莫努里（Bourgès-Maunoury）先生和以色列政府的一名代表签署了一项协定，规定两国在生产核武器方面进行合作。根据该文件，国防部和以色列代表于 1957 年 8 月 23 日签署了一项协议，宣布两国将在研究和制造核武器方面进行合作（总秘书处的说明，1959 年 4 月 16 日核问题协调，未转载）。然而，1958 年 6 月 17 日在戴高乐将军主持下召开的国防委员会决定，法国政府将充分保留其关于继续与外国在用于军事目的方面核制造的立场。因此，总理米歇尔·德勃雷先生请总理特使雅克·苏斯戴尔（Jacques Soustelle）先生让以各项协定进入搁置状态（德勃雷先生 5 月 5 日和 6 月 8 日的信，未转载）。第二封信表明，今后与美国政府的对话要求保证法国核知识的绝对保密性："我们已经帮助他们的专家扩充了知识（以色列专家）；国家利益要求我们坚持这一点。我告诉您，我认为法国不能冒险通过与外国的特殊关系来进入"核俱乐部"。——原编译者注。

② 文献来源：*DDF*，1959，Tome II，pp. 200-202。

③ 英国副外交大臣。——译者注

④ 法国外交部曾想表明，通过在一份报告中列出由科学和医学专家委员会制订的保护措施来表达担忧，这一行为是徒劳的。由法国外交部公报转述的法国驻蒙罗维亚大使馆的官方最新情况指出，法国的核试验将在一个完全无人居住的地区进行，在撒哈拉的中心，"距离蒙罗维亚直线距离约 2750 公里"（8 月 11 日《费加罗报》和《战斗报》）。

具有权威性。它尤其能够启发非洲领导人,其中一些真诚的人成了政治导向学者对其施加影响的受害者(参看我的第 1076 号电报)。

因此,我们可以合理地期望英国政府在意识到有关运动所造成的巨大损害后,能够利用其威信采取行动,确保其观点能够为人所知,同时证明这里或其他地方所表达的担忧都是没有根据的。

伦诺克斯-博伊德(Lennox-Boyd)在下议院的发言①似乎是受到这种担忧的启发。他用几句话指出,需要说明一些主题以澄清纠正这些事情。同样,大使馆注意到英国广播公司的一档阿拉伯语节目得出的结论是:"没有理由担心这些试验会对撒哈拉周围人民的健康造成影响,因为他们不会比那些在内华达州试验中的美国人所受的影响更甚。"不论在英国还是非洲,这种能够被听到并表达的言论都是大有助益的。但并非所有的评论都是相同的风格。我的同事回忆起普罗富莫在下议院所做的表述。②

奥尼尔问我们是否希望英国政府发表声明。我的同事答复说,他不负责提出任何具体要求。我们的目的是指出一种非常有害的情况,并表示我们认为英国政府有充分的机会和方法来表明其立场,但很不幸它并没有这么做。此外,摩洛哥向联合国提出的申诉将迫使所有人表明立场。现在采取行动而不让情况恶化不是更好么?

副外交大臣指出,当这些声明并非基于对有关爆炸的数据的了解时,

---

① 针对工党议员的干预,(英国)殖民地大臣伦诺克斯·博伊德指出,有关西非的英国殖民地对撒哈拉核试验项目的担忧信息已传递给法国政府。然而,他希望工党成员"不要做任何事情,以免让因为核试验而已经在欧洲传播的误导性影响再散播到非洲",他注意到"法兰西共同体执行委员会同意了法国政府的诉求"(7 月 24 日,伦敦第 2269 号电报,未保留)。

② 在回答工党发言人的提问时,国务大臣普罗富莫(Profumo)表示,英国政府向法国政府表达了尼日利亚众议院的担忧,但英国对此并不支持。他补充说,他从法国总理那里得到了承诺,即法方将会"以最高关注度"对这一问题进行审查。(7 月 28 日第 2299—2301 号电报,未转载)。应外交部的要求,使馆公使衔参赞正在与外交部采取措施,强调英国驻巴黎大使馆 6 月 14 日的干预行动并不意味着英国政府是尼日利亚问题的代言人;没有任何迹象表明这份旨在提供给该部资料的报告将成为向议会宣布的主题;普罗富莫的言论最终表明,巴黎没有拒绝尼日利亚的抗议,但对英国做出了保证。法国外交官坚持认为,造成英国没有脱离一些非洲国家的抗议的印象会有严重的弊端,而法国的核计划已经获得共同体政府的批准,加纳和利比里亚所表达的担忧只是一种针对法国在非洲立场的"手段"。(7 月 30 日第 2326—2329 号电报,未转载)。

会更难以对情况进行说明。我的同事表示，对这些数据的了解并不是必需的，根据经验可知，从采取预防措施的那一刻起，相较于人口中心与我们试验基地的距离，核爆炸不会引起任何风险。

奥尼尔先生明确表示，他理解我们为什么想要结束我们不得不抱怨的局面，并表示，他不应对此做任何回应或评论，但他将怀着"同情"向上级报告他此前记录的谈话。

（李梦磊译、校）

19590930，FD000071

政治处记录
7月16日斯巴克向戴高乐转交的备忘录①
（巴黎，1959年9月30日）

在该文件中，北约秘书长对各种假设进行了研究。秘书长认为，这些假设或许应该可以满足法国的要求，并且解决悬而未决的问题。

这些建议出自北约秘书长也是情理之中。这些建议的目的是在这个组织内创建一些也许可以给法国一些保证的机制，这也是法国一直在寻求的保证。事实上，在读完该文件后会留下一种印象，即他以法国的观点所做的分析来自对政府政策的评价，这其中并非不包含不准确性。

首先，斯巴克先生认为应该在北约框架内寻求一些解决方法。然而，我们做出的实质性评判为北约是一个负责安全的区域性组织，同时对我们提出的问题如同对美国人和英国人提出的一样，是一个世界性问题——法国对于北约完成其使命的方式没有什么要批评的，这种使命即确保欧洲的防御。法国明确表示出的唯一的有所保留是针对在"一体化"这一表述中体现出的防御性组织的概念，这种一体化剥夺了法国完成本属于其在北约之外的自身任务所需要的灵活性力量。

另外，北约并非我们进行批评的目的所在。北约只是构成批评中的内容，或者，如果我们可以这样说，我们为了实现建立一个使自由世界防御

---

① 文献来源：*DDF*, 1959, Tome II, pp. 405–408。

更令人满意的组织而付诸努力，北约正遭受我们这些努力的反作用冲击。只要这些努力没有冠以成功的光环，我们在北约内部的合作就会受到遏制。我们已经提出了一个对我们好像是很主要的问题，我们事实上希望这个问题得到一个解决办法。并且，对于我们来说好像是这样，在一体化的问题中如同在核库存的问题中那样，如果我们已经满足北约的要求，我们可能会以不可逆的方式启动重要的几点。这几点应该在世界性安全问题的层面解决而不是仅仅在北约的层面解决。

总之，斯巴克先生的文件努力在北约框架里找到针对一些在这个机构之外为我们提出的问题的解决方法。

说到此，秘书长给出了一些具体的意见：

1. 成立一个特别核心委员会，该委员会由可能接受在其领土上架设战略性原子武器的国家组成。

由该委员会在苏联以常规方式发动攻击的情况下做出使用这些武器的决定，因为这样的攻击会留给西方磋商的时间。

斯巴克先生的初衷只是如此：一方面要避免可能容易导致西方防御瘫痪的一致原则，并且另一方面，还要避免一个单边或者双边的决定，这样的决定可能会不可避免地将所有在其领土上发动战略性行动的国家拖入一场原子战争中。肯定的是，在目前的体制下每个国家能够凭借其单独的否决权阻止启动架设在其领土上的这类武器，而目前这样的体制在危机情况下向苏联政府打开了使各盟国分裂的可能性。因此我们可以考虑，苏联会释放的讯息是，苏联对反对使用这类武器的国家将不实施报复行动。

但是，如果一方面不了解该委员会如何做决策，而另一方面不了解美国准备在欧洲（土耳其、希腊、意大利、英国）架设中程弹道导弹任务的性质，就很难准确评判斯巴克先生意见的"支持（对应原文中的法语词"faveur"的翻译）"[①]。到目前为止，我们已经明白带有战略性特点的行动留给了美国和英国的空军，并且分别隶属英国轰炸机司令部（Bomber Command）和美国战略空军司令部（S. A. C.）来协调它们之间的协作。相

[①] 无法识别的涂改字迹。

反，一些中程导弹将置于欧洲盟军最高司令（S.A.C.E.U.R.）的管控之下。关于这方面，法国认为它只能接受战略性导弹安置在本土，而法国对于战略空军司令部和轰炸机司令部中的安排没有表态。法国并不满足仅仅有权利同意或者拒绝对在其领土上使用这类导弹，因为即使法国表示拒绝，由于其地理位置的原因，它被引入到冲突中的风险还是很大的。

事实上，问题并非只是有权利拒绝，应该是得到这样的保证，即无论批准在哪使用这类武器的决定应该是一个有法国参与的决定。

另外这涉及对效率的切实考虑。如果在斯巴克先生设想的核心委员会中，每个成员在关键时刻退缩，严格来讲就没有"威慑"而言了。然而，我们看不出如何会以多数票通过这样的决定。

法国政府提出相反的意见，即法国和英国参与整体战略设计的起草以及参与使用这些方式的决策。法国政府认为通过给出这样的相反意见的方式，就可以提供使威慑力量不会被削弱的最佳担保。因为如果这三个大国同意，人们会认为其他国家也将仿效。

2. 有关北约区域外部的问题，斯巴克先生建议在该机构内成立一些特别核心委员会。这些委员会可能会以研究政治和军事问题为任务，并且起草共同指令。法国、美国和英国可能会加入这些委员会，并且在非洲、中东和亚洲有特殊利益的大国可能也会加入每一个可能掌管这些利益的委员会。

法国并未明显地流露此意，即忽视法国的任何一个盟国的特殊利益。但是我们无法看出北约的各个委员会可能会完成所考虑的任务，而北约的地缘职权务必要保持住。或者这些委员会可能会服从于理事会的权威，而理事会的职权也会扩展到北约覆盖区域之外，或者这些委员会可能不听从理事会，因此可能会与北约貌合神离，北约也只是提供秘书处和场所。

因为北约在其专属区域负责安全，就会又一次涉及该问题，即在世界上其余的地方提供西方利益的安全保障。因此这就涉及在北约之外要做些事情作为补充。

3. 最后，斯巴克先生阐述了一个想法，即美国可能要修改麦克马洪法案。

众所周知，秘书长已经好几次公开表达了他的观点，当然，带有对我们有利的意图。

事实上，这样的修改并非属于那几次总统大选之前的下届国会期间的可能性范畴。了解到法国各项工作的进展程度，这样的修改甚至可能不符合我们的利益。法国不久就可以达到这样一种条件，即允许在技术层面进行达成一项有关原子能应用于军事合作协议的谈判。在未来很长的若干年中，法国在该领域中将会独一无二。因此立法修改不应该朝着可以让其他国家也会具备这种核能力的方向进行，这是法国的利益所在。相对于在中小国家中名列第一，法国更想成为排名第三的西方大国。所以，法国在碰运气，尝试在不久或者长久的未来同美国达成这样一个协议，因为这样的一天将近，尽管法国已经达到美国国会提出的技术要求，而美国拒绝同法国签署这样一份协议只能是出于一项最高级别的政治决策。

（沈练斌译、校）

19591001, FD000072

总理办公室记录[①]
（1959 年 10 月 1 日）

10 月 1 日总理为斯巴克[②]先生安排了午餐，以下问题在午餐期间被谈及。

1. 北约秘书长强调，由于目前的机制不允许解决当前的一些困难，世界形势的发展可能显示出对大西洋组织的某种改革迫在眉睫。他特别强调了该组织的活动范围扩展到经济领域。

他补充道，如果政治协商在共同市场的六国间进行，就应该避免加重英国已经深感不安的忧虑，并且不要给英国一种印象，即在欧洲经济共同体这一新机构出现后，人们在刁难它。

了解到斯巴克先生对于必要的改革的意见的合理性，总理明确指出，

---

① 文献来源：*DDF*, 1959, Tome II, pp. 410-411。为外交部秘书长整理编纂。

② 《世界报》并未提及北约秘书长在巴黎停留。

有关六国政治磋商我们已经数次表明自己的观点，就是向英国表示欢迎。这过去一直是取决于英国自身缄默不语的态度：英国为此做好准备了吗？

2. 对有关共产主义在非洲有所扩展，对话双方互换了观点，一致同意要进一步扩大北约在该领域的行动。有必要进行一些磋商，这些磋商有可能或者在理事会自身内部进行，或者通过一些核心委员会进行。

秘书长认为，比利时和葡萄牙从现在起已经准备完全加入该项任务；英国的政策不甚明了，美国犹豫不决。大西洋的协调一致可以让自由世界面对一种威胁，其重要性仍被一些盟国的成员所低估，比如挪威和丹麦。

斯巴克先生还准备在一份临时性活动报告里提及这一重要问题，他打算在12月给出这份报告。

3. 总理和秘书长同时对承认北约在向不发达国家进行帮助方面将能够起到更重要的作用达成共识。

斯巴克先生强调，他认为不可能在全世界范围内向这样的国家提供援助：因为没有足够的资源，并且以苏联的选择性政策为先例，这样的方式确实卓有成效。在这样的条件下，应该尝试在联盟内部组织一个援助机构。该机构会以对那些相对于自由世界并且特别是对于非洲而言最重要的地区有利的方式来运作。

总理对斯巴克先生的意见表现出浓厚的兴趣，表示要对这些意见做深入研究。

4. 会谈中提及从大西洋理事会到撒哈拉进行旅行的可能性。斯巴克先生并不确定常驻代表们将会赞成全体出动，但是他认为，他们中的大部分人会很愿意做这样的旅行。他看到总理支持理事会大部分成员到撒哈拉进行访问，对此感到满意。

对该内容的讨论引发了有关能源储存重要性以及阿尔及利亚局势进展情况的长时间的谈话（撒哈拉的天然气和石油）。总理再次重申了我们对于该问题的核心立场，秘书长对我们的立场很赞赏同时补充道，常驻代表们对于戴高乐将军声明的反响好像整体上是很赞同的。

5. 谈话还涉及东西方关系，并且秘书长借此指出美国有关峰会的立场现在好像愈发趋近于英国的立场，即无先决条件地接受一次会面，除非苏联明确表示将不会对达成一份有关柏林的协议设定明确的时间界限。

(沈练斌译、校)

19591019, FD000191

阿尔方致德姆维尔电（第4836—4843号）①

（1959年10月19日）

参考您的第11270—11272号电报②。

10月19日，我见到了负责联合国事务的助理国务卿威尔科克斯③先生，我向他提出了即将在纽约开展的有关我们撒哈拉试验的辩论问题。

我告诉他，根据您提供的信息和朱尔·莫克④主席给我的数据，我们的试验不会对公众健康构成任何威胁。我强调，英国已经试图安抚尼日利亚当局，我问威尔科克斯，美国政府能否利用其在这一领域的丰富经验，以其认为合适的方式进行干预，向联合国的某些成员表明，我们所采取的预防措施相当令人满意。

我还指出，法国政府和公众舆论很难理解美国政府在这种情况下不支持我们的观点，尽管美国自己已经进行了大量的试验，却没有人质疑它这样做的权利。

威尔科克斯回答说，美国政府当然愿意尽其所能地帮助我们。然而，他并没有隐瞒这个问题给他带来了许多困难。关于裁军的辩论正在进行中，

---

① 文献来源：*DDF*, 1959, Tome II, pp. 472-474。

② 在10月14日的第11270—11272号电报中，法国外交部提到英国政府向尼日利亚提出的有关撒哈拉核试验可能存在危险的建议，毫无疑问地向美国政府证实了麦克米伦先生和哈韦尔研究中心负责人所表达的意见。巴黎希望在联合国辩论期间，美国代表团能够宣传一种有助于以客观态度辩论并平息非洲和亚洲代表团的忧虑的意见。

③ 弗朗西斯·威尔科克斯（Francis Orlando Wilcox），美国国务院负责国际组织事务的助理国务卿（1955.7—1961.1）。——译者注

④ 朱尔·莫克（Jules Salvador Moch），法国驻联合国裁军审议委员会代表（1951—1960）。——译者注

每个人都在考虑暂停核试验，尽管这样做并不足以促成裁军。此外，美国政府即将重启在日内瓦与苏联和英国政府进行的关于停止试验的谈判。

为了有效地帮助我们，首先必须知道摩洛哥代表团将提出何种决议。这可能是对法国试验项目的具体谴责，也可能是一个更笼统的文案，要求大会投票赞成全面终止核试验。另一种选择是请大会做出规定，只要关于中断试验的谈判正在进行，各成员国就需要暂停试验。① 摩洛哥人甚至可能想到一项决议，呼吁所有进行试验的国家采取必要的预防措施，并联系邻国，以安抚它们或主动帮助它们安装放射性沉降物核查装置。无论如何，威尔科克斯告诉我，法国在纽约和华盛顿的代表必须在未来几天内与相应的美国当局保持密切联系，并与他们交换所有可能与摩洛哥代表团及其亚非伙伴的意图有关的信息。这将使我们有可能决定如何设法使辩论不受不利影响。

我回答威尔科克斯说，我注意到美国打算尽可能帮助我们，尽管这一意图并没有像我所希望的那样明确表达。我指出，他刚刚告诉我的关于将于10月27日恢复的工作，联合国针对我们的试验做出的任何决定都将对日内瓦谈判产生明确的影响。如果美国代表必须解释他们的政府如何在拒绝暂停自己的无条件试验的同时，还允许联合国通过一项决议来阻止一个成员国进行无风险试验，他们将会非常尴尬。我补充说，如果日内瓦谈判不成功，很容易想象，如果法国今年受到谴责，日本代表团明年将对美国在太平洋的试验提出质疑。在这种情况下，美国的利益和我们的利益不是契合的吗？威尔科克斯承认这些论点的重要性，并立即提醒我，美国只承诺在1959年12月31日前不进行试验。他认为，对于美国政府来说，如果谈判失败，他们必须避免任何可能干扰其行动自由的事情，以便于12月31日之后继续谈判。

就威尔科克斯告诉我的情况而言，在我看来，一方面美国当局希望日内瓦谈判的结果能够使他们获得所要求的保证，而另一方面，联合国针对

---

① 以"这也可能是"为开头，并在这里结束的文本是第二天10月20日更正通知的主题，我们考虑到这一点。

我们在撒哈拉试验所采取的任何行动都会使美方自己感到非常尴尬。

在接下来的几天里，我打算向其他发言者提出我今天向威尔科克斯提出的论点。①

(李梦磊译、校)

19591023, FD000192
德姆维尔致帕罗迪②电（第 3895—3915 号）③
（1959 年 10 月 23 日）

参照之前发过的电报④。

I. 来自宇宙射线和土壤的自然放射性在地球上一直存在。在同一个地方，这种放射性会随着时间的推移而变化。它在地球上的每一个点都不相

---

① 通过 10 月 24 日第 1920—1924 号发自纽约的电报（未保留），贝拉尔（Bérard）传达了朱尔·莫克的消息。后者提到了科希丘什科-莫里泽（Koscziusko-Morizet）与美国国务院负责国际组织的助理国务卿威尔科克斯、负责非洲事务的助理国务卿萨特斯韦特（Satterthwaite）以及同样负责这些事务的弗格森（Fergusson）先生的谈话。法国外交官的这些对话者们谈到了撒哈拉爆炸（试验的）问题，并"非常关注"其情感反响和政治影响。他们被全世界普遍存在的"巨大恐惧"所震惊，并提出这样一种假设，即大家将对针对法国的决议投弃权票，并提出另一项建议全面暂停原子弹爆炸的案文。因此，法国不能指望美国人，只能避免歧视性的提案。朱尔·莫克正要与一些代表团接触以使他们放心；他建议法国代表向非洲各国政府提出类似法国驻摩洛哥大使馆的建议（这些建议请参照第 202 号文件）。10 月 26 日，通过第 5052—5056 号电报（未转载），阿尔方表示，他在 10 月 19 日与威尔科克斯的会面后，还继续同馆公使衔参赞勒贝尔（Lebel）以及威尔科克斯的助理沃尔纳（Wallner）进行了交谈。沃尔纳曾提到，美国政府希望在联合国辩论期间帮助法国，但其自身也面临两难境地。美国暂停了核试验而法国却准备进行试验。尽管沃尔纳不愿做出承诺，但他表示，美国代表团可以进行干预，以证明法国的试验不存在危害。公使衔参赞试图确定美国对可以预想到的摩洛哥决议的态度；在他看来，与其他部门不同的是，美国国务院的联合国部门态度仍然模糊不清。

② 亚历山大·帕罗迪（Alexandre Parodi），法国驻摩洛哥大使。——译者注

③ 文献来源：*DDF*, 1959, Tome II, pp. 499-503。

④ 同一天，第 3894—3897 号发给拉巴特的电报（未保留）中列出了摩洛哥政府自 2—3 月以来对法国核爆炸计划的高度抗议，以及巴黎的回应。关于摩洛哥代表团在纽约所提出的技术方面的问题，法国驻拉巴特大使被要求提供资料，以补充先前通过第 97 号电报传递的资料（关于这份电报，参见，*DDF*, 1959, Tome II, 第 206 号说明）。此处转载的是新资料。

等。它会随着海拔高度增加，例如，当海平面上升到海拔1000米的高原时，这种放射性会增加50%。

与这种自然放射性相比，迄今为止所进行的所有核爆炸所产生的放射性剂量微不足道。在试验开始前，北半球海平面接受的年平均剂量为145毫伦琴。在目前已经完成的超过200次的核爆炸之后，这一剂量为每年150毫伦琴，增长了3.4%。

就其本身而言，法国的第一次试验只会使当前150毫伦琴的环境放射率增加千分之二，相比之下，若宇宙射线的强度等量增加，则会让该地水平线增加20厘米。

我们必须将这些数据与以下事实进行比较：一般人群，包括最敏感和最脆弱的儿童，每年接受的平均耐受剂量为500毫伦琴，而对于成人来说，5000毫伦琴的剂量都被认为是安全的。

最后，核爆炸引起的放射性会随着时间的推移而降低。假设爆炸后一小时的放射性总量为1000，则衰变曲线如下：

爆炸后7小时为100；48小时后为10；两周后为1；3个月后为十分之一。

II. 核弹爆炸后会迅速形成一团云，在爆炸现场会升起一条长烟柱。

1. 爆炸产生的大部分放射性，包括可能影响几百公里范围内的所有放射性，都包含在云层中（云会迅速升至6000—9000米的高度），随后在失去大部分放射性后（见上文第一段），以细颗粒物的形式非常缓慢地返回到土壤中。

在此做一个悲观假设，在风速达到每小时28公里的所有海拔高度下，尽管有空中和地面监视，还是有一位游牧者在爆炸前穿过这一区域，距离现场有150公里的风向距离或15公里的垂直距离，并且不限时间地在那里停留，他将吸收的剂量会低于在原子能机构的工作人员会吸收的无风险剂量。如果他在爆炸发生24小时后进入这个区域，这一剂量会减少至五十分之一，如果他在两周后进入这个区域，这个剂量将会减少到千分之一。

同样，法国设想的试验产生的当前年平均剂量的增加幅度如下，对于居住在爆炸现场下风向1500公里处的人，剂量大约为8毫伦琴，在第一年里剂量为 2 毫伦琴，而随后几年中剂量会不断减少。在 50 年的较长时间内，我们可以估计，总是在相同距离的人将会接收到共 24 毫伦琴的放射剂量，而他在相同的时间内所接收的自然放射性剂量将会为 5600—7500 毫伦琴。

在美国进行的测量证实了这一点，距离爆炸现场（相当于马拉喀什到拉甘之间的距离）1000 公里处所增加的放射性可以忽略不计，也就是说，对于美国而言，经过 6 年和 45 次爆炸之后，放射性增加了 5% 毫伦琴，也就是说被大众，包括儿童和胎儿所接收的剂量不到千分之一。

2. 除了云之外，核试验还伴随着一个由所有颗粒、岩石、泥土等共同形成的柱子，在爆炸的热气体作用下升腾而起。与云的微小尘埃相比，这些颗粒相对较重，几乎会立即落回到距离试验点几公里范围内的地面上。这些碎片的放射性降低的方式与云相同。

另一方面，其他国家进行的试验表明，这些重碎片不会"飘动"或非常缓慢地移动，对于一些距离爆炸地点不到 20 公里的地方，研究中心也没有采取特别的安全措施。法国军营也将安置于爆炸现场约 50 公里处，在试验过后，数千人将在那里居住很长时间。

III. 考虑到这些一般性因素，应该增加以下内容，这些内容更具体地涉及法国政府计划的试验以及在此情况下适用的保护措施。

为了确保最大的安全条件，法国政府成立了一个特别委员会来研究与核试验有关的安全问题。

该委员会的任务是研究并服从在核爆炸期间，各部长们提出的必须满足的技术条件的提案，以便确定：

——对于在试验场参加测试的人员来说，安全程度必须被充分认证。

——对于位于试验场范围之外的区域，特别是与其相邻的区域内的所有人口及任何财产来说，安全程度必须被充分认证。

该委员会由原子能高级专员弗朗西斯·佩兰担任主席，除了最优秀的民用和军事技术人员外，还包括两名专门研究核问题的著名医生：来自原子能专员办公室的埃伯哈特（Aeberhardt）博士，来自陆军卫生部的热诺（Genaud）博士，以及国家卫生研究所所长布格纳德（Bugnard）教授和国家气象局局长维奥（Viaut）先生。

必须强调的是，尽管国防部长负责这项试验，但安全委员会并不在他的指挥之下，后者会独立提出一些主管当局并不认同的建议。

该委员会已经确定了工作人员可能受到的最大辐射程度，这会根据预期的暴露时间不同而变化。所采用的标准比美国的标准更为严格。例如，平民人口的最大耐受剂量是每年1.5伦琴，而美国允许这一数值达到每年3.9伦琴。美国随后制订了将这些辐射减少到最低限度的措施。

最重要的两点是：

——最大限度地减少携带到云中的放射性物质的数量；

——在爆炸发生时应遵守的天气条件。

关于第一点的预防措施是，在最适当的高度触发爆炸，以尽量减少进入云层的放射性物质的数量。

对撒哈拉沙漠风向系统的全面研究已经进行了近两年。五个拥有最先进设备的新气象站已经建立。它们的观察结果在公共工程和运输部下属的国家气象局的特殊部门中得到了利用。我们都知道，在7000—9000米，是由爆炸引起的云层所达到的高度，主要的风向是由西向东，我们认为朝着摩洛哥的风向吹拂1000公里这是不可能的事。在风向东吹拂过法国领土之前，放射性将不再明显。

在拉甘附近可能会带来危险的区域，一些军事设施将会被设立，以禁止汽车和游牧人员通行。同时我们还会制订一些安全条例，以免给飞机带来危险。

目前对撒哈拉沙漠中空气、植物和水中存在的放射性测量已经完成，这一测量将在试验后继续进行。一个由数百名工作人员组成的特殊小组配备了必要的测量和通信设备，他们将对数百公里内可能由法国爆炸试验引起的放射性增加进行控制。

只有当风的方向能驱使云穿过撒哈拉沙漠地区数百公里时，爆炸试验才会进行。在这一点上，爆炸试验所选择的场地提供了很大的可能性，因为相较于美国内华达州试验场的50度和苏联发射场的125度，实现这种爆炸的有利区域是270度。

最后一点要注意的是相对于领国和周边城市，关于法国所选的试验地点与美国、英国和苏联的核试验场所之间的比较。对地图进行简单的研究就会发现，相较于内华达州的试验场到旧金山（250万居民）的距离，以及到居住了500万美国人的洛杉矶、帕萨迪纳、圣贝纳迪诺、长岛城市群的距离来说，（摩洛哥）马拉喀什离法国的试验场要远得多（1000公里）。（内华达州）亚卡台地的试验场到上述城市群的距离不到500公里。①

（李梦磊译、校）

19591030，FD000193
德姆维尔致法国驻拉丁美洲外交代表电（第118号）②
（1959年10月30日）

在摩洛哥的倡议下，联合国大会将于11月3日就法国在撒哈拉的核爆炸问题展开辩论。③ 基于此次辩论的推动者的政治动机以及对任何核试验都有敌意的背景，这场辩论对我们而言会非常困难。

代表法方参加辩论的朱尔·莫克停止了与拉丁美洲各代表团的接触，几乎所有代表团都以一种不让人担心他们最终态度的状态来参与讨论。因此，建议您与相应级别的外交部人员进一步对话，以制定有利于纽约代表团的指示。

从技术上讲，为了向对话者保证我们计划中的试验对邻国的安全性，

---

① 该文件在10月29日被送交至拉丁美洲哨所，于11月2日发至特拉维夫、渥太华、哥本哈根、奥斯陆、海牙、雅典、安卡拉、里斯本和雷克雅未克。从10月26日起，它被发送至亚的斯亚贝巴、蒙罗维亚、突尼斯、喀土穆、的黎波里等非洲哨所，用以消除民众的忧虑。

② 文献来源：*DDF*, 1959, Tome II, pp. 509-511。该电文于10月29日编写，次日发送。

③ 10月6日，摩洛哥代表在联合国发表讲话，主要提到法国—摩洛哥的争端。关于阿尔及利亚问题，他详细阐述了叛乱的历史并为其辩护，同时负责把摩洛哥帮助解决冲突的失败推到法国身上。虽然承认9月16日戴高乐将军的宣言（关于这一宣言，见 *DDF*, 1959, Tome II, 第132号文件注释）是重要的一步，但他批评了执行自决原则的条件。关于法国的核试验，他声称所有亚非国家都反对这些试验，法国甚至没有得到共同体国家的支持。至于外国武装部队在摩洛哥的存在，在提到正在与美国就其基地进行对话之后，他反对法国和西班牙拒绝撤离原则的态度。最后，在谈到毛里塔尼亚时，他抗议将"国家领土"并入共同体。

您将要使用您所掌握的数据（第 97 号通告①和吉约马②先生的声明）③ 以及我通过空邮单独向您发送的数据（鉴于临近辩论，如果最后一次通告未及时送达，您最好立刻采取行动而不要等待）。您可以补充说，英国政府已经向尼日利亚当局充分保证，科学地向他们证明法国的试验不会对他们的国家及邻国构成威胁。

然而，您尤其需要强调这个问题的政治方面，这似乎是拉丁美洲犹豫不决的核心所在，这种犹豫倾向于废除所有核试验。回顾我们在裁军问题上的一贯立场，您要强调这一点的合理性和逻辑性。我个人在 1959 年 9 月 30 日的大会讲话中重申，"裁军方案必须包括前线的核武器，也就是说除了停止试验外，还要考虑到停止生产、逐步转化库存，并最终禁止持有及使用核武器"。只有在没有采取这种真正的裁军措施的情况下，我们才被迫推行核武器方案。他们声称若阻止我们这样做，会导致一个针对法国的歧视性决定产生，而对核武器的垄断属于三个核大国，它们可以自由地增加核武器数量并加以完善。因此，您要表明，法国进行试验的决定与我们的立场毫无矛盾，任何人都不能与支持裁军的国家发生争执。因此，第三方能够在撒哈拉的辩论中给予我们的支持绝不会妨碍他们在一般裁军问题上的

---

① 8 月 6 日的这份电报没有转载，它建议法国代表提供一些资料，说明了法国在进行核试验时将会采取的保障措施。这些预防措施得到了安全委员会的批准，该委员会由核领域和卫生领域的杰出科学家组成。试验地点选定在撒哈拉的一片沙漠区域，该地区距离人口聚集区很远，人们不会受到爆炸的影响。特殊气象站将确定可能影响放射性沉降物的方向和范围的气象数据。所采取的预防措施将确保第一次沉降物影响将发生在周边几百公里没有人口定居点和生物的地区；考虑到英国人和苏联人已经进行了大约 200 次核爆炸和热核爆炸，那么由于第二次沉降物而增加的放射性剂量是微不足道的。美国和苏联在本国领土上进行了法国准备进行的试验，并且英国在澳大利亚也已经进行了这样的试验。然而，无论是内华达州的试验场，还是西伯利亚中部的试验场，抑或是（澳大利亚）马拉林加的试验场，它们都没有能与法国的试验场相媲美的隔离条件；在这三个国家中，没有任何一个试验场到最近居民区的距离能达到法国所达到的 1000 公里。最后，我们将管制地面和空中交通，以避免任何污染，空气和水的放射性将控制在几百公里的半径之内。因此，我们已经采取了一切安全措施，以确保撒哈拉和邻近国家的人民不会遭受放射性沉降物的影响。

② 皮埃尔·吉约马（Pierre Guillaumat），法国国防部长（1958.6—1960.2）。——译者注

③ 9 月 10 日在社区执行委员会上发表。法国国防部长在信中详细说明了法国政府采取的预防措施。

自由。

仅限布宜诺斯艾利斯：重要的是，在采取行动之前，您应该知道阿马德奥①正式向朱尔·莫克表示，在撒哈拉辩论中他的政府愿意帮助我们。不过他也表达了一些政治上的担忧，这也是这份通告会发给您的原因。

（李梦磊译、校）

19591127, FD000196

肖维尔致德姆维尔电（第 1564 号）②

（1959 年 11 月 27 日）

我在信中向您汇报了英国新闻界对共和国总统 11 月 10 日关于核武器的声明所做的大量评论。③ 在不讨论左右两派立场的情况下，我想提请您注意，11 月 19 日《泰晤士报》的社论非常有用。在戴高乐将军 11 月 3 日在国防高等研究院所举行会议的大纲公布后不久，④ 这篇文章就发布了。它总

---

① 马里奥·阿马德奥（Mario Amadeo），阿根廷保守派民族主义政治家、外交家。联合国阿根廷代表团负责人。——译者注

② 文献来源：*DDF*, 1959, Tome II, pp. 631-634。

③ 戴高乐将军在 11 月 10 日的记者招待会上谈到了首脑会议以及阿尔及利亚会议和共同体会议（见 *DDF*, 1959, Tome II, 第 225 号说明）。当被问及他在核问题上的立场时，他迅速回顾了核武器的发明，并指出联合国从未邀请英国人和苏联人销毁他们的核武器，也没有指责他们进行了许多试验。因此，对"撒哈拉沙漠深处的无害爆炸"所表达的情绪似乎是过分的以及人为造成的；这是对法国的一种策略。提议计划中的试验暂停的时候，苏联人和英国人所积累的知识能使他们不断完善核武器。因此，如果他们继续制造核武器，法国就不可能屈服于放弃核武器的邀请。在预测了未来的可能性之后，将军得出结论认为，法国拥有核武器是在"为世界的平衡服务"。如果联合国能像朱尔·莫克先生所提议的将"死亡之车"置于国际控制之下，法国将毫不犹豫地推行国际法："但如果联合国不想也不可能这样做，那么如何能将法国如今面临的争端看作是一种可笑的逃避呢？"对于 11 月 10 日新闻发布会的文本，请参见《1959 政治年鉴》，第 633—638 页。

④ 将军在他的讲话（转载于《1959 政治年鉴》，第 631—633 页）中提到了三个要点。首先，法国军队纳入北约：如有必要，法国的防御将与其他国家的防御相结合，但它必须是"我们自己的"；被称为一体化的系统"已经存在"。其次是"打击力量"，其基础是核武器。最后，战争的不可预测性，因此其行动所依赖的领导人的个性非常重要。将军的结论是，一个国家必须考虑所有关乎其命运的假设，包括战争的假设；没有什么比防御更重要。

结了国家元首在那次会议上提出的主题。11月3日和10日的内容明确的声明导致这份独立报纸得出结论，不论英国和美国可能抱有什么幻想，显然法国将向前迈进：法国政府将使其成为一个独立的核大国。必须清楚地理解这一点，不论是这种行为的代价，还是在日内瓦举行的会谈，它们都不会使戴高乐将军偏离他自己的目标。这篇社论的作者（格兰特先生）补充说，现在的情况非常明朗，我们不应该再希望通过在欧洲建立一支北约打击部队来阻止独立威慑力量的扩散。《泰晤士报》提出，英国向法国提供核武器的想法仍然存在。尽管它有缺点，但在专栏作家看来，其优点是能防止法国危及自战争以来英国在军备控制领域所取得的最有希望的成就。

我注意到，《泰晤士报》的建议基于一种理念，即法国政府不会接受对其核武器的任何联合控制，这不仅不同于所谓的北约威慑力量，北约在这里拥有许多支持者和影响力，而且也与最近在某些意见领域取得了一些进展的法英核武库不同。

共和国总统的声明不仅在新闻界和最杰出的专家之中引起轰动，也带来了一些问题或建议。正如我向您指出的（我11月17日的来文）①，这些声明在议会中得到了呼应。11月11日，在劳埃德先生缺席的情况下，工党反对派骚扰了艾伦（Allan）先生和普罗富莫先生。11月16日，国务秘书本人不得不接受贝万（Bevan）先生和希利（Healey）先生的询问。尽管不可避免地会有重复，但交换意见并非没有意义。我把它的翻译附在这份报告上，并在其中增加了11月10日的科学摘录，其中，首相已经不得不回答有关我们在撒哈拉进行核试验项目的问题。

对这些文本的分析清楚地表明了反对派领导人和政府对我们核政策的各自立场。我向各部门提出建议，他们的解读显示了社会党议员的热情，保守党的细致入微和为难，这些解读以辩论观点的交换为特征，可以想见，每当反对派找到理由开始辩论时，这些论调就会重复。

在工党方面，所提出的问题简而言之是：

---

① 这是伦敦第3439—3442号电报，未转载。英国外交部的国务秘书不得不面对工党议员关于核试验项目的一系列问题。大使指出，工党决心让英国政府表示不赞成法国的计划（或者反过来表明它是后者的"帮凶"），而劳埃德先生则避免任何可能惹恼巴黎的声明。

——法国的试验不会使非洲领土受到放射性沉降物的威胁吗？

——难道不担心这种试验会激起非洲人民的不满吗？

——英国政府是否尽其所能地说服法国政府放弃试验？其政策是否考虑到拥有核武器的国家数量增加的危险？因此，它是赞成还是反对法国的试验？

——政府是否邀请法国参加目前正在日内瓦谈判的协议？

——劳埃德先生是否在巴黎讨论了计划在撒哈拉进行的试验，他是否对此进行了陈述？

——政府如何看待戴高乐将军11月10日发表的声明，即使在日内瓦达成协议，法国也将继续进行这项试验，法国决定只在以下条件下加入该协议：三个核大国放弃其核武器库存，这不是英国、苏联和美国政府的政策吗？

——如果法国不遵守协议，英国是否会支持其核政策？

对于这些不计其数的问题，英国的部长们给出了答案，可归纳为以下三点：1. 法国的试验所带来的危险可以忽略不计；2. 法国政府的决定只与它自己有关，英国不需要批准或反对；3. 目前正在日内瓦谈判停止试验的协定：英国政府希望法国加入；但首先要做的是达成协议。如果这三个国家成功地做到了这一点，它们将处于更有利的地位，可以要求其他国家加入。这是麦克米伦和劳埃德坚持不懈所提出的第三点。在以这种万能答案来回答大多数问题的同时，他们拒绝冒险发表更大胆的评论。但是我注意到，11月11日，希利敦促普罗富莫谈谈法国政策，例如戴高乐将军刚刚表示已与英国政府达成协议，他（普罗富莫）明确指出尽管共和国总统已达成协议，但伦敦政府希望法国愿意改变其立场，也就是说，它的加入将不再以有效的核裁军为条件，而是以停止试验为条件。

这是政府公开采取的立场。我们知道这符合其真正的政策。一方面，它包括在其殖民地、许多首都和联合国向我们提供持续和充分的支持，以阻止针对我们计划的运动。英国政府更应该这样做，它对抗着反对派运动和来自渥太华和堪培拉政府的更大压力。就在最近几天，我发现一些迹象表明，在纽约进行的最后一周的辩论对劳埃德来说非常困难，他的一些同事对他施加了巨大的压力。

另一方面，我们不应忽视这样一个事实，即尽管英国政府支持我们进行一系列核试验的权利，但其政策是，一旦在日内瓦谈判达成协议，他们就不鼓励我们继续进行这些试验。一旦我们成为"核俱乐部"的一员，不只是反对派，连政府都会想尽各种方法来关闭俱乐部。

（李梦磊译、校）

19600102，FD000269

阿尔方致德姆维尔电（第10—12号）①
（1960年1月2日）

参考您的第8号电报。②

在负责亚洲事务的助理国务卿看来，今天上午（1月2日），下达的措施已经被执行了。

1. 帕森斯③先生与我们一样，认为在情况不明确、动机不充分时不能动用《马尼拉条约》的机制。在这方面，他丝毫不拒绝与老挝一同制订措施，并逐渐缓和危机。

然而他认为这样的创议需精心准备，并最好有《马尼拉条约》中的多个伙伴国参与其中。此外，他暗自询问现在是否时机合适，即让乃朴·沙拉信④先生利用其在老挝的声望和对他侄子富米（Phoumi）将军能够施加的

---

① 文献来源：*DDF*, 1960, Tome I, pp.4-5。

② 1月2日发送，未收录。在这封电报中，法国政府认为最有效的照会就是向（老挝）国王明确表明法国反对在不合适的情况、不合理的动机下动用《马尼拉条约》的机制。任由老挝的活动家相信东南亚条约组织的成员国会运用武器解决他们可能引发的内部危机，事实上这似乎很危险。法国要求将这些考量告知美国当局，并希望得知美方是否愿意同法国一起沿此方向开展行动。

③ 詹姆斯·帕森斯（James Graham Parsons），美国驻老挝大使（1956.10—1958.2）、负责负责远东事务的助理国务卿帮办（1958—1959）、负责东亚及太平洋事务的助理国务卿（1959.7—1961.3）、驻瑞典大使（1961—1967.4）。——译者注

④ 乃朴·沙拉信（Pote Sarasin），泰国外交家、政治家。1949—1951年任泰国外交部长；1952—1957年任泰国驻美大使和常驻联合国代表；1957年9月21日至1957年12月26日任泰国总理。1957年9月至1964年任东南亚条约组织第一任秘书长。——译者注

影响力率先行动。

至于美国政府的行动，帕森斯先生认为自己没有权利不向国务卿请示而独自做出决定。该事件会优先处理，我们今天需要了解美国政府的回应。

2. 帕森斯先生提到，下达给大使执行的措施并未如预期一样在1月1日实施，因为王室官员放出消息称国王"希望看到大使放弃通过礼节性拜访表达他们政治观点的机会"。

助理国务卿似乎相信王室官员在很大程度上已经完全同意活动家的观点。

3. 至于美国威胁老挝可能暂停援助，帕森斯先生明确表示这仅仅是吓唬，并不真实可靠，若真终止援助只会让老挝陷入混乱。

（王祎慈译，窦云婷校）

19600411，FD000270

吕埃勒致马纳克的私人信件①

（1960年4月11日）

亲爱的部长先生及朋友：

"没有什么能比大使、公使和部长这样耀眼的头衔更能满足雄心了"，我们曾这样写道，很久之前确实如此。我对您不曾展现出丝毫雄心而深表遗憾，因为这三个闪耀的头衔如今您已拥有至少两个。② 但这并不妨碍我祝贺您，并希望刚刚赋予您的全权可以让您在这个地球上动荡的区域——我正在这里给您写信——做出积极的行动。

因为这里的情况并不良好。雅克·鲁（Jacques Roux）来时我已经和他说过，现在我也和您简单重复下我对他说过的内容。

---

① 文献来源：*DDF*, 1960, Tome I, pp. 455-462。皮埃尔·傅立叶-吕埃勒（Pierre Fourier-Ruelle），法国"驻越南共和国代办"；艾蒂安·马纳克（Etienne Manac'h），法国外交部亚太司司长。

② 马纳克先生为全权公使，自1960年3月起在外交部中央行政中负责亚太事务。

首先最重要的是注意到，当前的情况至少能让我们看清形势。① 以朱尔·莫克先生的方式说，当前的危机就如催化剂。它将复杂的形势分解成若干简单的因素，从而使形势分析更加简单。我在一些人的乐观主义和另一些人的系统性批评间摇摆，因而长时间以来我犹豫不决，未对越南及其体制形成判断。现在我开始更清晰地看待事情。继续以朱尔·莫克先生的方式说，我认为如今我们处于曲线的低点，且是四年以来的最低点。但在我看来十分值得注意的是，在此时期该曲线的总体走向不断地呈令人恼火的下降趋势。迄今为止下降十分和缓，但似乎并未要停止。若我们不认真重视，下降的趋势将会危险地加快。这就是我们不能立刻完全排除的待研究假设。

吴庭艳（Diem）先生围捕越南独立同盟会已有四年之久。他拥有一支15000人的强大军队，全员武装良好、装备齐全。然而武装起义行动，尤其是个人暗杀在过去的三个月中比以往都多。

基层的省级行政代表不断被暗杀，导致相关地区——其面积仍在不断扩大，出现行政空缺，只有重新确保相对安全之时这一空缺才能填补。政府在乡村采取的一些措施，其目的是值得称赞的，如将某些民众聚集起来，但却促使越盟统治下的农民反对当前体制。

政府似乎完全被孤立了。政府既没有人民群众的支持，也没有自由的小资产阶级和商人的支持，直至今日，他们自愿跟随总统，并有理由认为总统是唯一能掌控国家的人。但这一资产阶级如今公开攻击总统周边的官员。高级官员也大肆批评政府，他们中的一人——不是最微小的一个人，

---

① 自1959年9月以来，反抗运动不断增多，1月以来达到前所未有的高度。越南独立同盟会（Viet-Minh）的领导团能够将在全国不同地点、数百人组成的指挥良好的武装军聚集起来。反抗军的人数在1960年4月达到了25000人，目前仍在不断增长。反抗军主要进攻西贡的西部、西南和北部；而高原、越南中部地区和城市仍较平静。与召集军的活动同时，其进攻基层行政人员。由此造成的省级政府基地的陷落是"越南共和国"内部形势中最严重的后果。在政治方面，已实施的措施旨在动员民众、增强国家对民众的控制；这些措施通常带有警察性质。尤其是旨在清除共产主义者的"行动委员会"的创立——该委员会竭力将一切反共力量纳入其中，以及乡村中"农庄计划"（the Agroville Program）和城市中"家庭组"（groupes familiaux）的实施，目的是让民众摆脱越南独立同盟会的影响（注释源自《南越形势，1960年4月9日》，未收录）。

一日在电话中宣称——尽管他确信电话正在被监听——"现行体制已经腐烂了"。

我们不是朝夕之间或者是在几次暗杀之后就到了此种境地，现行体制表面上完全团结一致，但却突然显得孤立了。事实上，我深信我们正处在一场早已开始的变革的关键时期。这是说现在的形势很绝望吗？当然不是。这仅仅意味着只有彻底的政治变革才能带来振兴。然而，令我担忧的正在于此，彻底的措施是必要的，但目前没有任何迹象表明在不久的将来政府会采取彻底的措施。讨论首先从军事还是政治层面着手此项事务是徒劳的。事实上，在这两方面都应有所行动，而从哪方面开始并不重要。

那么，预计会有哪些措施呢？

军事层面：创立特遣队，增加美军顾问团（MAAG）的人数。该方面的顾问认为这并未触及问题的本质。事实上，我们需要的是领导力量的重组和军队调用方式的改变。

在政治层面，我认为创立城市家庭组和反共小组都不能给当前情况带来有效改善，因为前者是为打入共产主义而提供的绝妙武器，后者原本旨在团结反越盟运动中各个派别，但鉴于其未达到目标，似乎也将因不断拖延而最终失去意义。还有著名的农庄计划，由于一直谈论，我们最后都相信农庄计划确实存在。事实上，目前为止，正如总统那日对雅克·鲁所说，当地官员本希望阻止这一运动。但总统决定继续，并准备在接下来的几个月中让15个容纳人数有限的农庄，每个覆盖数千居民。一个简单的乘法运算就会向您表明，在相关区域，这一措施几乎只将影响5万多人，而该地区的人口据粗略估计至少有200万。我知道人们也还在等雨季，希望雨季可以遏制越盟的活动，并给政府以几个月的喘息之机。既然事情到此为止，我们可以确定情况不会在短期内得到根本改变。

还有就是目前没有任何有组织的反抗，也没有任何替代方案，这正是当前体制继续存在的一个原因。但若寄希望于此可能就错了，因为这并不意味着若事态恶化，一两年后也不会出现替代方案。当前体制继续存在的另一个原因是越盟目前似乎不想也不能增加行动，达到引起严重危机的程度。但我们同样也不能把一切都建立在起义军可能存在的良好意愿上。但也可以预料到（除非在这复杂的平衡中，一个因素发生了彻底改变）事态会一直艰难地发展，直到明年的总统选举。可能直到如今我们也没有很好地将这一期限记在脑海中。越南民主共和国（北越）不费过多努力就能阻止吴庭艳总统再次当选似乎很困难，他可能还要继续任职几年。在分析利用当前形势的同时，人们定会力图将他引向这两种方向：要么举行一场充满争议的选举，要么让他不得不修改宪法——因为选举正涉及宪法问题，目的是让他不是经过普选，而是在您知道的条件下——即将所有反对者排除在外，通过一个议院被选出。

这就是当前的形势，目前老挝的状况您了解，柬埔寨正在受到越盟进攻，且因国王的去世正在经历空位时期①。

在我看来，现在是时候重新认真总结形势了，不仅仅是越南形势，而是整个印度支那半岛的形势，并且还应首先从整体角度，随后在不同的特定领域确定我们未来的政策。我认为现在是与盟友一同审视形势的最有利时刻。

至于越南，十分忧虑的美国人在竭力判断一件在某种程度上超出其能力范围的事务，并在尽力寻找复兴的方法。他们似乎已做好开始严肃对话的准备。因为美国对"越南共和国"（南越）进行了各种形式的援助，不论我们愿意与否，西方的对越政策始终要经过美国，从这个角度看，这些严肃的对话显得更必要了。

因而，几个月前在我看来，我们的首要考虑应是引导印度支那半岛的国家更加团结一致。如今我认为，若这仍应是我们政策的主要目标之一，在当前形势下，应该首先与盟国一起寻求方法修复各国严重受损的局面。若您愿意的话也可以这样说，即这两件事应同时进行。

在这一背景下，法国与南越关系良好。可以肯定的是官方声明十分友好。因而我们可以在这良好的基础之上展开工作。但这不应阻碍我们看到被管控的越南媒体整体上是对我们不利的，并且某些不良介入的事件——若不是我们的错误所造成，至少是侨民的错误造成，让我们未来可能在经

---

① 4月5日。

济上丢掉比内①行动（Opération Pinay）② 的成果。

不管怎样，与一个国家建立良好关系仍意味着我们知道行动的方向。

我在法国政府将直接或间接保证向南越提供 250 亿旧法郎③的投资［比内行动贷款 70 亿旧法郎，110 亿旧法郎信贷保险，科法斯（Coface）④ 提供 60 亿旧法郎用于水泥工业建设］时说了下面这些话。对于一个体制，我们不能既如此参与其中，同时又消极地看着它毁灭。我的确听到有人说我们在这里的行动只能十分秘密地进行，但若我们了解什么应该做，就应找到方法使其被承认。与英美紧密合作、认真审视形势、与英美保持持久联系在我看来是秘密达到目标的最好方式。

如今，我们实施了比内政策。根据该政策，我们在越南已有超过 1000 亿旧法郎的投资，每年至少能带来 60 亿—70 亿旧法郎的收益（种植、工业机构）。因而让当前形势维持尽可能长的时间是符合我们的利益的，本着这一目标，我们在各个领域都应做出某些牺牲。

这一论述是完全有根有据的。我们在制定东南亚政策时一定要考虑到这一情况。但在国家层面还有其他的考虑，它们不一定与东南亚的考量相悖，因而也应被考虑在内。此外，我回到上面的问题，不论何种政策都不是凭空产生的，而是基于一定的形势，该形势应该通过某种未来的视角去充分了解，而关于未来，认识得越清越好。

举个例子，当我们说只有重组领导力量、改变军队调用方式才能重获稳定时，是认为形势将会恶化，因而要采取一些与我们自身相关的措施，还是意味着我们要尝试引导南越政府采取更良好的设计呢？

然而，谁确定了南越军队的结构和任务呢？是美国人。读一下皮尔逊

---

① 安托万·比内（Antoine Pinay），法国经济和财政部长（1958—1960）。——译者注

② 比内先生曾于 1959 年 11 月赴西贡，那时签订了一些决议。1960 年 3 月 24 日，法国和南越就产业问题、金融诉讼和经贸合作签订了一系列协定。协定签订后，法国决定向南越提供 7000 万新法郎贷款，此外还有出口信贷保险援助（1.1 亿新法郎），目的是让西贡政府能够向法国购买一部分工业发展的必须设备。

③ 1960 年 1 月 1 日起法国实行货币改革，使用"新法郎"，1 新法郎等于 100 旧法郎。——译者注

④ 法国信用保险公司，1946 年成立。——译者注

(Pearson)在参议院一个委员会上的讲话,您就会看到韩国、台湾和南越军队是为抵抗潜在的侵略者而设计,这样侵略者为达到自己的目标可能要冒着巨大风险并引发国际战争,美国人认为如此的警告会让侵略者避免发动进攻。

起义军的行动目前的确造成了危险,若因此我们认为越南在上述设计中的作用应该减弱,我们首先要和美国协商好。

这篇冗长且可能过于学究式的报告将要以一个整体性的计划结束,为此我再补充一下,我们在越南的行动应从以下几点出发。

我们处在这样一个时代:全球任一地点突发的任何事件都会直接且立即影响全球局势。每天早晨,外交官都应根据昨晚的事件重新总结全球状况。一个国家,如法国,可以全身心关注一个大陆,就像如今我们对非洲,而不对世界的其他地方产生兴趣,尤其是亚洲,这样的时代已经过去了,如今亚洲的发展会深刻影响我们的命运。

因此哪怕是依照我们在非洲获取的利益,也应参与盟友将在亚洲大陆做出的一切决定。因此我们应该出现在亚洲事务中。我们在前领地印度支那保存的利益,在这些国家仍然留有的文化影响,这都为我们在这一地区采取积极策略提供了充分的理由。(这并不意味着我们的行动不应秘密进行。)

不断将一种形势重新放入其世界背景中,这不仅对我们来说是有价值的,对南越领导人来说更是如此。

然而我们震惊地看到,吴庭艳先生对省份内部的担忧是多么强烈,我甚至认为他对省辖区外部的担忧同样是如此(参照岛屿事件)。[①] 他已与外界脱节了。他在奠边府战役时离开法国,在欧洲还未形成当前的形势前离开欧洲。自此以后,他见了些美国人,去了几个亚洲国家,但很明显,他已远离世界政治演进了。引导他为其政体带来些必要改变的方法之一就是一定要让他离开越南,将他带到欧洲,让他意识到当前的政治变化超出了他的能力范围。

若我们计划组织这样一次出行,这也是我所希望的,应清楚地看到我

---

① 去年3月9日,南越政府要求柬埔寨政府撤出位于柬埔寨领水的一系列海岛。西哈努克亲王曾与周恩来谈过他的担忧,周恩来于5月8日在金边的一场记者发布会上表明柬埔寨若遭受外部攻击,中国会予以援助。

们有两种方案：要么等到吴庭艳重新选举之时，要么在明年 4 月前邀请他。后者可能会帮助他实现复兴，但针对复兴，我们能做的也只有盼望罢了。

但很明显上述决定只有在这样的情况下才能做出：十分清楚当下形势和未来前景，计划制定针对该地区的整体性政策；因为在不远的未来，中国问题以及东南亚问题终会出现，一系列重大的国际交锋可能因此成为时代特征。

不论这些可能太过笼统的考虑究竟如何，从如今的角度看，让南越总统在年底前到访欧洲必定是合乎我们希望的。这样我们就有办法秘密地促进形势好转、促进当前制度朝着合理的方向发展，我们有许多理由不希望这一制度崩溃。①

我能否向您请求将这 12 页的长文转递给雅克·鲁？这正好可以补充我对他匆忙说过的内容。但尤其是，他的职务赋予他看待事物的全局视角，他的经验以及他刚刚在中南半岛的巡行，这三者可使他有效修正越南形势概况中可能存在的不确切之处。

请您记住，尽管两年多来这份职业很少给我带来满足，但至少它仍使我充满激情。有人建议我去石油开采领域。我若决心放弃国际政治无异于

---

① 拉卢埃特（Lalouette）先生 4 月 12 日给马纳克先生的一封信中附上了法国驻西贡"大使"的一条记录（两个文件均未存留），其中谈到吴庭艳总统可能到访巴黎。1958 年 3 月，时任外交部长克里斯蒂安·皮诺（Cristian Pineau）在经过西贡时转告了吴庭艳总统，勒内·科蒂（René Coty）先生口头邀请他去巴黎。南越官方希望邀请始终有效，并能得到戴高乐将军确认。南越总统想去巴黎有几个原因：戴高乐将军的品格使他敬畏；此次出行会促进巴黎与西贡间的合作——尤其是经济和文化领域的合作——得到长久发展；由此可以开辟访问其他欧洲国家的道路；除去美国和澳大利亚，在此之前他只去过亚洲国家，因而此次访欧会扩大其外交视野，当前的制度也获得了一定力量以平衡美国过于显著的影响；最后在内政方面，此次出行可能促进逃亡法国的自由派反对者的聚集。对法国来说此次出行也有一些好处：促进法越关系，巩固法国在南越的经济和文化地位；促进南越走近法兰西共同体，几个月来南越似乎在向其靠近。也可能有人提出反对意见说这可能巩固一个激起的反对越来越强烈的政体，并且吴庭艳总统的任期到 1961 年 4 月截止。除此之外还应回应应将总统个人与其评价十分负面的家人分开，甚至与可能走向改革的政体分开；在总形势下，吴庭艳作为南越领袖，甚至其反对者也是这样认为，是唯一能够积极对抗越盟的政治家；他最终克服对法国的怨恨，并倾向于与法国建立互信的友谊［他曾拒绝接见越南南方民族解放阵线（FLN）的代表］。因而大使馆的记录中也对此次计划中的出行做出积极表态。

灵魂的死亡,但可能这是更合理的!

不论怎样,我仍忠诚于您。①

(王祎慈译,窦云婷校)

19600512,FD000271

尚邦致德姆维尔电②
(1960年5月12日)

我对法国驻泰国大使4月14日的第271号电报③尤其感兴趣。我毫无保留地同意克拉拉克先生所表达的观点。毕竟,我近期发给外交部的电报,

---

① 马纳克先生在4月19日的一封信件中对勒内·傅立叶-吕埃勒先生的回复,未收录。对亚太司司长来说,"在越南事件中看清形势"非常重要。法国公使做出的分析有些许悲观:"在我看来,法方的介入仅在一种情况下是有效的,即它不意味着援助一个在自己国家缺乏广泛支持的人……若有一日我们动用了力量,那是因为在更广阔的层面我们看到了在一个自由越南中,法国的特殊利益和整体利益均能得到保障的可能性。这就意味着我们潜在的支持不会'局限'在一个脆弱的政体中,而是应惠及整个国家,这就要求当前政体要有些许改变,并在民众中寻求更广泛的支持。"应该避免美国曾在亚洲犯的错误,即支持扶植的势力,这增强了敌对势力的力量并导致了僵局。只有吴庭艳增强国家抵抗越盟活动的力量,法国才会帮助增加他的威信。法国将施以南越的政治援助应被民众中最广泛的阶级积极地理解,而不应仅被看作对吴庭艳一人的支持。这正是三四年来法国在西班牙佛朗哥时期采取的政策。在确定我们在越南的立场前,在何种程度上我们应启动双重对话呢:一是与越南人,二是与盟友美国?这就是马纳克先生希望勒内·傅立叶-吕埃勒先生思考的问题。

② DDF, 1960, Tome I, pp. 613-618。尚邦(Chambon),法国政府驻河内临时总代表。

③ 未收录。在此电报中,大使提到了一封正在西贡任职的同事的电报,对这位同事来说,"将法属印度支那前领地看作一个整体来构想我们的政策并认真执行"是非常重要的。对克拉拉克(Clarac)先生来说,这一想法对整个印度支那所属区域来说都是适用的。根据泰国与其他国家的关系状况,法国驻曼谷代表在一封长电报(22页)中详细列出了法国可以在柬埔寨、老挝、越南和泰国采取的措施。此外,法国参与东南亚条约组织是在东南亚施加影响的主要方式;联合国的地区性组织如亚洲和远东经济委员会(ECAFE)为法国提供了行动的可能性。只有在该地区制造了真空,并导致现状危急之时,法国才会从该区域消失;法国的作用是第三方调停者。对克拉拉克先生来说,战争可能会"为古老的欧洲创造一个新的机遇":"一旦从他们的反殖民情节中走出来,年轻的亚洲国家可能就会明白,成为共产主义和美国这两个国际象棋手的棋子会危害他们自身,并且最终欧洲国家……对他们来说就成为了第三方援助,有可能将他们从这两股力量冲撞中拯救出来,而如今这两股力量正互相对立以占有世界。"

尤其是4月28日发给阁下的有关中苏在东南亚竞争的电报，其结论都符合法国驻曼谷代表提出的政策方向。

如果，在几年间，法国给了一些亚洲国家这样的印象，即未在被排挤出印度支那半岛后做出必不可少的政治转变，这很大程度上是因为一个令人恼火的复杂局面使我们瘫痪了，我试图称其为奠边府困境。民众对亚洲事务突然的漠不关心可能也结束了。然而，并不是在这片大陆上我们所有的对话者都意识到了这一点。他们仍在暗自询问法国为何采取如此行动，并因如今法国似乎对这里不再采取更多的介入政策而惊讶不已，因为法国在亚洲扮演的角色曾十分重要。"您不再干预越南事务了"，一日越南民主共和国外交部副部长雍文谦（Ung Van Khiem）先生这样对我说道，同时还补充道，"但您将必须，尽管不情愿，负责我们的重新统一问题"。

我们可以合理地认为这种反应是因为我们的媒体和舆论几乎只在担忧非洲问题。诚然，正如我在上述电报中所强调，亚洲国家的发展会对自由的基督教世界产生决定性影响，如今这一观念已深入普通法国人的心中，但我们似乎只有摆脱了非洲的严重忧虑才愿意关注亚洲。

然而，不幸的是我们不能阻止事件在亚洲的发展，因为我们的阿尔及利亚问题还未得到解决方案，关于这个问题，我能做的也只是再次告诉阁下我们对越南现状可能产生的所有合理担忧。上周在捷克斯洛伐克使馆期间，我和部长会议主席范文同（Pham Van Dong）先生进行了一次长谈。他提到了韩国的事件①、"扭曲的"老挝选举②以及吴庭艳总统在南方的"不得人心"，他似乎比任何时候都确定他的政府将会取得胜利。然而，在他的确信中存在某种担忧，这让我认为他不觉得发动行动与否取决于自己。他对我说"关于这个问题，我们比您知道得更多。在印度支那，美国人就是在一座火山上。采用军事手段的时代已经过去了；我们不能再像过去一样掌握着民众了。在朝鲜发生的事也可能毫无征兆地突然发生在南部"。在此之后，范文同向我重述了北越想与法国保持紧密联系的意愿，因为他认为

---

① 4月19日的大学生游行抗议造成超过100人死亡，在此之后，李承晚（Syngman Rhee）先生于4月27日放弃大韩民国总统职位，流亡夏威夷。

② 4月24日大选标志着右派在老挝的胜利。

我们"仍要在远东发挥作用,并且我们可以在某些问题上取得一致意见"。

注意到这些话语中可能存在的宣传和手段后,我深信忽视这些是很冒险的。

若面对此种情况,明确和公开我们所有的新亚洲政策是非常紧迫的,那么可能就应该寻找这一政策的本质基础。关于这一问题,我尤其高兴地发现,泰国是东南亚的平台,从泰国的角度看,在一位身处越南民主共和国的法国旁观者眼中,过去我们在亚洲应扮演的角色似乎就是防止该地区发生这样的意外:可能导致危机且没有人能预料其结局的意外事件。

在4月28日的电报中,我自己也在试图定义这一角色,同时强调:"仅仅是出于对法国扮演的这一角色的考量,美国将尽量行事更为谨慎,法国似乎也将在更大程度上肩负起自由世界在此亚洲地区的责任,即促使各相关方达成和平条例。"

在该地区,美国正在自身周围编织着不理解、忘恩负义和仇恨的网络,正如曾经成功在拉丁美洲所做的一样——如今该网络是格兰德河以南所有区域异常紧张局势的根基。

在军事方面,我们希望可以在印度支那半岛没有限制地履行《日内瓦协定》赋予我们自身的职责;领导层中产生的担忧,即对美国某些部门可能采取的措施的担忧,在大家明白驻扎在半岛的盟军大部分是法国军队的那天,就在很大程度上消失了。诚然,任何问题都未解决,但紧张局势却减轻了;这种紧张的缓和使我们可以逐渐在有利的环境下寻找适应当下形势的临时措施;此外,当我们忙于非洲问题时每天都面临着风险,因而这种紧张的缓和也几乎给了我们一种保障,这样我们就不会突然面临印度支那半岛新的严重危机,危机的结果可能是将老挝、柬埔寨同时还有南越置于国际共产主义的影响之下。

在经济方面,很明显如今只有既包含金融又包含科技领域的匿名国际援助可以让盟军在这些国家建立牢固的经济结构,同时这些国家又不会受到处于从属地位和遭受奴役的谴责,他们的对手总是不停地这样谴责,并吹嘘自己接受的是"无偿且无私"的援助。

最后在文化方面,我们的角色仍是十分显著的。不论是书籍、唱片、杂志，或者更概括地说法国思想，我们都占据着十分明显的优势地位，即便是在越南民主共和国，而且我也很荣幸地几次向阁下详细说明过，尤其是在我3月1日的第216号电报中。我们还有几年来发挥我们手中的这一优势。十年后它就将随着新一代的出现而消失。

美国成了自由世界的替罪羊；我们对美国的咒骂某些可能是有根据的，而另一些则不是。比如这周，一个阿尔及利亚代表团访问河内（我5月5日的第521号电报）后，我十分震惊地听到国民议会主席和外交部副部长在一次断断续续的对话中向我声明"美国是阿尔及利亚战争不断继续的责任人"。同样，越南民主共和国的领导层也表示，美国在西方宣称要实现大西洋和平共处时，却在东方的印度支那半岛进行军事渗透，老挝，尤其是越南已经安插了美国军队，他们对此表示好奇。

不论怎样，我们事实上正面临的形势可以使我们重新回到亚洲。我们的作用是缓和及调解，为实现这一作用，我们同意做出的牺牲，以及我们的商人、教授、公务员和传教士对这些国家令人钦佩的了解，这些给了我们这样说的权利。

我经常有机会向外交部报告，尽管我们有时面临着河内带来的困难、烦恼和令人不快的措施，但胡志明主席的政府仍非常希望保留一扇向西方开放的窗，尤其是向法国，对此他毫不掩饰。似乎东南亚的所有国家都愿意接受法国的如此转变。这次历史性的交汇对我们来说不会在亚洲再次出现，若不参与其中将是有过错的。

最后，还有一点考虑我希望可以引起阁下的注意。我曾几次试图（我3月3日的第311号电报①和4月18日的第437号电报）向外交部尽可能真实地报告越南民主共和国与我们的北非和黑非洲间关系的重要性和可靠性。根据我们在河内得知的情况，这些非洲国家与亚洲国家间的关系比我们所意识到的更加紧密。毕竟一个月以来，我为亚洲与非洲司尽力收集关于此问题既准确又详细的资料。在这种条件下，我们把非洲问题与亚洲问题孤立开是否不合理呢？我远不是要宣称我们将在亚洲找到非洲问题的解决方案，而是法国更多、更协调地参与亚洲事务只会服务于我们的非洲利益。

---

① 未收录，该电报传递了一篇与摩洛哥共产党禁令相关的文章。

我说的不是冲突的国际化问题，该问题本应在贝勒卡西姆（Belkacem）[①] 先生到河内时提及——他本应与周恩来先生在一起，并且关于此问题的任何决定本都应在峰会之外做出。然而，我们担心法国的舆论并未充分意识到今后非亚问题中不可避免的相互关系。

因而，一切都促使我们相信，我们应该也能够"进行必不可少的调整，以通过在新的基础上用新的方式来保存我们在该地区的影响力"。

自我任现职以来，在定期给外交部发送常规信息电报的同时，我还致力于一些总结该地区主要问题的研究，并同时定义法国在其中的位置。事实上，河内是我们在亚洲唯一可以与欧亚共产主义世界紧密联系的站点。的确，阁下想要发给我的指令以及亚洲大使的主要电报的交流，让我可以将我们见证的事件重新放入亚洲的整体政治框架中。

然而，我暗自询问对于所有法国驻亚洲的代表来说，在阁下您的指导下组织一场驻外机构代表会议是否有益。在我领导法国驻哥斯达黎加大使馆的三年间，我能够观察到我的同事和我从大使会议中得到的益处，每年一次的大使会议在邻近国家举办。诚然，尽管这些会议探讨的文化问题与政治或经济问题一样多，其主要目的是在联合国大会召开前，根据每个与我们有信用关系的国家的立场，确定我们对阿尔及利亚问题的态度。不管怎样，至少举行一次这种会议可能是非常有益的。

每个代表都可以预先提出自己关注的、将写入日程的问题，不论是政治、经济、文化还是行政问题。与通信相比，参与这次会议——即便不是每位司长，至少也有每个司的一名代表，可以更容易地解决我们经常面临的问题；但在政治层面这一思想的交锋将是宝贵的，并可能使我们以最好的方式制定未来几个月在亚洲的政策，这正与阁下您的指示相同。若这一建议将被外交部采纳，我认为第一眼看去，至少是在与河内相关的事情上，新德里站是最适合举办会议的地点，西贡、金边，尤其是万象按理说是应该避免的。

（王祎慈译，窦云婷校）

---

① 克里姆·贝勒卡塞姆（Krim Belkacem），阿尔及利亚临时政府副总理兼外交部长，1960年4月30日至5月20日率团访华。6月14日，法国宣布邀请阿尔及利亚民族解放阵线派代表来法国谈判。——译者注

档案文献

英国国家档案馆有关二战档案的收藏状况和获取途径*

喻 卓**

摘 要 英国是世界反法西斯战争的主要盟国之一,也是参战时间最长且在欧、亚、非各大反法西斯战场均承担军事义务的反法西斯盟国之一,对世界反法西斯战争的胜利付出了巨大牺牲、做出了重大贡献,在世界反法西斯战争史研究中占有重要分量。一方面,近年来,利用多国多边档案进行互证研究已经成为学界共识;另一方面,英国是档案事业历史悠久并且档案解密程度非常高的国家,有关英国与反法西斯战争的相关档案资料浩如烟海。由此,本文谨以英国国家档案馆官网①目录索引为基础,简要介绍英国首相办公室(PREM)、内阁(CAB)、外交部(FO)、陆军部(WO)、海军部(ADM)、空军部(AIR)、国防部(DEFE)、内政部(HO)等档案系列中与二战史研究密切相关的分组合,以及其出版和数字化利用情况。

关键词 二战 英国国家档案馆 英国档案 解密档案

---

* 本文为胡德坤教授主持的国家社科基金抗日战争研究专项工程项目——"世界反法西斯战争史(含中国抗日战争)档案收集整理与研究"(项目编号16KZD020)之中期成果。

** 喻卓,武汉大学历史学院博士研究生。

① 英国国家档案馆网站:http://www.nationalarchives.gov.uk/(访问时间:2018年6月10日,本文所引英国国家档案馆链接在此日期均验证有效,不再一一注明)。

英国不仅是世界反法西斯战争的主要盟国之一，也是参战时间最长且在欧、亚、非各大反法西斯战场均承担军事义务的反法西斯盟国之一，对世界反法西斯战争的胜利付出了巨大牺牲、做出了重大贡献，在世界反法西斯战争史研究中占有重要分量。同时，英国的档案事业历史悠久并且是档案解密程度非常高的国家，因而充分了解并利用英国的档案资料对于研究英国与反法西斯战争的关系的重要性不言而喻。而英国国家档案馆作为英国反法西斯战争档案收藏最为集中、最为权威的档案馆，其馆藏情况和获取途径对任何从事相关研究的人员都有重要意义。

一手资料是从事原创性研究的必要条件。近年来，在国际关系史研究中，利用第一手原始档案文献进行实证研究已经成为大势所趋，对各国档案资源进行介绍、利用多国多边档案进行互证研究，逐渐引起学界重视并且成果丰富，在冷战国际史研究中尤为突出。如姚百慧教授主编的《冷战史研究档案资源导论》①，全书逐一介绍美国、英国、俄国、法国、德国等国涉及冷战时期的档案资源的解密、出版、数字化和国内馆藏情况。书中第二章介绍了与冷战史研究相关的英国外交部、内阁、首相办公室等部门的档案。在其他对英国档案资源的介绍中，也以英国外交部档案和内阁档案为主。②而在二战史研究中，除了受到重视的外交部、内阁、首相办公室等部门档案外，做战争史研究必然要关注军方档案。

相对于英国档案资源的重要性和多样性，笔者认为有必要对英国档案资源中涉及二战史研究的部分做一简要梳理和介绍。由于二战持续时间长，波及范围广，涉及部门多，档案存放位置不一，本文只介绍英国国家档案馆收藏的解密档案。英国公认的第二次世界大战的起止时间是 1939—1945 年，英国官方档案的编制涉及二战时期也多以 1939—1945 年为限。鉴于此，本文以英国国家档案馆目录系统为依据，依次介绍英国首相办公室、内阁、

---

① 姚百慧主编：《冷战史研究档案资源导论》（第 2 版），北京：世界知识出版社，2019 年。
② 杨东：《简述英国外交部档案》，徐蓝主编：《近现代国际关系史研究》（第 4 辑），北京：世界知识出版社，2013 年；李继高：《冷战史研究之英国档案资源介绍》，李丹慧主编：《冷战国际史研究》（第 22 辑），北京：世界知识出版社，2016 年；徐轶杰：《浅谈〈英国内阁档案〉》，《历史教学》2009 年第 8 期。

外交部、陆军部、海军部、空军部、国防部、内政部等部门档案中与二战史（1939—1945年）研究密切相关的分组合，并对各个分组合的内容做一简要介绍。囿于目力所及，笔者难免挂一漏万，存在疏漏和谬误之处，还请方家批评指正。

在查找英国档案之前，首先应该大致了解英国国家档案馆的整理和编目原则。英国在档案整理上采用"档案组合"（Archive Group）作为馆藏整理和分类的基本单元。一般来说，一个政府部门的档案算是一个档案组合。每个组合可按该部门的组织机构或职能范围分为若干分组合，个别的也可按地理或行政区划分分组合。分组合由若干案卷组成，每个案卷包括若干单份文件。这样，所有馆藏档案通过档案组合、分组合、案卷、文件四个层次，可以实现有序的分类与整理。为了便于分类和编目，档案馆在做标识符号时，多用缩写字母来表示档案组合，其他的依次用阿拉伯数字表示。如海军部档案组合，第三分组合，第七卷，第四号文件，可表示为"ADM 3/7/4"。①

一、首相办公室档案

英国首相处于内政外交决策的核心，首相办公室档案（Records of the Prime Minister's Office，以下简称 PREM）的价值也不言而喻。首相办公室档案共分为四个部分，即："办公室档案"（Office Papers）、"对首相负责的各委员会和顾问组织档案"（Papers of Committees and Inquiries Answerable to the Prime Minister）、"私人档案"（Private Papers）、"首相办公室：各部门和相关机构网站"（Prime Minister's Office: Departmental Websites, and Websites of Associated Agencies and Bodies）。与二战史研究相关的有办公室档案和私人档案，其中办公室档案数量庞大、对历史研究的价值也最高。首相办公室通信和文件（Prime Minister's Office: Correspondence and Papers）包括由首相

---

① 黄霄羽主编：《外国档案事业史》（第三版），北京：中国人民大学出版社，2015年，第210—211页。

办公室产生和接收的文件，内容涉及首相与国内各个部门的往来函件、与其他国家政要之间的外事活动和往来电报和函件、重要会议记录等，涵盖了首相内政外交决策制定的各个方面。

英国国家档案馆目录把首相办公室通信和文件按时间顺序划分为 9 个组合。其中与二战研究相关的有 3 个组合：

PREM 1（1914-1940，Prime Minister's Office：Correspondence and Papers，1916-1940）包括内维尔·张伯伦任首相时期的文件。

PREM 3（1937-1946，Prime Minister's Office：Operational Correspondence and Papers）和 PREM 4（1934-1946，Prime Minister's Office：Confidential Correspondence and Papers）收录 1941—1945 年丘吉尔担任首相时期的办公室通信和文件。其中 PREM 3 是"军事行动通信和文件"，主要与第二次世界大战相关；PREM 4 是"机密通信和文件"，内容以内政为主。

其他部分与二战史研究相关的有两个组合：

PREM 7（1939-1951，Prime Minister's Office：Sir Desmond Morton，Personal Assistant to Prime Minister：Correspondence and Minutes），这个系列包含戴斯蒙·莫顿爵士（Sir Desmond Morton）的私人文件，他在 1940—1945 年任英国首相丘吉尔的私人助理。

PREM 10（1941-1945，Prime Minister's Office：Private Office Diaries of Visits by Prime Minister），收录首相丘吉尔在战时访问的私人办公室日记，涉及 1941—1945 年首相访问美国和加拿大，以及与罗斯福总统会面的记录；1944 年 8 月对意大利的访问；1944 年 9 月第二次魁北克会议日记等。

此外，目前英国亚当·马修公司和美国 Gale 公司针对 PREM 3 和 PREM 4 开发了缩微胶卷和数据库产品，国内国图和首师大有馆藏。丘吉尔基金会的丘吉尔档案库（Churchill Archive）包括超过 80 万页 1874—1965 年的原始文件，记录了包括丘吉尔私人信件、和各国政要的信件、英国王室的文件、一战、二战时期英国政府的文件等，首师大、武大等国内高校图书馆馆藏。

二、内阁档案

从内容上看，一个时期的内阁档案（Records of the Cabinet Office，以下简称 CAB）分为三大部分：第一部分是内阁会议文件，主要记录内阁各次会议的内容，以及提交到会议上供与会各政府官员传阅参考的文件；第二部分是内阁下属的各个委员会的文件；第三部分是帝国、联邦和国际会议文件。到目前为止，英国内阁文件被分为 20 个系列，据统计，其中 10 个系列中有与二战史研究相关的档案组合，统计情况见表 1。

表 1 CAB 档案中与二战史研究相关的系列组合

CAB 档案系列（英文标题）	时间范围	与二战史研究相关的分组合
1. Cabinet Office, Registered Files, etc.	1866–2007	CAB 105, 116, 121
2. Cabinet Minutes and Papers	1868–1974	CAB 65, 66, 67, 68, 100
3. Records of Cabinet Committees, etc., 1939 to 1945	1939–1978	CAB 69–88, 90–98, 107, 109–115, 117, 119, 122, 125, 136–138, 154, 169（共 46 个组合）
4. Records of Imperial, Commonwealth and International Conferences, etc.	1915–1976	CAB 99
5. Records of the Offices of Non-Departmental Ministers Attached to the War Cabinet and Cabinet Offices	1930–1979	CAB 120, 123, 124, 126
6. Records of the Historical Section	1902–1987	CAB 44, 101, 102, 106, 140, 145, 146, 167
7. Records of the Central Statistical Office	1934–1987	CAB 89, 108, 139, 141
8. Private and Official Papers	1897–1977	CAB 63, 118, 127
9. Central Intelligence Machinery	1939–1977	CAB 163
10. Cabinet Secretary's Office	1936–1970	CAB 195, 301

（数据统计来源：http://discovery.nationalarchives.gov.uk/browse/r/h/C44）

以下对 CAB 档案系列中与二战史研究相关的分组合做一简要介绍（介绍顺序同上表列举顺序）。

1. 内阁办公室注册档案（Cabinet Office, Registered Files, etc.）

CAB 105（1941-1948, War Cabinet and Cabinet Office: Telegrams）包括第二次世界大战期间和之后战时内阁和内阁办公室的电报原件和草稿。

CAB 116（1941-1948, War Cabinet and Cabinet Office: Departmental Security Officer: Files）是有关战时内阁和内阁办公室安保措施的选定文件。

CAB 121（1939-1955, Cabinet Office: Special Secret Information Centre: Files）涉及二战期间主要国防和政治问题的文件。

2. 内阁会议记录和文件（Cabinet Minutes and Papers）

CAB 65（1939-1945, War Cabinet and Cabinet: Minutes）涉及二战时期战时内阁和内阁的会议记录。

CAB 66-68（War Cabinet: Memoranda），这三个组合是二战时期战时内阁会议备忘录。

CAB 100（1939-1945, War Cabinet: Daily Situation Reports），战时内阁每日形势报告。

3. 1939—1945年内阁委员会记录（Records of Cabinet Committees, etc., 1939 to 1945）

这个系列包括46个组合，其中都是关于二战期间内阁各下属委员会的文件，[①] 涉及二战史研究的各个方面。

4. 帝国、联邦和国际会议档案（Records of Imperial, Commonwealth and International Conferences, etc.）

CAB 99（1939-1945, War Cabinet and Cabinet: Commonwealth and International Conferences: Minutes and Papers）包含1939—1945年举行的各

---

① 内阁各下属委员会详情见：http://discovery.nationalarchives.gov.uk/browse/r/h/C698/cnext/C698/C3914。

种英联邦和国际会议的会议记录和文件，以及在此期间在伦敦举行的自治领和英联邦部长会议。

5. 隶属于战时内阁和内阁办公室的非部长办公室记录（Records of the Offices of Non-Departmental Ministers Attached to the War Cabinet and Cabinet Offices）

CAB 120（1938－1947，Cabinet Office：Minister of Defence Secretariat：Records）包括丘吉尔第一任首相期间内阁办公室军事秘书处的记录。

CAB 123（1930－1951，Office of the Lord President of the Council：Registered Files，Correspondence and Papers）包括大量1941年至1945年5月理事会主席办公室的函件和文件记录。

CAB 124（1940－1970，Offices of the Minister of Reconstruction，Lord President of the Council and Minister for Science：Records）包含1943年至1945年5月重建部长办公室的文件。

CAB 126［1940－1955，Tube Alloys Consultative Council and Combined Policy Committee（Atomic Energy）：Minutes and Papers］由原子能委员会秘书处的一般政策文件组成，包括理事会主席约翰·安德森爵士（Sir John Anderson）的函件、电报和报告。

6. 内阁历史部档案（Records of the Historical Section）

CAB 44（1914－1965，Committee of Imperial Defence，Historical Branch and Cabinet Office，Historical Section：War Histories：Draft Chapters and Narratives，Military），大部分文件涉及一战和二战。

CAB 101［1944－1978，War Cabinet and Cabinet Office：Historical Section：War Histories（Second World War），Military］和CAB 102［1941－1972，War Cabinet and Cabinet Office：Historical Section：War Histories（Second World War），Civil］，这两个组合包括英国二战军事史和民事史的制作记录。

CAB 106［（1939－1967，War Cabinet and Cabinet Office：Historical Section：Archivist and Librarian Files：(AL Series)］包括历史学家们为英国

二战史的书写所收集的不同文献。

CAB 140（1940-1975, War Cabinet and Cabinet Office: Historical Section: Historians' Correspondence and Papers）由内阁下属英国历史部的未注册档案组成。

CAB 145 [c1960s - 1970s, Cabinet Office: Historical Section, Mapping Section: War Histories (Second World War), Military: Maps] 主要由二战时期地图部门为英国二战军事史研究绘制的地图所组成。

CAB 146（1937-1987, Cabinet Office: Historical Section, Enemy Documents Section: Files and Papers）涉及二战期间战时内阁截获的敌方文件。

CAB 167 [c1960s, Cabinet Office: Historical Section, Mapping Section: War Histories (Second World War), Civil: Maps] 由地图部门为英国二战民事史研究绘制的地图组成。

7. 中央统计局档案（Records of the Central Statistical Office）

CAB 89（1939-1941, War Cabinet: Survey of Economic and Financial Plans）包括二战期间经济和财务计划调查的记录和文件。

CAB 108（1940-1987, War Cabinet and Cabinet Office: Central Statistical Office: Minutes and Papers）涉及二战期间英国和其他盟国战争努力的统计数据。

CAB 139（1939-1994, War Cabinet and Cabinet Office: Central Statistical Office: Correspondence and Papers）包括中央统计局关于战时和战后社会、经济、工业、军事、救济、重建和国际问题的通信和文件。

CAB 141（1934-1968, War Cabinet and Cabinet Office: Central Statistical Office: Working Papers）包括二战期间贸易、国际收支、原材料和粮食供应、人口、工业、劳工、武装部队、造船和航运损失、住房、农业和能源等的统计文件。

8. 私人和官方文件（Private and Official Papers）

CAB 63（1908-1944, War Cabinet and Cabinet Office: Lord Hankey:

Papers）包括第二次世界大战期间有关汉基勋爵在政府工作的函件和文件，特别是关于国防、石油供应、援助盟国的文件，还有一些私人信件。

CAB 118（1938－1947，War Cabinet and Cabinet：Various Ministers：Private Office Files）主要由艾德礼在担任副首相期间收集的文件组成，还包括艾德礼在成为战时内阁成员之前的一些通信。

CAB 127（1918－1961，Cabinet Office：Private Collections of Ministers' and Officials' Papers）包括二战时期存放在内阁办公室的各位部长和高级官员的文件。

9. 中央情报机构档案（Central Intelligence Machinery）

CAB 163（1939－1996，War Cabinet, Ministry of Defence, and Cabinet Office：Central Intelligence Machinery：Joint Intelligence Sub-Committee, Later Committee：Secretariat：Files）包含几个二战期间和之后联合情报委员会秘书处的文件，涉及特别行动。

10. 内阁秘书办公室档案（Cabinet Secretary's Office）

CAB 195（1942－1965，Cabinet Secretary's Notebooks）涉及二战期间内阁秘书在内阁会议和部长级会议期间写的长篇笔记，提供比会议记录更详细的记录。

CAB 301（1936－1967，Cabinet Office：Cabinet Secretary's Miscellaneous Papers），文件主要来源于内阁大臣私人办公室，涉及主题广泛，其中较早的文件，主要涉及二战中与情报有关的问题。

关于内阁档案的利用情况。英国国家档案馆对一部分内阁档案进行了电子化处理，可以直接下载利用，[①] 其中与二战史研究相关的部分如下：

---

① 下载网址为：http：//www.nationalarchives.gov.uk/cabinetpapers/cabinet-gov/meetings-papers.htm。

档案组合号	文件系列标题
CAB 65	"第二次世界大战内阁决议"（Second World War Conclusions）
CAB 66	"第二次世界大战内阁备忘录"（Second World War Memoranda）
CAB 67	"第二次世界大战内阁备忘录"（Second World War Memoranda）
CAB 68	"第二次世界大战内阁备忘录"（Second World War Memoranda）
CAB 195	"内阁秘书笔记"（Cabinet Secretary's Notebooks）

此外可以通过英国国家档案馆的"电子化缩微胶卷"项目（Digital Microfilm Project）获取一部分内阁档案的电子版，但需要指出的是，通过这个项目下载档案需要用邮箱在英国国家档案馆网站注册一个账号，登录后可免费进行下载。通过这一途径可下载的内阁文件列表如下：①

档案组合号	文件系列标题
CAB 80	"战时内阁和内阁：参谋长联席会议委员会：备忘录"（War Cabinet and Cabinet：Chiefs of Staff Committee：Memoranda）
CAB 95	"战时内阁和内阁：中东和非洲委员会：会议记录和文件"（War Cabinet and Cabinet：Committees on the Middle East and Africa：Minutes and Papers）
CAB 99	"战时内阁和内阁：联邦和国际会议：会议记录和文件"（War Cabinet and Cabinet：Commonwealth and International Conferences：Minutes and Papers）

三、外交部档案

英国外交部成立于1782年，负责处理英国与几乎所有其他国家的外交事务。1968年英国外交部进行了一次改组，与英联邦事务部（Commonwealth Office）合并组成了新的英国外交和联邦事务部（Foreign and Commonwealth Office, FCO）。

---

① 网址为：http://www.nationalarchives.gov.uk/records/digital-microfilm.htm。

从英国国家档案馆的目录来看,可将外交部档案(Records of the Foreign Office,以下简称 FO)分为 9 个大类,一共包含 27 个系列。① FO 档案几乎每一大类都有涉及二战时期的记录,可见其在二战史研究中具有非常重要的价值。对 FO 档案组合的统计及其中与二战史研究相关的分组合见表 2。

表 2 FO 各系列及其中与二战史研究相关分组合

序号	文件系列(英文标题)	时间范围	与二战史研究相关分组合
1	大类:General Correspondence from Political and Other Departments with Related Indexes and Registers		
(1)	General Correspondence from Political and Other Departments	1756—1966	FO 371, 409
2	大类:Confidential Print		
(1)	Foreign Office:Confidential Print	1711—1960	FO 405, 411, 436, 438, 475 等
3	大类:Records of the Business Departments(包括四个系列)		
(1)	Records of Statutory and Administrative Departments	1873—1966	FO 369, 924, 1093
(2)	Records of the Slave Trade and African Departments	1816—1913	—
(3)	Records of the Information Policy Department, Regional Information Department and Information Research Department	1938—1970	FO 930
(4)	Records of the Claims Department and the Foreign Compensation Commission	1946—1992	FO 950, 1004
4	大类:Internal Services for the Foreign Office(四个系列)		
(1)	Records of the Chief Clerk's Department	1719—1967	FO 366

---

① http://discovery.nationalarchives.gov.uk/browse/r/h/C130.

续表

序号	文件系列（英文标题）	时间范围	与二战史研究相关分组合
(2)	Records of the Library, Research Department and Research and Library Department	1700-1992	FO 1103
(3)	Records of the Treaty and Royal Letter Department	1695-2004	FO 94
(4)	Records of the Communications Department	1936-1967	FO 850
5	大类：The Records of Embassies, Legations and Consulates（四个系列）		
(1)	Records of Embassies, Legations, Consulates, etc.	1567-1994	共643个分组合，暂时不找
(2)	Records of Consular Courts and Other Extra-Territorial Jurisdiction	1784-1964	FO 1092
(3)	Records of the British Middle East Office	1938-1983	FO 922
(4)	Records of the Chinese Secretary's Office	1765-1951	—（主要涉及近代中国外交及商务）
6	大类：The Records of Departments or Bodies that only Existed for Limited Periods（十个小类）		
(1)	Records of the Milner Mission	1919-1920	—
(2)	Records of Various First World War Departments	1911-1925	—
(3)	Records of the Enemy Branch, Economic Advisory Branch and Economic Warfare Department	1931-1951	FO 837
(4)	Records Relating to Allied Administration of Occupied Territories in Post Second World War Europe Scope and Content	1909-1990	FO 935-946等（共69个分组合）

续表

序号	文件系列（英文标题）	时间范围	与二战史研究相关分组合
（5）	Records of the Foreign Office Administration of African Territories	1915—1952	FO 1015
（6）	Records of Various Second World War Departments	1938—1973	FO 520, 553, 584, 645—648, 660, 892, 898, 916, 921, 1055
（7）	Records of Delegations to International Organizations	1946—1974	—
（8）	Records of Commissions	1790—1967	FO 1079
（9）	Records of Conferences, Committees and Councils	1813—1955	FO 934, 1086
（10）	Records of Tribunals	1896—1947	FO 1019
7	大类：Records of the Passport Office		
（1）	Records of the Passport Office	1795—1983	—
8	大类：Records of Private Office and Private Papers		
（1）	Records of Private Office and Private Papers	1636—1973	FO 954, 800
9	大类：Miscellaneous Records		
（1）	Miscellaneous Records	1639—1975	FO 900

（数据统计来源：http://discovery.nationalarchives.gov.uk/browse/r/h/C130）

以下简介 FO 九大类档案中与二战史研究相关的分组合（介绍顺序对应上表列举顺序）。

1. 外交部综合通信类

FO 371（Foreign Office：Political Departments：General Correspondence from 1906—1966）是外交部政治部门的综合通信，共 190967 卷，超过 1650 万页，内容丰富，也是外交部档案中利用价值最高的部分，其中涉及

273

1939—1946 年政治情报部门的通信。FO 371 中有些部分已被出版和数字化。

FO 409 ［Foreign Office: Indexes to General Correspondence（Printed Series）］是 1920—1959 年外交部综合通信类文件的索引，一共 129 卷。其按年度系列排序，每年之内按信件首字母顺序排序，查找 FO 371 中与二战史研究相关部分档案，可以先查这个索引，从 FO 409/68 到 FO 409/92 是 1939—1945 年的编号。如 FO 409/72/1，是 1940 年的综合通信索引。FO 409 可通过英国国家档案馆的"电子化缩微胶卷"项目（Digital Microfilm Project）下载利用。

2. 外交部机密印刷件

从 1914 年后，机密印刷件主要是按照区域、国家和主题进行分类组合，一个组合号对应一个国家或主题。① 其中有很多组合涉及二战时期英国的外交关系，在此不一一列举，研究特定国家可在相应组合内查找档案。其中在二战史研究中具有普遍重要价值的有：

FO 405（1833 - 1970, Foreign Office: China and Taiwan Confidential Print），与中国大陆和台湾地区相关的机密印刷件，共 448 卷。

FO 411（1923 - 1947, Foreign Office: Confidential Print League of Nations），与国联相关的机密印刷件，共 28 卷。

FO 436（1937 - 1956, Foreign Office: Confidential Print Far Eastern Affairs），与远东事务相关的机密印刷件，共 25 卷。

FO 438（1914 - 1941, Foreign Office: Confidential Print War, General），与一战和二战相关的机密印刷件，共 14 卷。

FO 475（1942 - 1972, Foreign Office: Confidential Print General Affairs），综合事务记录，其中包括世界形势，共 17 卷。

3. 外交部下属各法定和行政部门档案

FO 369（Foreign Office: Consular Department: General Correspondence

---

① 外交部机密印刷件的分组见：杨东，《简述英国外交部档案》，徐蓝主编：《近现代国际关系史研究》（第 4 辑），北京：世界知识出版社，2013 年，第 236—237 页。

from 1906），包含了 1906—1966 年外交部领事司（Consular Department）与各驻外使领馆领事处之间的通信。组合内部编排原则是按时间和国家排序，一年之中各个国家按流水号排序，一国内按文件编号排序，次年接前一年的流水号连续编排。如 FO 369/1/1-38，指 1906 年英国与驻阿根廷领事处的通信，共 38 份；FO 369/2/1-36，指 1906 年英国与驻奥匈帝国领事处的通信，共 36 份；FO 369/2647/1-829，指 1941 年英国与驻中国领事处的通信，共 829 份。

FO 924（Foreign Office：Cultural Relations Department：Correspondence and Papers）组合是 1944—1966 年外交部文化关系司的通信和文件，内容涵盖二战后期英国的对外文化和教育政策。

FO 1093（Foreign Office：Permanent Under-Secretary's Department：Registered and Unregistered Papers）组合是 1873—1985 年外交部常务次大臣办公室（Permanent Under-Secretary's Department）文件。文件涉及 1941—1945 年鲁道夫·赫斯（Rudolf Hess）① 与英国官员的谈话记录，及其与家人和朋友之间的通信。还有一些文件涉及二战期间温莎公爵（Duke of Windsor）② 的活动，特别是他作为巴哈马总督的活动，温莎文件涉及公爵在第二次世界大战期间公认的对纳粹的同情。

FO 930（Ministry of Information and Foreign Office：Foreign Publicity Files，1938-1947）组合是信息部和外交部对外宣传文件，其中主要涉及二战期间英国海外宣传的档案，共 529 卷。

4. 为外交部提供内部服务的机构档案

FO 366（1719-1967，Foreign Office and Diplomatic Service Administration Office：Chief Clerk's Department and Successors：Records）涉及 1965 年以前外

---

① 1933 年 4 月 21 日被任命为纳粹党副元首。二战爆发后，被希特勒指定为继承人。1941 年 5 月 10 日于战时搭乘飞机飞往苏格兰。"飞英之谜"被部分历史学家认为是"第二次世界大战"中攸关战争"发动与结束"的最大之谜。（这部分档案于 2017 年解密。）

② 1936 年 1 月 20 日至 1936 年 12 月 11 日为英国国王，逊位后被其弟乔治六世封为温莎公爵。二战期间，他作为英国军事代表常驻法国，在被指控为同情纳粹后，到巴哈马担任总督。

交事务管理处的信件、文件和记录等。

FO 1103（1919-1943，Foreign Office：Registry：Day Books）提供了从1920年到第二次世界大战期间外交部所有来往函件的摘要，对各种原始通信有所补充，特别是可以看出在印刷索引中记录但未被选定作为永久保存的文件的内容。

FO 94（1782-2005，Foreign Office and Foreign and Commonwealth Office：Ratifications of Treaties）包括对各种条约的批准。

FO 850（1936-1967，Foreign Office and Diplomatic Service Administration Office：Communications Department：General Correspondence from 1906）收录了英国外交部通信处1936—1964年的记录，涉及伦敦与英国驻外使领馆之间的所有通信事宜。

5. 大使馆、公使馆、领事馆档案

大使馆和领事档案由驻外使领馆的工作人员的函件和记录组成，包括643个分组合，按国家和地区编号。其中较多涉及二战史研究，暂不一一介绍，研究特定国家和地区可查找相应分组合。

FO 1092（Foreign Office：Shanghai Courts, China：Judges' and Magistrates' Notebooks，1865-1941）是外交部下属中国上海法院法官的记录，其中涉及仲裁和海事案件，共370卷。

FO 922（1938-1945，Middle East Supply Centre：Registered Files）涉及二战期间有关中东供应中心工作的各个方面的文件，涉及农业、运输、工业生产等。

6. 在特定时期内存在的部门和机构的档案

FO 837（1931-1951，Ministry of Economic Warfare and Successors：Records），大部分涉及1939—1945年外交部战时经济部的档案。此外，还包括有关二战后盟军在占领区管理的档案（Records Relating to Allied Administration of Occupied Territories in Post Second World War Europe）。这一系列档案涉及二战后英国参与盟军对德国、奥地利占领期间的管理，共计69个分组合，内

容十分庞杂，对研究二战时期和之后英国对德国、奥地利政策以及冷战起源等问题具有重要学术价值。

FO 1015（1915-1952，War Office, and Foreign Office, Administration of African Territories: Registered Files）涉及1941—1952年英国对非洲前意大利殖民地的管理，包括厄立特里亚、索马里等。

此外，"第二次世界大战各部门的档案"（Records of Various Second World War Departments）是一个集中涉及二战史研究的系列，单独的介绍见表3。

表3　FO中第二次世界大战各部门的档案

档案组合号	文件系列标题	时间范围	档案数量	内容介绍
FO 520, 553, 584	German Foreign Ministry Documents		—	截获的敌方文件，已于1957年转交给联邦德国，现在英国国家档案馆不可利用。
FO 645-648	War of 1939 to 1945, War Crimes Trials	1939-1945	—	该系列于1966年转入帝国战争博物馆。
FO660	Foreign Office and War Cabinet: Offices of Various Political Representatives, Second World War: Papers	1942-1945	383 files	1942年8月至1943年5月，美国驻英国和北非军队的政治联络官记录；1943—1944年，在阿尔及尔和巴黎的盟军驻地办公室记录；1943—1944年，在阿尔及尔的英国驻法国民族解放委员会代表处记录。

续表

档案组合号	文件系列标题	时间范围	档案数量	内容介绍
FO 892	Foreign Office: British Mission to the French National Committee: Papers	1940—1943	179 files	英国代表团访问法国国家委员会的文件。涉及诸如外交特权、征募法国自由军、从美国租借物资、进口制成品和食品、在英国港口部署法国船只、训练和使用法国自由空军等问题。
FO 898	Political Warfare Executive and Foreign Office, Political Intelligence Department: Papers	1938—1973	553 files and volumes	有关政治战争执行处（Political Warfare Executive）的形成、职能和活动的文件，以及少数政治情报部门的文件。还包括一套完整的传单等，主要在德国、意大利和被占领的欧洲国家空投。
FO 916	Foreign Office: Consular (War) Department, Later Prisoners of War Department: Registered Files (KW and RD Series)	1939—1948	2612 files	包含领事（战争）部门和后来的战俘部门的档案。包括来自战俘和拘留营等各种来源的报告。
FO 921	War Cabinet: Office of the Minister of State Resident in the Middle East: Registered Files	1942—1946	384 files	包括驻开罗的国务大臣办公室的文件。

续表

档案组合号	文件系列标题	时间范围	档案数量	内容介绍
FO 1055	Foreign Office, French Welfare Section and War Cabinet, Welfare and Security Sub-Committee: Papers	1940-1945	14 files	包括福利和安全小组委员会和法国福利科的文件，这些文件涉及二战期间法国沦陷后法国国民的福利问题。

（信息统计来源：http://discovery.nationalarchives.gov.uk/browse/r/h/C644）

FO 1079（1943-1945, European Advisory Commission: Minutes and Papers）载有二战期间欧洲咨询委员会的记录，包括会议记录和备忘录、各小组委员会的文件和特别会议的记录。

FO 934（Potsdam Conference 1945: United Kingdom Delegates: Records）是1945年波茨坦会议英国代表的记录。

FO 1086（1945-1955, Council of Foreign Ministers: Minutes and Papers）有少量1945年外长会议的记录。

FO 1019（1934-1947, British War Crimes Executive, Nuremberg, and Court Contact Committee: Correspondence and Papers）主要由纽伦堡的英国战犯执行委员会（BWCE）和法院联络委员会的通信和文件组成，涉及BWCE内部管理和与其他盟国政府代表团的通信，还包括一些会议记录，共106个系列。

7. 护照办记录

暂未查找。

8. 私人办公室和私人文件

FO 954（1935-1946, Foreign Office: Private Office Papers of Sir Anthony Eden, Earl of Avon, Secretary of State for Foreign Affairs）涉及1936—1938年、1940—1945年安东尼·艾登担任英国外交大臣的私人办公室文件，共34

卷，具有重要价值，且可以在英国国家档案馆网站直接查询和下载利用。

FO 800（1824-1968，Foreign Office，Private Offices：Various Ministers' and Officials' Papers）涉及1886—1948年许多副外交大臣和其他与外交事务有关的高级官员和个人的私人文件，还有关于1831—1960年国际会议的记录和一些外交杂件，较多涉及二战时期，并且可以通过英国国家档案馆"Digital Microfilm Project"下载利用。

9. 外交杂件

FO 900（1824-1951，Foreign Office：Specimens of Series of Documents Destroyed）包含一些被销毁文件的副本，共7卷，其中FO 900/6是1933—1951年抗议书、英国船舶和海员登记册，以及与航运有关的文件副本。

四、陆军部档案

陆军部档案（Records of the War Office，以下简称WO）包括陆军部、各武装部队、军法署以及与军队管理有关的各机构档案。随着1964年英国多个军事部门合并为国防部，陆军部成为国防部的下属机构，其后时期的档案一般在国防部档案DEFE 70中。英国国家档案馆将陆军部档案分为20个系列，其中涉及二战时期的内容异常丰富。WO档案系列的统计及其中与二战史研究相关的分组合见表4。

表4 WO各系列及其中与二战史研究相关分组合

WO档案系列（英文标题）	时间范围	分组合数	与二战史研究相关分组合
1. General Records of the War Office and Predecessors and Successor	1627-1985	28	WO 33, 165, 287, 335, 900
2. Records of the Chief of the (Imperial) General Staff and Its Directorates	1787-1996	38	WO 106, 181, 190, 193, 208, 216, 224, 231, 232, 233, 244, 260, 344, 402

续表

WO 档案系列（英文标题）	时间范围	分组合数	与二战史研究相关分组合
3. Records of the Commander-in-Chief, Military Secretary and Army Council	1711-1992	20	WO 73, 123, 293, 373
4. Records of Army Medical Services	1817-1954	6	WO 222, 241
5. Records of Other Administrative Departments of the War Office	1708-1991	29	WO 107, 162, 163, 221, 253, 272, 365
6. Records of Finance Departments	1770-1964	6	—
7. Records of the Central Department of the Permanent Secretary of State	1705-1979	10	WO 220, 230, 306, 307, 312, 361
8. Records of the Land Branch	1893-1996	5	—
9. Records of the Board of General Officers and Records Relating to Soldiers' Clothing	1801-1995	2	—
10. Records of the Royal Chelsea and Kilmainham Hospitals	1702-1980	19	—
11. Records of the Constable of the Tower of London	1610-1941	1	—
12. Records of Research Establishments	1852-1995	12	WO 188, 189
13. Records of the Armed Forces from Commands, Headquarters, Regiments and Corps	1720-1985	86	WO 166-179, 191, 197-199, 201-205, 212, 215, 217-219, 228, 229, 234, 257, 328, 333, 343（共35个组合）
14. Records of Auxiliary Forces	1679-1976	8	—
15. Records of the Army in Ireland	1710-1923	2	—
16. Armed Forces Service Records	1702-2007	39	WO 304, 345, 347, 367, 392, 409, 416, 417

续表

WO 档案系列（英文标题）	时间范围	分组合数	与二战史研究相关分组合
17. Private Office Papers and Private Collections	1709–1990	26	WO 214, 236, 255, 258, 259, 282
18. Records of Commissions, Committees and Councils, etc.	1900–1973	13	WO 283
19. Records of the Ordnance Office and Its Successors at the War Office	1568–1983	23	WO 185
20. Records of the Judge Advocate General	c1650–1987	32	WO 235, 238, 309–311, 325, 331, 353–357（共12个组合）

（信息统计来源：http://discovery.nationalarchives.gov.uk/browse/r/h/C259）

以下依次简要介绍 WO 各系列中与二战史研究相关分组合内容（顺序与上表列举顺序一致）。

1. 陆军部综合档案

WO 33 ［1853-1969，War Office：Reports, Memoranda and Papers（O and A Series）］包括各种报告、备忘录等的机密印刷件，涉及各部门和军队管理的各个方面。

WO 165 ［1938-1947，War Office：Directorates（Various）：War Diaries, Second World War］，这些战争日记包含了陆军部各个分支机构在二战时期直到1947年的日常工作记录。

WO 287 ［1904-1949，War Office：Confidential Printed Papers（B Papers）］，大多是关于外国的军事或情报报告，密级很高。

WO 335（1914-1974，War Office：Selected Civilian Personal Files）精选了陆军部文职人员的个人档案，而这些档案本身包含了有传记意义的材料。

WO 900（1798-1959，War Office：Specimens of Series of Documents

Destroyed）涉及 1939—1945 年被捕的德国武装部队高级军官的个人详细记录。

2.（帝国）总参谋部及下属部门档案

WO 106（1837-1962, War Office：Directorate of Military Operations and Military Intelligence, and Predecessors：Correspondence and Papers）涉及一战和二战期间军事行动和情报局的通信和文件。

WO 181（1887-1995, War Office：Directorate of Military Survey and Predecessors：Papers）包括二战期间军事调查局的文件。

WO 190 [1922-1941, War Office：Directorate of Military Operations and Intelligence：German and Adjacent Countries Military Situation Reports（Appreciation Files）] 是军事行动和情报局文件，每周报告一次（或每天一次）德国和邻近国家的军事情况。

WO 193 [1934-1958, War Office：Directorate of Military Operations and Plans, Later Directorate of Military Operations：Files Concerning Military Planning, Intelligence and Statistics（Collation Files）] 全面记录军事规划、作战、情报、统计等方面的情况。

WO 208（1917-1990, War Office：Directorate of Military Operations and Intelligence, and Directorate of Military Intelligence；Ministry of Defence, Defence Intelligence Staff：Files）包括 1939 年成立的军事情报局的记录，涉及二战期间的宣传、防空情报和军事等问题。

WO 216（1935-1964, War Office：Office of the Chief of the Imperial General Staff：Papers）不仅包括 1939—1945 年期间的组织、行政、政策、培训和行动，还涉及英国部队在埃及、马来亚、肯尼亚、塞浦路斯、婆罗洲和其他地方的部署。

WO 224 [1941-1947, War Office：International Red Cross and Protecting Powers（Geneva）：Reports Concerning Prisoner of War Camps in Europe and the Far East] 包括国际红十字会和保护国（日内瓦）的一系列报告，涉及欧洲和远东的各种战俘营。

WO 231（1909-1983，War Office：Directorate of Military Training, Later Directorate of Army Training：Papers）涉及二战期间的演习和战术装备试验报告。

WO 232（1939-1950，War Office：Directorate of Tactical Investigation：Papers）是二战期间战术调查局的文件。

WO 233（1941-1948，War Office：Directorate of Air：Papers）是航空局的文件，涉及组织、政策、行动、武器、弹药、设备等。

WO 244（1936-1950，War Office：Directorate of Signals：Papers）主要涉及二战期间的特别行动，包括"霸王行动"（Operation Overlord）和穿越莱茵河的行动等。

WO 260（1939-1946，War Office：Directorate of Staff Duties：Papers）包括二战期间参谋勤务处的一些指示和信件。

WO 344（1945-1946，War Office：Directorate of Military Intelligence：Liberated Prisoner of War Interrogation Questionnaires）包括大约14万份关于释放战俘的问卷调查。

WO 402（1891-1993，War Office and Ministry of Defence：Survey Services：Directorate of Military Survey and Survey Units：Reports and Conferences, 1940-1993）包含二战期间军事调查局每月、每季度、半年度和年度的调查报告。

3. 总司令、军事秘书和陆军委员会档案

WO 73（1859-1950，Office of the Commander in Chief and War Office：Distribution of the Army Monthly Returns）涉及二战时期英国军队每月分布的汇报。

WO 123（1711-1992，Ministry of Defence and Predecessors：Army Circulars, Memoranda, Orders and Regulations）涉及1904—1964年陆军委员会的军事命令。

WO 293（1914-1964，War Office：Army Council：Instructions）包含从1916年1月至1964年3月的一整套正式命令，称为陆军委员会指令。

WO 373〔1935-1990，War Office and Ministry of Defence：Military

Secretary's Department: Recommendations for Honours and Awards for Gallant and Distinguished Service (Army)] 包含二战期间对各军队和个人的奖励记录。

WO 373 可以通过英国国家档案馆"电子化缩微项目"(Digital Microfilm Project) 下载。

4. 陆军医疗服务档案

WO 222 (1914-1949, War Office: Medical Historians' Papers: First and Second World Wars) 展现了二战时期陆军在英国医学方面的贡献。

WO 241 (1944-1945, War Office: Directorate of Army Psychiatry: Reports) 涉及二战时期陆军精神病学局关于战争对军队的心理影响、敌人士气的心理基础等的报告。

5. 陆军部其他行政部门档案

WO 107 (1763-1946, Office of the Commander in Chief and War Office: Quartermaster General's Department: Correspondence and Papers) 涉及军需总署与一战和二战相关的文件。

WO 162 (1715-1971, Commander-in-Chief and War Office: Adjutant General's Department: Papers) 涉及二战时期盟军战争伤亡的统计表。

WO 163 (1806-1980, War Office and Ministry of Defence and Predecessors: War Office Council, Later War Office Consultative Council, Army Council, Army Board and Their Various Committees: Minutes and Papers) 涉及二战时期陆军委员会和陆军协调委员会的会议记录和报告等。

WO 221 (1920-1963, Contracts Co-ordinating Committee and Sub-committees: Minutes, Papers and Reports) 包括官方历史学家引用的1942—1944年的注册文件。

WO 253 (1939-1945, War Office: Directorate of Labour: Papers) 涉及二战时期劳动局的活动情况报告。

WO 272 (1942-1971, War Office: Directorate of Supplies and Transport: Papers) 涉及二战期间印度、缅甸、中国交通供给线,以及北非、远东等地

的石油和燃料供应问题。

WO 365 [1937-1957, War Office: Department of the Adjutant General, Statistics Branch: Published Statistical Reports (S Prefix)] 提供了二战时期对军队的各种统计数据。

7. 中央常设国务秘书档案

WO 220（1940-1949, War Office: Directorate of Civil Affairs: Files, Reports and Handbooks）包括陆军部民政事务总署的文件、报告、手册等，涉及对欧洲和远东被占领领土的管理。

WO 230（1939-1951, War Office: British Military Administration of African Territories: Papers）主要关注盟军占领意大利在非洲的殖民地后，英国的管理记录。

WO 306（1940-1971, Claims Commission: Minutes）包括索赔委员会关于其处理因部队造成的意外、盗窃或损害而向陆军部提出的索赔记录。

WO 307（1939-1946, Prisoners of War Information Bureau: Correspondence and Papers, Second World War）包括二战时期英国战俘信息局（PWIB）的函件和文件。

WO 312（War of 1939-1945: Central Mediterranean Forces: Index Record of Enemy Prisoners in Italy）涉及二战时期地中海舰队提交的意大利战犯的记录。

WO 361 [1938-1986, War Office: Department of the Permanent Under Secretary of State: Casualties (L) Branch: Enquiries into Missing Personnel, 1939-45 War] 是伤亡处对二战中失踪人员的调查记录。

12. 研究机构档案

WO 188（1916-1997, War Office, Ministry of Supply, Ministry of Defence: Chemical Defence Research Department and Chemical Defence Experimental Establishment, Later Chemical and Biological Defence Establishment, Porton: Correspondence and Papers）涉及二战期间的生化武器实验，以及在英国和海

外的生化战争。

WO 189（1918-1993，War Office，Ministry of Supply，Ministry of Defence：Chemical Defence Experimental Establishment，Later Chemical and Biological Defence Establishment，Porton：Reports and Technical Papers）涉及二战时期各种毒气试验报告、日本的化学战策略、用毒气弹袭击东京等。

13. 来自各指挥部、总部、军团等武装部队的档案

主要包括总部记录和战争日记。这一系列集中涉及二战时期的军事记录和各武装部队的战争日记，具体包括本土部队、各种远征军、集团军、联合舰队等军部的记录和战争日记。各军队对应特定档案组合，① 这里不再一一介绍。以下三个分组合具有普遍性意义。

WO 212（1918-1964，War Office：Orders of Battle and Organisation Tables）包含了二战期间在国内外服役的英国所有司令部、编队和单位的作战命令和组织表。

WO 229（1943-1945，War Office：Supreme Headquarters Allied Expeditionary Force and 21 Army Group：Microfilms）包含源自盟国远征军最高司令部和第 21 集团军的缩微复印件，这一分组合可以通过"Digital Microfilm Project"下载利用。

WO 343（1942-1945，War Office：South East Asia Command British Army Aid Group, China：Microfiche Copies）包括英国陆军援助组织（BAAG）的缩微复印件。该组织成立于二战期间，旨在组织香港战俘集中营的逃亡，以及对中国进行饥荒救济和医疗援助。

16. 武装部队服役记录

WO 304（1947，War Office：Roll of Honour, Second World War）收录了荣誉名册，即二战期间阵亡将士的名单。

WO 345（1942-1945，War Office：Japanese Index Cards of Allied Prisoners

---

① 详情见 http://discovery.nationalarchives.gov.uk/browse/r/h/C540。

of War and Internees, Second World War) 收录了日本汇编的二战期间盟军战俘和被拘禁者的索引卡片。

WO 347 (1942–1947, War Office: Allied Prisoners of War Hospitals, Registers and Papers, Second World War) 收录了由盟军战俘医院保管的出入境登记册和死亡登记册等。

WO 367 (1942–1945, War Office: Japanese Registers of Allied Prisoners of War and Civilian Internees Held in Camps in Singapore, Second World War) 包括二战期间新加坡战俘和平民拘留所的登记册,记录了大约 13500 名盟军战俘和英国及其他国家被拘平民的姓名。

WO 392 (1943–1945, War Office: Directorate of Prisoners of War: Prisoners of War Lists, Second World War) 收录了在德国或德国占领区、意大利、日本或日本占领区关押的英国皇家海军各部门的战俘名单,也包括英国指挥下的其他国民。

WO 409 (1940–1945, War Office: Home Guard Records, Second World War) 记录了二战中在国民警卫队服役的个人的记录,这一组合可以直接在英国国家档案馆网站搜索和下载。

WO 416 (1939–1945, War Office: German Record Cards of British and Commonwealth Prisoners of War and Some Civilian Internees, Second World War) 涉及德国当局在二战期间扣押的大约 19 万人的个人资料,其中多数是战俘,也有数百名平民。

WO 417 (1939–1947, War Office: Army Casualty Lists, 1939–45 War) 包含了英国军队在二战期间的伤亡名单。

17. 私人办公室档案和私人档案

WO 214 (1941–1946. War Office: Earl Alexander of Tunis, Supreme Allied Commander Mediterranean Theatre: Papers) 是 1944—1945 年地中海战区盟军最高指挥官"突尼斯的亚历山大伯爵(哈罗德·亚历山大)"的官方和半官方函件,包括在北非、西西里岛和意大利战役的计划和行动。

WO 236 (1936–1959, War Office: General Sir George Erskine: Papers)

是乔治·厄斯金将军的文件,涉及二战期间在北非的行动,以及后来在埃及和肯尼亚的军事事务。

WO 255（1939-1944,War Office:Brigadier Thomas Denis Daly,Area Commander,North Caribbean:Papers）涉及托马斯·丹尼斯在二战爆发时关于德国武装部队和军事战略的私人和半官方文件,以及他在1942—1944年担任北加勒比海地区指挥官的记录。

WO 258（1936-1962,War Office:Department of the Permanent Under Secretary of State:Private Office Papers）由负责战争事务的常务副大臣关于各种问题的文件组成。

WO 259（1937-1953,War Office:Department of the Secretary of State for War:Private Office Papers）涉及陆军部大臣私人办公室提供的各种主题的注册和未注册文件。

WO 282（1936-1941,War Office:Field Marshal Sir John Greer Dill:Papers）是陆军元帅约翰·格瑞尔·迪尔爵士的文件。

WO 285（1944-1969,War Office:General Miles Christopher Dempsey:Papers）主要包括迈尔斯·克里斯托弗·邓普西将军从诺曼底登陆到在欧洲取得最后胜利的指挥时期的笔记、情报摘要、通信、个人日记等。

18. 陆军部下属委员会和理事会档案

WO 283（1940-1945,War Cabinet:Joint Intelligence Committee,Inter-Services Security Board:Minutes）包括从1940年2月到1945年6月联合情报委员会的议程和会议记录。

19. 军械署档案

WO 185（1930-1968,Ministry of Supply:Registered Files）涉及二战期间的武器供应和试验,如反坦克措施、坦克试验、装甲战车、地雷设计等。

20. 军法署档案

这一系列档案有12个分组合,主要涉及二战时期的战犯记录,隶属于欧洲盟军和东南亚盟军，这里不再一一介绍。如 WO 235（1940-1970，Judge Advocate General's Office：War Crimes Case Files, Second World War）包含了在二战后英国军事法庭在欧洲和远东地区的战争罪行审判的档案。

五、海军部档案

海军部档案（Records of the Admiralty，以下简称 ADM）是海军部、海军、皇家海军、海岸警卫队和有关机构关于皇家海军和联合海军各方面组织和行动的记录。英国国家档案馆目录将海军部档案分为 27 个系列。海军部档案系列统计，及其中与二战史研究相关的分组合见表 5。

表 5 ADM 系列及其中与二战史研究相关分组合

ADM 档案系列（英文标题）	时间范围	组合总数	与二战史研究相关分组合
1. Records of the Navy Board and the Board of Admiralty	1563-1985	37	ADM 1, 12, 182, 199, 205, 211, 232, 261
2. Records of Medical and Prisoner of War Departments	1696-1988	13	—
3. Records of Victualling Departments	1660-1975	11	—
4. Records of Transport Departments	1773-1868	1	—
5. Records of the Hydrographer of the Navy, and Royal Greenwich Observatory	c1600-1972	7	—
6. Records of Works Departments	1786-1962	4	ADM 140
7. Records of the Surveyor of the Navy and Successors	1620-1979	26	ADM 229, 267
8. Records of Naval Ordnance Departments and Establishments	1736-1974	4	ADM 189

续表

ADM 档案系列（英文标题）	时间范围	组合总数	与二战史研究相关分组合
9. Records of Naval Staff Departments	1883–1978	9	ADM 187, 208, 209, 210, 223, 237, 243
10. Records of Air Department, Fleet Air Arm, Royal Naval Air Service and Department of Aircraft Equipment	1914–1971	5	ADM 207
11. Records of Royal Naval Scientific Service	1912–1995	12	ADM 283
12. Records of Research Establishments	1874–1991	36	—
13. Records of Accounting and Pay Departments	1615–1953	32	—
14. Records of Secretary's Department	1812–1968	3	ADM 156, 194
15. Private and Private Office Papers	1920–1953	3	ADM 334
16. Records of Dockyards	1690–1981	6	ADM 174
17. Records of HM Ships (Records of the Dispositions of Royal Naval Vessels)	1669–1977	12	ADM 173, 236
18. Records of Stations and Fleets	1702–1969	30	ADM 125, 179, 217, 228
19. Records of Royal Marines	1688–1983	26	ADM 202
20. Records of Royal Greenwich Hospital, and the Chatham Chest	1205–1981	24	—
21. Records of the Royal Naval College, Greenwich	1872–1977	1	—
22. Records of Committees and Councils	1858–1979	7	—
23. Records of Service	1660–1975	23	ADM 177, 358
24. Records of the Coastguard	1816–1947	3	—
25. Records of the Royal Naval Volunteer Reserve	1862–1964	2	—
26. Records of the Women's Royal Naval Service	1916–1931	3	—

续表

ADM 档案系列（英文标题）	时间范围	组合总数	与二战史研究相关分组合
27. Records of the Navy Department of the Ministry of Defence	1845-1998	9	—

（信息统计来源：http://discovery.nationalarchives.gov.uk/browse/r/h/C4）

以下分系列简要介绍 ADM 档案中与二战史研究相关分组合的内容。

1. 海军委员会和海军部档案

ADM 1 [（1892-1947, Series I: 1938-1945（plus strays 1892-1937）] 包含 1938—1945 年海军部各部门接受或发出的各种文件，涉及二战时期的编号从 ADM 1/9444 到 ADM 1/19191。

ADM 12（1660-1974, Admiralty: Digests and Indexes）是海军部档案索引，可与 ADM 1 配合查找。

ADM 167（1869-1976, Board of Admiralty: Minutes and Memoranda）共 179 卷，其中 ADM 167/103 到 ADM 167/125 是 1939—1945 年的海军部会议记录和备忘录。

ADM 182（1909-1964, Admiralty: Admiralty Fleet Orders）共 295 卷，其中 ADM 182/99 到 ADM 182/142 是 1939—1945 年的海军舰队指令。

ADM 199（1922-1968, Admiralty: War History Cases and Papers, Second World War）涉及皇家海军管理的案件，以及二战期间各种海军行动的计划和执行。ADM 199/1-2578，共 2578 份档案。

ADM 205（1937-1968, Admiralty: Office of the First Sea Lord, Later First Sea Lord and Chief of the Naval Staff: Correspondence and Papers）主要涉及二战期间和之后皇家海军的政策和战略，包括"入侵苏伊士（火枪手行动）" [Suez Invasion（Operation Musketeer）] 和战后防务评价，共 225 份文件。

ADM 211（1940-1972, Admiralty: Office Memoranda），其中 ADM 211/1-8，8 份文件是 1940—1945 年的办公室备忘录。

ADM 232（1944－1951，Admiralty：Central Mine Clearance Board：Minesweeping Reports）包括比利时、英国、丹麦、荷兰、德国、希腊、意大利和南斯拉夫海军部队上交中央排雷委员会的清除地雷的报告。

ADM 261（1937－1949，Admiralty：Material Used for Official Royal Navy Medical Service History，Second World War）是编写官方皇家海军医疗史（1939—1945）使用的档案。

6. 工程部门档案

ADM 140（1786－1956，Navy Board and Admiralty：Civil Engineer in Chief's Department and Predecessor：Maps and Plans），其中 ADM 140/1431－1438 是1940—1944 年波特兰海军基地（Portland Naval Base）办公室档案。

ADM 140/1444－1448 是 1939 年 1 月至 12 月 "M" 港口的反鱼雷防御档案。

7. 海军检查员档案

ADM 229（1893－1957，Admiralty：Department of the Director of Naval Construction：Directors' Papers）包括二战时期海军建设司文件。

ADM 267（1939－1973，Admiralty：Department of the Director of Naval Construction, Later Director General Ships：Damage Reports and Files）涉及大量二战时期炸弹、地雷、鱼雷损坏的报告。

8. 海军军械部门档案

ADM 189（1881－1958，Admiralty：Torpedo Instructions School，Later Torpedo and Anti-Submarine School：Reports）主要涉及 1939—1945 年英国扫雷技术史。

9. 海军参谋部档案

ADM 187［1939－1976，Admiralty：Naval Staff, Operations Division：Lists showing stations and movements of Allied and Royal Naval Ships（Pink Lists）］，

"粉红清单"每隔三或四天印一次,显示所有类型的皇家海军舰艇的位置和移动,包括预备队、舰队航空兵和盟国的舰艇;还包括海军基地的清单,有时还有关于地方指挥机构的信息。

ADM 208 [1940-1949, Admiralty: Naval Staff, Operations Division: Lists of Minor War Vessels (Red Lists)],"红色清单"每隔一周印一次,列出所有在本国水域的小型军舰,包括盟国的军舰。

ADM 209 [1940-1946, Admiralty: Naval Staff, Operations Division: Lists of Ships Built (Blue Lists)],"蓝色清单"每隔一到三个月印一次,列出英国皇家海军在国内外建造船只的详细情况。

ADM 210 [1942-1946, Admiralty: Naval Staff, Combined Operations Division: Lists of Landing Ships, Crafts and Barges (Green Lists)],"绿色清单"每周刊印,列出在国内水域登陆的舰、艇和驳船的记录。

ADM 223 (1914-1978, Admiralty: Naval Intelligence Division and Operational Intelligence Centre: Intelligence Reports and Papers) 包含二战时期的海军情报文件、战争情报中心的特别情报摘要、日本和地中海水域的特殊情报报告等档案。

ADM 237 (1940-1945, Admiralty: Naval Staff: Operations Division: Convoy Records, Second World War) 是二战期间护航队的档案,包括护航队的规划、组成、路线、进展和命运等。

ADM 243 (1939-1945, Admiralty: Naval Staff, Operations Division: Minelaying Operations, Second World War) 包含二战期间海军舰艇进行布雷作战的详细情况记录。

10. 空军部、舰队航空兵、皇家海军航空兵档案

ADM 207 (1939-1957, Admiralty: Fleet Air Arm: Squadron Diaries and Standing Orders) 主要是二战期间舰队航空兵的日记和日常活动记录。

11. 皇家海军科技局档案

ADM 283 (1923-1948, Admiralty: Department of Scientific Research and

Experiment, and Admiralty Computing Service: Reports）由各种来源的报告汇集而成，涉及对鱼雷和投射物的处理。

14. 秘书部档案

ADM 156（1890-1965, Admiralty: Courts Martial Cases and Files）包括大量二战时期调查委员会和军事法庭的记录。

ADM 194（1812-1978, Admiralty: Courts Martial Registers）涉及二战时期海军军事法庭的档案。

15. 私人和私人办公室档案

ADM 334（1940-1953, Commander W. B. Luard: Papers）是威廉·布雷恩·卢阿德（William Blaine Luard）司令在二战期间担任海军作战联络官的私人档案。

16. 造船厂档案

ADM 174（1690-1950, Navy Board and Admiralty: Plymouth Dockyard: Correspondence and Papers）是普利茅斯造船厂的通信和文件，其中少量涉及二战时期的发展计划，如 ADM 174/424 是对战后各部门发展规划的详细要求。

17. 皇家海军舰艇部署档案

ADM 173（1914-2004, Admiralty, and Ministry of Defence, Navy Department: Submarine Logs）由 1914 年以后的潜艇日志组成。

ADM 236（1939-1945, Admiralty: Offices of Captains of Submarine Flotillas: Submarine War Patrol Reports, Second World War）是二战期间潜艇作战巡逻队报告，大多与地中海水域有关。

18. 站点和舰队档案

ADM 125（1828-1946, Admiralty: China Station: Correspondence）为中

国站的记录，少量涉及二战时期，如其中 ADM 125/150 是 1941—1945 年向在香港的英国及盟军战俘支付款项的记录。

ADM 179（1880-1948，Admiralty：Portsmouth Station：Correspondence）有许多文件是关于 1944 年诺曼底登陆的。

ADM 217（1942-1945，Admiralty：Western Approaches，Station Records）包括二战时期一些海军高级军官的战争日记。

ADM 228（1940-1949，Admiralty：Office of the British Naval Commander in Chief, Germany：Papers）是英国海军总司令文件，涉及德国航运、海军政策、航运管制等。

19. 皇家海军陆战队档案

ADM 202（1939-1995，Admiralty and Ministry of Defence：Royal Marines：War Diaries, Unit Diaries, Detachment Reports and Orders）包括皇家海军陆战队、特种部队和突击部队、移动海军基地防御组织等的战争日记，以及关于作战的文件、信件和报告。

23. 服役记录

ADM 177（1914-1945，Admiralty：Navy Lists, Confidential Edition）包括皇家海军所有船只的完整清单以及吨位和武装细节。

ADM 358（1939-1985，Admiralty：Casualty Branch：Enquiries into Missing Personnel, 1939-1945 War）包括海军部伤亡科有关二战期间失踪人员调查的记录。

六、空军部档案

空军部档案（Records of the Air Ministry，以下简称 AIR）是由空军部、皇家空军和相关机构生成的档案。英国国家档案馆目录中，把空军部档案划分为十个系列，其中与二战史研究相关的分组合见表6。

档案文献

表6 AIR 系列及其中与二战史研究相关分组合

AIR 档案系列（英文标题）	时间范围	组合数量	与二战史研究相关分组合
1. General Records of the Air Boards and Air Ministry	1887–1985	8	AIR 22
2. Records of the Department of the Chief of the Air Staff	1914–1984	7	AIR 9, 40, 42, 45, 46
3. Records of the Air Members for Supply and Research	1914–1953	3	—
4. Records of the Air Historical Branch	1862–1991	5	AIR 20, 41, 49
5. Records of the Department of the Master General of Personnel and the Air Member for Personnel	1914–1988	8	AIR 81
6. Records of Research Establishments	1910–1992	9	—
7. Records of Royal Air Force Staff Colleges	1917–1939	1	—
8. Records of the Royal Air Force	1910–1988		AIR 13, 35–39, 47, 48, 50, 51, 54, 55
9. Records of the Judge Advocate General's Office Relating to the Court Martials of RAF Personnel	1918–1994	5	—
10. Private Office Papers and Private Collections	1914–1983	3	AIR 19, 75

（信息统计来源：http://discovery.nationalarchives.gov.uk/browse/r/h/C8）

以下简要介绍 AIR 档案系列中与二战史研究相关分组合的内容。

1. 空军部综合档案

AIR 22（1936–1963, Air Ministry: Periodical Returns, Intelligence Summaries and Bulletins）包括二战时期提供给空军部的定期汇报、情报摘要等。

2. 空军参谋部档案

AIR 9（1914–1947, Air Ministry: Directorate of Operations and Intelligence and Directorate of Plans: Registered Files）涉及二战之前和期间的战略和行动计划。

AIR 40（1926-1984, Air Ministry, Directorate of Intelligence and related bodies: Intelligence Reports and Papers）包括各种情报报告、对敌人能力的调查和对战俘的审讯报告等。

AIR 42（1943-1945, Air Ministry: Combined Operational Planning Committee: Papers）主要涉及由英国皇家空军和美国空军组成的委员会所制订的针对特定目标的行动计划。

AIR 45（1941-1949, Air Ministry: Royal Air Force Delegation, Washington, Joint Staff Mission: Registered Files）涉及二战期间飞机的分配、美国军队和英国海军航空兵的联络等。

AIR 46（1933-1960, Air Ministry: Royal Air Force Liaison Missions: Papers）包括二战期间皇家空军联络团在加拿大、南非、埃及和苏联的记录。

4. 空军历史部门档案

AIR 20（1874-1986, Air Ministry, and Ministry of Defence: Papers Accumulated by the Air Historical Branch）包括了大量二战时期的重要文件，由空军部的历史部门单独保存，这些档案将用于空军部官方史的书写。

AIR 41（1942-1991, Air Ministry and Ministry of Defence: Air Historical Branch: Narratives and Monographs）主要是空军历史科的叙述和专著，包括1933—1945年德国空军的扩张，内容涵盖二战时期的大部分战役和战区。

AIR 49（1919-1955, Air Ministry: Reports Used for Official History of Royal Air Force Medical Services, Second World War）包括第二次世界大战期间皇家空军医疗服务的官方历史报告。

5. 人事总管部和人员航空部档案

AIR 81［1939-2012, Air Ministry: P4（Cas）Files Relating to Casualties Suffered During Air Operations and Aircraft Accidents 1939-1945］是空军部伤

亡科关于第二次世界大战伤亡的案例文件。

8. 皇家空军部档案

这一系列档案中大量涉及二战时期的记录。

AIR 13（1938-1945，Air Ministry：Balloon Command：Registered Files and Reports）是二战期间有关"气球指令"的组织、设备和操作的文件，即使用气球来保护城市和码头等关键目标免受空袭。

AIR 35（1937-1943，Air Ministry：British Air Forces in France：Registered Files）由1939年9月至1940年5月期间英国空军在法国的少数幸存者的记录组成，这些文件主要涉及行政和战略事宜。

AIR 36（1940，Air Ministry：Air Component，North West Expeditionary Force，Norway：Registered Files）涉及西北远征军空军部分的组织及其在挪威的行动。

AIR 37［1939-1969，Air Ministry：Allied Expeditionary Air Force，Later Supreme Headquarters Allied Expeditionary Force（Air），and 2nd Tactical Air Force：Registered Files and Reports］主要包含二战时期盟军远征军空军及其主要组成部分的记录。

AIR 38（1940-1978，Air Ministry and Ministry of Defence：Ferry Command and Successors：Records）包括大西洋渡船组织（ATFERO）、渡轮指挥和运输司令部的记录，涉及政策文件、委员会会议记录、战斗命令和路线图等。

AIR 39（1939-1945，Air Ministry：Army Co-operation Command：Registered Files）由二战时期陆军合作司令部的组织和作战文件组成。

AIR 47［1942-1944，Air Ministry：333 Group，Later Eastern Air Command：Allied Invasion of North Africa（Operation Torch），Planning Papers］全部涉及盟军进入北非（火炬行动）的策划文件。

AIR 48（1936-1947，United States Strategic Bombing Survey：Reports）涉及轰炸对特定工业工程影响的各种报告，包括广岛和长崎原子弹爆炸的影响的报告。

AIR 50（1939-1945，Air Ministry：Combat Reports，Second World War）

包括二战期间空军部的各种战斗报告，这一组合可以在英国国家档案馆网站上搜索和下载。

AIR 51（1941–1945，Mediterranean Allied Air Forces：Microfilmed Files）涉及二战期间地中海盟军的空中行动，包括在西西里岛和意大利战役。

AIR 54（1936–1947，South Africa Air Force：Operations Record Books）涉及在非洲（包括中东）和地中海地区服役的空军的记录，这一组合可以通过英国国家档案馆"Digital Microfilm Project"下载。

AIR 55［1941–1957，Air Ministry，British Air Forces of Occupation，Germany and Allied Commission for Austria（British Element），Air Division：Papers］包含英国空军占领德国的记录。

10. 私人办公室和私人档案

AIR 19（1917–1983，Air Ministry，and Ministry of Defence，Air Department：Private Office Papers）包含了空军部各部长和副部长的私人文件。

AIR 75（1914–1980，Marshal Sir John Slessor：Papers）收集了英国皇家空军元帅约翰·斯莱瑟爵士的个人和官方文件。

七、国防部档案

英国国防部档案（Records of the Ministry of Defence，以下简称 DEFE）主要是二战后英国军事活动的相关记录。1933—1946 年是国防部的起源与形成时期，1940 年 5 月丘吉尔就任首相时，他又兼任国防大臣。1947 年 1 月 1 日国防部才正式成立，所以国防部档案中涉及二战史研究的内容较少，相关组合见表 7。

表7 DEFE 系列及其中与二战史研究相关分组合

DEFE 档案系列（英文标题）	时间范围	组合数量	与二战史研究相关分组合
1. Records of the Defence Board and Defence Council	1962-2000	5	—
2. Records of the Defence Chiefs of Staff	1942-1983	9	DEFE 7
3. Communications and Intelligence Records	1912-1991	18	DEFE 1, 3, 28, 53
4. Military Operations Records	1937-1996	9	DEFE 2
5. Records of Scientific Research	1808-2001	14	DEFE 40
6. Records of Administrative Departments	1869-2007	19	—
7. Records of Defence Lands Service	1924-1996	4	—
8. Ministry of Defence: Departmental Websites, and Websites of Associated Agencies and Other Bodies	From 1997	—	—

（信息统计来源：http://discovery.nationalarchives.gov.uk/browse/r/h/C76）

以下简要介绍国防部档案中与二战史研究相关分组合的内容。

2. 国防参谋长档案

DEFE 7 ［1854-1993，Ministry of Defence Prior to 1964：Registered Files（General Series）］虽然主要涉及1946年以后的注册文件，但其中关于战后重建问题的文件具有重要价值，如 DEFE7/2450 是1945年5—8月关于在欧洲和日本结束敌对行动的安排。

3. 通信和情报档案

DEFE 1 （1914-1959，Postal and Telegraph Censorship Department, Predecessors and Successor：Papers）涉及二战期间军事情报局和邮电审查部门对二战期间邮电审查工作的组织。

DEFE 3 (1941-1945，Admiralty：Operational Intelligence Centre：Intelligence from Intercepted German, Italian and Japanese Radio Communications, WWII) 涉及二战期间作战情报中心截获的德国、意大利和日本的无线电通讯, 这一组合可以通过 "Digital Microfilm Project" 免费下载。

DEFE 28 (1939–1982, Ministry of Defence: Directorate of Forward Plans: Registered Files) 包含 DFP 系列中的注册文件, 反映了领导人们在心理战、欺骗行动和社区关系方面的利益, 并包括二战期间的欺骗行为。

DEFE 53 (1912–2004, Services, Press and Broadcasting Committee and Predecessors: Unregistered Papers) 是新闻广播委员会记录, 包括在特定时间内发行的国防通知, 如 DEFE 53/3 是 1940 年 12 月到 1944 年 9 月是无线电广播和关于审查文章的文本。

4. 军事行动档案

DEFE 2 (1937–1963, Combined Operations Headquarters, and Ministry of Defence, Combined Operations Headquarters Later Amphibious Warfare Headquarters: Records) 主要包括二战期间的战争日记。

5. 科学研究档案

DEFE 40 (1939–1954, Ministry of Defence: Papers of R. V. Jones, Director of Scientific Intelligence) 收录了二战期间曾担任情报 (AIR) 主任助理的 R·V·琼斯的文件。

八、内政部档案

内政部档案 (Records Created or Inherited by the Home Office, 以下简称 HO) 包括由内政部、国家安全部及相关机构创建或继承的档案。英国内政部关于英国内部事务监督的记录, 特别强调法律、秩序和规章。内政部有许多职权, 如对外国人的管制、刑罚制度、警察服务、管制爆炸物和危险药物、选举管理、民防等。英国国家档案馆按不同职权把内政部档案划分为 19 个系列。①

其中第 2 个系列（Air Raid Precautions Department, Ministry of Home Security, Civil Defence and Common Services Department and Emergency Planning Department, 1925-1987）是 1925—1987 年空袭预防部、国家安全部、民防部、公共服务部和应急计划处的档案，共包括 35 个系列，集中涉及二战期间内政部处理安全问题和采取紧急措施的记录。

二战时期关于空袭预防措施（air raid precautions）的记录在 HO 186, HO 208, HO 211 和 HO 216 中；

关于空袭避难所（air raid shelters）的记录在 HO 200 和 HO 205 中；

关于总工程师部门（Chief Engineer's Department）的记录在 HO 197 中；

关于民防（civil defence）的记录在 HO 207, HO 312, HO 322, HO 357 和 HO 403 中；

关于财政（finance）的记录在 HO 194 中；

关于伦敦的消防服务（fire services）的记录在 HO 209 中；

关于国家安全报告（home security reports）的记录在 HO 202 和 HO 203 中；

关于情报的记录在 HO 199, HO 201, HO 315 和 HO 402 中；

关于内部通知（internal notices）的记录在 HO 333 中；

关于行政区（regions）的记录在 HO 204 和 HO206 中；

关于研究和试验部门（Research and Experiments Department）的记录在 HO 191, HO 192, HO 193, HO 195, HO 196, HO 198, HO 210, HO 212, HO 216 和 HO 217 中。

在 HO 档案其他系列中，也有一些散见的与二战研究相关的分组合。如 HO 262 [1939-1946, Ministry of Information: Home Intelligence Division（HI）Files] 是二战期间内政部情报司的档案，这些文件虽然起源于新闻部，但属于内政部所有，因此被视为内政部档案系列。HO 356（1908-1957, Home Office: Establishment Division: S GEN Files）是内政部人事编制科的档案，其

---

① http://discovery.nationalarchives.gov.uk/browse/r/h/C150.

中较多涉及二战期间的女性志愿服务活动（Women's Voluntary Services, WVS），等等。

在对英国国家档案馆馆藏与第二次世界大战史研究相关档案资源的梳理中，笔者发现其中可供二战史研究利用和发掘的部分远远超出预期，尤其是外交部、陆军部和内政部档案中，有大量集中涉及二战时期的记录，其中也涉及许多值得深入研究的问题。研究者可以根据自己的研究主题选择相应档案，但笔者认为在二战史研究中，英国档案中最为重要并且利用价值最高的是首相档案、外交部档案、陆军部档案、内政部档案。PREM 涉及二战中的最高决策，FO 负责与外部的联络和交涉，通过 WO 可以了解一般的战争记录，HO 则反映战时英国国内的各个面向。

第二次世界大战时期
英国丘吉尔首相办公室文件的文献价值

尚彦军[*]

摘 要 1940—1945年丘吉尔担任英国首相时期的首相办公室文件是研究世界史尤其是英国史、国际关系史、第二次世界大战史的重要文献资源。这些文件被收录在PREM 3和PREM 4两个系列中,其中PREM 3涉及内容与第二次世界大战有关,以国防与军事行动为主,反映了首相在战时国防领域所发挥的作用,PREM 4涉及内容以内政为主。这套档案文献具有全面性、专题性和重要性的特点。

关键词 第二次世界大战 丘吉尔首相 办公室文件

---

[*] 尚彦军,首都师范大学历史学院2018级博士研究生,研究方向为现代国际关系史。

1940—1945 年丘吉尔担任英国首相时期的首相办公室文件是研究世界史尤其是英国史、国际关系史、第二次世界大战史的重要文献资源。由于国内学术界对这一重要档案还了解不多，本文拟介绍该档案文献的基本情况、特点及其对世界史研究的价值所在。

一、首相办公室及首相办公室文件简介

首相一词最早在 17 世纪 60 年代克拉伦登伯爵（Earl of Clarendon）主政时期出现，在罗伯特·沃波尔（Robert Walpole）时期才被认为是英国第一大臣的名号。首相办公室直到 1905 年 12 月才正式设立。首相最重要的权力和职能包括：任免权；主持内阁；在议会答辩质询；在国际领域代表英国签署条约、宣战、媾和等。首相办公室位于伦敦的唐宁街 10 号，下设机构协助首相工作，例如私人办公室（Private Office）、新闻办公室（Press Office）、政治办公室（Political Office）、政策处（Policy Unit）等。其中私人办公室由 7 位私人秘书组成，他们是从政府各部抽调的文职人员，主要负责处理首相的通信、管理首相日记和整理来自各部的建议；新闻办公室负责与媒体联络，安排记者招待会，回答媒体和公众的问题；政治办公室负责处理首相与政府各部的关系；政策处负责就战略和政策问题向首相提供建议。

首相办公室档案简称为 PREM，共分为四个部分，即办公室文件（Office Papers）、对首相负责的各委员会和顾问组织档案（Papers of Committees and Inquiries Answerable to the Prime Minister）、私人档案（Private Papers）、首相办公室：各部门和相关机构网站（Prime Minister's Office: Departmental Websites, and Websites of Associated Agencies and Bodies）。办公室文件是首相办公室档案中数量最为庞大、对历史研究价值最高的档案。办公室文件是首相办公室综合通信和文件，主要包括由首相办公室产生和接收的文件。①

1940—1945 年温斯顿·丘吉尔（Winston Churchill）担任首相时期的首相办公室文件被收录在 PREM 3 和 PREM 4 两个系列中。其中 PREM 3 是军事行动通信和文件（Operational Correspondence and Papers），这个系列的档案在中国国内国家图书馆和首都师范大学历史学院世界史资料中心有馆藏。而 PREM 4 是机密通信和文件（Confidential Correspondence and Papers），这个系列的档案在首都师范大学历史学院世界史资料中心有馆藏。

二、丘吉尔首相办公室文件的内容及特点

PREM 3 涉及的内容主要与第二次世界大战有关，以国防与军事行动为主，反映了首相在战时国防领域发挥的作用。当时这批档案被保存在战时内阁办公室。英国亚当·马修出版社把 PREM 3 中的 515 份档案制作成了 191 个缩微胶卷。此套档案主要包括以下内容。

卷宗	内容
1-51	"杂技家"行动、亚丁、爱琴海、机场、阿富汗、非洲、空军、盟国、军火、阿根廷、马耳他和克里米亚会议
52-111	军队、澳大利亚和新西兰军队、巴尔干、封锁、炸弹、保加利亚、开罗会议、加拿大军队、化学战、中国
112-169	塞浦路斯、捷克斯洛伐克、国防部、戴高乐、丹麦、爱尔兰、对外关系、德黑兰会议、欧洲咨询委员会、远东
170-198	芬兰、海军航空兵部队、法国、德国空军、德国陆军、德国海军、德国
199-238	直布罗陀、希腊、赫斯、荷兰、"哈斯基"行动、匈牙利、冰岛、印度、伊朗、伊拉克
239-276	意大利、日本、联合情报委员会、登陆艇、马耳他、地中海

---

① 姚百慧主编：《冷战史研究档案资源导论》，北京：世界知识出版社，2015 年，第 111—112 页。

续表

卷宗	内容
277-325	墨西哥、中东（包括北非）、矿山、摩洛哥、海军登陆设备、海军
326-358	荷属东印度、挪威、第二次魁北克会议、石油、"霸王"行动、巴勒斯坦、波兰
359-403	葡萄牙、战俘、对敌国的宣传、第一次魁北克会议、罗马尼亚、苏联、南非
404-450	西班牙、反潜艇战、瑞典、瑞士、叙利亚、坦克、波茨坦会议、莫斯科会议、"火炬"行动、"三叉戟"会议、土耳其、联合国家宣言
451-515	美国、西非、妇女服务、南斯拉夫

PREM 4 的内容以内政为主，当时被保存在唐宁街 10 号。美国盖尔公司将 PREM 3 和 PREM 4 中的档案缩微化并制成合集，名为《丘吉尔在战时：首相办公室文件，1940—1945》(Churchill at War: The Prime Minister's Office Papers, 1940-1945)，全套文件共计 291 个胶卷，其中后 113 个胶卷包含了 PREM 4 的 135 份文件。PREM 4 主要包括以下内容。

卷宗	内容
1-33	农业、航空、军队、内阁、礼仪、煤炭、王室、国防、教育、财政、战争服务、外交
34-64	政府部门、卫生、内政、帝国、国联、首相、海军和石油、议会
65-89	政治、新闻、生产和重建、社会保险
90-135	储备和供给、电话、城乡规划、贸易、运输和失业、战争、无线传媒

概览该档案内容，它具有如下特点。第一，丘吉尔首相办公室文件内容全面，涉及二战时期英国军事、外交、内政等各个方面。在外交方面，它涉及二战时期一系列重要国际会议及其文献，如《大西洋宪章》《联合国家宣言》、"三叉戟"会议、第一次魁北克会议、莫斯科外长会议、开罗会议、德黑兰会议、第二次魁北克会议、雅尔塔会议、波茨坦会议等。在军事方面，北非作战行动、西西里登陆行动、收复缅甸行动、诺曼底登陆行

动等重要军事行动在该档案中都有记载。

第二，该档案的一大优点是以专题呈现，因此便于利用。比如 PREM 3 中第 90 号卷宗主要涉及第二次世界大战中的中国战场，其中第一份文件涉及 1941 年 8 月到 1942 年 1 月对中国的空军援助，第二份文件涉及 1941 年 12 月到 1942 年 1 月对中国的物资租借和供应问题，第三份文件涉及 1940 年 10 月以及 1942 年 2 月到 1944 年 3 月对中国供应物资的路线问题。PREM 4 中第 17 号卷宗主要涉及英国对外经济政策，其中第三份文件涉及 1941 年 5 月到 1942 年 2 月在《租借法案》背景下的租借补偿谈判，第四份文件涉及凯恩斯的国际清算同盟计划。

第三，该档案最重要的特点是重要性。"如果说内阁是英国政府决策的核心，那么首相便是这一核心的核心，凡是涉及重大国内外事务的决策都会经由首相过问"，[1] 因此丘吉尔首相办公室文件也就成为研究二战时期英国历史和国际关系史的重要档案资源。以租借补偿谈判为例，该档案记载如下：在外交部和财政部出现分歧的情况下，1942 年 2 月 5 日，丘吉尔更倾向于接受外交部提出的草案，他表示，"如果美国接受外交部的草案，我不明白为什么我们要犹豫不决"，外交部的草案"完全维护了帝国特惠制"，拒绝签署包含第 7 条的租借协定"似乎是短视的政策，这很可能被理解为一个征兆，即我们正在考虑一场贸易战，并与美国争夺市场而不是合作"。[2] 第二天，英国内阁会议同意了外交部的草案。2 月 23 日，英美两国在华盛顿正式签署了《互助协定》。

三、丘吉尔首相办公室文件的文献价值

鉴于该档案数量庞大，且涉及的内容广泛，很难在一篇文章中对其价值做出全面、深入的分析。因此，本文结合档案中的一些内容，做一挂一漏万的梳理，以期抛砖引玉，引起学界对该档案的重视和研究兴趣。

---

[1] 姚百慧主编：《冷战史研究档案资源导论》，第 111 页。

[2] The Public Record Office, PREM 4/17/3, Reading: Gale Company, 1998, p.310.

第一，它有利于第二次世界大战军事史的研究。例如，对于收复缅甸行动，该档案记载如下："安纳吉姆"行动是一项旨在收复整个缅甸（不包括丹那沙林）并打通缅甸公路的重大行动。"只有几乎收复整个缅甸，才能打通缅甸公路，从而为中国人民提供有效援助。在1943年的雨季之后，'安纳吉姆'行动才能进行，或许德国战败之后才能进行。"① 由此可见，卡萨布兰卡会议上制订的收复缅甸的"安纳吉姆"方案，对中英美三国配合反攻缅甸，起到了积极的推动作用。但是"在美英先欧后亚世界战略指导下，缅甸和远东太平洋战争的发展，取决于欧洲战争的变化"。②

再如关于第二次世界大战后期的中英军事合作，该档案记载如下："我（蒋介石）谨代表中国政府向阁下（丘吉尔）表示最诚挚的谢意，感谢英国政府慷慨赠送给中国的一艘巡洋舰、两艘潜艇和八艘近海舰艇。"③ 这些援助是第二次世界大战后期中英军事合作的体现，有力地支援了中国的抗日战争。

第二，它是研究二战时期英国外交决策的重要档案资料。例如对于《大西洋宪章》第4条的谈判，该档案记载如下："在这关键时刻，总统希望马上发表一份由他和我签署的联合宣言，有可能的话，在14日或15日，这一宣言的广泛原则将激励美英两国。……为了迅速达成协议，我毫不怀疑他会接受以下修改：在'他们将致力于'前面加上'在适当尊重我们现有义务的情况下'，在'权利'前面删去'不受歧视的'。"④ 由此可见，迫于二战形势的发展，富兰克林·罗斯福（Franklin Roosevelt）急于马上发表联合宣言，于是同意了英方的修改意见，丘吉尔因此成功地捍卫了帝国特惠制。

再如关于租借补偿谈判，在外交部和财政部出现分歧的情况下，英国

---

① Aide Memoire on Proposed Operations, 20 January 1943, PREM 3/143/2, Marlborough: Adam Matthew Publications, 1999, pp. 2-9.
② 时广东、冀伯祥：《中国远征军史》，重庆：重庆出版社，1994年，第109页。
③ Chiang Kai-shek to Winston Churchill, 17 April 1945, the Public Record Office, PREM 3/90/5A, p. 265.
④ From the Prime Minister to the Lord Privy Seal, No. 15, 11 August 1941, PREM 3/485/1, p. 9.

议会负责外交事务的政务次官理查德·劳（Richard Law）于2月4日向外交大臣安东尼·艾登（Anthony Eden）表示支持外交部提出的草案，该档案记载如下："也许这不是一个更好的方案。但是，至少很难想出一个更好的方案，或者一个对我们来说负担更轻的方案。无论如何，驻华盛顿的财政代表认为，如果我们拒绝这个方案，我们将面临更糟的局面。……与美国关系恶化所引发的争吵将会更加激烈，造成更大的破坏。"① 由此可见，英国接受《互助协定》第7条的原因包括：第一，与接受用美元偿还租借物资相比，接受第7条对英国是更有利的；第二，为了巩固与美国的政治关系，以共同战胜法西斯敌人。

第三，它是研究二战时期英国政治、经济、社会等方面的重要资料。例如对于《贝弗里奇报告》，该档案记载如下："作为社会保障的主要方式，社会保险方案遵循下面提出的六个基本原则：（1）基本生活待遇标准统一；（2）缴费费率统一；（3）行政管理职责统一；（4）待遇标准适当；（5）广泛保障；（6）分门别类，适合不同人群。"② 这些社会保障的基本思路对英国和其他国家福利社会的建设产生了巨大影响，英国先后制定了《国民保险法》《国家卫生服务法》等一系列法律。1948年，首相克莱门特·艾德礼（Clement Attlee）宣布英国第一个建成了福利国家。③

又如关于战后农业重建计划，该档案记载如下："必须向国内生产商保证公平而稳定的价格水平。这方面最有效的手段是进口委员会、税收补贴或两者的结合。应尽可能避免直接补贴。对于某些特殊产品，高关税可能是合理的。"④ 由此可见，这一报告试图通过财政与关税政策来调节农业生产，在相当程度上体现了凯恩斯主义的经济理念。

第四，它有利于中英关系史的研究。例如，对于1942年11月10日至12月10日英国议会代表团访问中国这一事件，该档案记载如下：蒋介石于11月22日致函丘吉尔，表示"吾国同胞对代表团此次之访问，不仅视为英

---

① R. Law to A. E., 4 February 1942, PREM 4/17/3, p. 321.
② Social Insurance and Allied Services, PREM 4/89/2, p. 156.
③ 阎照祥：《英国政治思想史》，北京：人民出版社，2010年，第428页。
④ Agricultural Reconstruction, PREM 4/1/6, p. 784.

国对我国友谊之新表示，且因此对于英国为联合国家共同目的奋斗之坚毅精神，更获得充分之认识，其足以鼓励吾人之努力者，实无限量也"。① 可见，英国议会代表团访华，"促进了两国领导人之间的互动，增进了两国人民的互信和友谊"，② 有利于加强战时中英合作关系。

又如，对于中英关于中国收回治外法权的谈判，该档案记载如下：1942年12月31日，丘吉尔获悉"目前中国已在九龙问题上做出了让步"，他同意在《中英新约》上签字。③ 1943年1月11日，《中英新约》签字，中方以照会的形式向英方声明，"本条约和本照会前文未做规定的，可能影响中华民国主权的问题，须由中华民国和英国政府代表根据公认的国际法原则和现行国际惯例做出讨论与决定"。④ 由此可见，虽然《中英新约》体现了历史进步性，但是"新界问题的交涉结果对中国'四强'之一地位却是一个讽刺"。⑤

此外，1942年7月6日，在英人的煽动下，西藏地方政府成立了所谓的"外交局"，国民政府曾恐吓西藏方面要出兵解决。对于英国干涉中国西藏事务这一问题，该档案记载如下："西藏政府还向我方在拉萨的代表抱怨中国的战争准备，呼吁陛下政府给予援助。我方对西藏政府的义务要求我方对他们提供外交支持，以防中国的军事侵略"。⑥ 虽然1943年1月11日两国签订了《中英新约》，但是这一记载充分体现了英国图谋中国西藏的帝国主义侵略本性。

---

① 《蒋中正致丘吉尔的信》，22 November 1942, PREM 4/28/5, pp. 279-280.
② 肖如平：《蒋介石与抗战时期英国议会代表团访华》，《社会科学战线》2018年第3期，第97页。
③ PREM 4/28/4, p. 254.
④ Treaty for the Relinquishment of Extra-territorial Rights in China and the Regulation of Related Matters, PREM 4/28/4, pp. 197-204.
⑤ 冯春龙、王宇博：《新界问题与1942年中英新约谈判》，《扬州大学学报（人文社会科学版）》1998年第5期，第72页。
⑥ From Foreign Office to Washington, No. 3052, 7 May 1943, PREM 3/90/5B, p. 6.

苏联国家安全委员会副主席与东德国家安全部部长关于大韩航空 007 次航班空难事件的会谈记录[*]

孙建民、李义男[**]译注

摘 要 1983 年在西方被称为"导弹年",这一年美苏双方围绕着在欧洲部署新型中程导弹这个核心争端开展了一连串明枪暗箭式的交锋,而在当年激起冷战新高潮的一系列事件中,9 月 1 日苏联军方击落载有 269 名乘客的大韩航空 007 次航班(KAL007)这一事故大概是最触动各方神经的。在这令人不安的一年中,苏联国家安全委员会(克格勃)和东德国家安全部(斯塔西)进行了多次旨在为应对紧张局势而交换情报、交流意见和加强合作的高层会晤。本文是 1983 年 9 月 19 日克格勃副主席弗·亚·克留奇科夫和斯塔西部长埃·米尔克在柏林正式会谈的德方记录,谈话内容涉及误击客机事件的内幕及会谈双方对中导问题等当年已发生的几乎全部国际重大事件的看法和分歧,从侧面反映了苏德两党和两国情报机关间的关系,对研究这一时期的历史有一定参考价值。

关键词 克格勃 斯塔西 欧安会 中程导弹 韩国客机

---

[*] 本文译自原档 Notiz über die Gespräche des Genossen Minister [Erich Mielke] mit dem Stellvertreter des Vorsitzenden des KfS, Genossen W. A. Krjutschkow, am 19.9.1983 in Berlin. http://www.bstu.bund.de/DE/Wissen/MfS-Dokumente/Downloads/KGB-Projekt/83_09_19_Gespr_Mielke_Krjutschkow.pdf?__blob=publicationFile. 翻译过程中参考了威尔逊中心伯恩德·谢弗(Bernd Schaefer)的英译版本:"Stasi Note on Meeting Between Minister Mielke and KGB Deputy Chairman Kryuchkov", September 19, 1983, http://digitalarchive.wilsoncenter.org/document/115718。文中标题和全部注释均为译者所加。

[**] 孙建民,战略支援部队大校,军事学博士,解放军信息工程大学洛阳校区教授,博士生导师;李义男,莫斯科大学世界政治系副博士研究生。

ZAIG 5306

记　录

部长同志与克格勃副主席弗·亚·克留奇科夫同志的会谈，
柏林，1983 年 9 月 19 日

列席会议者：

　　克格勃：舒米洛夫①中将

　　　　　　拉宾尼科夫大尉（翻译）

　　斯塔西：格罗斯曼②少将

　　　　　　达姆③少将

　　　　　　　　　　　　　　　　萨列夫斯基中校（翻译）

米尔克同志：

　　欢迎。

　　很高兴与你们会晤。我知道基于目前的复杂形势让你暂时离开苏联是一件多么困难的事情。不过我们很高兴你最终还是成行了。

---

① 瓦西里·季莫费耶维奇·舒米洛夫（1924—1996），克格勃将军。1959—1969 年任克格勃列宁格勒州分局局长，1969—1976 年任克格勃驻匈牙利代表，1976—1987 年任克格勃驻东德国家安全部联络专员，1990 年退休；1964 年被授予少将军衔，1980 年晋升中将。

② 沃纳·格罗斯曼（1929—），斯塔西将军。1956—1962 年任民主德国国家安全部军事情报局副局长，1962 年升任局长，1983—1986 年任对外情报局副局长，1986 年接任马库斯·沃尔夫的国家安全部副部长和对外情报局局长职务，两德统一后被捕；1989 年晋升上将。

③ 维利·达姆（1930—2012），斯塔西将军。1956—1989 年任民主德国国家安全部第 10 局（即对外联络局，负责与其他社会主义国家安全部门的联络与合作及东德国安部的翻译工作）局长，两德统一后被捕；1980 年被授予少将军衔。

我想转达沃尔夫①同志的问候。他将于 1983 年 10 月 1 日从匈牙利返回并来塔巴茨②。之后我们可以先在那儿谈一些问题然后在周日，即 1983 年 10 月 2 日期间回柏林。这样 10 月 3 日和 4 日还有时间讨论一些问题和之后希望能转达给尤·弗·安德罗波夫同志的我们在合作方面的一点期望。

回程暂定为 10 月 5 号。

我首先想听听莫斯科对下列事件的看法：

·日内瓦谈判的前景③

（西德报纸《世界》说一点都不乐观，只能去祈祷上帝了！）

这对国安部的具体工作意味着什么，我们该怎么做？

（也许可以搞个提纲转呈埃·昂纳克同志。）

·由于（韩国）客机事件整体上日趋紧张的复杂局势和随之而来的制裁措施。④

对情况的判断是怎样的？

接下来该怎么办？

计划了哪些反制手段？

---

① 马库斯·沃尔夫（1923—2006），斯塔西将军。1953—1986 年任民主德国国家安全部副部长兼对外情报局局长，1986 年退休，两德统一后被捕；1954 年被授予少将军衔，1965 年晋升中将，1980 年晋升上将；曾于 1974 年和 1987 年两次被授予民主德国最高勋章卡尔·马克思勋章，1983 年获"民主德国劳动英雄"称号。沃尔夫曾由于西方多年不知其相貌而获"隐面人"绰号，他被誉为有史以来最伟大的情报机关首脑之一。

② 位于民主德国西南部图林根州的一座小镇，是著名的疗养胜地。

③ 此时美苏限制战略武器谈判和限制中程核力量谈判均在日内瓦举行，显然米尔克关心的是后者。

④ 西方为抗议苏联击落韩国客机而实施的主要制裁行动有：1983 年 9 月 6 日，荷兰政府宣布不定期推迟苏副外长访荷和荷农业大臣访苏；9 月 9 日，北约 12 个国家一致同意在 14 天内禁止苏联民航客机的着陆权；9 月 12 日，西德、英国、荷兰和西班牙政府宣布自 9 月 15 日起一切飞往苏联的飞机均停飞两周，卢森堡决定从 9 月 15 日起禁止苏飞机着陆两周；9 月 17 日，英国政府取消苏第一副外长科尔尼延科访英计划。

·马德里①

西德有些布尔乔亚（资产阶级）认为，即便扩军之后谈判仍能继续。存在着不同的言论（社民党的沃格尔②，基民盟的魏茨泽克，基社盟的施特劳斯③）。

他们都相信某些事是注定要发生的，即使导弹被部署④之后谈判仍将继续。施特劳斯甚至在他的前两次竞选演讲中说，我们必须竭力阻止一场核大战的爆发，否则世界将会毁灭。

你怎么理解他说的话都行，但从某些方面上讲他是一个现实主义者。他坚持目前这种力量均势最终会导致两败俱伤。然而他的观点并不会使他站在我们这一边，一定要透彻地认清这一点。

等会我还想私下里和你谈谈其他的问题。

有许多人甚至认为中导部署之后仍会发生些什么。对此，制裁的各种影响很快就会到来。

我们感兴趣的是对当前形势的真实评价，而不是政治局对外讲的那种套话。

---

① 指1980年11月起在马德里举行的欧安会第二次续会，1983年7月15日各方就最后文件达成临时协议，7月23日会议因马耳他拒绝在最后文件上签字（马耳他最终于9月6日接受了最后文件）而延期闭幕。

② 汉斯-约申·沃格尔（1926—），西德政治家。1960—1972年任慕尼黑市市长，1972—1974年任西德城市规划和建设部部长，1974—1981年任司法部部长，1981年短暂担任柏林市市长。沃格尔曾作为社民党总理候选人参加1983年3月的西德大选，失败后成为社民党议会领袖直到1991年。他的亲兄弟伯恩哈德·沃格尔（1932—）是属于基社盟的同时代知名政治家。

③ 弗朗茨·施特劳斯（1915—1988），西德政治家。1956—1962年任西德国防部长，1966—1969年任财政部长，1978—1988年任巴伐利亚州州长；1961年起任巴伐利亚基督教社会联盟主席。施特劳斯曾参加1980年的西德大选，结果惜败给社会民主党的施密特。他积极主张欧洲应真正联合和统一起来。尽管属于基民盟/基社盟共组的右翼联盟，施特劳斯于1983年7月24日到东德进行了私人访问并与昂纳克商讨改善两德关系问题，他还在当年8月10日的演讲中称，西德应对即将部署在其领土上的美国中程导弹保有发射否决权。

④ 指美国计划于1983年底在西欧开始部署新型的"潘兴Ⅱ"中程弹道导弹和新型陆基巡航导弹以对抗苏联从1976年起陆续在东欧部署的SS-20中程弹道导弹。

克留奇科夫同志：

非常感谢你们的欢迎。

我很高兴接受你们的邀请在民主德国度过我假期的一部分。我也很抱歉没能在 9 月 10 日就过来。有太多的事情拖住了我，最主要的就是客机事件，毕竟这种事不是每天都能遇上的。

结果我就把同志们的时间安排都打乱了，给大家造成了麻烦。

米尔克同志：

对此我们已经说过，能来时你自然会来。

克留奇科夫同志：

我受尤·弗·安德罗波夫之托向你们转达他的诚挚问候和美好祝愿。他再次对你们在国家安全方面的携手共进表示感谢。

他高度评价了与你们的会晤和谈话，尤其是你们为加强与苏联友谊表现出的热忱和执着。

他非常高兴能再次向你致以诚挚问候。现在他正在南方休假，不过像他这样的政治家是没有真正的假期的，总会时不时地有人来看他。

每天他都要花上半天时间来了解各种消息，包括我们自己的和从你们那里得到的。我还要转达维·米·切布里科夫和他的副手们的诚挚问候。他们都和你很熟。他们以前几乎都曾与你一道合作过，他们都很怀念那段美好的时光。

现在回到你刚才提的具体问题。

这些都是最高层讨论的问题，尽管我还没到那个级别。

因此我会在我的职责范围内以我所掌握的情况尽量答复这些问题。

当然我不可能非常全面地回答它们。不过既然我们都参与政策和具体措施的规划——包括个别问题解决方案的制定，我可以向你们解释，或者更确切地说，通报一部分。

关于客机事件

有一些问题在新闻发布会上已经解释清楚了。① 人们可以充分了解到事情是怎样发生和进一步发展的。

头几天我们很谨慎地向外界提供信息。然而一开始是没有理由把事件掩盖起来的，我们想先等等看西方怎么说，里根的第一反应对我们很重要。同时，客机上所发生的事的整个过程在我们的发布会上公布了出来，不过我们还没有公布我们所掌握的全部情况。

我们之前不知道被击落的飞机是一架民航客机，我们的飞行员毫不知情。我们曾确信那是一架军用飞机。当地面指挥中心下达命令时，它并不清楚那是一架民航客机。我们暂不打算公开这一点，但事实就是这样。我们当时以为那是一架执行特殊侦察任务的特种飞机。

我们的雷达在飞机侵入我们领空之前，大概离堪察加半岛600—800公里的地方就发现了它。雷达屏幕上的亮点直指堪察加，在那里我们有许多军事基地，其中一些是核导弹基地。

我们的军人对这架飞机径直朝堪察加飞来有些震惊，这种肆无忌惮的行为以前从未发生过。有成千上万的飞机在那儿的航线上飞来飞去，之前有的挑衅离我们的领空只有1到5公里，然而在1983年9月1日前，从没出现过一架飞机直接飞越堪察加半岛的情况。

这架飞机被我们的地面雷达和军机同时追踪到。我们决定不对它采取行动，我们还不清楚它是什么型号的飞机，而且不确定它是否真的是为了情报侦察才飞越堪察加半岛。

它在鄂霍次克海上空离开了苏联领空，这片海有很大一部分是开放的国际水域，在那里我们的雷达跟丢了这架飞机。不一会儿它又出现在了萨哈林岛上空。在萨哈林他们已经知道有一架飞机刚刚侵犯了堪察加的领空。

我们再一次采取措施去识别这架飞机。出动了4架战机（2架苏15、2

---

① 指1983年9月9日由苏联国防部和外交部在莫斯科联席召开的新闻发布会，会上对有关韩国客机被击落的情况做了详细介绍，苏联国防部第一副部长、苏军总参谋长奥加尔科夫元帅详尽回答了外国记者的提问，出席发布会的还有苏联外交部第一副部长科尔尼延科和苏共中央对外政策宣传部部长扎米亚京。

架米格23），他们试图建立联系，发出了各种信号，然而并没有得到回应。① 至少打了120发炮弹。②

飞机还有几公里就要离开我们的领空了。我们的飞行员报告说那并不是一架客机，尤其关键的是，它绕着我们的防空系统飞行。一架苏15贴了上去，大约离它2公里。

各机的时速，波音是800公里，苏15是1400公里，米格23是2000公里。

由于速度的缘故，它们没能互相靠得更近。不明飞机的舷窗并没有亮光而且航行灯也没开。我们向与这架飞机平行的方向发射了曳光弹，有一部分炮弹就在它的机头前掠过，它的飞行员肯定注意到了。它实施了机动并改变高度来规避我们的战机，于是，在地面指挥中心的命令下，向其发射了两枚导弹。导弹是在萨哈林岛上空命中的。

在向其射出导弹之后不明飞机仍飞行了11分钟，它掉到了5000米高度，并在之后坠毁在了离岸约9到11海里的大海里。到早上我们在海里发现了油迹。飞机残骸的一部分在海马岛附近（靠近涅韦尔斯克）被发现，洋流把其他碎片冲到了北海道的日本海岸。坠机地点已被精确定位了。现在苏联人、美国人和日本人的船只都在那里搜索残骸，所有人都想找到飞行记录仪，截至我动身前仍都一无所获。

客机朝萨哈林岛方向偏航了600公里，总体上平均偏离了航线200—500公里。在正常航线上有4个美国的和4个日本的空中管制检查点，但没有一个向客机发出过警告。

我们当时非常肯定这架飞机在执行侦察任务，如果我们知道那是一架客机，我们绝不会击落它，然而事实走向了反面。我们留有地面指挥中心和战机间的通信记录。

目前为止并不是所有信息都公之于众。为什么我们要立即公布一切？

---

① 克留奇科夫此处记忆略有误，实际上当时苏军出动的4架战机是3架隶属于国土防空军的苏15和1架空军的米格23。

② 指对韩国客机进行的警告性射击。

我们给美国人和日本人提出了 11 个问题，他们一个都没有回答。

我们还有更多关于这次航班的细节。里根声称人们将永远不会知道是谁犯下了错误，但可以说这次他错了，因为人们想知道是谁和为什么导致了这一切。

对我们而言，我们从一个美国线人那里得到了很有意思的情报，他告诉了我们是什么人如何为这架客机准备这次飞行的。接下来我们准备把这个消息有保留地捅给美国人，但这样做就会"牺牲"我们的美国线人，所以我们不得不多等几天。

显然还有更多的真相，有人故意让这架飞机去送死。早晚一切都会水落石出。

各国的反应截然不同，有的表现得很强硬，另一些则显得无所谓。人们常说这样的新闻通常"活"不过两周，然而美国人会在飞机残骸和遇难人员被找回后进一步炒作这起事件，一些遇难人员遗体已经在北海道北海岸找到了。所有这些都会被用来大肆宣传。无论是否对里根有利，西方媒体总会一遍又一遍地发出刁难。

我们试图采取积极行动揭露这起客机事件的原因和关联。希望我们的朋友能在这方面给予帮助。

第一次由外交部第一副部长和总参谋长举办了大型的新闻发布会，一切都经过了充分准备。再过几天空军元帅基尔萨诺夫①会紧接着发表一篇文章，提供新证据来说明这次航班很不寻常。已经被证实在客机飞行过程中有一颗美国卫星三次从它的航线上空经过。美国人知道我们那时正在这一地区准备导弹试射，结果试射不得不推迟了。要强调的还有，在坠毁的飞机上有一位著名的美国参议员，他最初并不想上这班飞机，直到最后一刻

---

① 彼得·西蒙诺维奇·基尔萨诺夫（1919—1991），苏联空军元帅。1970—1979 年任主管军事训练的空军副司令，1979—1983 年任远东战略方向空军司令，1983—1987 年任空军飞行安全监察组组长，1988 年起任国防部总监察组总监；1982 年晋升空军元帅；曾获苏联最高勋章列宁勋章。误击韩国客机事件之后，基尔萨诺夫担任了苏方事件调查委员会主席。

他才登机。①

不过仍有一些"空白点"。事件发生之后,美国参议员杰克逊②发表了一次非常强硬的反苏演说,要求对苏联进行更严厉的制裁。就在他离开讲台时,突然倒地猝死了。他是个死硬(到病态程度)的反苏分子。

我们对遇难者深表遗憾,但不会为之负责。我们的外交部长葛罗米柯同志没有出席纽约的联合国大会,他留在国内是因为美国人拒绝给他的乘机提供安全保证。

我们也不打算参加汉城的议联(但并不是应金日成的要求而不去)。

同样是因为客机事件,使我没能早点来。

米尔克同志:

我有如下意见。

从一开始我就说,你们必须更主动地回击。因为事实就是这是一场有预谋的挑衅。你们应当声明,美国人是在利用别的国家来掩护自己的挑衅,他们经常使这一招。

为了先发制人,你们必须直说这是一次挑衅,当时你们就应该这么做。这是我唯一一点想批评的。我想没有别的主意。

一开始就少了这个论点。有太多他们利用其他国家对付我们的例子,然而这些国家并不想被卷进来。这事刚发生时我就是这么说的,现在看来情况已经明了了。在《新德》上我们刊登了你们新闻发布会的全文记录,电视上我们也转播了。③

你们本该更快些进行回击。当然,你们是要听听敌人的说法,但所有

---

① 克留奇科夫此处记忆有误(或其当时获得的情报有误),事实上随客机遇难的不是美国参议员,而是佐治亚州的民主党国会众议员劳伦斯·麦当劳(1935—1983),而本应与之同行的肯塔基州民主党国会众议员卡罗尔·哈伯德(1937—)则在007次航班起飞前的最后一刻退掉了自己的订票。

② 亨利·杰克逊(1912—1983),美国华盛顿州民主党国会参议员,里根时期国会内亲华派代表人物,在9月1日谴责苏联击落韩国客机的新闻发布会上发表演讲时突发心脏病而亡。

③ 《新德意志报》,德国统一社会党的机关报,其地位在东德相当于苏联的《真理报》。

其他的你们本可以之后再补充。现在你们不得不去解决另外的争论，即这是一次与韩国合谋的蓄意挑衅。这就不仅仅涉及打下飞机的问题了，而你们没有认出它是一架客机，我觉得这不太好。

这次事件具有突发的特征，我对埃·昂纳克同志也是这么说的。事件会进一步发酵出什么？我们必须倍加警惕。事先没人能预测会发生什么；一场源自客机事件的挑衅是否会引发一场战争。我一遍又一遍地审视关于突发事件的问题，这类突发事件可能会导致战争。

指出你们没意识到这一点实在很难为情，但它确实可能发生。毕竟人非圣贤。

然而还有冒出其他问题的风险。你们说的都对，但是西方媒体称你们没能识别出客机的身份是因为你们的战机飞得太低。他们还说飞行记录仪已经被找到了。如果你们还没拿到它，就要进一步去搜索。他们感到了飞行记录仪会带来的危险。我们与你们完全保持一致并将继续采取行动。

汉莎（航空公司）的一位机长写了一篇精彩的文章，文章有非常有力的论点：

1. 这是他们的惯用伎俩。

2. 倘若美国和日本当时都知道客机偏航了，他们为何不把它引向正确的方向？

论据是显然易见的，你们只需要拿起它们去对付里根。里根可能会因为受到一部分布尔乔亚的反对而陷入麻烦，这是十分有趣的。既然特纳[①]称他不会"以圣经宣誓"说客机没有执行间谍任务，那他就相当于在争论中站到了里根的对立面。他们自己给我们提供了论据。这也是一些国家没有加入制裁的原因。我们要继续进行工作。

我没别的问题了，只是当出现新的争端时，你们要能快速做出回应，这对整个世界、对你们的朋友们、对那些困惑的人们，同时也对老奸巨猾的敌人都很关键。如果当时有更多及时的情报就好了，既然你问了，我个人就多说这么一句。

---

① 泰德·特纳（1938—），美国有线电视新闻网（CNN）创始人、董事长。

也有同志会问：你们真的非得击落民航客机不可吗？！难道他们真的没能认出它吗？

所以说在你们没能识别出飞机型号这点上纠缠是十分危险的。

克留奇科夫同志：

他们确实没能认出它。

米尔克同志：

当然，那两种飞机很相似，西方一些诚实的专家也这么说。他们还说：为什么当时有那么多侦察机在这一地区飞行？

克留奇科夫同志：

整个事件发生在当地时间7点，莫斯科正是午夜。到9月1日晚上所有问题就已经被讨论过了，在《时间》① 上播报了第一条简讯。同一天我们建立了一个大型委员会并把他们送到了远东，9月3日他们提交了一份综合性报告。

米尔克同志：

我们在9月2日就交换了意见，请理解我当时不那么客气地对瓦·季·舒米洛夫说：去告诉莫斯科，这是架为间谍活动做了精心谋划的韩国飞机，你们的公开声明中落下了这最重要的一点。

克留奇科夫同志：

我只能说：假如我们早24小时发布我们的第二次声明，反苏的歇斯底

---

① 《时间》，苏联官方电视新闻节目，莫斯科时间每晚9点于苏联中央电视台第一频道播出，相当于我国的《新闻联播》。

里就不会像现在这么猛烈了。对我们来说当时情况尚不明了。①

米尔克同志：

明天负责相关问题的中央书记会在莫斯科碰个面，在那儿我们会相应地提交我们的建议。

敌人已立即调整了策略来对付你们和我们。所以说有必要立即还击，而且不仅仅是发布五句话了事，那只能在很小范围内有效，而不能使全球公众满意。

克留奇科夫同志：

你说的都对，我完全同意。但还有个问题：作为一名政治局委员，你是知道这类问题首先要经过党的领导人们讨论的，那么，表决结果会是10∶0。

米尔克同志：

不，是10∶1，因为你们已经击落了客机。

我只想说：绝对不能再发生任何惊慌失措了，你们要主动反击，这一点对以后可能发生的变故是极其重要的。

克留奇科夫同志：

与你会谈时，尤·弗·安德罗波夫同志总会在如何把注意力放在事件的关键影响上同意你的意见。

---

① 误击事件发生后的前几天苏联方面由塔斯社发布了两次声明（分别于9月2日和9月6日），两次声明的文字稿均刊登在了次日的《真理报》上。苏方的第一次声明并未提及客机坠毁这一事实，更未承认是自己击落了客机，直到第二次声明才宣称苏军有理由认为侵犯苏联领空的不明飞机进行了侦察活动，因而对其采取了"中止飞行"的措施。然而在苏方第二次声明发布前即9月6日的早些时候，美国先发制人地公开了其监听部门截获的苏军飞行员与地面指挥中心的通话录音，证实了韩国客机是在苏军高层的确切命令下击落的，从而抢得话语主动权，掀起了西方舆论对苏联的围攻。

米尔克同志：

现在我们能看到他在有关的：

民族问题

农业

阶级问题

上是如何表现的，他如何使马克思—列宁主义再次获得新的生命力，这是对理论的发展！

克留奇科夫同志：

关于日内瓦

里根已经对我们施加了制裁，但都是一些不会威胁到他总统地位的制裁，他还想在下次选举中连任呢。可以说这些制裁是"虚张声势"，他提议针对的领域不会对双边关系产生重大影响，我们曾预计会在粮食出口和管道贸易方面受到制裁。① 提到日内瓦，他立刻表示美国将谈下去。

不过，还有个问题：如果西欧的导弹部署已经完成了的话，我们还有什么理由继续谈这些议题呢？里根会很高兴看到谈判破裂，而且甚至表现得更无礼些，然而这并不会给他带来任何好处，所以他不会从谈判桌旁走开，只不过美国搞的谈判都是些欺世之作。

这些都是事实。然而，苏联不会放弃谈判。否则，大家会说，苏联不想要和平。

这个问题很严重，存在着不同的意见，有些同志说：继续谈下去真的有意义吗？

米尔克同志：

一定要继续谈下去。

---

① 指石油和天然气输送管道。苏联入侵阿富汗后，为阻止苏联通过扩大能源出口赚取外汇和减少西欧盟国对苏联油气的依赖，1981年底美国政府发布了禁止美国公司向苏联出口石油和天然气设备的禁令。

克留奇科夫同志：

有的人建议也许该做些什么来安抚公众。

迈出这一步是个很重要的问题，我们的领导同志正在进行商讨，我们试着找到达成一致的渠道，比如我们最近关于 SS-20 的建议。① 但是西边有北约，东边有中国，而日本也正在崛起。

我们已经准备好销毁 SS-20 导弹，这是非常勇敢的一步，是真的销毁它们，而不是把它们转移到苏联的东部。因此政府内部在慎重考虑我们这边得做出让步。

还有非常重要的问题。我们的提议已经在一定程度上分化了西方联盟，我们必须利用这点。有这样一种想法，也许可以把限制中程导弹和战略武器的谈判合到一起谈。

这就需要精打细算。一方面，我们会获得支持者，另一方面，问题将变得更复杂。据信法国和英国现在已经有 200 枚能运载核弹头的导弹，而短短几年里这个数字会增长到 600 枚。因此，我们有必要把它们纳入谈判。

米尔克同志：

大多数政治家们赞成把它们纳入进去。②

克留奇科夫同志：

国际形势的恶化仍在继续。

以里根为代言人的军事工业综合体认为可以利用这一情况来达到他们的目的。特别是在这种紧张局势下，他们希望能成功扑灭中美洲的解放运

---

① 指 1983 年 8 月 26 日安德罗波夫以答《真理报》记者问的形式就中导问题提出的新建议，建议称若美放弃在欧洲部署新式导弹，苏联就把其在欧洲部分的中程导弹削减到与英法数量相等的水平，并将削减下来的导弹全部销毁。

② 事实上，当时美英法官方都强烈反对把英法核力量包括在谈判范围之内，赞成把英法核力量纳入日内瓦谈判的西方国家只有荷兰，在野的联邦德国社会民主党也支持这一建议，而 1983 年 9 月 28 日美国副总统布什发表公开讲话称英法核力量有朝一日将不得不提到谈判桌上，美国一直在研究把中程导弹和战略武器合并到一起的想法。

动,同样,还有非洲和亚洲的。他们会用尽一切办法来在中东寻求胜利。如果全球经济不发生变化的话,不能指望能在美国政府的政策中发现什么改变。

在这一背景下,我们通过国际媒体和其他渠道采取了各种措施,也在各自协调下实施了一系列联合行动。

至于联邦德国——一个非常重要的话题——我肯定要和沃尔夫同志详细谈谈。在施特劳斯问题上无论过去还是现在我们的观点基本上受制于你们的立场。

米尔克同志:

我想在这个问题上说两句。

我还能想起你当时的样子——弗拉基米尔·亚历山德罗维奇——在我和维·米·切布里科夫谈论施特劳斯的时候。埃·昂纳克同志已经批准我在这方面可积极行动。之后我们要专门谈谈这个。

作为当事的一方,我们正在做大量的工作。瓦·季·舒米洛夫已经看过了文件,我们和他是无话不说的。你们要和所有人谈并劝他们去反对导弹部署。所有人,甚至最主要的敌人,都该被明明白白地讲清楚,核战争的烈焰留下的将是一片焦土。

这总是和"突发事件"问题联系到一起。

克留奇科夫同志:

如果西方部署了中导,我们还要继续谈吗?我们看不到争取和平的斗争结束的那天。显然,斗争是十分艰巨的,因为新情况总会出现。

我们得不断面对新的处境。我们在打一场大规模的宣传战。事实是美国人通过中导的部署把西欧国家变成了"人质",不管怎样,这会导致欧洲的毁灭。这是非常明朗的事情。以什么样的方式才能让这一点为西欧人所认识(深深地印在脑中)直到没有哪个政客能否认它,这就是要做的工作。为了这一点咱们得一同努力。

在战争问题上,我们说它的基础已经奠定了。战争是否会真的到来取决于双方,但可以说弱者是无关大局的。我们的力量是最重要的因素,比如在阿富汗。那儿的斗争是社会主义和资本主义之间的殊死决斗，如果表现软弱，我们就会被打败。现在我们已经可以说：阿富汗仍然是一个苏联的友好国家，那里已经发生了翻天覆地的变化。

马德里是一次巨大成功。我们应该大力宣传它。

客机事件已经退居幕后了，马德里会取代它在全球宣传战中的位置。1984年1月将在完全不同的级别上举行下一轮谈判，我们拭目以待。马德里是一次通过谈判解决争端的范例。我们很好地利用了中立国，只有马耳他的态度很冷淡，这是由于总理明托夫的立场造成的。"第三篮子"最终还是在于我们的解释和履行方式，这就需要党和安全部门采取切实步骤完成这一点。"第三篮子"规定了任何人都无权干涉其他国家的内部事务，它包含了许多国家立法方面可供参考的内容。①

米尔克同志：

对马德里我有些不同意见。不是对总的方面，或者裁军和和平问题，而是关于"第三篮子"。

莫斯科离柏林足有1600公里远，而在1公里的距离上情况是不大一样的（民主德国—联邦德国；德国人—德国人）。我们不是巴望着导弹部署的中国人，而联邦德国公民也是德国人而非中国人。

等弗·亚·克留奇科夫同志休假完之后我们会再谈谈马德里。

今天我当着党积极分子的面非常尖锐地讲了这个问题。"和平"问题和争取"和平"的方式已经在民主德国内产生了直接影响。差不多每周我们都要逮捕超过150个人，这种情况还会持续，因此我们必须得谈谈这事。

在党的积极分子会议上我讲了政治的意义以及在工作中我们必须为之要做。我谈到了教会，还有"绿党"。马克思本人已经嘱托过我们共产党

---

① 指1975年8月两大阵营35国首脑于赫尔辛基共同签署的《欧安会最终文件》第三部分的内容。"第三篮子"主要涉及保障人权和人员、信息的自由交流，是西方力图强加于苏联阵营的，但苏联为争取西方对《最终文件》前两部分内容的同意而最终让步并不得已地接受了"第三篮子"。最新的相关研究成果可参阅徐振伟的《〈赫尔辛基宣言〉、人权规范及对苏联的影响》（载《俄罗斯东欧中亚研究》2015年第1期）。

人，要在身后把一个完好的地球留给我们的子孙后代。因此我们不需要什么"绿党"。

我们有意公布了马德里文件的全文。若是由他们公布的话，文件就会被刻意曲解。我们把注释也都加上了，这个事情已经完结了。

9月27日我们的官方法律公告会发布一条自1983年10月15日起生效的有关婚姻与家属会面的法令，同时还会发布一条关于其具体程序不公开的法令。

但我不像你们那样对马德里这么兴高采烈。

克留奇科夫同志：

我们的同志在马德里与你们的同志配合得非常好，费希尔①同志为此已邀请了康德拉舍夫②同志来民主德国。

米尔克同志：

然而费希尔同志想的和我想的没什么不同。妥协是必须要达成的，但民主德国总是最受伤的，因为我们是一个分裂的国家。

德国人—德国人。

如果是一个统一的国家，那就是另一回事了。

非常感谢你的情况介绍。我很高兴我在党积极分子会议上传达了正确

---

① 奥斯卡·费希尔（1923— ），民主德国党务和国务活动家。1955—1959年任民主德国驻保加利亚大使，1965—1975年任副外长，1975—1990年任外交部长；1971—1989年为民主德国统一社会党中央委员，1976—1990年为民主德国国民议会副议长；曾于1983年被授予民主德国最高勋章卡尔·马克思勋章。

② 谢尔盖·亚历山德罗维奇·康德拉舍夫（1923—2007），克格勃将军。1947年开始在国家安全机关中工作，1953—1962年先后在苏联驻英大使馆和驻奥大使馆以外交人员身份为掩护进行间谍活动，1962—1966年任克格勃第一总局（对外情报总局）第四司副司长，1967年升任第四司司长，1968—1973年任第一总局副局长，1973—1974年任克格勃边防总局情报司司长，1978年起任直属克格勃主席的对外政策顾问组高级顾问，1992年退休；最终军衔为中将；康德拉舍夫曾作为苏联代表团成员参与了美苏限制战略武器谈判和赫尔辛基《欧安会最终文件》的准备工作，之后还参加了在贝尔格莱德和马德里举行的两次欧安会续会。

的路线。甚至你们形容西欧人的"人质"这个词也被我引用在了讲话中。

我们的问题和其他那些国家不太一样，这是由于我们的特殊情况造成的。

我为我们准确评估了局势而感到骄傲，包括客机事件。同时我也对你们的判断很满意，就像与尤·弗·安德罗波夫时一样。

非常感谢。

谢谢你们转达的热情洋溢的问候，他唤起了我许多美好的回忆。

我们会像过去那么多年里与他一道工作时一样继续努力，如同契卡①这个战斗集体真正的一分子，将契卡的精神传统注入共同斗争中去。

非常感谢维·米·切布里科夫的问候。关于"巴塔绍夫事件"我们之后再谈。②

同时非常感谢来自所有克格勃副主席的问候。格·卡尔波维奇③怎么样了？

克留奇科夫同志：

非常感谢。基本上他到了那个年纪了，身体就是那个样子。

米尔克同志：

再次衷心感谢。你们的情报证实了我们的许多判断，包括在阿富汗问题上的。

你们对日内瓦的分析很重要。因此我们将继续和所有政治家们去谈。苏共领导层应该做出决定如何继续引导和利用这点。

明天中央书记们要在莫斯科开会，到时候这些问题还会被讨论的。

---

① 全称为"全俄肃清反革命及怠工非常委员会"，1917年12月20日苏联创立的情报组织，为克格勃前身。

② 巴塔绍夫事件：1983年7月，联邦德国法院指控苏联贸易代表团驻科隆的官员根纳季·巴塔绍夫从事间谍活动并判处其两年半徒刑，苏联官方则宣称这是西方的一次刻意挑衅。

③ 格奥尔基·卡尔波维奇·齐涅夫（1907—1996），克格勃将军。1966—1967年任克格勃第三总局（军事反间谍总局）局长，1967年改任第二总局（反间谍情报总局）局长，1970—1982年任克格勃副主席，1982—1985年任克格勃第一副主席，1985年起任国防部总监察组总监，1992年退休；1978年晋升大将；1971—1976年为苏共中央检查委员会委员，1976—1981年为苏共中央候补委员，1981—1986年为苏共中央委员，当选第8—11届最高苏维埃代表；曾三次被授予苏联最高勋章列宁勋章，1977年获"社会主义劳动英雄"称号。

书 评

20世纪上半期英法对中东的争夺及其影响
——评《瓜分沙洲：英国、法国与塑造中东的斗争》

成振海[*]

一

中东地区战略位置极其重要并且油气资源十分丰富，一直为世界大国所重视并力图控制之。19世纪90年代末至20世纪40年代末，是欧洲帝国主义强国在中东的竞争逐渐激化，并达到白热化的关键时期。其中英法两大传统殖民强国在中东的竞争和冲突尤其具有代表性。至今，国内外学界对这一时期英法两国在中东问题上的关系虽然有过一些研究，但总体数量

---

[*] 成振海，首都师范大学历史学院2017级博士研究生。

较少。① 其中芬兰历史学家尤卡·内瓦基维（Jukka Nevakivi）所著《英国、法国与1914—1920年的阿拉伯中东》一直是有关这一问题的代表作，该书以英法官方档案为研究基础，在简要叙述了一战前英法在阿拉伯世界的利益及其冲突后，对《赛克斯—皮科协定》的起源、第一次世界大战期间至圣雷莫会议前后英法有关中东的争议问题进行了深入研究。然而，该书的主要缺点在于，它未能将阿拉伯问题与大国在整个中东的政治利益联系起来，且因成书较早，在档案利用、研究视角上均有较大的提升空间。此外，以色列本古里安大学教授迈尔·扎米尔（Meir Zamir）分别在2007年和2010年发表的专题性文章《二战期间戴高乐与叙利亚—黎巴嫩问题：第一部分》和《"缺失的维度"：1942—1945年英国在叙利亚和黎巴嫩对法国的秘密战争：第二部分》则重点就二战期间英国与自由法国在叙黎两国的冲突进行了研究，但并未对这一冲突对英法在整个中东的关系及其影响进行进一步叙述和分析，并且缺乏对英法在中东关系的系统性回顾。

---

① 有关这一时期英法在中东问题上的关系的外文主要研究成果有：Ann Williams, *Britain and France in the Middle East and North Africa, 1914-1967*, London, Melbourne, Toronto: Macmillan; New York: St. Martin's Press, 1968; Samir N. Saliba, *The Jordan River Dispute*, The Hague: Nijhoff, 1968; Jukka Nevakivi, *Britain, France and the Arab Middle East 1914-1920*, University of London: Athlone Press, 1969; A. B. Gaunson, "Churchill, De Gaulle, Spears and the Levant Affair, 1941," *The Historical Journal*, Vol. 27, No. 3, Sep., 1984, pp. 697-713; Aviel Roshwald, "The Spears Mission in the Levant: 1941-1944," *The Historical Journal*, Vol. 29, No. 4, Dec., 1986, pp. 897-919; Aviel Roshwald, *Estranged Bedfellows: Britain and France in the Middle East During the Second World War*, Oxford University Press, 1990; Meir Zamir, "De Gaulle and the Question of Syria and Lebanon During the Second World War: Part I," *Middle Eastern Studies*, Vol. 43, No. 5, Sep., 2007, pp. 675-708; Meir Zamir, "The 'Missing Dimension': Britain's Secret War Against France in Syria and Lebanon, 1942-45-Part II," *Middle Eastern Studies*, Vol. 46, No. 6, November 2010, pp. 791-899; Luigi Scazzieri, "Britain, France, and Mesopotamian Oil, 1916-1920," *Diplomacy & Statecraft*, 26: 1, Mar. 2015, pp. 25-45。有关这一时期英法在中东问题上的关系的中文主要研究成果有：柳莉：《叙以和谈中的一桩历史边界纠纷——1926年英法中东〈睦邻条约〉的影响》，《外交学院学报》2002年第3期，第90—96页；尹秀凤：《英国与自由法国在叙利亚和黎巴嫩的冲突探析》，《沧桑》2008年第5期，第156—157页；马吟婷：《试论英国与自由法国关于叙利亚问题的冲突与合作（1941年3月—9月）》，徐蓝主编：《近现代国际关系史研究》（第6辑），北京：世界知识出版社，2014年，第243—266页。

《瓜分沙洲：英国、法国与塑造中东的斗争》（以下简称为《瓜分沙洲》）①一书于2011年出版。该书甫一问世，就立刻被学界誉为中东现代史研究的最新经典著作，受到西方多家主流媒体和知名报刊，如《泰晤士报》《金融时报》《独立报》《文学评论》《犹太纪事》等，以及部分著名中东史学家，如尤金·罗根②的好评。2017年和2018年该书分别译为法文和中文③。

　　《瓜分沙洲》一书的作者为英国历史学家詹姆斯·巴尔（James Barr），他1976年出生，毕业于牛津大学林肯学院现代史专业，毕业后曾在《每日电讯报》、英国驻巴黎大使馆工作，并曾在伦敦国王学院担任客座研究员。④ 2006年其处女作《点燃沙漠：1916—1918年T·E·劳伦斯与英国在阿拉伯半岛的秘密战争》⑤出版。该书集中探讨了一战期间，劳伦斯在英国的中东政策中的巨大作用。在该书的写作中巴尔发现，第一次世界大战期间英法虽是盟友，但在中东问题上的矛盾和冲突不断，甚至多次险些撕破脸皮。在英国中反法的人士比比皆是，劳伦斯就是其中之一。因此，巴尔决定对英法在中东问题上的恶劣关系做进一步的研究。⑥经过对大量档案史料的整理和解读，结合在中东的实地调研，他历时5年的写作，《瓜分沙洲》一书最终面世。本书主要探讨了英法1915—1949年在中东的争权夺利。2018

---

① James Barr, *A Line in the Sand: Britain, France, and the Struggle that Shaped the Middle East*, London: Simon and Schuster, 2011.

② 尤金·罗根（Eugene Rogan），牛津大学现代中东史教授、圣安东尼学院中东研究中心主任，当今世界最著名的中东问题专家之一。代表作有《晚期奥斯曼帝国的国家边境》（*Frontiers of the State in the Late Ottoman Empire*）、《阿拉伯人：一部历史》（*The Arabs: A History*）、《奥斯曼帝国的衰亡：一战中东（1914—1920）》（*The Fall of the Ottomans: The Great War in the Middle East, 1914-1920*）等。

③ ［英］詹姆斯·巴尔：《瓜分沙洲：英国、法国与塑造中东的斗争》，徐臻译，北京：社会科学文献出版社，2018年。

④ 作者个人网站：https://www.historythatmatters.org/。

⑤ James Barr, *Setting the Desert on Fire: T. E. Lawrence and Britain's Secret War in Arabia, 1916-1918*, W. W. Norton & Company, 2009.

⑥ 陆大鹏：《现代中东如何形成？专访英国史学家詹姆斯·巴尔》，新京报网，2018年12月18日，http://www.bjnews.com.cn/culture/2018/12/18/531514.html。

年，巴尔又出版了新著——《沙漠之王：英美争夺中东主宰权的斗争》①，该书从英美关系的角度，对第二次世界大战后英美在中东的竞争和冲突进行了深入研究。以上两本新著分别从英法关系和英美关系的角度叙述和分析了从第一次世界大战到20世纪60年代的中东现代史，视角独特，同时，深刻揭示了在表面上是盟友且一团和气的英法、英美，如何为了各自的帝国主义野心而在中东相互背叛的行径。

《瓜分沙洲》全书分为四大主体部分，共29章，500余页（中译本）。全书以时间为纬线，以英法各自在中东的野心和利益为经线，以间谍小说式的叙事节奏，结合丰富翔实的档案史料，从一个全新的视角，系统展示了1915—1949年英法各自在中东的野心及其利益间的矛盾、冲突。本书第一部分共六章，内容以《赛克斯—皮科协定》的产生和英法围绕协定的博弈为主线，详细叙述了第一次世界大战期间至巴黎和会前后，英法阴谋瓜分奥斯曼帝国中东领土及其相互间的斗争。第二部分共九章，主要论述了两次世界大战期间（1920—1939年）英法在叙利亚反法起义、伊拉克石油管线的路线设置问题、1936年巴勒斯坦阿拉伯人起义三个问题上的交恶、互相拆台和相互报复。第三部分共九章，主要分析了第二次世界大战期间（1940—1945年）英国与自由法国围绕叙利亚政治地位问题的博弈。第四部分共五章，主要论述了二战后至1948年以色列建国间，在法国、美国和犹太复国主义者压力下，英国最终放弃对巴勒斯坦委任统治权的过程。

二

中国世界现代史研究会会长李世安教授认为，"判定一部书籍的优劣和价值，主要看它的学术价值和社会价值如何"。学术价值之大小，"以其论据是否真实、充分，论断是否正确，视野是否开阔，是否有所开拓有所创

---

① James Barr, *Lords of the Desert: Britain's Struggle with America to Dominate the Middle East*, Simon & Schuster UK, 2018.

新为依据。社会价值是指对人类认知和人类文化的发展以及对当今社会裨益的贡献大小为依据"。① 根据这一原则,笔者认为本书有以下三方面的特点。

第一,与传统的解读延续至今的中东冲突和困境的史学著作相比,《瓜分沙洲》一书以英法两大传统盟友各自在中东的野心和相互背叛、拆台为新视角,深刻分析了英法利益之争对中东的影响。

传统上,学界主要从英法对各自委任统治地的政策,以及从委任统治国与被委任统治地两者间关系的角度对英法在中东的委任统治历史进行研究,而对两个大国中东政策的互动及其影响的研究成果较少。② 而这正是巴尔《瓜分沙洲》一书所研究的内容。

巴尔认为,英法在中东的争夺由来已久,早在第一次世界大战期间,作为盟友的英法两国就企图浇灭对方在中东地区的野心。英国和法国为了主宰中东,促成了瓜分奥斯曼土耳其帝国的《赛克斯—皮科协定》。然而,英国并不满意协定的安排。英国决策者们希望通过支持巴勒斯坦的犹太复国主义运动来间接打破《赛克斯—皮科协定》对英国的限制,挫败法国在中东的野心。③

一战后,英国获得巴勒斯坦、外约旦和伊拉克的委任统治权,法国成为叙利亚和黎巴嫩的委任统治国。两国本该引导和帮助几个襁褓中的阿拉伯国家迅速实现独立,但他们却有意拖延。面对独立愿景有愈加沦为空想的可能,阿拉伯人逐渐走向暴力反抗的道路。英法之间相互推诿,互相指责对方的政策,任何一方都不愿协助镇压另一方势力范围内的阿拉伯人叛乱,反而采取袖手旁观,甚至暗中支持的态度。例如在 20 世纪 20 年代叙利

---

① 李世安:《一部二战学术史研究的新作——评〈二战研究在中国〉》,《史学集刊》2007 年第 1 期,第 95 页。
② 关于这方面的研究,国内外学者的研究成果已经极为丰富,这里不再一一列举。这些研究的总体观点是,英法在中东委任统治的终结是国际反殖民运动大环境、殖民地半殖民地民族主义运动以及英法各自委任统治政策的失当等因素合力作用的结果,而从英法两大殖民势力之间矛盾、冲突、互相排挤的角度对这一问题进行研究的相关成果较少。
③ [英] 詹姆斯·巴尔:《瓜分沙洲》,第 39 页。

亚德鲁兹人起义中，叙利亚起义者将英国控制下的外约旦作为袭击法国人的大本营，英国起初对法国的镇压请求一概视而不见。法国人因而更加确信英国是阿拉伯反叛力量的幕后支持者，因此在20世纪30年代末，当巴勒斯坦境内的阿拉伯起义者将叙利亚和黎巴嫩作为反英的庇护所和基地时，作为报复，法国对英国的合作请求一概予以拒绝。

第二次世界大战爆发后，法国在1940年迅速沦陷，叙利亚和黎巴嫩的法国当局倒戈维希当局。1941年6月，英国与自由法国联军攻入叙利亚和黎巴嫩，以阻止维希政府向德国提供进攻苏伊士运河的跳板。英国后将黎巴嫩和叙利亚重新交给了自由法国托管，这一举动重燃了阿拉伯世界的怒火。为缓和阿拉伯人的愤怒，英国决定牺牲法国的利益，协助叙利亚和黎巴嫩独立，同时试图通过阿拉伯国家联合的"大叙利亚"计划，来缓和阿拉伯人和带着理想使命来到巴勒斯坦的犹太新移民之间的关系。而完全消除法国的影响，成为实现这一方案的前提。① 1943年，英国先后迫使法国接受在叙利亚和黎巴嫩举行议会选举，并最终迫使法国军队在1946年完全撤离叙利亚和黎巴嫩。法国对英国的排挤耿耿于怀，并采取了报复政策。其具体措施是暗中向与英国反目的犹太复国主义者提供经济和军事援助，以将英国赶出巴勒斯坦。

英法两国的怨怼不容忽视，因为殖民者的"内耗"不但加速了双方在中东统治历史的终结进程，而且助燃了当今的阿以冲突。巴尔认为，法国在以色列建国中扮演了极其关键的角色——协助犹太人大规模移民巴勒斯坦、制造灾难性的恐怖袭击事件，才导致英国在1948年结束了对巴勒斯坦的委任统治。②

第二，本书深刻揭示了大国竞争与现代中东困境间的关系，有助于我们理解今天巴以争端问题的复杂性。

20世纪以来，巴以问题始终是造成中东动荡不安、和平进程举步维艰的核心问题之一，并长期困扰着国际社会。巴以问题之所以纷繁复杂，大

---

① ［英］詹姆斯·巴尔：《瓜分沙洲》，第302页。

② 同上，第4页。

国的介入和干预是关键因素之一。实际上，在巴以问题产生的初期，就深深受到了大国干预和强权政治的影响，这也注定了巴以问题在国际政治斗争中的"被工具化"。

在巴以问题的起源和以色列建国的问题上，学界目前已经对英国、美国、苏联、阿拉伯世界国家、联合国等主要大国和国际组织的作用和政策进行了探讨，取得了比较丰富的成果。然而，有关法国在其中发挥的作用的研究成果一直较少。①《瓜分沙洲》一书一定程度上弥补了这方面研究的不足。根据巴尔的研究，我们可以将以色列建国前法国的巴勒斯坦政策总结为"扶犹反英"。需要强调的是，法国支持的并不是犹太复国主义运动的本身，它只不过是法国报复英国和削弱阿拉伯民族主义、延长其在中东利益寿命的工具。而这种"被工具化"正是我们理解当下巴以问题敏感性和复杂性的必不可少的视角。

第三，本书既有丰富翔实的档案史料、严谨详细的考证，又有间谍小说式的叙事节奏和精心的内容组织，由此增强了其权威性和可读性。

一方面，书中包括了丰富翔实的档案史料和严谨的考证，特别是对最新解密的政府档案的挖掘。华东师范大学国际冷战史中心主任沈志华教授认为，"历史研究者的基本责任就在于揭开历史真相，尽可能地还原历史的本来面貌，而要做到这一点，就必须不断地挖掘、梳理和解读原始档案和文献"。②《瓜分沙洲》的一大特点就是对史料，特别是最新解密档案史料的

---

① 关于法国与犹太复国主义的关系的研究，现有的有限成果主要关注1948年以色列建国前后，法国与以色列关系的演变及其影响因素，而对两国之间关系的第三方因素涉及较少，对以色列建国前法国、英国与犹太复国主义运动三者间关系的互动研究更少，相关研究成果主要有：Gadi Heimann, "From 'Irresponsible' to 'Immoral': The Shifts in de Gaulle's Perception of Israel and the Jews," *Journal of Contemporary History*, Vol. 46, No. 4, October 2011, pp. 897-919; Philippe Rondot, "France and Palestine: From Charles de Gaulle to Francois Mitterand," *Journal of Palestine Studies*, Vol. 16, No. 3 (Spring, 1987), pp. 87-100; Eric Rouleau, "French Policy in the Middle East," *The World Today*, Vol. 24, No. 5 (May, 1968), pp. 209-218; Frédérique Schillo, *La politique française à l'égard d'Israël (1946-1959)*, André Versaille, 2012.

② 沈志华：《历史研究与档案的开放和利用——冷战国际史研究中的案例种种》，李丹慧主编：《冷战国际史研究》（第5辑），北京：世界知识出版社，2008年，第156页。

充分利用、分析和解读。实际上,《瓜分沙洲》一书的缘起,正是由于新史料的公开。2007年夏天,巴尔在阅读最新一批英国政府档案时,发现了一份由英国军情五处军官写的报告。它揭开了一个长久以来困扰英国政府的难题,即"究竟是谁在经济和军火上支持犹太恐怖分子,最终令其失去了巴勒斯坦的委任统治权"。而这份报告表明,法国可能正是这一问题的幕后黑手,其目的是挑起巴勒斯坦内部的冲突。① 那么报告的内容是否是事实呢?如果是的话,法国为什么会在其"牢固盟友"的背后捅刀呢?哪些因素在其中发挥了重要作用?英法盟友关系到底是一种什么样的结合?对这些问题的回答,构成了本书的核心问题。

除最新档案史料外,该书还充分利用了英法两国的政府档案、私人文件、新闻简报、回忆录等。但是,我们可以看出,作者在档案史料的利用方面并不是眉毛胡子一把抓,而是经过了精心的选择,特别是在对决策过程、决策者、与事件最相关的人物的档案材料的利用上,因而该书立论明确、考证翔实、内容真实权威。书中的一些不为人知或鲜为人知的历史细节尤其有意思,但却往往被我们不经意间忽视。例如,在著名的《麦克马洪—侯赛因通信》中,在关于叙利亚的主权归属上,英国政府和时任英国驻埃及高级专员麦克马洪试图通过文字表达上的模棱两可,一方面达到误导麦加谢里夫的认知,使之加入英国一方对奥斯曼帝国宣战的目的;另一方面,试图不侵犯其盟友法国对叙利亚的利益诉求。然而英国方面担任翻译的鲁希(Ruhi)在把句子译为阿拉伯文时,完全丢失了这种模棱两可的效果,特别是表现出大英帝国不会顾忌损害法国的利益。② 这就不难理解为什么一战后当叙利亚和黎巴嫩成为法国的委任统治地时,阿拉伯人把《侯赛因—麦克马洪通信》视为英国对阿拉伯人设置的骗局,导致后来阿拉伯人始终对英国充满怀疑和怨恨,并埋下了英阿仇恨的种子。③ 这一微小但却重要的细节是以往研究者所忽视的。而正是这一通信,使法国人感到,当

---

① [英]詹姆斯·巴尔:《瓜分沙洲》,第302页。
② 同上,第131页。
③ 同上,第30页。

法国人在西线为了协约国的共同利益浴血奋战之时，英国却在一门心思地钻研如何实现自己的帝国野心。①巴尔正是通过丰富的档案材料，以及对这些微小但又重要的历史细节的娴熟把握，将如散沙似的故事串联起来，形成了一幅生动的场景画。

另一方面，作者间谍小说式的叙事节奏和精心的内容安排，使得本书通俗易懂、精彩绝伦、引人入胜。《瓜分沙洲》一书以时间为经线，详细探究了不同时期英法在中东的利益冲突、相互的疑虑、暗中的政治算计和陷害拆台。例如，英国试图通过支持犹太复国主义间接破坏英法达成的《赛克斯—皮科协定》；面对叙利亚德鲁兹人起义，英国方面选择袖手旁观。作为报复，1936年法国对巴勒斯坦阿拉伯起义分子加以纵容；自由法国与英国在叙利亚的未来地位问题上进行争斗；法国暗中支持犹太复国主义者打击英国的地位，等等。这些无不显示了两大殖民势力之间充满讽刺的阴谋诡计。巴尔则像一名杰出的侦探，从繁复的史料中找出阴谋背后的蛛丝马迹，运用其严密的逻辑和高水平的语言驾驭能力，将最可能真实的历史向读者娓娓道来，使我们能够理解复杂的历史事件和政治阴谋。

此外，书中对重要历史人物的生平、心理及其历史作用的描写也尤为精彩。例如心怀政治野心的年轻政客马克·赛克斯，信仰法兰西帝国肩负着"文明开化使命"的乔治·皮科，富有传奇色彩的托马斯·爱德华·劳伦斯，"外表毫不起眼"的英国驻大马士革领事吉尔伯特·麦克勒斯，苦撑"法兰西荣光"的自由法国领袖夏尔·戴高乐，丘吉尔的密友、由亲法派转为反法派的爱德华·路易斯·斯皮尔斯等，这些人物随时间顺序依次登场，不断地将英法在中东的争斗推向高潮，直至法、英先后撤出叙利亚—黎巴嫩和巴勒斯坦。

三

总之，尽管《瓜分沙洲》是一部严谨的史学著作，但其灵活生动的历

---

① ［英］詹姆斯·巴尔：《瓜分沙洲》，第33页。

史叙述方式使其具有极强的可读性和吸引力。然而，这种叙述方式在我国的史学著述中还比较少。当前，推进严肃史学知识的社会化和普及工作是我国史学界在不断探讨的问题，而如何将严肃的史学论著与普及性史书撰写有机结合，创造出受大众喜爱的公共产品，巴尔的历史书写方法也许值得我们借鉴。

当然，本书在研究方法和部分观点上还有进一步值得探讨的空间。首先，在研究方法上，近年来，国内外学术界对国际关系史的研究已经突破了传统的外交史的窠臼，采用了一种新的研究视野和研究方法，即国际史。这一方法虽然源于20世纪后期的美国学术界，但已经逐渐成为国际关系史学界的一种新潮流。"其主要特点是：打破以往历史研究中'民族—国家'的约束，以整个国际体系或者文化背景作为研究的参照系；研究的范围涵盖跨国或多国的政治、军事、外交、经济、文化、物质、消费、情感等方面；强调利用多国档案和多元资料，以'自下而上'的方法，以'文化'因素、'弱势群体'等作为研究的突破口。当然，国际史也同样运用于对传统国际关系的考察。"① 实际上，作为"东方问题"遗产的重要组成部分，奥斯曼帝国中东遗产的命运本身就构成了一种"国际现象"。尽管《瓜分沙洲》一书的立意是试图从英法这两个奥斯曼帝国中东遗产的最大"继承者"的冲突视角分析大国竞争对中东的影响，但是在叙述中仍应尽量照顾其他一个或多个第三方因素的作用。例如，在《赛克斯—皮科协定》问题上，巴尔仅从英法两国的角度对协定的产生和发展过程进行了研究，并没有考虑到意大利、德国、俄国的因素与协定产生与演变的关系。其次，本书在委任统治国对被委任统治地意识形态的塑造、英法的敌对宣传、民众舆论、

---

① 徐蓝：《国际史视野下的第一次世界大战研究》，《光明日报》2014年7月9日，第15版。

二战期间德国和意大利在中东的渗透①对英法在中东关系的影响等方面的研究还不足。最后，在以色列建国的国际环境方面，除了注重法国的因素外，也应照顾到美国、苏联、联合国等国家和国际组织的作用，对相关各方的在其中的作用给予更加严谨合理的评价。

---

① 关于二战期间德意法西斯在中东的渗透的主要研究成果有：Herf Jeffrey, *Nazi Propaganda for the Arab World*, Yale University Press, 2009; Francis R. Nicosia, *Nazi Germany and the Arab World*, Cambridge University Press, 2015; Heidemarie Wawrzyn, *Nazis in the Holy Land 1933–1948*, Walter De Gruyter Incorporated, 2013; Nir Arielli, "Italian Involvement in the Arab Revolt in Palestine, 1936–1939," *British Journal of Middle Eastern Studies*, Vol. 35, No. 2 (Aug., 2008), pp. 187–204; Nir Arielli, "Beyond 'Mare Nostrum': Ambitions and Limitations in Fascist Italy's Middle Eastern Policy," *Geschichte und Gesellschaft*, Vol. 37, No. 3, 2011, pp. 385–407。

学术动态

思考与展望：
国民政府时期南海地区
中外博弈之研究述评

蔡 梓*

摘 要 在南海问题的发展史上，国民政府时期是一个承上启下的时期，当今的南海问题是当时中国南海地区中外博弈之延续。因此，研究国民政府时期中国南海地区的中外博弈兼具学术价值与现实关怀。现有成果大致可分为通史性研究和专题性研究。从主题来看，专题性研究又大致可归纳为四类，即以中国因应南海岛礁主权争端为中心之研究，以南海岛礁的建设为中心之研究，二战后国民政府收复南海岛礁主权之研究，南海地区多国博弈与有关国家的南海战略政策之研究。通过在分门别类的基础上对现有研究成果进行回顾、梳理、分析与反思，有助于总结研究经验，发掘新的研究视角和思路。

关键词 国民政府 南海问题 南海争端 南海诸岛主权与建设

---

* 蔡梓，南京大学历史学院、中国南海研究协同创新中心博士生，研究方向为近现代中国外交史、近现代国际关系史。

南海问题目前已成为关乎中国崛起、发展的重要问题。中国、东南亚有关国家乃至域外大国，围绕着南海的岛礁主权归属、资源开发的权利、航行权利、地区主导权等问题，展开交错复杂的激烈博弈。因此，南海问题研究也逐渐成为海内外学术研究的热点。

追本溯源，在南海问题的发展史上，国民政府时期是一个承上启下的时期，当今的南海问题是当时中国南海地区中外博弈之延续，与当时的国际格局和南海地区地缘政治格局之演变有着密不可分的联系。国民政府时期，中国南海地区的中外博弈日趋激烈。一方面，在不断加深的民族危机刺激下，中国政府与社会各界的领土主权意识和海洋意识日益增强，从而不断加强对南海岛礁主权捍卫、行政管理与资源开发之力度；另一方面，列强出于经济利益和战略利益的目的，不断侵夺中国南海岛礁的领土主权和海洋权益，彼此间也纷争不断。此外，"南海"一词的涵义和指代范围，也是直至国民政府时期，随着国人对南海地区愈发严峻之形势的日益关注而逐渐"明确化"和"特定化"。所以，研究国民政府时期中国南海地区的中外博弈兼具学术与现实双重意义。

目前，史学界已从多个层面对该问题进行了较为深入的研究，并取得许多重要成果。这些成果大致可分为通史性研究和专题性研究。通史性研究主要集中在早期研究阶段。在这类研究中，学者们一般从列强侵夺南海岛礁资源和主权切入，概述民国时期中国政府在行政管辖、外交交涉、经济建设与开发、抗战胜利后收回主权等方面维护南海岛礁主权的作为。虽然论述的侧重点有所差别，但这类研究均以宏观梳理民国时期中国与列强间的南海岛礁主权争端的发展脉络为主。① 早期阶段的通史性研究尽管因各

---

① 较有代表性的研究成果有：林金枝：《1912—1949年中国政府行使和维护南海诸岛主权的斗争》，《南洋问题研究》1991年第4期，第65—75页；吴士存：《民国时期的南海诸岛问题》，《民国档案》1996年3期，第127—132页；吕一燃：《近代中国政府和人民维护南海诸岛主权概论》，《近代史研究》1997年第3期，第1—23页；袁澍：《民国时期的南海》，《海南师范大学学报（社会科学版）》2011年第5期，第53—59页；李国栋：《民国时期中国南海诸岛及其附近海域的主权维护及其启示》，《西南民族大学学报（人文社会科学版）》2014年第5期，第207—213页；李金明：《中国南海疆域研究》，福州：福建人民出版社，1999年，第100—112页。

种原因而存在一定疏漏，但依然为其后相关研究的深入与拓展奠定了坚实的基础。随着中外相关档案资料的不断开放与整理，以及学术交流的日益频繁，有关国民政府时期中国南海地区的中外博弈之研究取得了很大发展，并以专题性研究为主。根据研究主题，这些专题性研究大致可分为四类。

管见所及，国内学者在进行南海问题研究的学术综述时，涉及内容仅限于国内甚至是大陆范围内的研究成果，而均未关注到国外学者的相关研究。而且，一方面，部分学者对国内的南海问题研究成果进行学术综述时，因为所涉及的领域十分广泛，涵盖了南海史地、国际法、当代国际关系、中国当前国策与对策研究，所以他们尽管会涉及国民政府时期中国南海地区的中外博弈之研究成果，但仅占极小篇幅。结果，国内史学界在该问题上所取得的成果未能得到全面深入的呈现。① 另一方面，部分学者虽然从史学的角度对国内的南海问题研究成果进行综述，但因为涉及的研究内容的时间跨度是从古代到当代，所以在论及国民政府时期中国南海地区的中外博弈之研究成果时难免遗漏。② 鉴于此，本文拟按照研究主题，着重梳理、归纳和分析中外史学界有关国民政府时期中国南海地区的中外博弈之研究成果，希望既有助于相关研究之推进，又为中国维护南海主权提供历史借鉴。

一、以中国因应南海岛礁主权争端为中心之研究

南海岛礁的主权之争是国民政府时期南海地区中外博弈的重要内容。近代以来，中国国力虚弱，国内动荡，对南海难以实施有效的管控，以至

---

① 如刘中民、滕桂青：《20世纪90年代以来国内南海问题研究综述》，《中国海洋大学学报（社会科学版）》2006年第3期，第15—19页；冯国昌：《近年来国内南海问题研究综述》，《河南科技大学学报（社会科学版）》2017年第6期，第27—34页；曾勇：《国内南海问题研究综述》，《现代国际关系》2012年第8期，第58—65页。

② 范子谦：《历史主权与现实争端：改革开放以来大陆学界对南海主权的历史研究》，《中国海洋大学学报（社会科学版）》2017年第3期，第13—22页；袁航、陈梁芊：《史学视域下的国内南海主权问题研究综述》，朱庆葆主编：《民国研究》2018年春季号，总第33辑，北京：社会科学文献出版社，2018年，第253—269页。

让列强有染指中国南海岛礁的可乘之机。这一情况在国民政府时期不仅没有得到改观,反而有愈演愈烈之趋势。而列强在侵夺中国南海岛礁的同时,彼此也纷争不断。面对严重的海疆危机,国民政府尽力应对。以中国因应南海岛礁主权争端为中心,史学界进行了充分研究。这类研究可以归纳为两种研究模式:一是探讨中国在争端中的因应,二是将中外争端及与之相伴的列强彼此之纷争一并探讨。

在第一种模式中,学者们的思路一般为"列强侵夺南海诸岛与中国政府行使主权、抗争维权"。其中,李国强的研究颇具代表性,他早在1992年就在《民国政府与南沙群岛》一文中系统梳理了1912—1949年民国政府维护南沙群岛主权的作为。李国强认为,民国政府在因应"南海九小岛事件"过程中虽然一定程度上扼制了法国的进一步军事占领,但因仅限于外务交涉,缺乏必要的军事措施和军事行动,致使法国迟迟未撤出所占岛屿。关于水陆地图审查委员会的工作,李国强认为,这一时期是中国历史上对南海诸岛命名、地图标绘中承前启后的时期。关于战后收回南沙主权,李国强强调这是历史上中国政府为维护南沙群岛主权所采取的最大的一次行动。关于国民政府同菲律宾的南沙群岛问题之交涉,李国强指出,尽管这一交涉没有取得最终结果,但民国政府维护南沙群岛主权的外交努力仍稍稍扼制了菲方野心,并为当今中国解决南海问题提供了一定的历史依据。[①]文中观点大多中肯,但似乎仍有可商榷之处。诚然,国民政府在因应"南海九小岛事件"中的失误应该受到批判,不过,在当时情势下,武力驱逐法国与日本的侵略势力并非是内忧外患、国防落后的中国之最优选择,故国民政府坚持外交交涉也情有可原。

在近十年来的相关研究中,学者们更加注重从不同角度切入。其中,郭渊、鞠海龙分别以"南海地缘环境"和"传统主权和管辖权的转型"为研究视角,均具有启发性,值得借鉴。郭渊指出,国民政府面对日、法对中国南海诸岛的侵扰,为维护南海权益而与它们展开外交斗争,并采取各种措施建设东沙、西沙群岛,这些都对捍卫南海诸岛的主权起到了一定的

---

① 李国强:《民国政府与南沙群岛》,《近代史研究》1992年第6期,第163—174页。

积极作用。① 鞠海龙强调，近代中国的南海历史性权利之延续过程不仅是中国应对主权丧失、资源危机的过程，更是中国对南海诸岛及相邻水域传统主权和管辖权的转型过程。总体而言，近代中国政府在南海维权的过程中艰难却又顺利地延续了中国南海历史性权利的合法性。然而，域外力量的干扰和自身海上领土管辖能力的滞后也影响了中国南海历史性权利的全面恢复。②

另外，除了集中探讨中央政府层面的应对外，也有学者开始注意到濒临南海的广东地方政府之因应。郭渊以"南海九小岛事件"为切入点，主要探讨了广东地方政府对九小岛的认知、与外交部的配合状况，以及对海南渔民的调查。作者肯定了广东地方政府相关举措的积极意义，同时分析了其局限性及原因。③ 因为从1931年宁粤对峙到1936年两广事变陈济棠下台，陈济棠主政下的广东省基本上处于半独立状态，在对外事务上亦有一定的自主性，所以关于广东地方政府在中外南海岛礁主权争端中所扮演的角色及其对内对外之影响，值得深入探讨。

就第二种模式而言，郭渊的研究具有代表性。郭渊主要以"南海九小岛事件"为个案，系统分析了在当时的国际环境下中、日、法三方的博弈。在《南海九小岛事件与中法日之间的交涉》一文中，郭渊围绕"南海九小岛事件"，探讨中法、法日之间的南沙交涉，并稍稍涉及英、美的相关态度。他指出，国民政府虽证据确凿，但由于国力衰落而未能从根本上改变交涉中的被动局面。而法、日经过一系列博弈之后，以牺牲中国利益为代价调整相互关系，在南沙群岛形成短暂的"共存"局面。中、日、法在"九小岛事件"争端中错综复杂的关系与当时的国际形势、列强间的南海利益纠葛有密切的联系。④ 在《中法南沙争议及法日之争》一文中，郭渊进一

---

① 郭渊：《民国时期的南海地缘环境与我国对南海诸岛主权的维护》，《中州学刊》2009年第1期，第190—194页。
② 鞠海龙：《近代中国的南海维权与中国南海的历史性权利》，《中州学刊》2010年第2期，第198—202页。
③ 郭渊：《广东地方政府与南海九小岛事件》，《历史教学》2017年第8期，第27—33页。
④ 郭渊：《南海九小岛事件与中法日之间的交涉》，《世界历史》2015年第3期，第87—97页。

步指出，法国挑起的"南海九小岛事件"不仅引发中法南沙群岛领土主权争端，而且使法、日对南沙利益争夺逐渐公开化和尖锐化。在这场斗争中，中国南沙主权被列强所忽视，而法国更是把日本当作主要竞争对手和交涉对象。① 此外，他鉴于报刊资料可以弥补正史记载之不足，以《申报》对"南海九小岛事件"的报道和评介为主要史料，勾勒出法、日对以"九小岛"为代表的南沙岛礁的侵略野心和行径，中国政府和社会的抗争，以及法国、日本在侵占南沙九小岛问题上的争斗。②

值得一提的是，学者们在探讨中国政府维护南海岛礁主权的同时，也逐渐关注中国非官方层面的相关应对，如舆论界、学术界、学生群体等。无疑，对非官方层面的考察不仅丰富了国民政府时期中国应对南海岛礁主权争端之研究，具有学术价值，同时也具有现实意义。非官方层面的相关应对尽管存在着各种不足与失误，但也是当时中国维权不可或缺的组成部分，并与官方层面的举措相得益彰。张继木认为，舆论界维护南海岛礁主权的斗争"不啻为政府行为的有力补充"。③ 王胜的研究表明，学术界在思考如何应对南海岛礁主权争端时并未停留在外交层面，"而是着眼于从深层次、多方位入手，包括宣传教育、擘画经营南海疆域等，以期从根本上明确中国的海疆国土并对之有效管辖。更为重要的是，部分知名学者关于南海海域中岛屿分布的描绘和归属定位，为后来南海'U型线'的绘制做了技术与舆论上的准备"。④ 郭渊指出，在南海九小岛事件发生后，民国学者吸收和借鉴中外法学家的学说，批驳了法、日用以支持其侵略行径的所谓法理依据，论证了中国拥有南沙群岛主权合理性、合法性。同时，部分学

---

① 郭渊：《中法南沙争议及法日之争》，《史学集刊》2015年第6期，第31—39页。
② 郭渊：《从〈申报〉看中法南沙领土争议及法日交涉》，徐祖远主编：《国家航海》（第14辑），上海：上海古籍出版社，2016年，第1—21页。
③ 张继木：《1933年中国报刊捍卫南海九岛主权的斗争——以〈申报〉〈大公报〉为例》，《国际新闻界》2012年第7期，第119页。
④ 王胜：《民国知识阶层的海疆危机诉说与应对之策——基于30年代初报刊关于九小岛事件报道的考察》，《云南师范大学学报（哲学社会科学版）》2015年第4期，第63页。

者由于主客观原因，在研究问题时也存在一定理论与史实的偏差。① 此外，黄瑶、伍俐斌通过对"中山大学积极推动并参与中国政府组织的对西沙群岛的科学考察活动"的历史事实进行考察，从国际法的角度指出"中山大学的这些爱国行为构成可归因于国家的行为，是中国对西沙群岛进行有效控制的证据，对中国维护西沙群岛的主权具有重要的法律价值与现实意义"。② 总之，国民政府时期中国非官方层面因应南海岛礁主权争端的经验教训同样值得总结、借鉴与反思。

二、以南海岛礁的建设为中心之研究

国民政府为维护中国南海岛礁的主权，采取了一系列必要举措，其中很重要的内容即是加强南海岛礁的建设。就维护主权而言，这是未雨绸缪和根本之计；就与列强博弈而言，这是针锋相对。因此，不少学者将中国建设南海岛礁作为中国行使和维护南海主权过程的重要组成部分展开研究，侧重于考察官方举措的成效及其对维护中国南海岛礁主权之意义。学者们对中国官方建设南海岛礁的研究，就建设的内容而言，可分为从行政管辖层面和从经济资源开发层面的考察；就建设者的角度而言，又可分为对中央政府、广东地方政府两个不同层面的考察。

谭卫元在充分发掘和利用两岸所藏的民国档案之基础上，从长时段考察了民国时期中国政府在南海诸岛行使主权和建设开发的活动，认为中国政府实施的管理、建设南海诸岛之主权活动具有深远的历史影响和重要的国际法意义，表明民国时期中国政府对南海诸岛及其附近海域拥有无可争辩的主权。民国时期中国政府尽管在南海诸岛问题上的主权管理活动总体上没有摆脱被动因应、受制于人的境况，南海诸岛危机也始终未有减轻，

---

① 郭渊：《从南海九小岛事件看民国学者对南沙主权之论证》，《北方法学》2016 年第 1 期，第 95 页。

② 黄瑶、伍俐斌：《20 世纪上半叶中山大学维护西沙群岛主权的历史考察及法律意义》，《学术研究》2015 年第 11 期，第 31 页。

但其主权管理行为仍基本实现了目标。① 许浩、杨珍奇指出，国民党政权从1930年开始，在行政管辖上采取了一系列维护南海主权的举措。尽管在某些事件的处理上显得不够积极，国民党政权还是基本上维护了南海主权的完整，并在一定程度上让当今中国具备能够继续拥有南海主权的确切法理依据。② 郭渊、王静将国民政府在东沙、西沙群岛上建设观象台的举措视为中国抵制列强侵夺南海岛礁主权的重要手段，并进行了一系列专题探讨。③ 在关于中央政府的研究中，学者们对国民政府建设南海岛礁的举措基本上持肯定态度，但也从不同方面揭示其不足与失误。刘永连、张莉媛重点阐述广东地方政府开发西沙群岛鸟粪的措施、成效、历史意义和局限性。④

事实上，在南海岛礁的开发问题上，既有官方层面的举措，也有民间的行为。而且，在国民政府时期中国南海主权遭受侵害的情形下，中国国民在南海地区的经济活动长期遭到法、日等国的干扰，其经济权益也受到有关国家政府或民间团体的侵害。因此，学者们在探讨南海岛礁的建设和开发时，自然离不开对南海地区的中外民间行为进行考察。从当前的研究现状来看，学者们主要考察了中日商人之间、中国商人之间的利益纠纷与冲突。张维缜分别以"中国海产商人与日本渔民关系"和"中国海产商人内争"为中心，对20世纪20—30年代的东沙群岛海产纠纷案进行考察。关于前者，张维缜认为，中国海产商人与日本渔民的关系至关重要，在大部分时间内主导着东沙群岛海产的命运。由于能力的差距，中国海产商人初

---

① 谭卫元：《民国时期中国政府对南海诸岛行使主权的历史考察（1912—1949）》，博士学位论文，武汉大学，2013年。关于这个问题，谭卫元另有一篇专题论文，但结论大体相同。参见谭卫元：《民国时期中国政府对南海诸岛设治管辖的历史考察》，《中国边疆史地研究》2016年第2期，第135—145页。

② 许浩、杨珍奇：《民国时期维护南海主权是中国管辖权的延续》，《太平洋学报》2013年12期，第32—39页。

③ 王静、郭渊：《中法西沙争议及西沙气象台的筹设》，《中国边疆史地研究》2013年第4期，第26—35页；郭渊：《东沙观象台的建立及对海洋权益的维护》，徐远祖主编：《国家航海》（第9辑），上海：上海古籍出版社，2014年，第12—35页；郭渊：《论东沙观象台的建设与运行》，《军事历史研究》2015年第6期，第73—81页。

④ 刘永连、张莉媛：《从鸟粪开发看民国时期广东地方政府在维护西沙群岛主权斗争中的重要作用》，《史志学刊》2015年第4期，第90—98页。

期选择与日本渔民合作，但因为中日关系的变化，双方的合作不能持续下去，中国商人与盗取海人草的日本渔民的冲突增多。在得不到政府的有效保护情况下，中国海产商人为了生存，在与日本渔民抗争的同时也尝试着进行妥协，但双方的关系始终没有得到改善。这种状态一直持续到全面抗战爆发，日本占领东沙群岛为止。① 关于后者，张维缜考察了以中国海产商人陈荷朝、冯德安与周骏烈在20世纪20年代末到30年代初发生的海产纠纷。他指出，中方商人内部为争取海产承办权彼此倾轧，这一过程也伴随着中国商人之间的私下交易及其与日本渔民之间的纠葛。② 由此可见，非官方的力量对南海局势的形塑和演进有重要影响。

而且，通过考察中外商人、中国商人之间在南海资源开发过程中的纠纷与冲突，可以窥探近代中国的海疆制度的运作与弊病。刘永连、刘旭分析了1927—1937年中日东沙群岛争端，指出日本商人、渔民屡屡盗采东沙群岛海产资源而引发的中日交涉，实质上已经触及领海制度的诸多层面。中国对日交涉始终未能取得明显效果，则暴露出近代中国海疆制度的诸多弊病。③ 不过，该文未能清晰勾勒出国民政府时期中国海疆制度的大致情形，以及进一步揭示国民政府是如何完善和运作这套制度的。

毫无疑问，列强侵夺中国南海岛礁，既着眼于这些岛礁所具有的地缘战略价值，也垂涎于相关地区的资源与经济利益。因此，伴随着侵夺岛礁而来的是列强对相关地区的经济开发和资源掠夺。而在这过程中所留下的大量外国官方档案为学者们从外国的视角检视国民政府时期的南海问题，展开相关研究提供了重要的翔实资料。彭敦文从日本官方档案资料入手，系统梳理了民国时期日本在南沙群岛的经济开发活动，考察了太平岛的重要战略地位，并进一步指出所谓的"南海仲裁案"的"裁决"中某些历史

---

① 张维缜：《20世纪20—30年代东沙群岛海产纠纷案新探——以中国海产商人与日本渔民关系为中心》，《中国边疆史地研究》2010年第3期，第73—83页。

② 张维缜：《民国时期东沙群岛海产纠纷刍议——以中国海产商人内争为中心》，《史学月刊》2012年第8期，第57—62页。

③ 刘永连、刘旭：《从1927—1937年东沙群岛争端看近代中国海疆制度——以领海制度与岛礁定名为中心》，《中国边疆史地研究》2016年第2期，第146—152页。

资料的使用有误。① 由此可见，外国相关档案中往往保存着有助于当前中国进行南海主权声索的历史依据，具有学术研究价值与现实政治意义，有必要重视和深入发掘。

三、二战后国民政府收复南海岛礁主权之研究

抗战胜利后，中国以战胜国的身份，依据战后国际秩序，收复了南海岛礁的主权。这标志着国民政府时期中国为了捍卫南海岛礁主权而与列强的博弈取得了基本胜利，而且这一胜利在当时得到了国际社会的承认。厘清这一历史事实，将为我国捍卫南海岛礁主权提供历史依据。而且，总结国民政府在收复南海岛礁主权过程中的筹划、决策与实施之经验得失，亦将为当今中国的南海维权与博弈提供历史借鉴。

不过，早期的研究尽管有时会涉及该问题，但因为档案文献缺乏等客观因素，这些研究多以概述为主，也难免存在一些史实错误。直到近几年，随着海内外相关档案的不断开放，学者们得以逐渐全面深入地对该问题的展开专题性研究。

李金明是最早探讨该问题的国内学者之一，在1998年就发表了《抗战胜利后中国政府维护西沙、南沙群岛主权的斗争》一文。他在文中着重论述了抗战胜利后国民政府维护对西沙、南沙群岛的主权之相关举措及其积极影响。② 但由于史料所限，该文存在一些史实错误。2017年，他在前文研究的基础上发表了《抗战胜利后中国海军收复西沙、南沙群岛经过与评析》，对该问题做了进一步论述，并指出以美国为首的一些西方国家在"旧金山和约"缔结的过程中有意无意地模糊和损害中国对西沙群岛和南沙群

---

① 彭敦文：《从日本在南沙的经济开发活动看太平岛的岛屿地位》，《边界与海洋研究》2017年第4期，第101—111页。

② 李金明：《抗战胜利后中国政府维护西沙、南沙群岛主权的斗争》，《中国边疆史地研究》1998年第3期，第68—75页。

岛的主权，造成此后南海争端的复杂局面。①

西沙、南沙群岛是南海诸岛的重要组成部分，也是国民政府接收南海诸岛工作的重中之重。两者的接收工作既有共性，又存在各自所面临的不同困难与挑战。因此，研究时既需要整体把握，又有必要具体问题具体分析。黄俊凌单独考察了南沙群岛的接收工作，他主要通过梳理国民政府外交部档案，揭示了抗战胜利后国民政府在南沙群岛主权问题上所经历的再认识之过程。国民政府内部对南沙群岛的名称、领土范围、接收方式、开发建设、可能产生的外交问题等进行了广泛深入的讨论。而且，国民政府也采取了一系列措施恢复对南沙群岛行使主权。但由于地理环境等客观不利因素，战后国民政府在维护南沙主权的过程中困难重重。② 不过，如果其文能将中国的接收行动置于当时的世界格局和南海局势之大环境中进行考察，也许能更加全面、深刻地揭示国民政府收复南海诸岛主权的经验得失与历史意义。王静分析了国民政府从酝酿收复南海诸岛到展开接收工作的过程，同时专门探讨了国民政府在接收前后就西沙主权问题对法国进行的外交交涉。王静认为，中国政府对西沙、南沙群岛的接收工作说明了中国对两个群岛行使的管辖权具有连续性和一致性。在肯定国民政府在收复南海诸岛问题上的努力和成绩的同时，她也客观指出了由于当时中国的造船与航海技术较为落后、海军力量薄弱、南海岛礁分布广泛且海域环境较为恶劣、国民党政权忙于内战等主客观因素的限制，一方面，中国的接收工作只是在有限的岛礁上进行，许多岛礁仍处于无人控制的状态；另一方面，接收工作的相应成果亦没有很好地巩固下来。③

应该说，中国在抗战胜利后接收南海诸岛的过程中，法国的卷土重来是其所面临的最严重也是最直接的挑战。谭玉华以"主权表达"为研究视

---

① 李金明：《抗战胜利后中国海军收复西沙、南沙群岛经过与评析》，《东南亚研究》2017年第3期，第46—56页。
② 黄俊凌：《战后国民政府对南沙群岛主权的再认识与维护》，《厦门大学学报（哲学社会科学版）》2014年第2期，第58—65页。
③ 王静：《国民政府接收南海诸岛及中法西沙主权之交涉》，徐祖远主编：《国家航海》（第11辑），上海：上海古籍出版社，2015年，第145—164页。

角,以具有代表性的"永兴岛事件"为例,考察了国民政府捍卫刚刚恢复的中国对南海诸岛之主权的举措及其成效。谭玉华认为,国民政府通过多种方式与法国展开斗争,全方位强化了西沙群岛的主权表达,这为此后中国应对南海岛礁问题上的国际争端提供了坚实的法理基础。同时他指出,由于中国未采取有效的军事反制措施,造成法国对珊瑚岛的非法占领,既严重损害了中国的主权权益,也影响了此后中法(越)在西沙群岛问题上的处理方式。①

此外,陈谦平通过研究台湾地区"国史馆"和"中央研究院"近代史研究所收藏的相关档案,及郑资约先生捐献的南海诸岛资料,系统、深入地探讨了国民政府在抗战胜利后收复南海诸岛,并以"十一段线"划定南海疆域的全过程,同时纠正了以往研究的一些错误。他强调,中国收复南海诸岛主权是第二次世界大战后联合国和同盟国赋予中国的权利,更是中国依据战后国际秩序所享有的权利。②而且,他关注到美英两国和法国在中国收复南海岛礁主权问题上的不同立场,这很有启发意义。因为只有清晰辨别列强各自在南海地区的战略利益诉求与不同的政策、立场,才能够多维度地重构当时的南海地区力量格局。

四、南海地区多国博弈与有关国家的南海战略政策之研究

由于当前中国南海地区地缘政治博弈异常激烈,局势错综复杂,目前的南海问题研究多聚焦于"时政"研究。不过,在国民政府时期,列强在南海地区有着各自的经济和战略利益诉求,因而在不同程度上参加到对中国南海地区的竞逐之中,进而使该地区的中外之间、列强之间的博弈愈演愈烈。因此,深入研究参与竞逐的各国之相关决策与实践,无疑有助于以

---

① 谭玉华:《权利与控制:1947年永兴岛事件引发的中法西沙群岛之争》,《中山大学学报(社会科学版)》2016年第5期,第67—78页。
② 陈谦平:《抗战胜利后国民政府收复南海诸岛主权述论》,《近代史研究》2017年第2期,第4—23页。

史为鉴。

管见所及，中国学者的相关研究集中在美、法两国的南海政策问题上。美国是当今南海问题中影响最大的域外国家，其在该问题上的战略、政策可以追溯到20世纪30年代，尤其是二战后期。因此，深入剖析当时美国对中国南海的战略与政策，有助于厘清当今美国在南海问题上的战略与政策的历史渊源与演进过程。张明亮认为，二战前美国在南中国海的利益有限，承担的责任亦有限。从二战后开始，南海和美国利益的关系不断深化，这对美国此后南海政策之影响不断加强。① 栗广在《1930年代美国对南海争端的立场评析》和《美国对南海诸岛归属问题的考量与行动（1943—1951）——兼论美国对南海争端政策的形成》这两篇论文中，对美国南海政策的演变做了长时段考察，论述了其在不同时期的表现及原因。②

法国在1956年撤出南海以前，是近代以来南海岛礁主权争端中的重要当事国之一，其对中国南海岛礁的侵略及其所产生的后果影响深远。因此，要了解南海争端之起源与演进，必须深入研究法国在南海地区的侵略活动及其战略、政策。早在1997年，陈欣之就利用法国的官方文献及档案，从法国的视角出发，梳理了20世纪30年代初期法国企图侵占南沙群岛的举措及其所衍生的问题。③ 在新近的研究中，王胜认为，法国在统治印度支那时期的南海政策根本上是服务于法国与法属印度支那利益的，日本在东亚和南海地区的扩张是触发法国在南海采取果断行动的直接诱因，但领土诉求是法国一系列行动背后的根本推力。④ 谭玉华指出，二战前法国的南中国海政策有着清晰的演变轨迹和发展脉络，呈现出明显的阶段性和被动性。这种演变和发展一方面受制于环南中国海地区的权力结构，另一方面也与法

---

① 张明亮：《冷战前美国的南中国海政策》，《南洋问题研究》2006年第2期，第33—41页。
② 栗广：《1930年代美国对南海争端的立场评析》，《太平洋学报》2016年第7期，第64—72页；《美国对南海诸岛归属问题的考量与行动（1943—1951）——兼论美国对南海争端政策的形成》，《近代史研究》2017年第3期，第24—33页。
③ 陈欣之：《三十年代法国对南沙群岛主权宣示的回顾》，《问题与研究》1997年第11期，第69—86页。
④ 王胜：《法国统治印度支那时期的西沙与南沙群岛政策》，《海南大学学报（人文社会科学版）》2015年第3期，第42—50页。

国对南中国海战略价值的重估有关。法国大部分时候是随着以上两者情势的变化而被动地调整其南中国海政策的。①

日本是南海问题另一个重要的当事国，尤其是在抗日战争时期，日本更是兼并了南海诸岛，并大力经营。墨西哥学者尤利西斯·格拉纳多斯（Ulises Granados）结合当时日本的利益诉求和国际形势，系统考察了日本自20世纪初开始向南海扩张，到1939年完全吞并南海诸岛礁的历史过程，以及与之相伴的各种冲突。其中，他注重论述了20世纪20—30年代日本的殖民扩张轨迹，并进一步提出：至少，对于考察南海争端的历史，二战前所发生的事件看来是重要的。或许，当要解释为何"旧金山和约"在解决中国南海岛礁主权问题上遭到失败时，二战前的历史比冷战初期的历史更重要。② 应该说，这一观点很有启发性，同时揭示了考察二战前中国南海地区之历史演进的意义与价值。

从宏观、多边、互动的视角考察国民政府时期中国南海地区的多国博弈，无疑有助于全面、动态地呈现当时多国在南海地区博弈的历史过程和景象，从而深化对其历史影响之理解。在这方面，西方学者进行了非常有益的尝试，并取得了相关成果。美国地理学家马温·S·塞缪尔斯（Marwyn S. Samuels）追溯了古代南海诸岛的历史归属，论述了近代至20世纪70年代中外各国围绕南海诸岛主权的争夺，其中包括国民政府时期中、法、日之间的斗争。③ 他认为，日本对南海诸岛的占领，至少造成两个重要后果。其一，日本为了巩固对这些岛屿与经过南海的航线之控制，在这些岛屿尤其是南沙群岛上兴建了海空军基地、维修基地、气象站和通讯站。结果，南沙群岛上的现代基础设施的基础实际上源自日占时期。其二，日本因战败而退出南海后，南海出现了政治真空，这种真空又因"旧金山和约"而强化。结果，在西太平洋的权力重塑过程中，南海诸岛的归属成为一个难

---

① 谭玉华：《二战前法国南中国海政策的演变》，《东南亚研究》2012年第5期，第59—65页。

② Ulises Granados, "Japanese Expansion into the South China Sea: Colonization and Conflict, 1902-1939," *Journal of Asian History*, Vol. 42, No. 2 (2008), pp. 117-142.

③ Marwyn S. Samuels, *Contest for the South China Sea*, New York and London: Methuen & Co. Ltd., 1982, pp. 57-69.

解的结，甚至被称为是冷战时代的阴谋。① 可见，国民政府时期日本对南海地缘政治格局的形塑及其深远影响，值得进一步审视。

尤利西斯·格拉纳多斯全面考察了清末新政至全面抗战爆发前，中国中央政府如何在自身影响力尚不强大的情况下，将"海洋疆界"的观念运用到南海领域，通过与列强的博弈谋求实现自身的利益诉求。他将研究重心落在南京国民政府时期，认为南京国民政府成立后，中国对南海疆界的利益诉求很快就集中到南海岛礁主权这一问题上。他指出，在太平洋战争前的大部分时间里，中国主要通过采取"专横的单边行动"来宣示它自我认可的南海主权，以此对抗日本和在这一区域拥有利益的西方国家。此外，他也考察20世纪早期日本在南海的活动，以及日本与孙中山所领导的南方革命政府之间关于南海开发的合作。② 尽管他的部分论点迥异于中方观点，其将中国大陆与台湾地区当作两个完全独立的实体更不能为国人所接受，但作者的研究视角和一些观点仍有启发性，尤其是作者提出的国民政府为实现将中国打造成一个现代海洋民族国家而做出了努力，这一观点实有进一步研究之必要。

挪威奥斯陆国际和平研究所前所长斯坦·涂内森（Stein Tønnesson）从经济利益和战略价值切入，将1930—1956年中国同法国、英国关于西沙群岛和南沙群岛的争端置于区域政治与战略格局发展的框架内进行长时段考察，主要探讨了国民政府时期的中、日、法、英、美之间在南海地区的竞逐。他回顾了法国占领西沙之前列强在南海的力量格局的变迁，阐述了法国占领西沙的动机、过程及英、日、中三国的反应，其中重点分析了英国决策过程中的内部纷争。同时，他稍稍结合欧洲局势及之后爆发的二战之战局演变，考察了全面抗日战争时期日本清除欧美列强在南海的势力及其控制和开发南海诸岛，以及英、法、美在不同阶段的相关反应与结果。他还探究了二战后在英国、法国和荷兰卷土重来，力图恢复原有殖民地的背

---

① Marwyn S. Samuels, *Contest for the South China Sea*, pp. 65–66.
② Ulises Granados, "As China Meets the Southern Sea Frontier: Ocean Identity in the Making, 1902-1937," *Pacific Affairs*, Vol. 78, No. 3 (Fall 2005), pp. 443–461.

景下，法国和中国就西沙和南沙主权所再次进行的交锋。① 尽管其文存在一些史实错误，但其宏大的研究视野是值得借鉴的。

日本大学法学部教授浦野起央的《南海诸岛国际纷争史》一书运用中、日、英、法、越等国文献，对南海问题的历史、现状及未来展望做了全面深入的研究。书中第二部分在梳理了中国古代对南海诸岛的记载后，探讨了列强在南海的活动、中日两国对南海岛礁的开发与纷争、各国对南海诸岛的立场、日法两国对南海诸岛控制权的争夺、全面抗战时期日本吞并和经营南海诸岛，以及日本战败后中外围绕着南海诸岛主权之争与"旧金山和约"对南海诸岛的处理。作者认为，日本对南海诸岛政策的变化与其推行"大陆政策"之间存在关联，而中日全面战争爆发对日本的南海诸岛政策更是产生重要影响。② 旅美历史学者黎蜗藤也在广泛收集和利用中、日、英、越、菲多国文献的基础上，以"百年"的长时段考察了南海岛礁的主权争端，并从国际法的层面对一些具体问题进行了分析。不过，他更关注中华人民共和国时期而非国民政府时期的南海争端。③ 相较于浦野起央的"国际"视角，黎蜗藤在探讨南海争端的多边互动时更注重凸显中国的行为与影响，以此揭示中国在"百年"中南海政策之演变，及如何逐步实现其战略目标。虽然黎蜗藤的有些观点同样迥异于国内学术界的主流观点，但却可以作为一面"镜子"，为国内学术界的相关研究提供参照。

结语：思考与展望

通过归纳、分析已有的研究成果可以看出，当前，国内外学术界基本厘清了国民政府时期中国维护和收复南海岛礁主权，建设南海岛礁的历史

---

① Stein Tønnesson, "The South China Sea in the Age of European Decline," *Modern Asian Studies*, Vol. 40, No. 1 (Feb., 2006), pp. 1-57.

② 浦野起央：《南海诸岛国际纷争史》，杨翠柏等译，南京：南京大学出版社，2017年，第29—211页。

③ 黎蜗藤：《从地图开疆到人工造岛：南海百年纷争史》，台北：五南图书出版股份有限公司，2017年，第45—189页。

脉络，分析了中国所采取的相关举措及其影响、经验和教训，并对诸如"南海九小岛事件""战后中国收复南海诸岛的谋划、决策与实施"等重要问题，以及日、美、法等国的相关侵略活动或政策进行了较为深入的探讨。

在回顾和总结已有研究成果的基础上，有以下两个问题值得思考。其一，学者们在研究国民政府时期的中外南海争端、中国管辖与建设南海岛礁的行为时，大多从"中国维权"这个角度考察中方在南海地区的活动，或者基本上只注意到南京中央政府与广东地方政府之间的共同点，笼统冠以"中国政府"，而鲜有明确区分两者在因应南海争端和管辖开发南海岛礁等问题上的分歧和权利纠葛。"列强侵夺与中国维权"这一研究视角固然可行，但容易将复杂的问题简单化。这是因为，在中外南海争端中，尽管中国中央政府的应对是主要的，但也存在地方政府的应对，两者既有合作又有分歧。在南海开发问题上，中方的行为不仅有"宣示主权"的意味，也有经济利益的考量；不仅存在着中国中央政府与地方政府的权限纠葛，也有中国官方与非官方利益团体的博弈；还有中国非官方利益团体之间、中外非官方利益团体之间的相互利用与竞争。显然，单凭"列强侵夺与中国维权"这个视角是无法研究透彻这些错综复杂的关系的。

其二，关于国民政府时期各国在南海地区的竞逐之研究，多数实为对"岛礁主权争端"的研究。同时，尽管学者们对博弈最激烈的中、日、法三国着力最多，但具体而言，研究成果分别侧重于"中国的维权""日本的经济掠夺""法国的领土野心"。实际上，在20世纪30年代，日本在决心实现"南进"国策之前并未武力夺岛，而宣布领有西沙和南沙岛礁主权的法国也没有强硬制止日本在南海的资源掠夺活动。此外，在当时的南海纷争中，"骑墙"的英国和"中立"的美国之立场和政策亦随着南海地区力量格局和国际局势的演变而调整。因此，若从国家战略、地缘政治和国际格局的高度和广度加以审视，应能更加宏观和全面地理解国民政府时期诸国在南海地区的博弈及其影响。

总之，有关"国民政府时期南海地区的中外博弈"这一课题的研究正不断趋于完善，学者们的不同思路对今后的研究均有借鉴价值。同时，这一课题亦存在较大的研究空间，值得进一步发掘。

稿 约

《近现代国际关系史研究》是由首都师范大学历史学院国际关系史研究中心出版的学术辑刊,每年 2—3 辑。本辑刊旨在为从事国际关系史研究的学者提供一个相互交流的平台,设有专题研究、二战史研究、中外关系研究、美国外交研究、宣传与公共外交史、法国与冷战、研究生论坛、档案文献、学术动态、书评等栏目,欢迎学界同行赐稿。相关信息如下:

1. 研究性论文要以一手档案为基础,具有原创性且未曾发表,欢迎选题新颖、运用多边档案的长篇研究。其中,研究生论坛中刊发博硕士及本科生的优秀论文。本辑刊尤其愿意刊发能反映学界动态的研究综述、书评书讯、专题书目等内容的稿件,也欢迎以某个专题内容为核心整理的档案资料汇编。

2. 注释体例,请以《历史研究》的格式为准。来稿并请附上论文英文标题、中文摘要和关键词。

3. 编辑部将组织同行专家对来稿进行评审,并将评审结果尽快通知作者。

4. 来稿一经录用,请勿再投他处。

5. 录用并出版的作品,将略致薄酬,并赠样书两册。刊发后稿件版权归《近现代国际关系史研究》辑刊所有。

6. 来稿请投《近现代国际关系史研究》编辑部,邮箱:guojiguanxijk@163.com。

首都师范大学历史学院
国际关系史研究中心
2020 年 3 月 12 日